江苏省高等学校会计学品牌专业教材

管理会计

第2版

主编 郑爱华 谢 梅

参编 郭振宇 黄 蕾

机 械 工 业 出 版 社

本教材主要讲述现代管理会计的基本理论、基本方法及其应用，内容包括管理会计概述、多维成本分析、变动成本计算、本量利分析、预测与决策、短期经营决策、长期投资决策、预算管理、标准成本控制、责任会计、业绩评价与管理层激励、战略管理会计、价值链成本管理和环境管理会计。通过本教材的学习，学生可以掌握管理会计的基本理论、基本方法和基本技能，运用现代信息技术分析问题、解决问题，为将来学习和工作打下良好的基础。

本教材既可作为会计学专业本科及研究生的专业教材，也可作为从事管理工作的广大实际工作者和自学者系统学习管理会计理论与方法的参考用书。

图书在版编目（CIP）数据

管理会计 / 郑爱华，谢梅主编．—2 版．—北京：机械工业出版社，2020.6（2022.1 重印）

江苏省高等学校会计学品牌专业教材

ISBN 978-7-111-65553-4

Ⅰ．①管… Ⅱ．①郑… ②谢… Ⅲ．①管理会计－高等学校－教材 Ⅳ．① F234.3

中国版本图书馆 CIP 数据核字（2020）第 075421 号

机械工业出版社（北京市百万庄大街22号 邮政编码 100037）

策划编辑：刘鑫佳 责任编辑：刘鑫佳 刘 畅

责任校对：张玉静 梁 静 封面设计：张 驰 陈 沛

责任印制：单爱军

北京虎彩文化传播有限公司印刷

2022年1月第2版第3次印刷

184mm × 260mm · 24.75印张 · 598千字

标准书号：ISBN 978-7-111-65553-4

定价：69.00元

电话服务 网络服务

客服电话：010-88361066 机 工 官 网：www.cmpbook.com

010-88379833 机 工 官 博：weibo.com/cmp1952

010-68326294 金 书 网：www.golden-book.com

 机工教育服务网：www.cmpedu.com

序

中国矿业大学会计学专业1983年开始招收本科生，2003年成为江苏省首批“高等学校品牌专业建设点”，2006年被正式授予省级“品牌专业”称号，2010年被教育部、财政部遴选为“高等学校特色专业建设点”，2012年成为江苏省高等学校本科“工商管理类重点专业”的核心专业，2019年被教育部遴选为中央赛道的“国家级一流本科专业建设点”。学科1993年获会计学硕士学位授予权，2011年获会计硕士专业学位授予权，2013年在管理科学与工程一级学科下自主增设“财务管理系统工程”二级学科博士点，已经形成了本科、专业型硕士、学术型硕士和博士研究生多层次人才培养格局。为进一步提升中国矿业大学会计学专业本科人才培养质量，彰显中国矿业大学会计学专业“立信创行”人才培养特色，扩大中国矿业大学会计学专业办学示范效应和社会声誉，建设国家一流会计学本科专业，我们组织编著和修订了这套国家级一流本科会计学专业系列教材。

本系列教材包括《基础会计学》《中级财务会计》《成本会计学》《高级会计学》《财务管理学》《管理会计》《审计学》7本主教材及其配套的学习指导，编著和修订的指导思想是：紧密结合中国会计改革与发展实践，适应经济全球化与人工智能时代对会计教育提出的挑战，遵循会计学专业本科教育规律，满足中国特色社会主义市场经济对会计人才的需求。各教材编著和修订力求做到“全、准、新、中、顺”，服务中国矿业大学会计学国家级一流本科专业培养目标。编著和修订的具体思路是：

（1）基础性与前瞻性并重。本系列教材编著和修订既注重对各学科基础知识、基本理论和基本技能的全面介绍与准确表述，又重视科学预测与概括经济全球化、知识经济与人工智能时代各学科最新的发展动态，确保系列教材的知识含量与理论高度，以教材内容的全面性、准确性和前瞻性保证教材的稳定性。

（2）本土性与时代性并重。本系列教材编著和修订既立足于中国会计改革实践，遵循会计实际工作经验与规律，又兼顾国际会计趋同需要，实现会计国家特色与国际化的协调。同时，依据中国特色社会主义市场经济建设对高质量会计专业人才的培养需求，结合各教材特点，尽可能增加各教材的思政元素，确保系列教材的本土性与时代性特色。

（3）系统性、综合性和研究性并重。本系列教材编著和修订既突出各学科理论体系的完整性和系统性，又考虑会计学专业各主干学科之间内在逻辑联系，强调各教材内容的衔接性、互补性和综合性。各教材章节编排力求按问题提出、理论介绍、模型推演、案例分析的研究型教学范式进行编著与修订，实现系统性、综合性和研究性“三性”统一，提升系列教材的高阶性、创新性和挑战度。

由于水平和经验所限，在系列教材的编写过程中对一些问题的认识还不够深刻，各教材均可能存在不成熟或谬误之处，恳请读者批评指正。

中国矿业大学国家级一流本科专业建设点会计学专业系列教材编审委员会

前言

管理会计是一门将现代管理与会计融为一体的综合性交叉学科，它向各类组织提供满足其管理决策所需的、具有高度相关性和充分可靠性的信息。

我们所处的是大数据、智能化、云计算、区块链等高新技术迅速发展的新时代，技术创新运用于产业活动，既导致生产技术体系的变化，也引起生产组织与管理的变化，从而对会计信息提出了新的要求。

中华人民共和国财政部（以下简称财政部）于 2014 年 10 月发布了《关于全面推进管理会计体系建设的指导意见》（财会〔2014〕27 号），2016 年 6 月颁布了《管理会计基本指引》（财会〔2016〕10 号），2017 年 9 月颁布了 22 项《管理会计应用指引》（财会〔2017〕24 号），2018 年 12 月制定了《管理会计应用指引第 204 号——作业预算》（财会〔2018〕38 号）等第三批 5 项管理会计应用指引，在财政部的不断推动下，我国管理会计进入了一个新的战略发展时期。

面对内外部环境的变化，如何培养具备高素质会计人才以适应社会发展的需要成为重要课题，管理会计作为会计学专业的一门核心课程发挥了关键作用。为此，我们适时推出《管理会计》（第 2 版），以迎接新时代，抓住机遇，目的是使学生更好地适应未来发展的需要。

本次修订传承了上一版的编写思想，力图使各章在原有内容的基础上有所创新和发展。与第 1 版相比，本次修订的主要变化在于：

（1）教材内容新。本次修订不仅对管理会计的各章内容进行了更新，还及时更新了管理会计的最新发展成果。同时，每章都采用导入案例的方式，以激发学生的学习兴趣，培养学生分析问题、解决问题的能力。编写中力求对该学科所含知识的最新发展动态做出概括反映和科学预测，以保证教材的超前性、稳定性。

（2）教学理念新。本次修订强调学以致用的教学理念，注重基础性、实践性、系统性和前瞻性，侧重知识的理解和管理会计在企业决策中的应用，培养学生分析问题、解决问题的能力，通过理论知识的讲解，培养学生的基本理论素养，增强知识的系统性。

（3）教学体系合理。编者以组织战略的视角审视管理会计，对原有内容进行了梳理，重新调整了章节结构和各章内容，遵循成本—资本支出—预算—业绩评价这一主线来剖析管理会计，以日常管理为背景讲解管理会计，使教材更富逻辑性，设计合理。

本教材是国家级一流本科专业建设点会计学专业系列教材、江苏省高等学校会计学品牌专业教材、中国矿业大学特色专业教材。本教材既可作为会计学专业本科及研究生的专业教材，也可作为从事管理工作的广大实际工作者和自学者系统学习管理会计理论与方法的参考用书。

本教材由郑爱华拟定编写提纲，郑爱华、谢梅任主编。各章执笔人如下：第一、二、三、十三章由郑爱华撰写；第九、十、十一章由谢梅撰写；第五、六、七、十二章由郭振宇撰写；第四、八、十四章由黄蕾撰写。最后由郑爱华进行修改和总纂。非常感谢张亚杰、李文美老师的大力支持和贡献！

特别感谢机械工业出版社编辑对本教材修订工作的大力支持和关心，尤其是刘鑫佳编辑的热心和尽职尽责，在此一并表示感谢！

尽管编者非常重视本书的修订工作，也投入了大量的时间和精力，但由于水平有限，书中难免存在错误和不足之处，恳请广大读者批评指正。编者的邮箱是：ahuazheng@cumt.edu.cn。

编　者

目录

第一章

管理会计概述

导\入\案\例

继2016年的阿尔法狗之后，近期横空出世的“德勤财务机器人”再次刷爆朋友圈。大量重复、可标准化、流程化的核算、记账等工作将完全被更精准、更快速的人工智能替代完成。

面对德勤财务机器人，财务人还有未来吗？当然有！机器人所做的还是一些机械化重复性的内容，真正的战略性决策类的工作依然需要财会人来解决。因此，传统财会人向管理型会计人才的转型已刻不容缓。

（摘自：中国总会计师，2017.5。）

时至今日，国际四个会计事务所相继推出财务机器人软件，国内的金蝶、用友软件公司及浪潮集团也相继发布了云服务财务机器人。财务机器人的普及应用逼迫更多财会人员必须向管理会计转型，那么什么是管理会计？管理会计与财务会计的关系如何？管理会计的内容有哪些？管理会计师应具备怎样的职业道德？

第一节　管理会计的演进及其含义

一、管理会计的演进

（一）管理会计形成发展的动因

会计的发展同社会经济条件有着密切的联系。20世纪初，企业经营日趋扩大化和复杂化，会计学便成为企业内部执行科学管理、提高生产效率的有力手段。第二次世界大战后，科技、生产力突飞猛进，企业规模扩大，竞争激烈，市场多变，于是会计学便发展为企业信息分析、正确决策必不可少的重要工具，这就是现代管理会计。管理会计从传统的财务会计体系中分离出来，成为与财务会计并列的一门学科，经历了一个逐步发展的过程，它的形成和发展是伴随科学技术的进步、社会经济的发展和管理的需要而致。

（二）管理会计的产生与发展

管理会计的产生与发展基本可以分为两个部分、三个阶段：基础性管理会计部分，包括两大阶段，即执行性管理会计阶段和决策性管理会计阶段；现代管理会计部分，即管理会计新发展阶段。

1. 基础性管理会计形成发展的两大阶段

成本会计是管理会计的前身。20世纪初，为配合泰罗制的广泛实施而形成的标准成本会计，可视为由成本会计向管理会计过渡的一个中间环节。以标准成本会计为起点形成的管理会计，可称之为基础性管理会计，它的形成与发展大致可分为两大阶段，即执行性管理会计阶段和决策性管理会计阶段。经过较长期的理论探索和实践经验的积累，到20世纪70年代，以决策性管理会计为主体的基础性管理会计已趋于成熟并定型化。

（1）执行性管理会计阶段（20世纪初至20世纪50年代）。19世纪末20世纪初，随着社会生产力水平的提高和商品经济的迅速发展，传统的运行管理方式所无法克服的粗放经营、资源浪费严重、企业基层生产效率低下等弊端同大机器工业的矛盾越来越尖锐。科学管理应运而生。在以泰罗和法约尔为代表人物的“古典管理理论”的指导下，企业管理实践中先后应用了以确定定额为目的的时间与动作研究技术，差别工资制和以计划职能与执行职能相分离为主要特征的预算管理和差异分析，以及日常成本控制等一系列标准化、制度化的新技术、新方法，其核心是提高生产和工作效率。为适应科学管理的要求，成本会计向纵深方向发展，从单纯的成本计算发展到成本计算与成本控制（管理）相结合，使之深入生产过程，为挖掘降低成本潜力服务，“标准成本”“差异分析”和“预算控制”等这些同泰罗的科学管理方法直接相联系的技术方法，开始被引入、应用到会计体系中来，形成独特的标准成本系统，通过严密的事先计算与事后分析，促使企业用较少的材料生产出较多的产品，表现为材料利用率的提高；用较少的工时生产出较多的产品，表现为劳动生产率的提高；用一定的生产设备生产出较多的产品，表现为设备利用率的提高。材料利用率、劳动生产率、设备利用率提高的综合表现就是生产成本的降低；而成本的降低，即意味着生产经济效果的提高。这使得会计在计算和监督方面取得重大进展，为会计直接服务于企业管理开创了一条新路。该历史阶段的特点是：世界经历了第一次和第二次世界大战的创伤，整个社会的物质都非常短缺，卖方市场占据主导地位，商品供不应求；企业间的竞争并不激烈，企业对外部客观经济环境的关注也不十分迫切。

故该阶段的管理会计表现出的基本点是：在企业经营方针、基本决策等重大问题已经确定的前提下，协助企业在执行中如何提高生产效率和生产经济效果的问题；但企业管理的全局、企业与外界关系的有关问题并没有在会计体系中得到应有的反映。

因此，总的来说该阶段还只是一种局部的、执行性的管理会计，它标志着管理会计发展的雏形。

（2）决策性管理会计阶段（20世纪50年代至90年代）。从20世纪50年代起，世界经济步入高速发展时期。随着科学技术的突飞猛进，大量高科技成果被应用于生产，从而使生产力水平迅速提高，企业经营规模日益扩大，生产经营活动日趋复杂，企业外部市场环境瞬息万变，企业之间的竞争越发激烈。市场已经从卖方市场转变为买方市场。这个阶段，企业管理者需要着眼全局，适时根据外部市场的需求来调整企业的经营策略，即“经营的重心在管理，管理的重心在决策”。而泰勒的科学管理学说只重视生产过程，忽视了企业管理的全局以及企业同外部环境的关系。因此，科学管理学说已经无法适应当时经济形势下企业管理的客观需要，逐渐被以运筹学和行为科学为理论基础的现代科学管理理论所取代。随着信息经济学、交易成本理论和不确定性理论被广泛引进到管理会计领域，加上新技术如电子计算机大量应用于企业流程管理，管理会计向着精密的数量化技术方法方向发展，形成了决策性管理会计。

决策性管理会计的着重点从服务于管理的控制职能向服务于管理的决策职能转变，以及从服务于成本的最低化向服务于利润的最大化转变，强调企业的经济效益。而经济效益并不仅在企业内部体现，还必须通过企业与外部的联系才能体现。一般来说，企业提高生产效率和生产经济效果是提高经济效益的基础，但企业要全面提高经济效益，不仅要尽可能在提高生产效率和生产效果上下功夫，更为重要的是必须尽量提高企业高层领导所做决策的科学性及其主观判断同外界客观经济情况的适应程度。否则，企业内部的效率再高、效果再好，也无济于事，还会在激烈的竞争中被淘汰。也就是这些新的条件和环境，迫切要求实现企业管理科学化。它包括：一方面强烈要求企业的内部管理更加合理化、科学化；另一方面，还要求企业具有灵活的反应力和高度的适应能力。

在广泛推行现代管理科学理论的基础上，一批计划决策模型得到发展，流程分析、战略成本管理等理论与方法体系纷纷建立，管理者逐步将数量管理的方法和技术引入到企业管理中，极大地推动了管理会计在企业的有效应用，管理会计职能转为向内部管理人员提供企业计划和控制信息，以便能对生产经营活动进行事前的规划和日常的控制。

故该阶段的管理会计表现出的基本点是：以现代管理科学为基础形成的现代管理会计是以企业提高经济效益为核心的决策性管理，是以经营决策经济效果的分析评价为其核心，而计划（预算）则是经营决策所选定的有关方案的数量表现和加工、汇总，是为企业管理中的预测前景、参与决策和规划未来服务的。

总之，决策性管理会计是一种全局性的、以服务于企业提高经济效益为核心的管理会计。它标志着这门学科日趋成熟。

2．现代管理会计的发展

进入20世纪后期，高新技术在企业中广泛应用，企业自动化程度越来越高，互联网技术在生产要素配置中发挥了优化和集成作用，以云计算、物联网、大数据为代表的新一代信息技术与现代制造业、生产性服务业等的融合创新，形成更广泛的以互联网为基础设施和实现工具的经济发展新形态。随着经济全球化和知识经济的发展，生产要素跨国跨地区流动不断加快，世界各国经济联系和依赖程度日益增强，技术进步导致产品寿命缩短，企业之间分工合作日趋频繁，准确把握市场定位、客户需求等尤为重要。

在此背景下，管理会计越来越容易受到外部信息以及非财务信息对决策相关性的冲击，企业内部组织结构的变化也迫使管理会计在管理控制方面要有新的突破，需要从战略、经营决策、商业运营等各个层面掌握并有效利用所需的管理信息，为此管理会计以强调价值创造为核心，发展了一系列新的决策工具和管理工具。一些国家也尝试将管理会计引入公共部门管理之中，并随着新公共管理运动的兴起在全世界范围推广。

故该阶段的管理会计表现出的基本点是：强调价值创造阶段。

管理会计进入一个大变革、大发展的历史时期，从而形成了许多新的领域，使管理会计从广度、深度和高度上提升到一个新的水平，使管理会计的发展进入了一个五彩缤纷的新阶段。

商业环境的巨大变化，日益增大的国外竞争与商业复杂性削弱了许多企业管理会计系统支持商业决策的能力。处在这个新的商业环境之中，管理层不仅需要关注经营决策，还需要关注战略决策。当重大变革影响到企业的营销与生产作业时，就需要这样的会计系统：它能提供不同于传统会计系统所提供的信息。这些变革影响到对管理会计信息的需求。

表 1-1 列示了环境变革带来对管理会计信息需求的变化。

表 1-1　新商业环境中的变革

变革	侧重点
全面质量管理	侧重零缺损、零差错地制造产品和提供服务，以减少非增值作业
适时制造/时间竞争	侧重消除所有非增值作业和存货，以及由生产工人辨别和消除缺陷和差错；侧重缩短制造产品或提供服务所需时间
精益制造	侧重消灭故障，消除一切浪费，实现零浪费

从理论上看，现代管理科学理论的引进，使管理会计的作用得以进一步发挥。

从方法和技术手段上看，高等数学、运筹学和数理统计中许多数学方法被广泛引进、应用到管理会计中来，成为管理会计的一个重要组成部分。同时，云计算、大数据处理、5G 等智能化设施在管理会计业务中得到广泛的应用，从而使管理会计的分析更具科学性，使管理会计分析方法的普及更具可行性。

从实践上看，由于管理会计充分发挥了会计的管理职能，并在改变企业内部经营管理、提高经济效益和社会效益方面做出了杰出贡献，因而管理会计在 20 世纪 70 年代已风靡世界。它的各种专门方法与技术不仅被制造业采用，而且也被推广到所有类型的经济组织中，包括服务性行业及非营利性行业，成为现代化管理的重要组成部分。

现实社会的变化、现代管理科学理论的发展及在会计中的应用，催生出相应的管理新理念和方法，形成新的研究领域。具体包括：

1）综合业绩评价与管理（参见本书第十一章）。

2）与现代市场经济相适应的战略管理会计（参见本书第十二章）。

3）考虑时空观、从微观扩展到中观、宏观的三维立体价值链成本管理（参见本书第十三章）。

4）与可持续发展战略相联系的环境管理会计（参见本书第十四章）。

但是，不应把管理会计发展形成的新领域视为对基础性管理会计的否定或取代，而应把它们视为适应社会经济环境条件的变化对基础性管理会计的丰富和发展。基础性管理会计在与其相适应的技术经济条件下，仍具有广泛的适用性；与此同时，在实际工作中，根据企业生产经营条件的具体情况，选择管理会计新领域的某些方面与基础性管理会计相互结合起来进行综合运行，还可使它增添新的活力，发挥更大的作用，因而可以把基础性管理会计视为整个管理会计体系的基石。

实践证明，管理会计既是实现管理现代化的重要手段，又是现代化管理的重要组成部分。作为一门新兴的学科，它仍在不断地发展之中。今后随着管理科学的发展，管理会计也会逐步发展，理论不断深化，内容更为丰富，应用更为广泛。

总之，管理会计的形成和发展，大大丰富了会计科学的内涵，扩充了会计的传统职能，从而使会计的作用不再局限于对生产过程做如实地反映，即单纯地提供信息，而是进一步利用这些信息来预测前景、参与决策、规划未来，并对日常经济活动进行有效的控制、评价和考核，保证以较少的劳动消耗和资金占用，取得最佳的经济效益和社会效益。这标志着现代会计科学由于管理会计的出台，进入了一个充满活力、完全崭新的阶段，在国际上已被公认为是会计发展史上的另一个划时代的里程碑。

二、管理会计的含义

1952年在伦敦举行的国际会计师联合会（IFAC）代表大会上，正式通过了“管理会计”（Management Accounting）这一专业术语，会计也因此被细分为财务会计和管理会计两大领域。

1988年，国际会计师联合会将管理会计定义为：管理会计是在一个组织中，对管理当局用于规划、评价和控制的信息（包括财务信息和非财务信息）进行确认、计量、积累、分析、处理、解释和传输的过程，以确保资源的合理利用并承担相应的责任。

1997年，美国管理会计师协会（IMA）定义管理会计为：管理会计是提供价值增值，为企业规划设计、计量和管理财务与非财务信息系统的持续改进过程，通过此过程指导管理行动、激励管理行为，支持和创造达到组织战略、战术和经营目标所必需的文化价值。

2008年，美国管理会计师协会在《管理会计公告》⊖中对管理会计的定义：管理会计是一种深度参与管理决策、制定计划与绩效管理系统、提供财务报告与控制方面的专业知识以及帮助管理者制定并实施组织战略的职业。

2014年，我国财政部《关于全面推进管理会计体系建设的指导意见》中认为：管理会计是会计的重要分支，主要服务于单位（包括企业和行政事业单位，下同）内部管理需要，是通过利用相关信息，有机融合财务与业务活动，在单位规划、决策、控制和评价等方面发挥重要作用的管理活动。

从上述定义可以看出，管理会计的概念是在不断演化的，管理会计将现代管理与会计融为一体，它是企业管理信息系统的一个子系统，是决策支持系统的重要组成部分。管理会计计量和报告财务与非财务信息，在信息价值链中，参与管理团队，通过战略制定、执行，帮助组织更具竞争力，实现组织目标。管理人员既使用管理会计信息选择、传达和实施战略，也运用管理会计信息调整产品设计、生产和营销决策。

第二节　管理会计的基本特点

管理会计的基本特征是相对于财务会计而言的，两者之间是有区别和联系的。

一、管理会计与财务会计的区别

管理会计与财务会计的区别主要通过表1-2反映。

表1-2　财务会计与管理会计的区别

区别	管理会计	财务会计
服务对象	主要为企业内部各级管理人员服务，故也称“内部会计”或“对内报告会计”	主要为企业外界有经济利害关系的团体或个人服务，故也称“外部会计”或“对外报告会计”
职能定位	是解析过去、控制现在与筹划未来的有机结合，侧重于“创造价值”，增加价值	面向过去——通过记账、算账、报账，提供企业财务状况和经营成果的信息并进行解释，侧重于记录、反映价值

⊖ 引自《管理会计公告》第1辑，刘霄仑主译，人民邮电出版社，2015年。

（续）

区别	管理会计	财务会计
约束依据	不受公认会计原则或统一会计准则的约束，只服从管理人员的需要以及系统理论和“成本效益分析”原理的指导	严格遵守公认会计原则和准则体系
会计主体	主要以企业内部各级责任单位为会计主体，同时也从整个企业的全局出发，考虑决策与预算的协调配合和平衡	主要以整个企业为会计主体
会计期间	编制内部报告的会计期间有较大的弹性，完全根据管理者的需要	对外编报财务报表的会计期间很少有弹性，通常是定期编报
会计程序	具体业务的处理程序一般不固定，有较大的选择自由，根据管理者的需要自行设计	具体业务的处理程序比较固定，并具有强制性；凭证、账簿和报表有固定格式，报表必须定期编制
会计方法	采用的方法可灵活多样，如：成本性态分析法、量本利法、边际分析法、成本效益分析法、现金流量法等，以便提出不同的备选方案供领导决策，并大量应用现代数学方法和计算机技术	在一定期间只能采用一种计算方法，以便进行纵向和横向比较；一般只需应用简单的算术方法和原始的计算工具
行为影响	吸收行为科学以人为本的思想，最关心内部报告中的计量结果将如何影响职工的日常行为，并想方设法调动他们的主观能动性和生产积极性	最关心如何计量和传输财务成本信息，一般不重视职工行为的影响
准确程度	由于工作重点是着眼未来，不确定性因素较多，故提供的信息一般不要求绝对准确	由于工作重点是反映过去，通常都是肯定性的经济业务，故对它所提供的数据则力求准确
信息特征	主要强调相关性和及时性，包括财务信息和非财务信息	主要强调客观性、可验证性，仅以货币形式表现财务信息

1. 侧重于为企业内部的经营管理服务

侧重于为企业内部的经营管理服务，是现代管理会计的一个主要特点，也是管理会计区别于财务会计的一个重要标志。其实确切地说，无论管理会计或财务会计，都同时为企业内部、外部的有关人员服务，只是侧重面不同。

从完整意义上说，财务会计服务于企业管理，是以整个企业作为一个整体，提供关于企业财务状况与经营成果的综合性指标，为企业的高层服务。而管理会计也不仅仅是为企业内部的各级管理人员服务，企业外部的投资人、债权人所关心的企业财务状况和经营成果这些综合性的指标的改善和提高，归根到底是以企业内部生产经营各个方面工作质量和效果的改善和提高为其基础和条件，而企业内部生产经营各个方面工作质量和效果的改善和提高，又有赖于管理会计为他们正确地进行经营决策和有效地改善生产经营及时提供有用的信息。否则，各有关方面的工作将难以顺利地、卓有成效地进行。从这个意义上说，管理会计虽侧重于直接为企业内部的各级管理人员服务，实际上它也是同时为企业外部的投资人、债权人等服务。所以，不能说管理会计和财务会计各具有截然不同的服务对象，只是对内、对外各有不同的侧重面而已。

2. 方式方法更为灵活多样

财务会计统一以货币形式反映企业的经营活动，严格遵循社会公认的指导性会计原则，从凭证、账簿到报表，对有关资料逐步进行综合，严格按照既定的会计程序进行，具有比较严密而稳定的基本结构。这是使财务会计资料能取信于企业外部的投资人、债权人和政府机构等所必需的。而管理会计主要是为企业内部改善经营管理提供有用信息，它在许多方面可以不受社会公认会计原则的制约，结构比较松散，领域更加广阔，方式方法也更加灵活。

3. 同时兼顾企业生产经营的全局与局部两个方面

这也是管理会计区别于财务会计的一个重要标志。财务会计主要是以企业作为一个整体，提供概括性的资料，来综合评价、考核企业的财务状况和经营成果。管理会计则不然，它为了更好地服务于企业的经营管理，必须同时兼顾企业生产经营的全局与局部两个方面。例如，管理会计中的“决策与计划会计”首先要面向整体，从全局着眼，认真考虑各项决策和计划之间的协调配合、综合平衡，不能由各个部分各行其是，否则就会顾此失彼。但仅仅做到这一点还不够，因为企业全面的计划还需要进一步落实和具体化。这就需要将企业生产经营的全面预算进一步按照各个责任中心进行指标分解，使各个责任中心在完成企业总目标的过程中，明确各自的目标和任务，借以实现整体和局部的统一。以责任会计为核心的执行会计，侧重于日常工作进程和效果的评价与控制，是从局部出发，直接按照各个责任中心来组织的，但也要同时兼顾局部与整体两个方面。也就是正确组织和实施责任会计，各个责任中心工作成果的评价和考核，应做到既能充分调动各个方面职工群众的积极性，又能保证各个部分生产、工作的协调配合，共同为实现企业最终的目标而努力。

4. 面向未来

财务会计一般只反映实际已完成的事项，侧重于对企业的生产经营活动做历史性的描述。而管理会计为了有效地服务于企业内部的经营管理，必须面向未来。“决策与计划会计”是现代管理会计的一个重要组成部分，而决策和计划，都必须有预见，都是以未来尚未发生的事项作为处理的对象。但是现代管理会计为决策和计划服务，面向未来，并不意味着可以忽视过去。历史记录可以作为预测未来的一个起点，管理会计既使用历史数据，也使用各种估计数据，经过科学的加工、改制来协助管理人员对未来的业务进行筹划，把工作做在前头。这样，就能提高预见性，减少盲目性，使它更好地为企业改善经营管理服务。从描述过去扩展到筹划未来，这是会计着重点的重大变化，也是现代管理会计的一个重要特点。

5. 数学方法的广泛应用

财务会计也要应用一些数学方法，但范围比较小，一般只涉及初等数学。而管理会计为了在现代化的管理中能更好地发挥其积极作用，越来越广泛地应用许多现代数学。管理会计主要是把运筹学和数理统计学中许多科学的数量方法吸收、结合到会计中来，使它有可能把复杂的经济活动用尽可能简明而精确的数学模型表述出来，并利用现代数学方法对所掌握的有关数据进行科学的加工处理，以揭示有关对象之间的内在联系和最优数量关系，具体掌握有关变量联系、变化的客观规律，以便为管理人员正确地进行经营决策，选择最优方案和有效地改善生产经营提供客观依据。

从以上比较可以看出，管理会计不同于财务会计，在于它主要不是适应企业外部有关方面的需要，而是侧重于为企业内部的经营管理服务。它丰富、发展了传统的会计职能，采用灵活而多样化的方法和手段，为企业管理部门正确地进行最优管理决策和有效经营提供有用的资料，在现代化的企业管理工作中发挥着越来越大的作用。

二、管理会计与财务会计的联系

尽管管理会计与财务会计确实存在着巨大区别，但应注意的是：它们之间也经常相互渗透，相互补充，有着密切的联系。

（1）由于它们属于现代企业会计系统的两个重要领域，同属于会计信息系统，因此两者相互依存、相互制约、相互补充。

（2）它们在最终目标方面是一致的。管理会计与财务会计都服务于现代经济条件下的企业，两者都以企业经营活动及其价值表现为对象，都必须服从于现代企业会计的总体要求，共同为实现企业目标服务。因此，管理会计与财务会计的最终目标是一致的。

（3）它们使用的原始资料很多相同，都以经济信息和财务数据为主要信息源，有许多方面可以互补。例如：管理会计经常直接应用财务会计的“证”“账”“表”资料进行分析研究，有时还需要对它们进行必要的加工、调整、改制或延伸；财务会计有时也会把一些原属于管理会计的内部报告资料（如财务状况变动表、现金流量表等）列入对外公开发表的范围，有时还会把企业内部管理需要的主要产品的实际成本与标准成本、实际利润与目标利润的对比数作为对外报表的补充资料。

两大会计信息系统如图 1-1 所示。

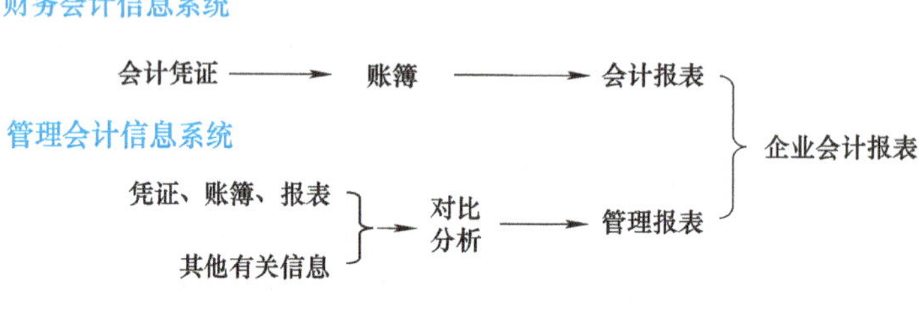

图 1-1 会计信息系统

另外，从不同机构对管理会计的定义来看，二者也是相通的。1980 年，美国管理会计师学会下属的管理会计实务委员会对管理会计的定义是：“管理会计为管理人员提供用于企业内部计划、评价、控制，以及为确保企业资源的合理使用和经营责任的履行所需的财务信息，是一个确认、计量、归集、分析、编报、解释和传递的过程。管理会计还包括编制非管理当局如股东、债权人、管理机构及税务机关等使用的财务报告。”1982 年，英国成本与管理会计师学会（ICMA）认为：“除审计之外，会计的其他各个组成部分，包括财务会计、预算和成本会计，均属于管理会计。”1988 年，国际会计师联合会所属的财务和管理会计委员会将管理会计定义为：“管理会计是指在企业内部将管理当局用于规划、评价和控制的财务信息和经济信息进行确认、计量、积累、分析、编报、解释和传输的过程，以确保其资源的利用并对它们承担经济管理责任。”

第三节　管理会计的对象和职能

一、管理会计的对象

管理会计作为一门独立的科学或学科，有它特定的工作对象和研究对象。而目前，在我国国内理论界，关于管理会计对象的讨论，主要有以下三种观点：

1．现金流动论

余绪缨教授认为：现金流动是现代管理会计这一特定领域有关内容的集中和概括，贯穿于这一专门领域的始终，构成现代管理会计的对象。这种理论的主要理由是现金流动贯穿于管理会计的始终，在预测、决策、预算、控制、考核和评价等各个环节发挥着积极能动的作用，同时现金流动具有较强的综合性和很大的敏感性，通过现金流动的动态分析，可以将企业生产经营的主要方面和主要过程全面、系统而及时地反映出来，为企业改善生产经营、提高经济效益提供重要的、综合的信息。

现金流动的综合性表现在其流入与流出既有数量上的差别，也有时间上的差别，通过现金流动的动态，可以对企业生产经营中的资金、成本、盈利这几个方面综合起来进行统一评价，企业生产经营中现金流出与流入数量上的差别，制约着企业的盈利水平。盈利是通过收入与成本的对比来衡量的，而生产经营成本的高低，由现金流出来体现，相应的经营收入则表现为现金流入。从生产经营的各个期间看，虽然由于某些跨期因素的存在，我们不能直接通过当期现金流入与流出之差来确定盈利，但企业的成本、盈利水平，归根到底，是由企业生产经营中现金流入与流出的数量所制约。现金流出与流入时间上的差别，则制约着企业资金占用的水平。一项支出表现为现金流出，它流出后能很快地回收（从流出到流入间隔的时间短），经营过程中资金的占用量就少。从流出到收回，间隔的时间越长，经营过程中资金的占用量越大。而且，现金流出与流入时间上的差别，可通过“货币时间价值”进行换算，转化为在同一时点上看问题，使时间上的差别也通过数量上的差别来表现。这样，就可对企业生产经营中成本的耗费水平、资金的占用水平和经营的盈利水平进行综合表现和统一评价，从而使我们对企业生产经营效益的分析评价建立在更加综合和可比的基础上，以更好地适应现代化管理的需要。

现金流动的敏感性表现在通过现金流动的动态，可以把企业生产经营的主要方面和主要过程全面、系统而及时地反映出来。这样，现金流动的有关信息就自然而然地成为企业生产经营活动的神经中枢，能更好地发挥信息反馈作用。例如，全面地分析不同的经营方案对现金流动的影响，能有效地帮助有关人员做出合理的判断和选择，进行科学的预测和决策。在日常控制中，还可依据现金流动所提供的信息，灵活地进行反映，针对出现的情况和问题，及时采取相应的措施，调节有关的活动，来有效地改善生产经营，努力提高经济效益。因而掌握了它，就可以让它在预测、决策、计划和控制各个环节，更好地发挥积极能动作用。

由此可见，同现代化管理的要求相适应，现代管理会计以现金流动为对象，反映了现代会计科学最新的发展水平。

2. 价值差量论

价值差量论认为管理会计的对象是价值差量。这种理论认为：价值差量作为一种基本的研究方法，贯穿于管理会计的每一项研究内容之中，如成本习性分析与变动成本计算、盈亏平衡点与本量利分析、经营决策的分析与评价、资本支出决策的分析与评价、标准成本系统、责任会计等。广义上的“价值差量”具有很大的综合性。因为管理会计研究的“差量”不仅包括狭义的价值差量，还包括实物差量和劳动差量。这种观点认为现金流动仅在经营决策和资本支出决策中才会有所涉及，因此不能将其作为管理会计的研究对象。

3. 资金总运动论

资金总运动论认为管理会计的对象是企业及其所属机构过去、现在和未来的资金总运动。这种理论的主要观点是：由于管理会计和财务会计同属于会计范畴，因此它们的研究对象应是相同的，即都是资金运动。所不同的是，管理会计的研究对象涵盖了资金运动的所有时空，而财务会计仅以过去的资金运动作为研究对象。把资金运动作为管理会计的对象，与管理会计的实践和历史发展趋势相符合。

通过以上分析，本书更赞同管理会计的对象是现金流动的观点。

二、管理会计的职能

概括起来，管理会计的职能主要包括以下几个方面：

（1）预测职能。预测职能是指企业管理者根据过去的资料和现有的条件，按照事物发展的相关规律，采用一定的方法来预测和推断未来的职能。它着重于提供一定条件下生产经营各个方面未来一定时期内可能实现的数据。

（2）决策职能。决策职能是指企业管理者以预测资料为基础，对若干可实现经营目标的备选方案进行比较、分析和选优的职能。

（3）规划职能。规划职能主要是利用财务会计提供的历史资料和其他有关信息，对企业计划期间的各项主要经济指标进行科学的预测分析，并帮助管理当局对未来的生产经营和长期投资项目中的一次性重大经济问题做出专门的决策分析，然后在上述基础上编制整个企业的全面预算和各个责任单位的责任预算，用来指导和监督未来的经济活动。是企业管理者以预测、决策资料为基础，将选定的经营目标和最优方案的具体化、数量化的职能。

（4）组织职能。组织职能是指企业管理者运用系统原理和行为科学理论，结合本企业的实际情况，制定合理、有效的责任成本制度及处理程序，以便对整个企业的人、财、物等有限资源进行优化配置和使用的职能。

（5）控制职能。控制职能主要是企业管理者根据规划职能所确定的各项目标，以及合理组织所制定的规章制度，对预期可能发生的和实际已经发生的各种有关信息进行收集、比较和分析，找出实际执行情况与预定目标的差异，以便在事前和日常对各项经济活动进行调节、控制，保证既定目标的实现。

（6）评价职能。评价职能主要是企业管理者对企业内部各责任中心的经济活动及其工作成果进行记录，在事后根据各级责任单位所编制的业绩报告，将实际数与预算数进行对比、分析，用来评价和考核各个责任单位及有关工作人员履行经济责任的情况，以便奖勤罚懒、奖优罚劣，正确处理分配关系，保证经济责任制的贯彻执行。

企业为实现一定的经营目标，要先通过决策程序确定最优方案。然后，再对所选定的最优方案进行加工、汇总，形成企业生产经营在一定期间的全面预算，它集中反映整个企业在该时期内要完成的总的目标和任务；为促使总的目标和任务的实现，还需进一步落实和具体化，为此，就要进行指标分解，形成各个“责任中心”的责任预算，使它们明确各自的目标和任务，并以责任预算所规定的指标作为开展日常经营活动的准绳。各个责任中心在日常经营过程中，对预算的执行情况进行系统的记录和计量，从实际完成情况与预定目标的对比，评价和考核各个责任中心及其有关人员的工作成果，并通过信息反馈，及时对企业生产经营的各个方面充分发挥制约和促进作用。这样，才能有效地保证决策所定目标的完满实现。

总之，现代管理会计以上几个方面的职能并不是孤立存在的，它们结合在一起，综合地发挥作用，形成一种综合性的职能。职能作用上的综合化，是现代管理会计的一个重要特征，也是当代会计科学的一个重要发展。

第四节 管理会计的基本内容

一般认为，现代管理会计的基本内容大致可区分为“决策与计划会计”和“执行会计”两个组成部分。前者是以经营决策经济效益的分析评价为核心，而计划（预算）则是经营决策所选定的有关方案的数量表现和加工、汇总；后者是以责任会计为其核心，着重于对经营活动的进程和效果进行评价与控制。

“决策与计划会计”是为企业管理中的预测前景、参与决策和规划未来服务的。它首先是利用财务会计提供的资料和其他有关信息，在调查研究和判断情况的基础上，对企业在计划期间的各项重要经济指标（包括保本点、利润、销售、成本和资金等）进行科学的预测分析，并对经营、投资等一次性的重要经济问题进行决策分析；然后把通过预测和决策所确定的目标和任务，用数量和表格形式加以协调、汇总，编成企业在一定期间的全面预算；再按照经济责任制的要求，把全面预算的综合指标层层分解，形成各个责任单位的责任预算，用来规划和把握未来的经济活动。总之，“决策与计划会计”可以保证企业的各项有限资源能得到最合理、最优化的配置和使用，以便获得最佳经济效益和社会效益。

“执行会计”是管理会计为企业管理中的分析过去和对现在与未来的经济活动进行控制与评价服务的。它首先是通过制定控制制度和开展价值工程活动，以及按照预算规定的指标，对即将发生和已经发生的经济活动进行调节和控制；其次是利用标准成本制度结合变动成本法，对日常发生的各项经济活动进行追踪、收集和计算；然后根据经济责任制的要求，由各责任单位编制一定期间的业绩报告，最后通过对报告中的实际数与预算数的差异进行分析和研究，用来评价和考核各个责任单位的实绩和成果；并根据行为科学的激励理论分别确定它们应承担的经济责任和应接受的奖惩；同时把发现的重要问题立即反馈给有关部门，迅速采取有效措施，及时加以解决。总之，“执行会计”可以保证企业的各项经济活动按预定的目标进行，合理分配利润，并充分调动全体职工的积极性和创造性，为实现企业的总目标而奋斗。

管理会计基本内容的两大部分，并非各自孤立，而是紧密联系的。例如，“决策与计划会计”的最后阶段是编制全面预算和责任预算，但编制本身并非目的，而是第二部分控制经济活动的依据，同时又是对各个责任单位的业绩进行考评的标准。至于“责任会计”，则是两大部分的“结合部”或“桥梁”。因为根据管理上的需要把企业内部划分为若干责任单位，并分别编制责任预算，这属于“决策与计划会计”的内容；而各责任单位在实际执行预算过程中建立日常记录，定期编制业绩报告，并通过差异的计算和分析，实施反馈控制和业绩评价，则属于“执行会计”的内容 。

其基本内容示意图如图 1-2 所示。

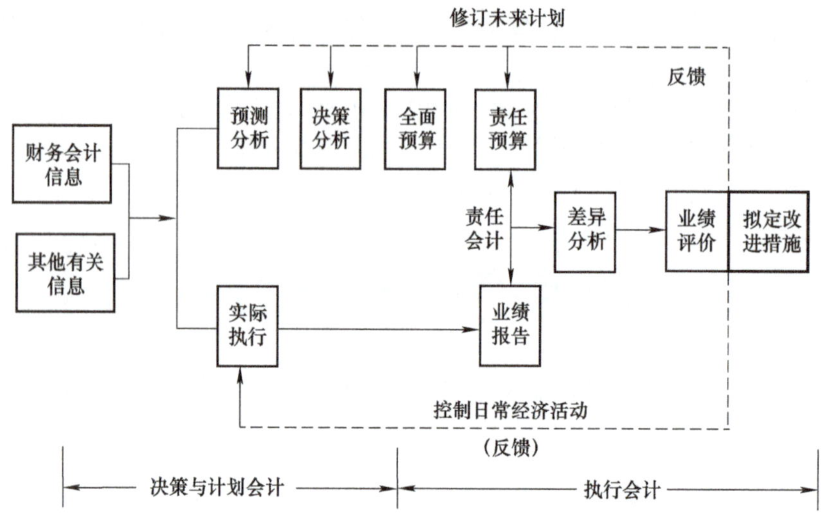

图 1-2　管理会计的基本内容

第五节　管理会计组织与管理会计师职业道德

一、管理会计组织

为了适应企业管理对管理会计人员的需求，在西方许多国家，管理会计师已成为一种专门的职业，并有自己的职业化组织。世界上最大的管理会计师职业组织是美国的管理会计师协会，它的前身是 1919 年成立的全国会计师协会，1991 年 7 月更名为管理会计师协会。管理会计师协会主办《战略财务》和《管理会计季刊》两个有影响力的学术刊物。1986 年起，管理会计师协会开始颁布一系列的管理会计公告，以促进管理会计的职业化和提高会计学的教学水平，并提供有关管理会计理论和实务的指导。管理会计师协会负责美国注册管理会计师（CMA）和财务管理师（CFM）认证考试并授予证书。注册管理会计师及注册财务管理师考试的内容反映管理会计人员和财务管理人员在现在的商业环境下所需要的能力。

英国早在 1919 年就成立了成本会计师协会。1972 年该协会更名为成本和管理会计协会，专门侧重于成本和管理会计的研究与实践，其目的主要是为企业内部管理服务，当时的工作重心放在协助企业管理人员的规划和决策上。由于该协会的显著影响，后来该协会被英国皇家特许机构批准而成为一名正式成员，该协会于 1986 年 11 月再次更名为现在的特许管理会计协会。该协会有两类会员：一类是正式会员，另一类是非正式会员。加入非正式会员，除需要通过规定的考试外，还需要三年的本专业工作经验。加入正式会员，除了需要满足非正式会员的条件外，还需要诸如财务经理等高层次的本专业工作经验。由此可见，英国对管理会计师的要求是很高的。取得特许管理会计师证书后，就会有较高的社会地位，并为社会所尊重。特许管理会计师比其他专业人员具有较多的机会成为企业的中层和高层管理者。在英国，特许管理会计师的资格考试内容包括管理会计、财务会计、成本会计、财务管理、管理学、企业发展战略及市场学、法律、税收、经济学、定量分析技术与信息处理技术等，考试时间达 48 小时。特许管理会计师协会除了组织资格考试外，还出版《管理会计》（月刊）和《管理会计研究》（季刊），并负责发布《管理会计正式术语》。其他的职业组织包括加拿大管理会计师协会（Society of Management Accountants）等。

二、管理会计师职业道德

（一）管理会计师道德行为准则

管理会计师在为企业管理者提供经营决策信息实现企业价值最大化的同时，必须遵守法律和职业道德规范。美国管理会计师协会关于管理会计师的道德行为准则的具体内容为：管理会计师对他们所服务的组织、他们的职业、公众及他们自己，有义务维护最高道德行为标准。为明确这种业务，管理会计师协会颁布了管理会计师道德行为准则，如表 1-3 所示。

表 1-3　管理会计师道德行为准则

管理会计师对他们所服务的组织、他们的职业、公众及他们自己，有义务维护最高道德行为标准。为确认这些义务，管理会计师协会已经采纳了如下管理会计师道德行为规范。遵守这些准则是实现管理会计目标必不可少的要素。管理会计师不应执行与这些准则相冲突的条例，他们也不应允许组织中的其他人员违反这些准则。管理会计师有责任在以下四个方面遵守职业道德规范，并同时监督他人遵守。

能力

- 通过不断加强自身知识和技能，使专业能力保持在一定水平上。
- 依据相关的法律、法规和技术规范履行自己的职责。
- 在对相关的和可靠的信息进行分析后，编制完整、清晰的报告与建议书。

保密

- 除法律规定外，未经批准，不得披露工作过程中所获取的机密信息。
- 告诫下属应重视工作中所获取信息的机密性，并且监督下属的活动以保证机密不被泄露。
- 禁止利用或变相利用在工作中所获取的机密信息为个人或通过第三方牟取不道德或非法利益。

正直

- 避免实际的或形式上的利益冲突，并对任何潜在冲突的各方提出忠告。
- 不得从事道德上有损于履行职责的活动。
- 拒绝收受影响其行动的任何馈赠、赠品或宴请。
- 禁止主动或被动地破坏组织合法和道德目标的实现。
- 找出妨碍业务活动的可靠判断或顺利完成工作的限制与约束条件，并与有关方面进行沟通。
- 发表赞成或不赞成的职业鉴定意见。
- 禁止从事或支持有损于职业声誉的任何活动。

客观

- 公正和客观地传达信息。
- 充分披露相关信息，帮助使用者对各项报告、评论和建议获得正确的理解。

（二）道德行为冲突

在应用道德行为标准时，管理会计师可能会遇到识别非道德行为与解决某个道德行为之间冲突等问题。

例 1-1　一位管理会计师正在考虑一套软件的商业潜能。在内部报告上，该软件的研发费用已被资本化而不是作为一项费用。会计师知道，如果不允许资本化，会导致软件部门内部报告出现亏损，并导致进一步裁员。虽然软件部经理一直想证明研究开发的新产品会在市场上取得成功，但是却拿不出可靠的证据支持自己的观点，而且过去该部门两种旧产品的市场销售并不好。管理会计师有很多朋友在软件部工作，他希望避免与软件部经理发生个人冲突。

例 1-2　一位包装供应商正在投标一份新合同。他邀请购买方的管理会计师去免费度周末。在邀请的时候供应商对新合同只字未提。会计师不是供应商的私人朋友。他知道成本问题是该合同的关键，他担心供应商会向他询问投标竞争对手的报价细节。

在上面每一个示例中会计师都面临某种道德困境。例 1-1 涉及能力、客观和正直。管理会计师应该要求该部门经理提供可靠证据来证明新产品的商业潜力。如果经理拿不出这样的证据，那么应在当期计提研发费用。例 1-2 涉及保密和正直。道德问题不总是明摆着的。例 1-2 中的供应商可能没有打算提出有关投标的问题。但对许多企业来说，例 1-2 中利益冲突的迹象足够明显，他们会禁止员工接受这种来自供应商的“好处”。例 1-2 中会计师应该与其直接上司讨论那个邀请。如果同意邀请，那么应该通知供应商，邀请是在会计师所在企业的有关政策（包括信息保密政策）允许范围内获准的。

表 1-4 列示了 IMA 给出的“解决道德冲突”的指导原则。

表 1-4　道德冲突的解决

在执行道德行为标准时，管理会计师可能会遇到识别非道德行为与解决某个道德行为之间冲突等问题。对于重大的道德行为问题争端，管理会计师应按照组织制定的有关政策来解决。如果按照这些政策仍解决不了问题，管理会计师应考虑采取以下行动：

- 与直接上级讨论这些问题，但当直接上级与出现的冲突相关时，应在矛盾发生时，直接报告给更高一级主管。

如果还不能令人满意地解决，管理会计师可将这些争论问题反映（提交）给更高一层的主管。一般来讲，解决道德行为冲突的权威性机构为审计委员会、董事会、理事会或大股东等。

- 与一位客观公正的顾问进行秘密讨论，澄清有关概念，并获得一个能够接受的解决方案。
- 涉及的冲突中的法律义务与权利问题，咨询你自己的律师。
- 如果经过各种尝试后，道德行为冲突依旧未能解决，且道德冲突发生在很关键的事项上，管理会计师只能提出辞职，并为企业内部一个合适的代表提供一份备忘录。除非法律另有规定，否则把这些问题告知无关的上级机关或非服务于组织的个人，一般是不合适的。

思\考\题

1. 什么是现代管理会计？简述管理会计的目标、内容。
2. 管理会计在不同发展阶段有何不同特征？
3. 简述管理会计与财务会计的区别与联系。
4. IMA 对管理会计师的职业道德规范要求是什么？

参\考\文\献\与\荐\读

[1] 刘运国．管理会计学 [M]．2 版．北京：中国人民大学出版社，2011.

[2] 温素彬．管理会计理论 • 模型 • 案例 [M]．2 版．北京：机械工业出版社，2014.

[3] 傅元略．慧会计：财务机器人与会计变革 [J]．辽宁大学学报（哲学社会科学版），2019（1）.

[4] 田志心，等．管理会计前沿综述：基于学术类会计领军人才的研究成果 [J]．财政科学，2016（3）.

[5] 中华人民共和国财政部．关于全面推进管理会计体系建设的指导意见 [Z]．2014.

第二章

多维成本分析

导\入\案\例

案例 1：一公司的主营业务是铺设管道，其业务主要来自于中标，该行业竞争激烈，为此，如何提出具有竞争力的投标价格至关重要。

投标是以铺设管线的成本为基础的。该公司管理者了解到，现行会计系统提供的铺设管线成本，不便于决策。他认识到理解成本性态极为重要。如果他能了解公司成本中哪些是变动性的，哪些是固定性的话，公司将能够提出更有竞争力的投标价。由于该公司经常存在闲置设备，以备随时投标更大的工程项目，如果能够以高于其变动成本的价格并用闲置设备投标的话，极有可能中标，且公司利润将同步增长，因为随着作业的增加固定成本仍保持不变。

（摘自：郑爱华等，管理会计学习指导，中国矿业大学出版社，2006 年。）

案例 2：某机械加工企业，其产品远销欧美，享有盛誉，在同行中居于领先地位。但由于缺乏管理会计人才，其成本核算滞后、不准确，造成管理者只知道成本的大概数字，却无法说出成本的准确数字。这直接导致该企业多次在国外投标竞价时，面对来自国内外厂商的压价竞争，无法快速做出准确报价，为此丢了不少生意。

（作者改编。）

就像案例中所描述的那样，管理者必须理解成本。成本是衡量企业经济效益的一个重要指针，是影响决策的关键因素。管理会计是为企业内部所有管理职能服务的，其方法主要满足于企业预测、决策、规划和控制的需要。成本按照多种不同的分类标识进行分类，就是适应管理上不同的需要。

第一节　多维成本概念及其分类

管理会计中的“成本”有着广泛的含义，主要是为了满足决策的需求而产生的，常常是针对不同的决策问题，需要使用不同的成本概念。

一、管理会计中“成本”的特点

管理会计中的成本概念与财务会计中的成本概念既有联系又有区别。其联系体现在管理会计中的成本概念是以财务会计中的会计信息为基础提炼出来的，在一定程度上与传统成本概念有相似之处。但管理会计突破了传统财务会计的成本界限，在时间上由过去、现在向未来延伸，在更广泛的范围上满足不同决策类型的需求。这些成本概念有一些与企业财务会计系统中的成本概念密切相连，另一些则与企业财务会计系统中的成本概念存在着根本的差别，它们是根据管理和决策的需要，在传统成本概念的基础上形成和发展起来的。

具体而言，管理会计中的“成本”具有以下特点：

（1）管理会计的“成本”概念是面对未来的。其成本数据不仅来源于记录历史信息的凭证和报表，而且源自对企业未来各方面信息的预测。

（2）管理会计的“成本”概念是用于决策的。其“成本”概念旨在为经营者的决策服务，从决策有用的角度界定成本概念的外延。因此，与财务会计相比，管理会计的“成本”概念拥有更广泛的空间。

（3）管理会计的“成本”概念含义较广。其不仅包括已经真实发生的成本，还包括一些并没有真实发生的成本，比如机会成本、假计成本等。

总之，管理会计的“成本”概念突出了管理会计本身的特殊性。会计是一个信息系统，管理会计是其中一大分支，提供的信息主要为企业内部管理服务，其“成本”概念有助于企业经营者做出决策。

二、多维成本分类

（一）成本按经济用途分类

财务会计的成本分类，按照经济用途将成本分为：生产成本和非生产成本。生产成本也称产品成本或制造成本，包括直接材料、直接人工和制造费用三大项目。非生产成本也称期间费用，包括销售费用、行政管理费用、利息费用等。

图 2-1 例示了成本按经济用途的分类。

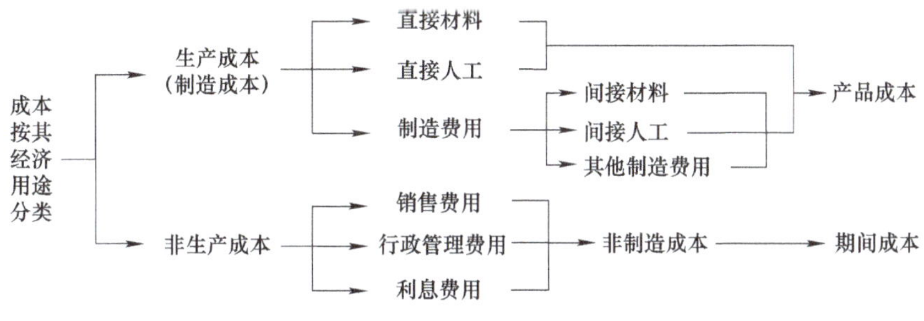

图 2-1　成本按经济用途分类

此分类的主要目的是满足管理中对资产的估价和损益的计量。

（二）成本按成本性态分类

1．成本性态概念

成本性态（Cost Behavior）是指成本总额与业务活动水平之间的数量依存关系。影响成本的业务活动也称为成本动因（Cost Drivers）。引起成本发生的动因有很多，常见的是与数量有关的成本动因，一般表现为业务量。这里的业务量（Volume）是指企业在一定的生产经营期内投入或完成的经营工作量的统称，可以根据具体的业务性质而有所不同，其表现形式可以为实物量、价值量和时间量，如产品的生产量或销售量、产品的销售额、工人工作小时或机器工作小时、维修部门的维修小时、行驶里程、处理订单个数等。当企业的业务活动水平变化时，企业的一些成本可能随之变化：或提高，或降低，或不变。这就是不同的成本所表现出的不同的成本性态。成本与业务量之间的关联是客观存在的，是成本的固有性质，研究二者之间的规律性联系，有助于企业充分挖掘内部潜力，有效地控制成本，取得最好的经济效益。

成本按其性态进行分类，是变动成本计算的基础，也是研究管理会计方法的起点。成本性态分析可以使管理者掌握成本与产（销）量变动的规律性，进而分析计算有关指标，为企业正确的经营决策和控制活动提供有价值的数据。

成本按其性态可分为固定成本、变动成本和混合成本三大类。

2. 固定成本

（1）固定成本概念。固定成本（Fixed Cost）是指在相关范围内，当业务量（或成本动因）发生变动时，其成本总额保持不变的成本。例如：按直线法计提的折旧额、广告费用、职工培训费等均为固定成本。

（2）固定成本特点：

1）在相关范围内，成本总额保持不变。

2）就单位产品负担的固定成本（即单位固定成本）而言，则随着业务量的增减变动成反比例变动。

假设 Y 代表固定成本总额，x 代表业务量，a 代表一个常数，则固定成本总额的习性模型可表示为 $Y=a$。y 代表单位固定成本，则单位固定成本的习性模型可表示为 $y=a/x$。

例 2-1　如某企业租用外单位设备进行产品的加工，每月的租金是 5 000 元，租用两年。该设备的最大产能为 5 000 件，则加工量在 5 000 件内变动对于成本的影响如表 2-1 所示。

表 2-1　固定成本总额与单位固定成本

产量（件）	项目总租金成本（元）	单位产品的租金成本（元/件）
1 000	5 000	5.00
2 000	5 000	2.50
3 000	5 000	1.67
4 000	5 000	1.25
5 000	5 000	1.00

将表 2-1 中的数据反映在坐标图中，便可以在图 2-2、图 2-3 中反映出固定成本的特性。

（3）相关范围。固定成本的相关范围是指成本总额与业务量总数呈线性联系的特定时期或特定的业务量范围。

根据相关范围，固定成本可细分为约束性固定成本和酌量性固定成本：

1）约束性固定成本。约束性固定成本是指通过企业管理人员的当前决策行为不能改变其支出数额的成本项目。如企业固定资产折旧费、保险费、租赁费、取暖费、照明费、不动产税金及管理人员的薪金等。这类成本反映的是形成和维持企业生产经营能力的成本，而不是产品成本，也是企业经营业务必须负担的最低成本，因此又称经营能力成本。由于企业的经营能力一旦形成，在短期内难以改变，任何短期内降低这类成本的企图都必须以缩减企业的生产能力为代价，意味着经营能力的破坏，可能影响企业长远目标的实现，降低盈利能力，因此这种成本具有很大的约束性。这类成本属于相关范围中的特定业务量内的成本。

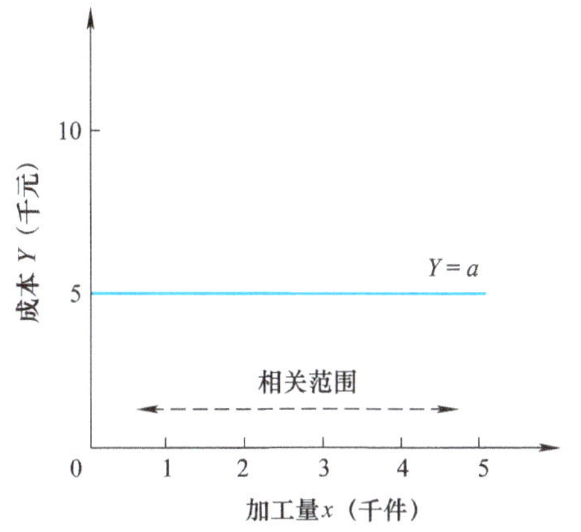

图 2-2　固定成本总额与加工量的关系

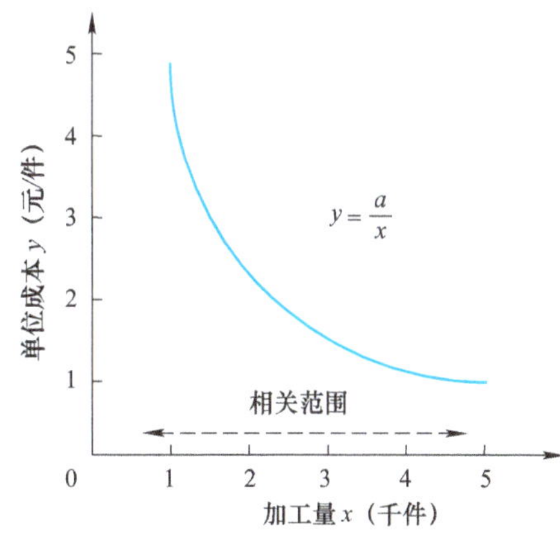

图 2-3　单位固定成本总额与加工量的关系

其特点是：①成本支出额大小取决于生产经营能力的规模和质量。②一旦形成，长期存在，预算期长。

在实务中采取降低这部分成本的措施，只能合理利用经营能力，增加生产规模，进而降低单位固定成本。

2）酌量性固定成本。酌量性固定成本是指通过企业管理人员的短期决策行为可以改变其支出数额的成本项目。如企业的广告费、新产品研究开发费用、职工培训费、科研试验费等。这类费用的支出与管理人员的短期决策密切相关，即管理人员可以根据企业当时的具体情况和财务负担能力，来决定这类费用是否继续支出以及支出数额的增加或减少。

酌量性固定成本关系到企业的竞争能力，也是一种提供生产经营能力的成本，而不是生产产品的成本。只是因为其经济效用难以准确计量，不易计算其最佳的合理支出额，所以要由经理人员进行综合判断，以决定其预算数额。这类成本仅在一定的预算执行期内是固定的。由于酌量性固定成本通常按预算来支出，而预算是按计划期编制的，因此预算一经确定，这类成本的支出额便与时间相联系，而与产量无关，故也应视为“期间成本”。

其特点为：①预算期较短，通常为一年。②成本支出数额大小取决于高层管理者根据企业经营方针而做出的判断。

一般来说，对于这部分固定成本可从降低其绝对额的角度予以考虑，即在预算时认真决策、精打细算，在执行中厉行节约，在保证不影响生产经营的前提下尽量减少它们的支出总额。日常我们讲降低固定成本总额就是指降低酌量性固定成本。

显然，对固定成本的这种分类，有助于我们针对不同类别固定成本的特性来选择降低固定成本的有效途径。

3. 变动成本

（1）变动成本的概念。变动成本（Variable Cost）是指在一定条件下，其总额随业务量（或成本动因）的变动而成正比例变动的成本。如：直接材料、直接人工、外部加工费等都是和单位产品的生产直接相联系的。即当企业的业务量发生一定比例（如增长 20%）的变动时，相应的变动成本也会随之发生相同比例的变动（同样也增长 20%）。

（2）变动成本特点：

①在一定时期和一定业务量范围内，成本总额随业务量的增减变动成正比例变动。②单位产品中的变动成本（即单位变动成本）不受业务量增减变动的影响而保持不变。

假设 Y 代表变动成本总额，x 代表业务量，单位变动成本为 y，b 代表一个常数，则变动成本总额的习性模型可表示为 $Y=bx$，单位变动成本的习性模型可表示为 $y=b$。

例 2-2　承上例，加工产品需外购零件 A 以满足生产需要，零件 A 的外购单价为 10 元，则加工量在一定范围内变动对成本的影响如表 2-2 所示。

表 2-2　变动成本总额与单位变动成本

产量（件）	总外购成本（元）	单位外购成本（元/件）
1 000	10 000	10
2 000	20 000	10
3 000	30 000	10
4 000	40 000	10
5 000	50 000	10

将表 2-2 中的数据反映在坐标图中，便可以以图 2-4、图 2-5 反映出变动成本的特性。

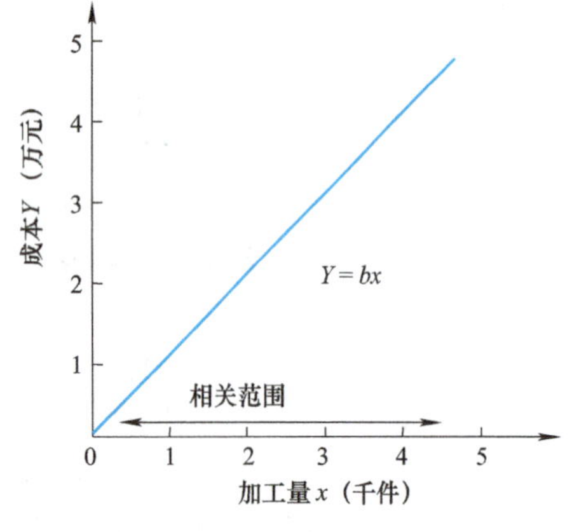

图 2-4　变动成本总额与加工量的关系

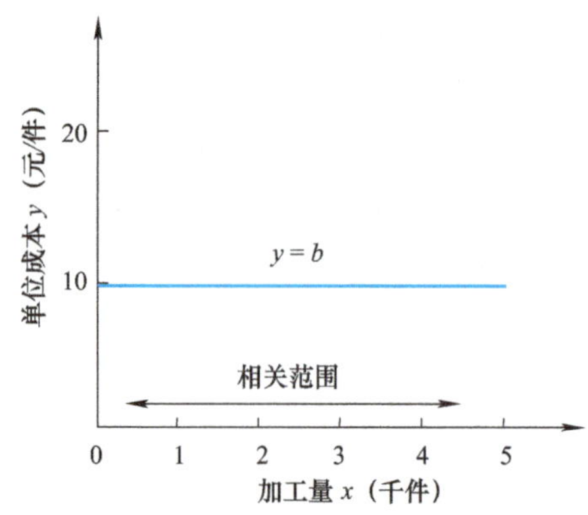

图 2-5　单位变动成本总额与加工量的关系

（3）变动成本分类。变动成本可按照其发生的原因进一步分为技术性变动成本和酌量性变动成本。

① 技术性变动成本。技术性变动成本又称设计变动成本，是指在其单位成本受客观因素决定、消耗量由技术因素决定的那部分变动成本，即与产量有明确的生产技术或产品结构设计关系的变动成本，例如：某热电厂的锅炉必须使用燃烧值在一定千焦耳以上的精煤，只要工艺技术及产品设计不改变，燃烧成本就属于随发电量成正比变动的技术性变动成本。

这类成本是利用生产能力所必须发生的成本，要想降低此类成本，应当通过改进设计、改革工艺技术、实现技术创新，提高材料的综合利用率、劳动生产率以及避免浪费、降低单耗来实现。

② 酌量性变动成本。酌量性变动成本是指在其单耗受客观因素决定，其单位成本主要受企业管理部门决策影响的那部分变动成本。例如：在不影响质量和单耗不变的前提下，企业可以在不同地区或不同供货单位采购到不同价格的某种原材料，其成本消耗就属于酌量性变动成本。这类成本可以通过管理层决策行为改变大小，其成本的效用主要是提高竞争能力或改善企业形象。

要想降低这类成本，应当通过合理决策，降低材料采购成本，优化劳动组合，严格控制制造费用开支，改善成本——效益关系来实现。

与固定成本相似，某些成本项目只是对某一特定业务量来说属于变动成本，而对其他业务量来说则不属于变动成本。因此，在研究变动成本时，必须了解有关业务量的具体形式。再者，变动成本的基本特征也是有条件的。业务量一旦超出相关范围，成本总额与业务量之间的正比例关系就不一定存在。

4．混合成本

在实际工作中，许多成本往往介于固定成本和变动成本之间，它们既非完全固定不变，也不随业务量成正比例变动，因而称为混合成本（Mixed Cost）。

混合成本的情况比较复杂，需要进一步分类和分解，故单独一节讲解。

5．相关范围对成本性态的影响

前面在解释固定成本和变动成本的含义时，总要加上“在一定条件下”这句话，这就意味着固定成本和变动成本的区分不是绝对的，而是有条件的。这个条件在管理会计中称为相关范围（Relevant Range）。

由于固定成本和变动成本相关范围的存在，使得各项成本的性态具有相对性、暂时性和可转化性的特点。因此不应该对成本性态做绝对的理解。

（1）成本性态的相对性是指在同一时期内，同一成本项目在不同企业之间可能具有不同的性态。因而不能盲目照抄他人现成的成本性态分析结论。

（2）成本性态的暂时性是指就同一企业而言，同一成本项目在不同时期可能有不同的性态。因此，企业必须根据变化情况，经常进行成本性态分析，不能机械地把过去的分析结论看成是一成不变的。

（3）成本性态的可转化性是指在同一时空条件下，某些成本项目可以在固定成本和变动成本之间实现互相转化。如空运公司支付的空运租金，在长期包租飞机时便是固定成本，而临时租用货位时则是变动成本。了解这一特性有助于灵活地分析成本性态。

（三）成本按决策相关性分类

成本按与决策的相关性分为相关成本和无关成本。

1．相关成本

相关成本是指与决策有关的各类未来成本。在管理会计的决策分析中，因决策的目的不同，往往会采用不同的成本概念。

常见的相关成本有：差别成本、边际成本、机会成本、假计成本、重置成本、现金支出成本、可避免成本、可延缓成本、不可延缓成本、专属成本。

（1）差别成本。差别成本（Differential Cost）又称“差量成本”或“差额成本”，有广义和狭义之分。广义的差别成本是指可供选择的不同备选方案之间预计成本的差额。如何在几种方案中选取一种最满意的方案，必须对它们的预计成本进行比较，计量差别成本，作为决策分析的依据。例如：生产所需零部件是自制还是外购决策问题，这里“自制”是一个方案，“外购”是另一个方案，自制 100 个零部件的成本为 10 000 元，外购 100 个零部件成本为 14 000 元。则自制与外购 100 个零部件这两个方案的差别成本为 4 000 元。

狭义的差别成本又称增量成本，在制造企业，由于实施某项决策方案会引起产量的变动，因而增量成本也可以说是指由于生产能力利用程度的不同，即由于产量不同而形成的成本差异。例如：上述零部件经分析，拟采取“自制”方案，但自制多少呢？是自制 500 件，还是自制 550 件呢？这里“500 件”是一个方案，“550 件”是另一个方案。事实上，“自制”方案可按其产量细分为多个方案，任意两个方案之间的成本差额部分，可视为这两个方案的“差别成本”。

应该注意，差别成本和变动成本是两个不同的概念，且两者在量上也不一定相同。在相关范围内，差别成本表现为该方案的相关变动成本，即等于该方案的单位变动成本与相关业务量的乘积。具体讲，对于具有相同内容但生产能力利用程度不同的两个方案，差别成本等于变动成本增减额；当生产能力发生变动时，差别成本可能包括固定成本，若产量超出固定成本的相关范围，则此时的差别成本等于变动成本增减额与固定成本增减额之和。

例 2-3　某企业拟购入一批零部件，若购入量在 1 500 ~ 2 500 件的相关范围内，需要发生固定性采购费用（不含零部件购价）4 000 元，此时零部件售价为 30 元 / 件；若购入量超过 2 500 件，在 2 501 ~ 3 500 件的相关范围内，固定性采购费用需增到 8 000 元，此时，销售商愿意以 25 元 / 件的价格出售零部件。试计算购入量每增加 500 件（视为一个行动方案）的差别成本。

据上述资料，按照差别成本的定义，可列表计算，如表 2-3 所示。

表 2-3　差别成本计算分析表　（单位：元）

购入量（件）	固定成本	变动成本	总成本	固定成本增量	变动成本增减	差别成本	单件差别成本
1 500	4 000	45 000	49 000		—	—	—
2 000	4 000	60 000	64 000		15 000	15 000	30
2 500	4 000	75 000	79 000		15 000	15 000	30
3 000	8 000	75 000	83 000	4 000	0	4 000	8
3 500	8 000	87 500	95 500		12 500	12 500	25

由表 2-3 可以看出，当购入量在 1 500 ~ 2 500 件的相关范围内时，差别成本与变动成本增减额相等，单件差别成本也表现为单件变动成本；当购入量在 2 501 ~ 3 000 件的相关范围内时，差别成本与变动成本增减额不相等，而是表现为固定成本增减额与变动成本增减额之和；当购入量在 3 001 ~ 3 500 件之间，差别成本又与变动成本增减额趋于一致，但此时的单件差别成本已不再是 30 元，而是等于新的单位变动成本 25 元。

（2）边际成本（Marginal Cost）。从经济学的观点看，边际成本指产品成本对产品产量无限小变化的变动部分，从数学上讲，它是总成本函数的导数。若假定成本函数为$f(x)$，x为业务量，MC为边际成本，则有MC=$f'(x)$，即$\mathrm{MC}=\lim_{\Delta x\to 0}\frac{f(x+\Delta x)-f(x)}{\Delta x}$。但在实践中，产量无限小地变化，最小只能小到一个单位，产量的变化小到一个单位以下，就没有什么实际意义了。所以，边际成本的实际计量，就是产量增加或减少一个单位所引起的成本变动。即

$$\mathrm{MC}=\lim_{\Delta x\to 0}\frac{f(x+\Delta x)-f(x)}{\Delta x}=f(x+1)-f(x) \tag{2-1}$$

显然，管理会计中的边际成本不仅是离散型的，而且还是增量成本的特殊形式：当业务量的增量为一个单位时，边际成本等于狭义的差别成本。

边际成本在经营决策中有如下的作用：

1）当某产品的平均成本与边际成本相等时，平均成本最低。掌握了边际成本与平均成本之间的这一关系，可以进一步计算产量达到多大，才能使平均成本达到最低。这一规定性的关系，对于促进企业提高生产经营的经济效益具有重要指导意义。

例 2-4　假设以TC(x)代表产量为x时的总成本，AC(x)代表产量为x时的平均成本；并假定根据有关数据得到其总成本与产量的关系可用下列二次函数来表现：

$$\mathrm{TC}(x)=100+6x+0.01x^2$$

边际成本，从数学上看，就是求TC(x)的一阶导数，即：

边际成本：$\mathrm{TC}'(x)=6+0.02x$

平均成本：$\mathrm{AC}(x)=\frac{\mathrm{TC}(x)}{x}=\frac{100+6x+0.01x^2}{x}=\frac{100}{x}+6+0.01x$

当边际成本＝平均成本时，即$6+0.02x=\frac{100}{x}+6+0.01x$，$x$=100（件）

平均成本：$\mathrm{AC}(100)=\left(\frac{100}{100}+6+0.01\times 100\right)\text{元}=8\text{元}$

可见，当产量为100件时，平均成本达到最低8元。

2）当某产品的边际收入与边际成本相等时，企业能实现最多的利润。

例 2-5　假设以TS(x)代表销售产品为x件时的销售收入，TP(x)代表销售产品x件时能实现的利润，单位产品售价为12元。沿用前例总成本的表达即：

$$\mathrm{TC}(x)=100+6x+0.01x^2$$

总收入：$\mathrm{TS}(x)=12x$

边际收入：$\mathrm{TS}'(x)=12$

总成本：$\mathrm{TC}(x)=100+6x+0.01x^2$

边际成本：$\mathrm{TC}'(x)=6+0.02x$

当边际收入＝边际成本时，利润最大，即$12=6+0.02x$，x=300件

上述计算表明，当销售量为300件，边际成本与边际收入相等，其总利润的最大值可达到：

$$\begin{aligned}\mathrm{TP}(300)&=300\times 12-[100+6\times 300+0.01\times(300)^2]\text{元}\\&=(3\ 600-2\ 800)\text{元}\\&=800\text{元}\end{aligned}$$

（3）机会成本。机会成本（Opportunity Cost）原是经济学术语。它以经济资源的稀缺性和多种选择机会的存在为前提，又叫机会损失（Opportunity Loss），是指在经济决策中由于选择最优方案而放弃次优方案所丧失的潜在收益。

企业的每项经济资源都可能有许多不同用途，即有许多被使用的机会。在一定时空条件下，资源又总是相对有限的，资源用于某一方面就不能同时用于另一方面。也就是说，资源在某一方面使用的所得，正是由于放弃其他方面使用的机会所带来的。这就要求在进行经营决策时，除了要考虑选定方案所能带来的收益，还要考虑因丧失掉其他方案而失去的收益。一般而言，这部分失去的收益应当由被选定方案的收益来补偿，如果被选定方案的收益不能补偿机会成本，就说明被选定方案不是最优方案。由于机会成本并不是企业的实际支出或资产耗费，因而在财务会计实务中，机会成本并不在任何会计账户中予以登记，但在决策时应作为一个现实的因素加以考虑。

（4）假计成本。假计成本（Imputed Cost），又叫估算成本（Estimated Cost），是指使用某种经济资源的代价。这种代价不是企业的实际支出，也不必记账，但在进行方案选择时要认真考虑，是机会成本的特殊形式。在决策分析过程中，有些机会成本较易计量，但有时机会成本可能并非一目了然，而需要进行估算。凡是与某项经济活动相关联需要经过假定推断才能确定的机会成本就是假计成本。例如：企业将一笔资金用于购建一项新的固定资产，不论这笔资金是债务资金还是主权资金，均存在资本成本。在进行正确决策分析时，企业都必须把利息因素考虑进去，视同机会成本进行估算。

假计成本的典型形式就是利息。这种假设存在的利息就属于假计成本，自有资金的应计利息就是假计成本的一种形式。

（5）现金支出成本。现金支出成本（Out-Of-Pocket Cost）又叫“付现成本”，是指由于某项决策而引起的需要在未来用现金支付的成本，是一种未来成本。

任何经济决策都会需要现金资源。如果没有现金支持，再好的决策方案也不能实现。特别是在企业处于现金严重不足，支付能力受到限制的情况下，决策者不得不选择付现成本较低而总成本较高、收益相对较少的方案。

例 2-6　某企业现接受一批特定订货，为满足客户对这批订货的要求，急需购置一种专用设备，但近期企业的资金十分紧张，预计短期内也无账款可以收回，而且银行贷款利率高达 10% 以上。在这种情况下，该企业购买专用设备有以下两个方案可供选择：

第一个方案：甲公司可提供这种专用设备，要价 140 000 元，货款必须马上支付。

第二个方案：乙公司也可提供这种设备，要价 150 000 元，但货款只需先付 10 000 元，其余分 10 个月付清，每月归还 14 000 元。

根据上述资料，企业管理人员认为第二个方案为可行，因为该方案所需支付的总成本虽然比第一个方案多 10 000 元，但近期的现金支出成本较低，是企业现有支付能力所能承受的；而专项设备购入并投入使用所带来的效益，可弥补总成本较高而形成的损失。上述决策分析表明，当企业资金紧张时，特别要把现金支出成本作为考虑的重点。

（6）重置成本。重置成本（Replacement Cost）是指按照现行的市场价格重新购置目前所持有的某项资产所要花费的全部支出。如以闲置固定资产进行投资，就必须对其重新估价，考虑重新购置或建造和安装同样生产能力的固定资产所需的代价，以确定投资额的多少。

重置成本一般应用于产品定价、投资、资产重组或资产清查等决策。如在定价决策时，一存货历史单位成本为 60 元，售价 68 元；现因原料市场价格的变化，该类货物的市场价格为 75 元。在确定存货售价时，从历史成本的角度考虑，每单位按 68 元售出，可获得 8 元的利润；但若出售后再重新购置此类货物，每单位要花费 75 元，不仅不能获利，反而每单位亏损 7 元，所以，应按照重置成本估价。

（7）可避免成本。可避免成本（Avoidable Cost）是指通过某项决策行动可以改变其数额的成本。也就是说，如果某一特定方案被采用了，与其相联系的某项支出就必然发生；反之，如果某项方案没有被采用，则某项支出就不会发生。酌量性成本属于可避免成本。例如：某企业现还有一定剩余的生产能力，拟接受某项特定订货，对方对这批订货有一些特殊要求，为满足这些要求，需要购买一项价值 5 000 元的专用设备，这 5 000 元专用设备款最终是否发生，完全取决于这一批特定订货的接受与否，如果不接受这一批订货，这 5 000 元的专用设备款就不发生，所以它是可避免成本。由于可避免成本构成了不同方案的差别成本，因此是相关成本。一般而言，变动成本都是可避免成本；某些酌量性固定成本，如广告费、培训费，员工的固定工资等也是可避免成本。因为一旦停止某项经营业务，这些费用就会削减。

例 2-7　假定某企业的零件生产成本如表 2-4 所示。一家公司愿以每件 8 元供应此种零件。该企业应选择自制还是外购？

表 2-4　自制或外购决策　（单位：元）

总成本：	每件	每1 000件
直接材料、直接人工、变动性制造费用	2	2 000
直接的固定性制造费用	4	4 000
间接的、经分配的固定性制造费用	5	5 000
合计	11	11 000
外购单价	8	

初看表 2-4，由于报价低于每单位制造成本 11 元，似乎外购比自制更为有利。但进一步的分析可以看到，企业如采取外购方案，可避免成本包括直接固定性制造费用 4 000 元和直接材料、直接人工与变动性制造费用 2 000 元，可避免成本总额为 2 000+4 000=6 000（元），每单位可避免成本为 6 元，低于外购价 8 元。这一计算表明：企业继续生产这种零件，可以获得较好的效益。

（8）可延缓成本（Deferrable Cost）。按照成本的递延性分为可延缓成本和不可延缓成本。可延缓成本是指某一方案已经决定要采用，但如推迟执行，对企业全局影响不大，因此，同这一方案相关联的成本就称为可延缓成本。

可避免成本与可延缓成本的不同之处在于：是否发生可避免成本，完全取决于决策者；而可延缓成本只是在发生的时间上可以推迟，将来方案执行成本注定要发生。

由于可延缓成本具有一定弹性，在决策中应当充分予以考虑。例如：某企业已决定购买四台计算机，以便在财务部推广电算化。但因企业目前资金比较紧张，决定推迟购买。该方案即使不立即实施，也不会对企业目前生产经营活动的正常进行产生重大影响。因此，同购买计算机有关的成本就是可延缓成本。

（9）不可延缓成本。对已选定了某一决策方案就必须立即实施，否则，将会对企业生产经营活动的正常运行产生重大的不良影响，那么与这一类方案有关的成本称为不可延缓成本（Undeferrable Cost）。由于不可延缓成本具有较强的刚性，马上就要发生，所以必须保证对它的支付，没有什么选择的余地。例如：设某企业的一项关键性设备出现故障，如不立即修复投入运行，企业将无法按期完成交货任务，使企业遭受重大的有形与无形损失。因此，同修复设备决策方案相联系的成本，就属于不可延缓成本。

（10）专属成本。专属成本（Dedicated Cost）是指明确可归属于某种、某批或某个部门的成本，也称特定成本，与决策方案相关联。

2. 无关成本

无关成本（Irrelevant Cost）也称非相关成本，是指过去已发生，与某一特定决策方案无直接联系，或在决策中不需要考虑的成本。

常见的无关成本有：沉没成本、不可避免成本、共同成本。

（1）沉没成本。沉没成本（Sunk Cost）是指过去决策所发生，无法由现在或将来的任何决策所能改变的成本。如购置设备或其他生产资料所产生的支出，实质上是一种"沉没成本"，与目前的决策无关。

企业中厂房设备的账面价值就是一个沉没成本的例子。当对设备进行"以旧换新"时，企业不能改变旧设备的账面价值，此账面价值与计算所得税有关，而与"以旧换新"方案无关。作为相关因素考虑的只能是旧设备的变现价值，而旧设备的账面折余价值则属于沉没成本。企业要决定继续或中止某一经营方案时，设备的账面价值并不作为列入考虑的因素。

沉没成本和现金支出成本是从不同时间（过去、未来）发生的成本对决策产生不同影响的角度来说明的。

（2）不可避免成本。不可避免成本（Unavoidable Cost）是同可避免成本相对应的一个成本概念。它是指某项决策行动不能改变其数额的成本。也就是同某一特定决策方案没有直接联系的成本。其发生与否，并不取决于有关方案的取舍。

例 2-7 中，间接的固定性制造费用 5 000 元是不可避免的，单位不可避免成本 5 元。

必须指出，将成本区分为可避免成本与不可避免成本、可延缓成本与不可延缓成本具有较大的现实意义。因为可避免成本是对方案进行分析对比、决定取舍的重要依据。如果多种决策方案已经决定要采用，但受企业现有财力的局限而不可能同时全部付诸实施，则需区分轻重缓急，确定哪些是可延缓的，哪些是不可延缓的，然后依次付诸实施。这样，才有利于最经济有效地利用现有资源，取得最大的经济效益。

（3）共同成本。共同成本（Common Cost）是指那些需由几种、几批或几个部门共同分担的成本。

3. 区分相关成本和无关成本的意义

（1）在难以得到足够资料的情况下，能有效地进行决策分析。例如，是否经营某一商品的决策，事先编制一份完全的损益表是不大可能的，因为这涉及共同成本的分摊。即使勉强编出损益表，也很难作为决策的依据；此种情况下，就要明确区分哪些是相关成本，哪些是无关成本，舍弃后者，才能作为决策依据。

（2）简化分析，集中注意力，保证决策结果的正确性。有时，尽管能得到决策分析所需的全部资料，但将相关成本与无关成本混合，容易使整个情况趋于混乱，分散分析者的注意力，因此，也有必要区分相关成本与无关成本。

还应注意，相关成本与无关成本是相对的。由于决策的对象不同，决策的期间不同，决策的范围不同，同一成本有时属于相关成本，有时却属于无关成本。如固定成本有约束性固定成本和酌量性固定成本之分，很难笼统地说它是属于相关成本还是属于无关成本。

例 2-8 一双帆布鞋的成本构成和成本类型⊖如图 2-6 和表 2-5 所示。

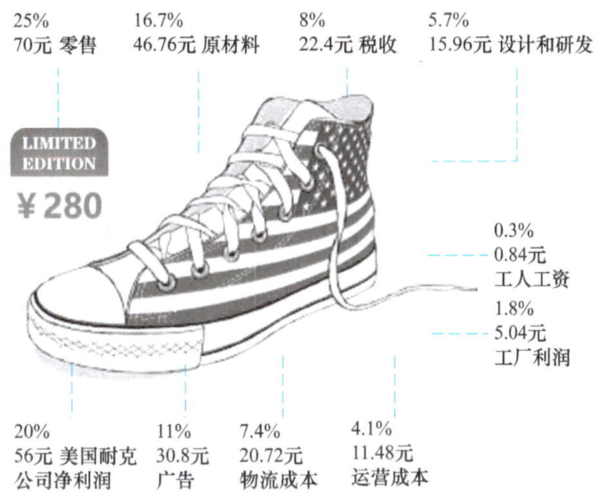

图 2-6 匡威帆布鞋的成本构成

表 2-5 匡威帆布鞋的成本类型

成本项目	比例（%）	成本类型
零售	25.0	固定成本
		部分可以直接归集
		部分不好跟踪分配
原材料	16.7	变动成本
		可以直接归集
广告	11.0	固定成本
		部分可以直接归集
		部分不好跟踪分配
税收	8.0	可以跟踪
		部分可以直接归集
		所得税不好跟踪分配
物流	7.4	变动成本
		可以直接归集
设计和研发	5.7	固定成本
		部分可以直接归集
		部分不好跟踪分配

⊖ 取自数据解读：一双匡威帆布鞋的成本构成，http://www.199it.com/archives/120618.html.

（续）

成本项目	比例（%）	成本类型
运营成本	4.1	共同成本
工厂利润	1.8	共同成本
工人工资	0.3	可分摊+共同成本

（四）成本按管理可控性分类

成本按照可控性可以区分为可控成本和不可控成本两类。成本的可控与否是有条件的。成本按其可控性分类，是以一个特定的单位和一个特定的时期作为出发点的。

1. 可控成本和不可控成本的概念

（1）可控成本是指在特定时期内，从一个单位或部门看，属于这个单位或部门权责范围内，能直接控制其发生的成本。

（2）不可控成本是指成本的发生，不属于某一单位或部门的权责范围内，不能为这个单位（部门）所控制的。

2. 可控成本的判定条件

可控成本总是针对特定单位或部门来说的，判断一项成本是否是可控成本，可依据以下三个条件：

（1）假如某单位或部门通过其自主行为能有效地影响一项成本的数额，那么该单位或部门就要对这项成本负责。

（2）假如某单位或部门有权决定是否使用某种资产或劳务，它就应对使用这些资产或劳务的成本负责。

（3）某管理人员虽然不直接决定某项成本，但是上级要求他参与有关事项，从而对该项成本的支出施加了重要影响，则他对该成本也要承担责任。

凡不能同时符合上述三个条件的，即为不可控成本。

3. 可控成本和不可控成本的相对性

可控成本与不可控成本是相对而言的。

（1）某项成本对某一单位或部门而言是不可控成本，而对另一单位或部门而言则可能是可控成本，如存货的采购成本，对于生产部门而言是不可控成本，但对供应部门来说，则是可控成本。

（2）某项成本对低层的单位或部门而言是不可控成本，但在较高层的单位或部门则可能是可控成本，如制造费用中的固定部分对生产班组虽属于不可控成本，但对制造车间来说则是可控成本。

（3）某些成本在短时期内是不可控的，但在较长时期内却成为可控的，如固定资产折旧费和摊销的长期租赁费，从已开始计提折旧和已开始摊销的会计期间看，是企业不可控的费用，但从购置和租入资产时的较长时期看，则又是可控的。

（4）某些成本是否可控，要视其分配方法而定，如维修、供水、供电、供气、内部运输等企业内部产品和劳务提供部门的成本，如果按规定的固定比例分配给受益部门，就属于各受益部门的不可控成本；如果按各受益部门的耗用数量（如维修工时、用水量、用电量、用气量、运输量等）分摊，则属于受益部门的可控成本。

由此可见，成本的可控性总是与一定的条件相联系而确定的，不能脱离有关的具体条件抽象地谈论哪项成本是可控的或哪项成本是不可控的。

成本按照可控性分类可以分清各部门职责，确定其相应的责任成本，考核其工作业绩。

第二节 混合成本及其分解

一、混合成本的种类

常见的混合成本一般包括阶梯式成本、半变动成本、延伸变动成本和曲线成本。

1. 阶梯式成本

阶梯式成本（Step Cost) 是指成本总额会随业务量呈阶梯式变动的成本。其特点是：成本总额在一定的业务量范围内是固定的，当业务量超过这一范围时，其发生额就会跳跃上升到一个新的水平，并在新的业务量范围内固定不变，直到出现另一个新的跳跃为止，如此重复下去，其成本总额随业务量的增长呈现出阶梯状增长趋势。这类成本也称之为半固定成本，如企业的运货员、质检员、保养工等人员的工资，以及受一定业务量影响的固定资产租赁费等。

例 2-9 如例 2-1 中，企业租用的设备产能最大为 5 000 件，若加工量超过 5 000 件，则需租用另一设备，租金每月增加 3 000 元，产量可增至 8 000 件；若加工量超过 8 000 件，则还需租用设备，租金每月增加 2 000 元，产量可增至 10 000 件。则该项成本的性态模型如图 2-7 所示。

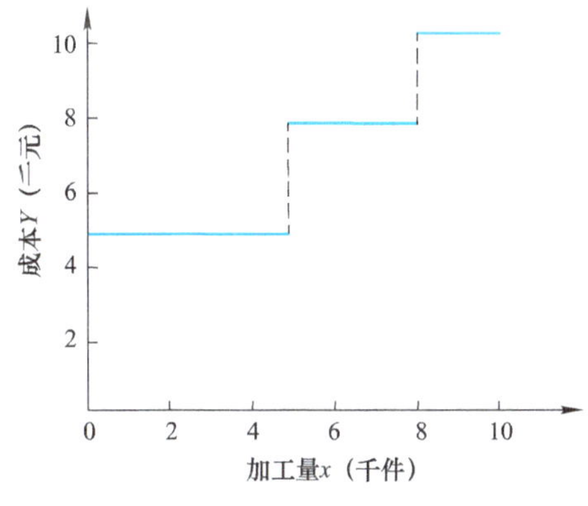

图 2-7 阶梯式成本

对于阶梯式成本，可依其变动的相关范围大小，归属于固定成本或变动成本。成本的金额很大且适用于一特定的、广泛的活动范围时，该成本就被认为在那个活动范围内是固定成本，如该企业租赁设备，加工量在 5 000 件以内，成本就是固定的。

阶梯式成本的数学模型可写成如下分段函数的形式：

$$Y = f(x) = \begin{cases} a_1 & (0 < x \leqslant x_1) \\ a_2 & (x_1 < x \leqslant x_2) \\ a_3 & (x_2 < x \leqslant \infty) \end{cases}$$

2. 半变动成本

半变动成本（Semi-variable Cost）是由明显的固定成本和变动成本两部分组成。这种成本通常有一个基数，不受业务量的影响，相当于固定成本；但在此基数之上，随着业务量的增长，成本也成正比例增加，这部分成本相当于变动成本。如属于公用事业费的水电费、煤气费、电话费，以及机器设备的维修保养费等都属于这类成本。这些成本一般是由供应单位每月固定一个收费基数，不管企业使用量大小都必须支付，属于固定成本性质。在此基础上，再根据耗用量的大小乘以单价计算，属于变动成本性质。

例如，某公司每月发生的电话费用就是按固定的月租费和按照通话时间及计价标准计算的通话费用两部分之和。该电话费的成本性态模型如图 2-8 所示。

半变动成本函数可直接写成 $Y=a+bx$。

3．延伸变动成本

延伸变动成本（Delayed-variable Cost）是指在一定业务量范围内成本总额不随业务量而变动，但当业务量超出这一范围后，成本总额将随业务量的变动而发生相应的增减变动的成本项目。如在有加班费存在的情况下，企业的人工总成本就属于延期变动成本，因为企业在正常工作时间之内，对员工支付的薪金是固定不变的；但当工作时间超过规定水准，则需按加班时间的长短成比例地支付加班费。其形态如图 2-9 所示。

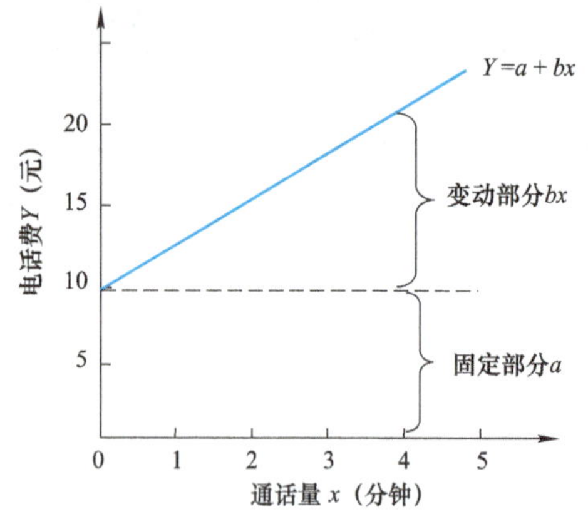

图 2-8　半变动成本性态模型

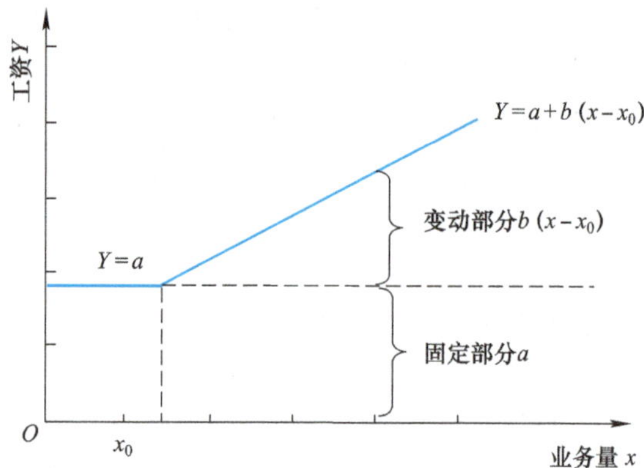

图 2-9　延伸变动成本模型

延伸变动成本函数为：

$$Y=f(x)\begin{cases} a & (0<x\leqslant x_0) \\ a+b(x-x_0) & (x_0<x\leqslant\infty) \end{cases} \tag{2-2}$$

4．曲线成本

曲线成本（Progressively Curve Cost）为混合成本，这类混合成本通常有一个初始量，一般不变，相当于固定成本；在这个初始量的基础上，成本随着业务量变动但并不存在线性关系，在坐标图上表现为一条抛物线。按照曲线斜率的不同变动趋势，这类混合成本可进一步分为两种类型：一是递减型混合成本；二是递增型混合成本。其中递减型混合成本的特点是：成本的增长幅度小于业务量的增长幅度，成本的斜率随业务量递减，反映在坐标图上呈一凸型曲线，如热处理使用的电炉设备，每班都需要预热，因预热而耗用的成本（初始量）属于固定成本性质，而预热后进行热处理的耗电单位成本，随着业务量的增加逐步下降，总成本呈一上凸抛物线上升。如图 2-10 所示。而递增型混合成本的特点是：成本的增长幅度随业务量的增长而呈更大幅度变化，成本的斜率呈递增趋势，在右边图上表现为一凹形曲线。如各种违约金、罚款等都属于这类成本，如图 2-11 所示。

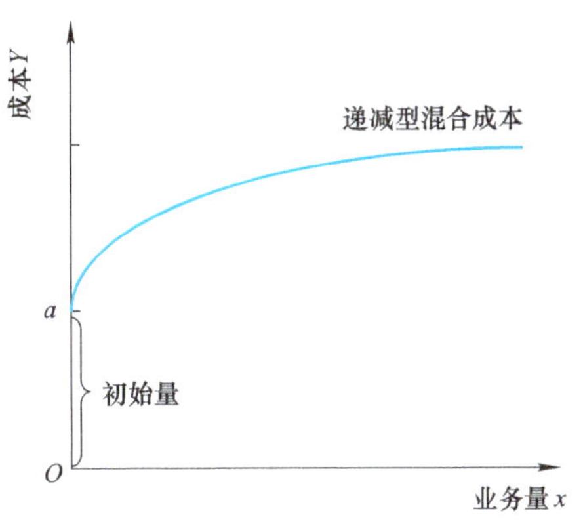

图 2-10　递减型混合成本性态模型

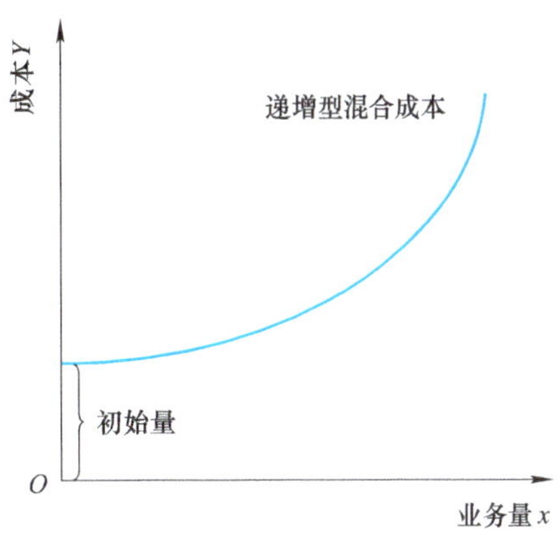

图 2-11　递增型混合成本性态模型

无论哪一类混合成本都可以直接或间接地用一个直线方程 $Y = a+bx$ 去模拟它（这里的 Y 代表混合成本，x 代表业务量，a 代表混合成本中的固定部分，bx 代表混合成本中的变动部分；b 代表混合成本中变动部分的单位额）。这就为成本性态分析中采用一定方法进行混合成本分解提供了数学依据。

二、总成本公式及其性态模型

根据以上的分析，企业总成本是各种性态的成本组合而成的，也可将其看成是混合成本。那么企业总成本的公式就可以写成

$$\begin{aligned}\text{企业总成本} &= \text{固定成本总额} + \text{变动成本总额} \\ &= \text{固定成本总额} + \text{单位变动成本} \times \text{业务量}\end{aligned} \tag{2-3}$$

现设总成本为 Y，固定成本总额为 a，单位变动成本为 b，业务量为 x。那么，总成本公式就可以写成

$$Y=a+bx \tag{2-4}$$

从数学的观点来看，这是一个直线方程。式中，x 是自变量；a 是常数，为截距；b 是直线的斜率；Y 是因变量，即函数。其成本性态模型如图 2-12 所示。

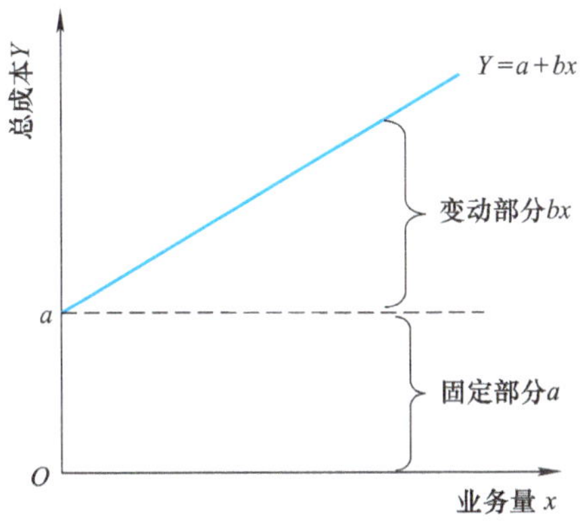

图 2-12　总成本性态模型

三、混合成本的分解

混合成本既包含了变动的因素，也包含了固定的因素，因而它的性质与总成本的性质相似。但为了管理分析方便起见，对于这种混合成本，必须采用适当的方法将其中的变动因素与固定因素分解出来，并分别划入变动成本和固定成本，以便管理成本通用模式的有效利用。

混合成本的分解方法通常有账户分析法、合同确认法、工程分析法和历史成本分析法。

（一）账户分析法

账户分析法（Account Classification Method）又称会计分析法，是指根据各有关成本明细账的发生额，结合其与业务量的依存关系，对每项成本的具体内容进行直接分析，使其分别归入固定成本或变动成本的一种方法。此法在很大程度上属于定性分析，即根据各个成本项目及明细账户的成本性态，通过经验判断，把那些与固定成本较为接近的成本归入固定成本；把那些与变动成本较为接近的成本归入变动成本。对于不能简单地归入固定成本或变动成本的项目，则可通过一定比例将它们分解为固定和变动两部分。例如：产品耗用的原材料和生产工人工资基本上与产量成正比例关系，可列入变动成本。燃料与动力成本项目，虽然不与产量呈严格的正比例关系，但其变动与产量关系较大，故可视作变动成本。至于制造费用和管理费用中的固定资产折旧费、管理人员工资、保险费、设备租金、不动产税等，与产量关系不大均可视作固定成本处理。

下面举一简例说明账户分析法的应用。

例 2-10 某企业车间的月末成本如表 2-6 所示。

表 2-6 ××车间×月成本表 （单位：元）

产量为1 000件时的成本	
账户	总成本
原材料	10 000
直接人工	20 000
燃料、动力	5 000
维修费	4 000
间接人工	2 000
折旧	10 000
管理费用	2 000
合计	53 000

在表 2-6 中，原材料和直接人工通常为变动成本，燃料、动力费、维修费、间接人工等根据以往经验其中有 70% 属变动成本。行政管理费又具体包括许多杂项支出，其中大部分与产量没有明显的关系，但也可能会有变动的因素。基于上述同样的原因，我们仍可将其视为固定成本。

表 2-7 例示了车间成本的分解情况。

表 2-7　××车间成本的分解　（单位：元）

项目	产量为1 000件时的成本		
	总成本	固定成本	变动成本
原材料	10 000		10 000
直接人工	20 000		20 000
燃料、动力	5 000	1 500	3 500
维修费	4 000	1 200	2 800
间接人工	2 000	600	1 400
折旧	10 000	10 000	
管理费用	2 000	2 000	
合计	53 000	15 300	37 700

根据表 2-7，可将该车间的总成本分解为“固定”和“变动”两部分，直线方程 $Y=a+bx$ 中：

$$a=15\ 300$$

$$b=\frac{37\ 700}{1\ 000}=37.7$$

即：$Y=15\ 300+37.7x$

由此可以看出，账户分类法具有简便易行的优点，且计算结果直观，适用于会计基础工作较好的企业。但由于此法要求分析人员根据自己的主观判断来决定每项成本是固定成本还是变动成本，因而对会计人员的职业素养要求很高。

（二）工程分析法

工程分析法（Engineering Analysis Method）又称技术测定法，它是由工程技术人员通过某种技术方法测定正常生产流程中投入—产出之间的规律性的联系，以便逐项研究决定成本高低的每个因素，并在此基础上直接估算出固定成本和单位变动成本的一种方法。

采用该方法的关键之处在于：准确测定反映在一定生产技术和管理水平条件下，投入的成本与产出的数量之间有规律性联系的各种消耗量标准。如生产一定数量产品所需耗用的各种原材料、燃料的数量、机器小时、特定技术等级的人工工时等。将这些数量标准乘以相应的单位价格，便可得到各项标准成本。如企业详细的工程设计说明书，一般都包括制造某种产品所需的各种原材料及标准耗用量，只要将其乘以原材料价格，即可高度准确地测定原材料成本是多少。根据工程设计说明书与时间动作研究，就可以准确地测定生产流程中每一步骤所耗费的时间（即人工小时），再将其乘以小时工资率，便可得到单位产品的标准人工成本。

工程研究法适用于投入成本和产出数量之间有规律性联系的成本分解。对于已发生较大技术改造或生产能力有重大变动的老企业无指导意义。企业投产初期可参照可行性分析报告。

该方法既是在缺乏历史成本数据条件下可用的、最有效的方法，也是用于检验历史成本分析结论的最佳方法。但应用起来较复杂，工作量很大，而且对不能直接归属于特定的投入产出关系的成本，是不能使用该方法的。

（三）合同确认法

合同确认法（Contract Confirm Method）是根据企业与供应单位所订立的合同（或契约）中关于支付费用的规定，来确认并估算哪些属于变动成本，哪些属于固定成本的方法。这种方法特别适用于有明确计算方法的各种初始量变动成本，如电费、水费、煤气费、电话费等各项公用事业费。其账单上的基数即为固定成本，而按耗用量多少来计价的部分则属于变动成本。

该方法也是在没有历史成本数据下可应用的一种方法，一般要配合账户分析法使用。

（四）历史成本分析法

历史成本分析法（Historical Cost Analysis Method）是根据混合成本在过去一定期间内的成本与业务量的历史资料，采用适当的数学方法对其进行数据处理，从而分解出固定成本总额和单位变动成本，并以此来确定所估算的未来成本的一种定量分析法。该法要求企业历史资料齐全，成本数据与业务量的资料要同期配套，具备相关性。因此，此法适用于生产条件比较稳定、成本水平波动不大以及有关历史资料比较完备的企业。

在用历史成本分解法分解混合成本时应注意：

（1）所收集的数据是否因为会计政策的变化而产生较大的偏差，因为会计期间的成本性态是与该期的会计方针密切相关的。

（2）选择恰当的期间，以便能消除期限较长带来的不稳定状态的影响，又能使所选择的期间可保证获得较为精确可靠的成本数据。

（3）要选择适宜的业务量计量单位。

历史成本分析法具体可分为高低点法、散布图法和回归直线法三种：

1. 高低点法

高低点法（High-low Method）是从过去一定时期相关范围内的资料中，选出最高业务量和最低业务量及相应的成本这两组数据，来推算出固定成本和单位变动成本的一种方法。

高低点法的基本原理是：任何一个项目的混合成本都是由固定成本和变动成本两种因素构成，因而它的成本函数模型与总成本函数模型类似，也可用 $Y=a+bx$ 来表示。根据成本性态可知，a 在相关范围内是不变的，所以当业务量增加而引起的总成本的增加就是由变动成本引起的。

具体做法是：以一定期间相关范围内最高点业务量的混合成本 Y_H 与最低点业务量的混合成本 Y_L 之差，除以最高点业务量 x_H 与最低点业务量 x_L 之差，求出混合成本中的单位变动成本 b 的值；然后再以 b 的值代入最高点或最低点的混合成本中求出固定成本 a 的值。其计算公式为：

$$b=\frac{Y_H-Y_L}{x_H-x_L}$$

$$a=Y_i-bx_i$$

例 2-11　设企业 202× 年全年产量与成本的资料如表 2-8 所示，要求用高低点法进行成本性态分析。

表 2-8　产量与成本资料

月份	产量x（件）	混合成本Y（元）	月份	产量x（件）	混合成本Y（元）
1	120	900	7	70*	720*
2	130	910	8	85	780
3	105	840	9	95	750
4	100	850	10	110	890
5	90	820	11	125	935
6	80	730	12	140*	930*

根据表 2-8 有关数据，可知：高点坐标（140，930）；低点坐标（70，720）。

$$b = \frac{930-720}{140-70} = 3$$

$$a = 930 - 3 \times 140 = 510$$

则 Y=510+3x

该方程式只适用于 70 ~ 140 件的相关范围。

值得注意的是，选择高低点坐标应按自变量（业务量）的高低为标准，而不是按因变量成本的高低来选择。因此，本例中 11 月份的成本虽然最高，但该数据不能作为最高点坐标。

高低点法的优点在于简便易行，便于理解。其缺点是由于它只选择了诸多历史资料中的两组数据作为计算依据，使得建立起来的成本性态模型很可能不具有代表性，导致较大的计算误差。这种方法只适于成本变化趋势比较稳定的企业使用。

2．散布图法

散布图法（Scatter Diagram Method）是指将若干期业务量和成本的历史数据标注在坐标纸上，通过目测画一条尽可能接近所有坐标点的直线，并据此来推算固定成本（或混合成本中的固定部分）a 和单位变动成本（或混合成本中变动部分的单位额）b 的一种成本性态分析方法。此法又称目测画线法。由于该法考虑所有相关历史数据，因此，其计算结果比只要两头不要中间的高低点法更为精确。

例 2-12　根据表 2-8 所给的数据，绘制散点图如图 2-13 所示。

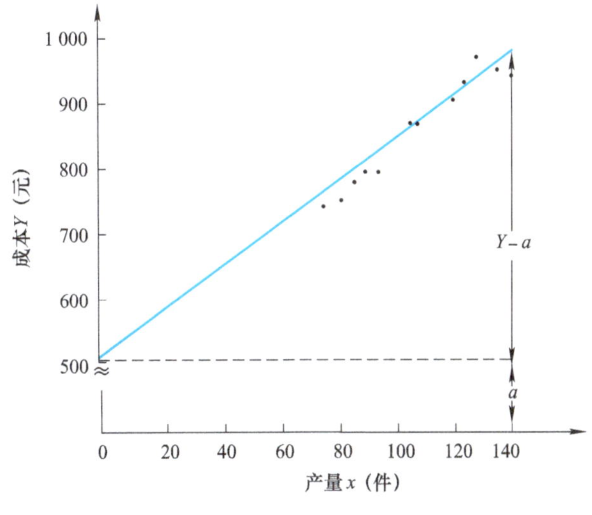

图 2-13　散点图

根据图 2-13 所示，目测画一直线与纵轴的交点为 500。为求出 b，任取产量为 120 件，图中对应的总成本为 890 元，据此，既可求出单位变动成本：

$$b = \frac{890-500}{120} = 3.25$$

据此可得 $Y=500+3.25x$

散布图法考虑了所获得的全部历史数据，因而比高低点法更为可靠，并且该法形象直观，易于理解。但由于直线位置主要靠目测确定，往往因人而异，且固定成本和变动成本的计量仍是主观的，从而影响了计算的客观性。

3. 回归直线法

回归直线法（Regression Line Method）是一种数理统计法，它根据过去若干期业务量与成本的资料，应用数学上的最小平方法原理，来精确地计算出混合成本中的固定成本和单位变动成本。其原理是从散布图中找到一条直线，该直线与由全部历史数据形成的散布点之间的误差平方和最小，这条直线在数理统计中称为回归直线，因而这种方法又称最小平方法（Least-squares Method）。

采用回归直线法，首先假设反映成本与业务量关系的直线方程 $Y=a+bx$ 成立，然后求出方程式中参数 a 和 b 的数值。a 和 b 的数值可通过建立决定回归直线的联立方程组求得，方法如下：

首先加总 n 组历史数据，即以总和的形式表示直线方程中的每一项，可得：

$$\sum Y = na + b\sum x \tag{2-5}$$

然后用 x 乘 $Y=a+bx$ 各项，再加总 n 组历史数据，得

$$\sum xY = a\sum x + b\sum x^2 \tag{2-6}$$

联立式（2-5）、式（2-6），即可求出 a 和 b

$$b = \frac{n\sum xY - \sum x\sum Y}{n\sum x^2 - \left(\sum x\right)^2} \tag{2-7}$$

$$a = \frac{\sum x^2\sum Y - \sum x\sum xY}{n\sum x^2 - \left(\sum x\right)^2} \tag{2-8}$$

此外，在运用回归直线法时，通常还需要计算相关系数 r 的数值来测试成本 Y 与业务量 x 的线性相关程度。r 的数值可按以下公式计算：

$$r = \frac{n\sum xY - \sum x\sum Y}{\sqrt{\left[n\sum x^2 - \left(\sum x\right)^2\right]\left[n\sum Y^2 - \left(\sum Y\right)^2\right]}} \tag{2-9}$$

相关系数的值 $-1 \leqslant r \leqslant 1$。它可说明 x 与 Y 之间的相关程度，即当 $r=-1$ 时，说明 x 与 Y 之间为完全负相关；当 $r=0$ 时，说明 x 与 Y 之间不存在任何联系；当 $r=1$ 时，说明 x 与 Y 为完全正相关，即 $Y=a+bx$；当 r 接近 +1 时，说明 x 与 Y 之间有较大的正相关性，可近似地用 $Y=a+bx$ 来表达。

例 2-13　仍以例 2-10 资料为例，采用回归直线法，有关计算如表 2-9 所示。

表 2-9　有关数据计算

月份	产量 x（件）	混合成本 Y（元）	x^2	xY	Y^2
1	120	900	14 400	108 000	810 000
2	130	910	16 900	118 300	828 100
3	105	840	11 025	88 200	705 600

（续）

月份	产量x（件）	混合成本Y（元）	x^2	xY	Y^2
4	100	850	10 000	85 000	722 500
5	90	820	8 100	73 800	672 400
6	80	730	6 400	58 400	532 900
7	70	720	4 900	50 400	518 400
8	85	780	7 225	66 300	608 400
9	95	750	9 025	71 250	562 500
10	110	890	12 100	97 900	792 100
11	125	935	15 625	116 875	874 225
12	140	930	19 600	130 200	864 900
Σ	1 250	10 055	135 300	1 064 625	8 492 025

将上述数据带入前面的公式，计算 r、a、b：

r=0.934 4，接近于 1，说明 x 与 Y 之间具有线性相关关系。求 a、b：

$$b=\frac{12\times1\ 064\ 625-1\ 250\times10\ 055}{12\times135\ 300-1\ 250^2}$$
$$=3.38$$
$$a=485.44$$

于是得到 Y=485.44+3.38x

从以上的分析可以看出：若混合成本中的变动部分与业务量基本上保持比例关系，则采用高低点法进行分解最简便（但由于该方法只使用了高点与低点两组数据，所以其代表性较差）；散点图法使用方便，易于理解（但由于需要通过目测画线，所以其结果往往因人而异，一般很难准确）；而回归直线法使用了误差平方和最小的原理，相对而言，结果最为精确（适用于计算机操作）。

第三节　成本性态分析的意义及基本假设

一、成本性态分析的意义

成本性态分析是指在明确各种成本性态的基础上，按照一定的程序和方法，最终将全部成本区分为固定成本和变动成本两大类，并建立相应成本函数模型的过程。它是管理会计的一项最基本的工作。通过成本性态分析，可以从定性和定量两方面把握成本的各个组成部分与业务量之间的依存关系和变动规律，从而为应用变动成本法，开展本量利分析，进行短期决策、预测分析、全面预算、标准成本法的操作、落实责任会计和正确评价各部门工作业绩奠定基础。因而进行成本性态分析，在企业经营管理中具有十分广泛和重要的意义。

一项针对美国公司的调查显示公司区分固定成本和变动成本的目的有如表2-10所示排名（15项作重要的目的）⊖。

表2-10　成本性态分析的目的（美国公司）

排名	目的	本书对该目的做深入讨论的章节
1（并列）	定价	6，7，10，11，12，13
1（并列）	预算	8，9，10，11
3	盈利性分析——现有产品	4，6，7，10
4	盈利性分析——新产品	12，13，14
5	量本利分析	4
6	差异分析	9，10，11

在澳大利亚、日本、英国进行的调查提供了有关管理人员对区分固定成本和变动成本的目的的排名补充（1=最重要的目的），如表2-11所示。

表2-11　成本性态分析的目的（非美国公司）

目的	澳大利亚公司排名	日本公司排名	英国公司排名
定价决策	1	5	1
预算	2	2	3
制定盈利计划	3	1	2
成本降低	6	3	5（并列）
本量利分析	4（并列）	4	4
成本效益分析	4（并列）	6	5（并列）

上述调查显示管理人员在许多地方认为成本性态分析具有重要意义。

二、成本性态分析的基本假设

进行成本性态分析是以下列基本假设为前提条件的：

（一）相关范围假设

由于相关范围的存在，使得成本性态具有暂时性，因此在研究成本性态分析时，必须假定固定成本和变动成本总是处在相关范围之中，即假定时间和业务量因素总是在不改变成本性态的范围内变动。

（二）一元线性假设

如何建立反映成本与业务量之间关系的数学函数是进行成本性态分析的关键。成本可能受到多个业务量的影响，如果按实际情况分析，要花费很多的时间和精力，从成本—效益分析的角度看不合算；另外所建立的模型也会因过分复杂而失去其实用价值。一个简便易行的办法是假定总成本只是一种业务量的函数。同时，为简化分析，假定总成本可以近似地用一元线性方程 $Y=a+bx$ 来描述。

⊖ 摘自查尔斯.T.亨格瑞等著，王立彦等译，《成本与管理会计》（第11版），中国人民大学出版社，2004年，36-37页。

思\考\题

1. 阐述制造成本与非制造成本的区别。
2. 什么叫成本性态？成本按其性态如何分类？
3. 理解相关成本与不相关成本的含义及其表现形式。
4. 阐述变动成本、固定成本的含义，并各举例说明。
5. 混合成本的分解方法有哪些？各自的适用条件有哪些？

参\考\文\献\与\荐\读

[1] 刘运国. 管理会计学 [M]. 2 版. 北京：中国人民大学出版社，2015.

[2] 刘运国. 管理会计学学习指导 [M]. 2 版. 北京：中国人民大学出版社，2015.

[3] 唐 R 汉森，玛丽安娜 M 莫温. 管理会计 [M]. 陈良华，等译. 8 版. 北京：北京大学出版社，2010.

[4] Charles T Horngren，等. 成本与管理会计 [M]. 王立彦，等译. 15 版. 北京：中国人民大学出版社，2016.

[5] 中国注册会计师协会组织. 财务成本管理 [M]. 北京：中国财政经济出版社，2018.

[6] 郑爱华，等. 管理会计 [M]. 北京：机械工业出版社，2007.

第三章

变动成本计算

导\入\案\例

凯思任药品供应部的经理已经3年了。第1年，部门净利润比上年大幅度增加。第2年，净利润增加更多。凯思的老板，负责经营的副总经理十分高兴。他允诺，如果今年还能保持同样的增长利润，将奖励她5 000美元。凯思很高兴，她完全有信心实现这一目标。销售合同已经超过去年的水平，她还了解到成本与去年持平。

第3年末，凯思收到了3年来的经营数据。读完这些数据，凯思十分高兴，销售额比去年增加20 %，成本保持稳定。可是，当她看完年度损益表后，却感到十分沮丧和困惑。第3年的利润并没有大幅度增加，相反却降低了一些。一定是会计部门弄错了，她想。

药品供应部门的会计主任，弗丽达·马休斯，约见了凯思并向她解释出现异常结果的原因。

“凯思，这没有错。今年净利润确实比前两年低。这很容易通过存货的变动来解释。”

“存货？它与利润有什么关系？今年我们进行了大量的工作来管理存货。存货在过去的两年里是增加了。但今年我增加了销售量并降低了存货，这是好事，不是坏事！”

“是的，凯思，从经营角度看确实是这样。但是，你要意识到存货中包含着成本。这些成本直到销售后才列示在损益表上，然后从收入中流出，减少了利润。”

“这不公平。这是否意味着即使我们出售所有存货，实现预定的成本和销售计划，我也会失去奖金。”

“是的，凯思。我很抱歉。但是，利润是确定的。我很高兴能向你解释我们如何计算利润。我们使用完全成本法，这是公认会计原则所要求的。还有另外一种成本计算方法，变动成本法。看来你正不自觉得使用了这种方法。”

“有两种计算利润的方法吗？他们有区别吗？”

“是的，变动成本法下，存货变动不影响利润。因此，如果用变动成本计算法，今年的利润就会较高，可是，过去两年的利润却会低一些。因而从长期看，利润总额相等。”

“嗯，我不知道副总经理是否会考虑采纳变动成本法。”

（摘自：郑爱华等，管理会计学习指导，中国矿业大学出版社，2006年。）

第一节　变动成本法概述

一、变动成本法的概念

根据管理会计应用指引第303号总则第一条对变动成本法的定义，变动成本法是指企业以成本性态分析为前提条件，仅将生产过程中消耗的变动生产成本作为产品成本的构成内容，而将固定生产成本和非生产成本作为期间成本，直接由当期收益予以补偿的一种成本管理方法。

变动成本法的成本构成如图 3-1 所示。

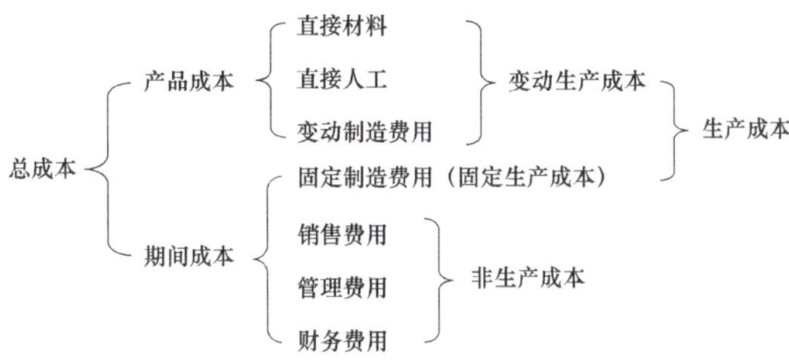

图 3-1　变动成本法的成本构成

变动成本法是与传统的成本计算方法（完全成本法）相对应的概念。传统的成本计算方法是在计算产品成本和存货成本时，把一定时期发生的直接材料、直接人工和全部制造费用（包括变动制造费用和固定制造费用）都包括在内的方法，称为“完全成本法”。正是因为完全成本法是将所有的制造成本，不论是固定的还是变动的，都“吸收”到了单位产品上去，因而也被称为“吸收成本法”或“吸收成本计算”。完全成本法的成本构成如图 3-2 所示。

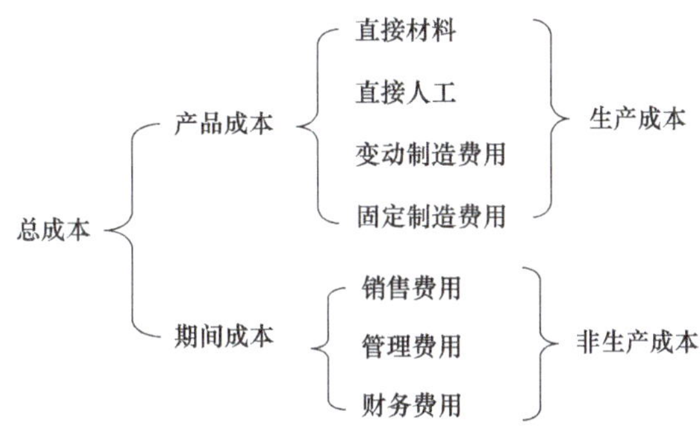

图 3-2　完全成本法的成本构成

二、变动成本法下利润表的编制

传统的完全成本法计算利润时首先是将产品销售收入总额扣除全部销售成本，得到销售毛利，再从毛利中扣除期间成本，得到营业利润。

变动成本法因将固定性制造费用作为期间成本，故需要引入边际贡献（又称边际利润、贡献毛益）概念，与完全成本法相对应，先将产品销售收入总额扣除变动成本，即边际利润；再从边际利润中扣除所有的期间成本，得出营业利润。因而，在两种计算方法下损益表的基本结构存在差异，如表 3-1 所示。

表 3-1 损益表的基本结构

完全成本法下传统损益表	变动成本法下贡献式损益表
销售收入	销售收入
减：销售成本	减：变动生产成本
期初存货成本	贡献毛益（制造过程）
加：本期生产成本	减：期间成本
可供销售的产品成本	固定制造费用
减：期末存货成本	销售费用
销售成本合计	管理费用
销售毛利	期间费用合计
减：期间费用	税前净利
销售费用	
管理费用	
税前净利	

例 3-1 某企业年销售收入总额为 100 000 元，销售成本为 80 000 元，其中变动成本部分占 25%，固定成本部分占 75%，期间费用为 10 000 元。如表 3-2 所示。

表 3-2 损益表 （单位：元）

完全成本法下传统损益表		变动成本法下贡献式损益表	
销售收入	100 000	销售收入	100 000
减：销售成本	80 000	减：变动生产成本	20 000
销售毛利	20 000	贡献毛益	80 000
减：期间费用	10 000	减：期间成本	70 000
营业利润	10 000	营业利润	10 000

三、变动成本法的历史沿革

关于变动成本法的起源，国外会计专著的论述众说不一。有人考证，早在 1836 年英国的曼彻斯特工厂就出现了它的雏形，当然这仅是就损益计量程序方面的特点而言。苏联的一位会计学家指出，法国的斯特劳斯 • 别尔格在 1876 年曾宣布过直接成本法（变动成本法）的初步设想。英国人则强调 1904 年在英国出版的《会计百科全书》中已经记载了与变动成本法有关的内容。1906 年 2 月美国《制度》杂志曾刊登过一段话，与变动成本法的基本思想有很多相似之处："在生产经营活动的抉择中，为估计其所期望的净损益，第一步就要找出适合衡量一定的生产经营活动效果的单位费用，单位直接收入减去单位直接费用等于单位净收入或单位净贡献，然后以它来抵偿不影响生产经营活动的费用，这些不影响生产经营活动的费用是指不管选择什么生产经营活动方式都固定或不变。单位净收入（贡献）乘以产品数量就可以用来比较由于选择各种不同的生产经营活动而产生的不同损益。"

据美国权威的《柯勒会计辞典》（Kohler's Dictionary for Accountants）记载，第一篇专门论述直接成本法的论文是由美籍英国会计学家哈里斯（Donathan N. Harris）撰写的，刊载于 1936 年 1 月 15 日的《成本会计学会会刊》。文章追溯了 1934 年哈里斯在杜威 • 阿尔未化学公司设计“直接标准成本制造计划”中所发现的问题。自哈里斯的文章公开发表之后，直接成本法的观念才得以迅速传播。

在 20 世纪 50 年代，随着企业环境的改变、竞争的加剧、决策意识的增长，人们逐渐认识到传统的完全成本法提供的会计信息越来越不能满足企业内部管理的需要，必须重新认识变动成本法，充分发挥其积极作用。美国的一些会计师和经理又重新研究并开始在实务中试行变动成本法，并将变动成本法中的贡献边际这一概念用于本量利分析及其他方面。实践证明，变动成本法不仅有利于企业加强成本管理，而且对制订利润计划、组织科学的经营决策也十分有用。从此，变动成本法开始受到人们的普遍重视。到 20 世纪 60 年代，变动成本法风靡欧美。

随着我国经济体制改革的不断深化和社会主义市场经济体制的逐步完善，市场观念、价值观念、信息观念日益受到人们的重视。从 20 世纪 80 年代初开始，很多专家、学者对变动成本法的应用和改造问题，撰文进行深入研究并提出许多高明的见解，使之成为成本核算改革研究的重要课题和发展方向。

第二节　变动成本法与完全成本法的比较

由于变动成本法与完全成本法对固定制造费用的处理方法不同，导致两种方法存在一系列差异，主要体现在以下几个方面：

一、理论依据不同

变动成本法改变了完全成本法中把固定制造费用在本期销货与存货之间进行分配的老传统，而全部由当期负担。其理论依据是：固定制造费用主要是为企业提供一定的生产经营条件而发生的，这些生产经营条件一旦形成，不管其实际利用程度如何，有关费用照样发生，它们与产品的实际产量没有直接联系，既不会因产量的提高而增加，也不会因产量的下降而减少。它们实质上与特定会计期间相联系，和企业生产经营活动持续经营期的长短成比例，并随时间的推移而消逝。其效益不应递延到下一个会计期间，而应在其发生的当期，全额列入收益表，作为该期销售收入的一个扣减项目。

而完全成本法强调成本补偿的一致性。其理论依据是：只要与产品的生产有关的成本都应该作为产品成本。固定制造费用是在生产领域中发生的，与生产直接相关，从成本补偿的角度讲，其与直接材料、直接人工和变动制造费用的支出并无区别，所以应该作为产品成本，从产品销售收入中得到补偿。

二、应用前提与成本构成内容不同

变动成本法的应用前提是以成本性态分析为基础，并对变动成本与固定成本进行估计。而完全成本法是以成本按其用途分类为基础，将成本分为生产成本与非生产成本两大类。按变动成本法和完全成本法对成本进行分类后的具体的成本组成项目如表 3-3 所示。

表 3-3　变动成本法和完全成本法的成本构成

<table>
<tr><td></td><td colspan="2">变动成本法</td><td colspan="2">完全成本法</td></tr>
<tr><td>应用前提条件</td><td colspan="2">以成本性态分析为基础</td><td colspan="2">以成本按其用途分类为基础</td></tr>
<tr><td rowspan="8">成本划分的类别</td><td rowspan="5">变动成本</td><td>直接材料</td><td rowspan="5">生产成本</td><td>直接材料</td></tr>
<tr><td>直接人工</td><td>直接人工</td></tr>
<tr><td>变动制造费用</td><td rowspan="3">制造费用</td></tr>
<tr><td>变动销售费用</td></tr>
<tr><td>变动管理费用</td></tr>
<tr><td rowspan="3">固定成本</td><td>固定制造费用</td><td rowspan="3">非生产成本</td><td>销售费用</td></tr>
<tr><td>固定销售费用</td><td rowspan="2">管理费用</td></tr>
<tr><td>固定管理费用</td></tr>
</table>

三、产品成本构成内容不同

在变动成本法下，产品成本的内容只包括变动生产成本中的直接材料、直接人工和变动制造费用三个项目，固定制造费用和非制造成本作为期间成本处理；而完全成本法下产品成本的内容包括直接材料、直接人工和全部制造费用，同时将非制造成本作为期间成本处理。

两种方法在产品成本构成内容方面的不同可在表 3-4 中清晰地看出来。

表 3-4　产品成本构成

<table>
<tr><td></td><td>变动成本法</td><td>完全成本法</td></tr>
<tr><td rowspan="3">产品成本</td><td>直接材料</td><td>直接材料</td></tr>
<tr><td>直接人工</td><td>直接人工
变动制造费用</td></tr>
<tr><td>变动制造费用</td><td>固定制造费用</td></tr>
<tr><td rowspan="3">期间成本</td><td>固定制造费用</td><td rowspan="2">销售费用</td></tr>
<tr><td>销售费用</td></tr>
<tr><td>管理费用</td><td>管理费用</td></tr>
</table>

现举例说明两种成本法下产品成本计算的差异。

例 3-2　设某企业月初没有在产品和产成品存货。当月某种产品共生产 60 件，销售 40 件，月末结存 20 件。该种产品的制造成本资料和企业的非制造成本资料如表 3-5 所示。

表 3-5　产品成本资料　（单位：元）

成本项目	单位产品项目成本	项目总成本
直接材料	220	13 200
直接人工	50	3 000
变动性制造费用	30	1 800
固定性制造费用		2 400
管理费用		3 300
销售费用		4 000
合　计		27 700

如果采用变动成本法，则单位产品成本为 300 元（220+50+30）；如果采用完全成本法，则单位产品成本为 340 元（220+50+30+2 400/60）。后者之所以比前者的单位产品成本多了 40 元，就是由于后者的每件产品都“吸收”了固定制造费用 40 元所致。

因为变动成本法将固定制造费用处理为期间成本，所以变动成本法下的期间成本比完全成本法下高。变动成本法下的期间成本为 9 700 元（2 400+3 300+4 000）；而完全成本法下则为 7 300 元（3 300+4 000）。

四、存货的估价及成本流程不同

采用完全成本法，各期发生的固定性制造费用同其他生产成本一样在完工产品和在产品之间进行分配，完工产品在销售时，全部成本还须在已销产品和未销产品之间进行分配。这样，已销产品、库存产成品、在产品均“吸收”了一定份额的固定性制造费用，也即各期末的产成品和在产品都是按全部成本计价，既包括变动成本，也包括一部分固定性制造费用。

采用变动成本法，产品成本只包括变动成本，无论是在产品、库存产成品还是已销产品，其成本都只包含变动成本。因此，期末存货是按变动成本计价的，并不包括固定成本。

由此可见，两种成本计算法对存货的估价不同，完全成本法的存货计价必然高于变动成本法的存货计价。

在例 3-2 中，月初无在产品，当按变动成本法计算时，期末存货的成本则为 6 000 元（300 × 20）；而当按完全成本法计算时，期末存货的成本则为 6 800 元（340 × 20）。

两种成本计算法的成本流程如图 3-3 所示。

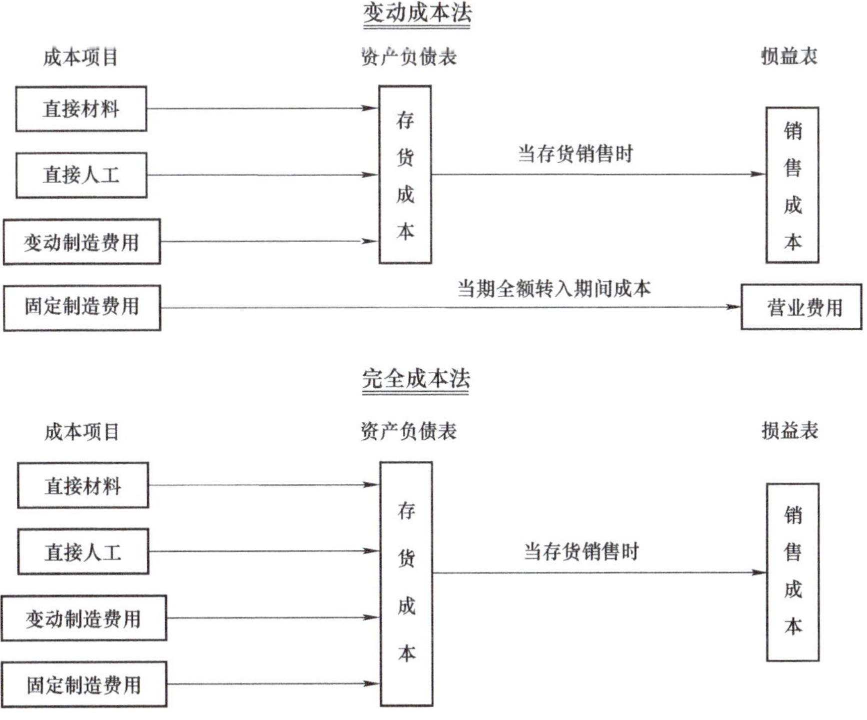

图 3-3 两种成本计算法的成本流程图

五、分期损益不同

在采用变动成本法时，由于产品成本只包括变动成本，而将固定成本直接计入当期损益，因而在两种计算方法下得出的分期损益也不同。

例 3-3　承接例 3-2 所示的表 3-5 资料，假设产品售价为 600 元 / 件，分别按两种成本计算方法编制损益表，如表 3-6 所示。

表 3-6　损益表　（单位：元）

传统式损益表		贡献式损益表	
销售收入（600 × 40）	24 000	销售收入（600 × 40）	24 000
减：销售成本		减：变动生产成本（300 × 40）	12 000
期初存货成本	0	贡献毛益（制造过程）	12 000
加：本期生产成本（340[①] × 60）	20 400	减：期间成本	
可供销售的产品成本	20 400	固定制造费用	2 400
减：期末存货成本（340 × 20）	6 800	管理费用	3 300
销售成本合计	13 600	销售费用	4 000
销售毛利	10 400	期间费用合计	9 700
减：期间费用		税前净利	2 300
管理费用	3 300		
销售费用	4 000		
期间费用合计	7 300		
税前净利	3 100		

① 单位固定性制造费用 =2 400 元 /60 件 =40 元 / 件。

从表 3-6 中可以看出，两种方法下分期损益的计算程序、计算结果均存在差异，两种方法下税前净利差 800 元。这是因为期末存货 20 件，在变动成本法下每件按 300 元计价，而完全成本法下每件按 340 元计价，每件吸收 40 元固定性制造费用，这样完全成本法下期末存货 20 件共吸收固定性制造费用 800 元，从而减少了销售成本 800 元，使得完全成本法的税前净利比变动成本法的税前净利多 800 元。

下面再以连续期间的损益计算为例，全面分析两种成本计算法对分期损益计算的影响。

例 3-4　假定某企业某年度 1、2、3 三个月收入、成本及生产数据资料如表 3-7 所示（为了便于说明问题，假定三个月中产品的价格和成本未变）。

表 3-7　成本及生产数据资料表

项目	1月	2月	3月
期初存货（件）	0	0	3 000
本期生产（件）	12 000	12 000	12 000
本期销售（件）	12 000	9 000	15 000
期末存货（件）	0	3 000	0
销售单价（元）	15	15	15
单位变动生产成本（元）	10	10	10
变动性管理费用（元）	1	1	1
固定性制造费用（元）	12 000	12 000	12 000
固定销售和管理费用（元）	16 000	16 000	16 000

由表 3-7 可知，该企业连续三个月的生产量均为 12 000 件，而销售量不同。

为了计算分期损益，需要先计算两种方法下的单位生产成本。在变动成本法下的单位生产成本就等于单位变动成本为 10 元，而完全成本法下的单位生产成本应在单位变动成本的基础上，再加上所分摊的固定性制造费用为 11 元（10+12 000/12 000），单位固定性制造费用为 1 元 / 件。

依给定的资料，分别编制两种方法下的损益表如表 3-8、表 3-9 所示。

表 3-8　损益表（变动成本法）　　（单位：元）

项目	1月	2月	3月
销售收入（售价 × 销售量）	180 000	135 000	225 000
减：变动成本	132 000	99 000	165 000
其中：变动生产成本（单位变动成本 × 销售量）	120 000	90 000	150 000
变动性销售和管理费用（1 × 销售量）	12 000	9 000	15 000
贡献毛益（最终过程）	48 000	36 000	60 000
减：固定成本	28 000	28 000	28 000
其中：固定性制造费用	12 000	12 000	12 000
固定性销售和管理费用	16 000	16 000	16 000
税前净利	20 000	8 000	32 000

表 3-9　损益表（完全成本法）　　（单位：元）

项目	1月	2月	3月
销售收入（售价 × 销售量）	180 000	135 000	225 000
减：销售成本	132 000	99 000	165 000
其中：期初存货成本	0	0	33 000
加：本期生产成本（单位产品成本 × 本期生产量）	132 000	132 000	132 000
减：期末存货成本	0	33 000	0
销售毛利：	48 000	36 000	60 000
减：销售和管理费用	28 000	25 000	31 000
其中：变动性销售和管理费用	12 000	9 000	15 000
固定性销售和管理费用	16 000	16 000	16 000
税前净利	20 000	11 000	29 000

由表 3-8、3-9 两张损益表可以看出，两种方法对分期损益的计算是不同的，税前净利的计算结果可能相同，也可能不同。

$$\begin{matrix}\text{两种成本法下某期}\\\text{税前净利的差额}\end{matrix}=\begin{matrix}\text{该期完全成本法}\\\text{下的税前净利}\end{matrix}-\begin{matrix}\text{该期变动成本法}\\\text{下的税前净利}\end{matrix}\qquad(3\text{-}1)$$

显然，不同期间两种成本法下的税前净利差额可能等于零，也可能大于或者小于零。根本原因在于两种成本法计入当期损益表的固定性制造费用水平出现差异。变动成本法下固定性制造费用全额从当期损益中扣除，而完全成本法下固定性制造费用要在销售产品和存货中分配，在其他条件不变的前提下，因而出现两种成本法下的税前净利差额。

上述关系通过以下公式推导证明：

$$\frac{\text{完全成本法计入当期}}{\text{损益表的固定成本}} = \frac{\text{期初存货释放的}}{\text{固定成本}} + \frac{\text{本期发生的}}{\text{固定成本}} - \frac{\text{期末存货吸收的}}{\text{固定成本}} \quad (3\text{-}2)$$

变动成本法计入当期损益表的固定成本 = 本期发生的固定成本　（3-3）

两种成本法下计入损益的固定成本差额 = 完全成本法下期初存货释放的固定成本 − 完全成本法下期末存货吸收的固定成本　（3-4）

在其他因素相同的情况下，有下式成立：

两种成本法下某期税前净利的差额 = 完全成本法下期末存货吸收的固定成本 − 完全成本法下期初存货释放的固定成本　（3-5）

通过对上式进行分析，可以得出两种成本法下税前净利差额的变动规律：

（1）若完全成本法期末存货吸收的固定成本等于完全成本法期初存货释放的固定成本，则税前净利差额为零。如：1 月份的税前净利，因为产销量平衡时，当期的固定成本和变动成本都会以不同的形式全部记入当期的损益表。

（2）若完全成本法期末存货吸收的固定成本大于完全成本法期初存货释放的固定成本，则税前净利差额必然大于零。如：2 月份的税前净利，完全成本法下当期的期末存货所分摊的固定性制造费用随存货被记入了资产负债表而不是损益表；而变动成本法下的固定性制造费用却一次性地在损益表中被扣除。

（3）若完全成本法期末存货吸收的固定成本小于完全成本法期初存货释放的固定成本，则税前净利差额必然小于零。如：3 月份的税前净利，在完全成本法下，以前的存货在本期销售，意味着这部分存货所分摊的以前年度的固定性制造费用在本期被释放出来，从而增加了本期的成本总额，相应就降低了本期利润。

当然，从较长的时期看，如果产销总体上是平衡的，两种方法算出的各期总利润是相等的。如例 3-4 所列三个月产销量的差额（第二个月产大于销 3 000 件，期末库存增加 3 000 件，第三个月销大于产 3 000 件，期末库存减少 3 000 件），互相抵消，两种方法计算出的三个月总利润都是 60 000 元。

例 3-4 中所示的情况是企业连续各期产量相同而销量不同的情况，两种成本法对分期损益计算的影响。如果企业连续各期销量相同而产量不同的情况，则两种成本法对分期损益计算有何影响?

例 3-5　假设例 3-4 中的成本，价格资料不变，但企业 1 月、2 月和 3 月的生产销售情况如表 3-10 所示。

表 3-10　生产销售情况表

项目	1月	2月	3月
期初存货（件）	0	0	3 000
本期生产（件）	12 000	15 000	9 000
本期销售（件）	12 000	12 000	12 000
期末存货（件）	0	3 000	0

先计算两种方法下的单位生产成本。变动成本法下的单位生产成本仍为 10 元，完全

成本法下：

1 月份：

单位固定性制造费用 = (12 000/12 000) 元 / 件 =1 元 / 件

单位生产成本 =11 元

2 月份：

单位固定性制造费用 = (12 000/15 000) 元 / 件 =0.8 元 / 件

单位生产成本 =10.8 元

3 月份：

单位固定性制造费用 = (12 000/9 000) 元 / 件 =1.33 元 / 件

单位生产成本 =11.33 元

两种方法下的损益表编制如表 3-11、表 3-12 所示。

表 3-11　损益表（变动成本法）　（单位：元）

项目	1月	2月	3月
销售收入（15 × 销售量）	180 000	180 000	180 000
减：变动成本	132 000	132 000	132 000
其中：变动生产成本（10 × 销售量）	120 000	120 000	120 000
变动性销售和管理费用（1 × 销售量）	12 000	12 000	12 000
贡献毛益（最终过程）	48 000	48 000	48 000
减：固定成本	28 000	28 000	28 000
其中：固定性制造费用	12 000	12 000	12 000
固定性销售和管理费用	16 000	16 000	16 000
税前净利	20 000	20 000	20 000

表 3-12　损益表（完全成本法）　（单位：元）

项目	1月	2月	3月
销售收入（15 × 销售量）	180 000	180 000	180 000
减：销售成本	132 000	129 600	134 400
其中：期初存货成本	0	0	32 400
加：本期生产成本	132 000	162 000	102 000
减：期末存货成本	0	32 400	0
销售毛利	48 000	50 400	45 600
减：销售和管理费用	28 000	28 000	28 000
其中：变动性销售和管理费用	12 000	12 000	12 000
固定性销售和管理费用	16 000	16 000	16 000
税前净利	20 000	22 400	17 600

表 3-11 表示，采用变动成本法，据以确定的各期税前净利是相同的，均为 20 000 元。这是因为采用该方法，各期的固定性制造费用都被当作当期的期间费用从产品的销售收入中扣减，而销售量、售价、单位产品变动成本和固定性制造费用均不变，因此确定的各期税前净利是相同的。

表3-12表示，采用完全成本法，据以确定的各期税前净利是不同的，2月份最多，3月份最少。这是因为，2月份产量（15 000件）>销量（12 000件），期末存货吸收了固定性制造费用2 400元（即0.8×3 000），因而使得2月份的销售成本减少2 400元，税前净利增加2 400元。3月份刚好相反，产量（9 000件）<销量（12 000件），期初存货包括上期发生的固定性制造费用2 400元转作3月份的销售成本，致使销售成本增加2 400元，税前净利减少2 400元。

第三节 变动成本法的评价

一、变动成本法的优点

变动成本法的诞生，突破了传统的狭隘的成本观点，为强化企业的内部经营管理、提高经济效益开创了新路。这种成本计算方法主要存在以下几个方面的优点：

1．符合“收益与费用相配比”的会计原则

收入是管理者所取得的成就，成本、费用是为取得成就的耗费。“收益与费用相配比”的会计原则就是在确定收入的同时，就应该认定为取得收入而耗费的成本，把两者进行比较，在确定收入的期间把为此而消耗的成本、费用减去，用以衡量管理者的工作业绩。

变动成本法将制造成本中的变动制造费用计入产品成本，将其中已销售部分作为当期费用与当期收入直接配比，而把未销售出去的产品转作存货，以便与未来的收入配比。制造成本中的固定部分与产品生产没有直接联系，它是为保持企业生产经营能力而发生的成本，随时间的消逝而消逝，把这部分成本在发生的当期作为期间费用。这样做，完全符合“收益与费用相配比”的会计原则，因而用变动成本法计算出的税前净利较之完全成本法更真实、准确。

2．有利于企业正确进行短期决策

企业的短期决策通常最关心的是成本、产量、利润之间的依存和消长关系，而变动成本法正好能提供这些信息。例如：变动成本法下求得的单位变动成本与贡献毛益等信息能揭示业务量与成本变动的内在规律，能提供各种产品的盈利能力等重要信息，帮助管理当局预测前景、规划未来，并正确地进行短期经营决策。

3．有利于进行成本控制和业绩评价

变动成本法的单位产品成本中只包含变动制造成本，不包含固定制造成本。因此，每种产品的成本高低可以客观地反映该产品的成本控制情况，而不受固定制造费用分配方式的影响。此外，由于变动成本法对变动成本和固定成本分别计算，管理人员可以根据这两种成本各自的特点，采用不同的成本控制方法。对于变动制造成本，应从直接材料成本、直接人工成本和变动制造费用三个方面分别控制单位成本的高低；对于固定制造费用，则应将酌量性成本和约束性成本分开，通过预算的方式控制酌量性成本总额。这样，既可以提高成本控制的效果，又便于考核各部门的可控成本，对各有关责任单位履行经管责任的工作业绩做出恰当的、实事求是的评价。

4. 促使管理当局重视销售，防止盲目生产

采用变动成本法，产量的高低与存货的增减对税前净利都没有影响，在销售单价、单位变动成本和销售组合不变的情况下，企业税前净利将随销售量同方向变动，如表 3-11 所示；这样可促使管理当局重视销售环节，千方百计加强促销活动，并把主要精力集中在研究市场动态，了解消费者需求，搞好销售预测和以销定产方面。否则，采用完全成本法，就可能出现销量增加，净利反而减少；甚至销量下降，净利反而增加的反常现象，如表 3-12 所示，其结果必然是盲目生产、仓库积压。

同时，还必须注意到：随着生产力水平的不断提高，资本有机构成不断上升，设备折旧费这项重要的固定性制造费用在两种成本法下的“杠杆作用”也就会越来越大。换句话说，它会使人们在完全成本法下更重视生产，而在变动成本法下更重视销售。

5. 简化产品成本的计算，提高了成本核算信息的客观性

在变动成本法下，固定制造费用列作期间成本，全额从当期的贡献毛益总额中一笔扣除，因此省去了固定性制造费用的分摊工作，大大简化了产品成本的计算。同时，由于固定成本与产量无关，所以在把固定制造费用直接分配到产品成本中时，无论采取哪一种分配标准（如产量、工时等）都是不恰当的，在实际工作中必然是主观随意的。用变动成本法就不再对固定制造费用进行分配，这又大大提高了成本核算信息的客观性。

二、变动成本法的缺点

变动成本法的优点虽然是主要的，但它也不可避免地存在一定的局限性。

1. 不符合传统的成本概念的要求

美国会计学会的成本概念和准则委员会认为：“成本是为了达到一个特定的目的而已经发生或可能发生的以货币计量的牺牲。”按照这个传统观念，产品成本就应该包括变动成本和固定成本，而按变动成本法算出来的产品成本，显然不能满足这个要求。何况变动成本与固定成本的划分，在很大程度上是假设的结果，而不是一种非常精确的计算。

2. 不能满足企业长期预测、决策的需要

虽然变动成本法所提供的信息在短期经营决策中能作为确定最优方案的重要依据，但从较长的经营期考察，企业的生产能力、经营条件和生产工艺、技术水平等不可能一成不变，成本消耗水平（即单位变动成本和固定成本总额）也不可能始终保持稳定不变。这样，变动成本法提供的产品成本资料就不能满足企业长期预测、决策的需要。

3. 由传统的完全成本法改用变动成本法会影响有关方面的利益

由完全成本法改用变动成本法时，一般要降低期末的存货计价，相应地就会减少当期的税前净利，这样企业就会延迟支付当期的所得税和股利，从而暂时影响当期的征税机关的所得税收入和投资者的股利收益。

综上所述，变动成本法是侧重于“对内服务”的一种成本计算方法。其优缺点是相对于完全成本法而言的。比如变动成本法下的产品成本不符合传统的成本概念，那么完全成

本法下的产品成本是符合传统的成本概念的。正因为如此，完全成本法得到了公认会计原则的认可和支持，从而企业只能以完全成本法为基础编制对外报表。所以，完全成本法是侧重于“对外服务”的一种成本计算方法。但变动成本法与完全成本法之间也并非是一种简单的“此是彼非”和“此非彼是”的关系。例如：变动成本法使人们更加重视销售环节，当然是优点；而完全成本法使人们重视生产环节，也不一定就是缺点，如当产品供不应求时，生产就是第一位的。总之，变动成本法与完全成本法各有其优缺点，又各有其职能。此外，两者还有共同的局限性：决策是面向未来的，而不论是完全成本法还是变动成本法，都是面向过去的，都是有关过去经济活动的反映，所以除非它们能协助决策，否则它们所提供的成本信息的价值就都仅限于“提供”本身了。

三、变动成本法的适用范围

（一）适用特征

变动成本法通常用于分析各种产品的盈利能力，为正确制定经营决策、科学进行成本计划、成本控制和成本评价与考核等工作提供有用信息。

变动成本法一般适用于同时具备以下特征的企业：

（1）企业固定成本比重较大，当产品更新换代的速度较快时，分摊计入产品成本中的固定成本比重大，采用变动成本法可以正确反映产品盈利状况。

（2）企业规模大，产品或服务的种类多，固定成本分摊存在较大困难。

（3）企业作业保持相对稳定。

（二）应用的环境

企业应用变动成本法所处的外部环境，一般应具备以下特点：

（1）市场竞争环境激烈，需要频繁进行短期经营决策。

（2）市场相对稳定，产品差异化程度不大，以利于企业进行价格等短期决策。

企业应用变动成本法所处的内部环境特征：

（1）企业应保证成本基础信息记录完整，财务会计核算基础工作完善。

（2）企业应建立较好的成本性态分析基础，具有划分固定成本与变动成本的科学标准，以及划分标准的使用流程与规范。

（3）企业能够及时、全面、准确地收集与提供有关产量、成本、利润以及成本性态等方面的信息。

第四节　变动成本法与完全成本法的整合

如前所述，变动成本法与完全成本法的优缺点是相对而言的。因此，从某种意义上讲，双方的不足之处可以通过对方来弥补。比如变动成本法对企业内部的经营管理有很大帮助，有利于企业的短期决策；而完全成本法对企业内部的经营管理有很大的局限性，特别是不利于企业的短期决策。再如变动成本法不适用于编制对外的会计报表；而完全成本法适用。凡此种种都说明变动成本法与完全成本之间不会也不应该是排斥关系，而应该是相互结合、相互补充的关系。所以，在会计核算工作中，应考虑将两种成本计算方法有机地加以整合，以同时满足企业对内、对外两方面的需要。

一、变动成本法与完全成本法如何整合

如何使这两种成本计算方法整合起来应用于企业的成本核算呢？具体办法有两种。一种方法是所谓的“双轨制”，即同时采用两种口径、两套账户来分别进行变动成本法计算和完全成本法计算，得到两套成本费用资料和利润资料，并以此为基础分别编制两个利润表。这种方法能够充分发挥两种成本计算法的优点，提供的会计信息内容丰富。但是，在一个企业里同时采用两种成本计算法会造成大量的重复计算。当然，在计算机技术广泛使用于会计工作中的今天，这个问题已经影响不大了。另一种方法是“单轨制”，就是以一种成本计算方法为基础的统一计算体系。以下主要介绍“单轨制”。

二、变动成本法与完全成本法整合的会计核算方法

在“单轨制”下，首先要确定以哪一种成本计算方法为基础。这就需要从何者的工作量最大和对管理的重要性来确定。既然企业内部的工作量是大量的、经常的，并且满足内部经营管理的需要又占据首位（因为只有发展生产、多创效益，才能为国家多征税、为投资者和债权人多提供收益）；而对外编制财务报表，通常要定期编报，这就理所当然地应以变动成本计算法为基础、同时对它做适当的调整和变通，以满足外部的需要。这样做还有一个好处，就是可以大大简化核算的手续和工作量，节约时间和精力，使会计人员能用更多的时间和主要的精力投入到更为重要的工作中去。

以变动成本法为基础建立统一的成本计算系统，其具体做法是：

（1）日常核算以变动成本法为基础，“生产成本”“库存商品”账户均登记变动成本。

（2）设置“变动制造费用”账户，核算生产过程中发生的变动制造费用，发生时记入本账户的借方，然后再从贷方分配结转到“生产成本”账户。

（3）设置“固定制造费用”账户，用以归集本期日常发生的固定制造费用，期末全部结转到“本年利润”账户。这样，企业的成本、利润和产品存货资产都按变动成本法反映，这时也可以编制变动成本法下的损益表和资产负债表。

（4）期末，为了满足按完全成本法编制会计报表的要求，要把固定制造费用中应由销货分摊的部分加到“主营业务成本”项目上，同时调整利润额。

（5）根据有关账户的资料加以调整，便可分别编制完全成本法下的损益表和资产负债表，以对外报告。

三、举例

例 3-6　某企业只产销一种商品，其有关资料如下：

期初存货	0
当期产量	5 500 件
当期销售	4 500 件

期末存货	1 000 件
单位变动成本	
直接材料	15 元
直接人工	10 元
变动性制造费用	5 元
单位变动性管理费用	2 元
固定性制造费用	22 000 元
固定性管理费用	45 000 元
单位产品售价	50 元

统一计算体系的核算过程如下：

（1）平时核算以变动成本法为基础，原材料费用、直接人工费用和变动制造费用都计入“生产成本”账户，计算变动成本如下：

直接材料 = (15 × 5 500) 元 =82 500 元

直接人工 = (10 × 5 500) 元 =55 000 元

变动制造费 = (5 × 5 500) 元 =27 500 元

编制分录：

借：生产成本　165 000

　贷：原材料　82 500

　　应付工资　55 000

　　变动制造费用　27 500

（2）结转本月生产完工产品成本的会计分录如下：

借：库存商品　165 000

　贷：生产成本　165 000

（3）产品销售时，通过“主营业务收入”账户核算，计算如下：

产品销售收入 = (50 × 4 500) 元 =225 000 元

编制分录：

借：应收账款　225 000

　贷：主营业务收入　225 000

（4）结转产品销售成本时，计算如下：

产品销售成本 =[(15+10+5) × 4 500] 元 =135 000 元

会计分录为：

借：主营业务成本　135 000

　贷：库存商品　135 000

（5）结转各项收支到“本年利润”账户，计算如下：

变动性管理费用 = (2 × 4 500) 元 =9 000 元

本月发生管理费用 = (9 000+45 000) 元 =54 000 元

会计分录为：

借：主营业务收入　225 000

　贷：本年利润　225 000

借：本年利润　　211 000
　　贷：主营业务成本　　135 000
　　　　管理费用　　54 000
　　　　固定制造费用　　22 000

在变动成本法下，计算所得的税前净利润为：

本年利润 = (225 000−211 000) 元 =14 000 元

（6）期末，为了满足按完全成本法编制会计报表的要求，要把固定制造费用中应由存货分摊的部分加到“存货”项目上，应由销货分摊的部分加到“主营业务成本”项目上，同时调整利润额。

单位固定制造费用 = (22 000 ÷ 5 500) 元 / 件 =4 元 / 件

① 按完全成本法应计入产品销售成本固定制造费用：

(4 × 4 500) 元 =18 000 元

按完全成本法计算的产品销售成本 = (135 000+18 000) 元 =153 000 元

② 按完全成本法应计入期末产品存货成本的固定制造费用：

(4 × 1 000) 元 =4 000 元

按完全成本法计算的期末产品存货成本 =[(15+10+5) × 1 000+4 000] 元
=34 000 元

（7）根据日常核算资料，可计算出变动成本法的利润，并直接编制变动成本法的利润表，如表 3-13 所示。

表 3-13　损益表（变动成本法）　　（单位：元）

项目	金额
产品销售收入	225 000
减：变动成本	144 000
其中：产品销售成本	135 000
变动销售和管理费用	9 000
贡献毛益	81 000
减：固定成本	67 000
其中：固定制造成本	22 000
固定销售费用和管理费用	45 000
税前净利	14 000

（8）把变动成本法的损益表调整为完全成本法的损益表，并对外发布。在完全成本法下，本期的税前利润为：

全部成本法下的税前利润 = 变动成本法下的税前利润 + 期末存货中的固定制造费用 − 期初存货中的固定制造费用

= 14 000+4 000−0 元

= 18 000(元)

按完全成本法编制的损益表如表 3-14 所示。

表 3-14　损益表（完全成本法）　（单位：元）

项目	金额
产品销售收入	225 000
减：产品销售成本	153 000
其中：变动成本	135 000
固定成本	18 000
销售毛利	72 000
减：销售和管理费用	54 000
税前净利	18 000

（9）用变动成本法和完全成本法编制资产负债表。

① 用变动成本法编制的资产负债表如表 3-15 所示。

表 3-15　资产负债表（变动成本法）　（单位：元）

资产	年初数	期末数	负债及所有者权益	年初数	期末数
⋮			⋮		
存货					
产成品	0	30 000			
⋮			⋮		

② 用完全成本法编制的资产负债表如表 3-16 所示：

表 3-16　资产负债表（完全成本法）　（单位：元）

资产	年初数	期末数	负债及所有者权益	年初数	期末数
⋮			⋮		
存货					
产成品	0	34 000			
⋮			⋮		

四、在新的技术、经济条件下，对两种成本计算法整合的新认识

在新的历史条件下，新技术、新工艺、新的管理理念和方法等大量应用于企业，企业的经济条件发生很大变化。如适时制的产生和应用，对存货管理带来很大变化。在新的技术、经济条件下，应怎样重新认识建立统一的成本计算体系这一问题？

建立统一的成本计算体系，是基于变动成本计算。其原因在于完全成本计算应用于企业内部管理存在某些缺陷。但在新的技术、经济条件下，完全成本计算的主要缺陷将不复存在。原因如下：

完全成本计算应用于企业内部管理的主要缺陷，在于利润的实现与产品销售的实现在一定程度上存在相互脱节的现象。究其原因，乃期初、期末产成品存货成本结转的影响所致。而适时生产系统的采用，可使产成品逐步实现“零存货”，进而自然而然地消除了利润的实现与产品销售的实现之间的不相关性。完全成本计算的优势凸现。

建立统一成本计算体系的另一原因，是变动成本计算的产品成本构成不符合公认的会计原则，而在新的历史条件下，这一矛盾将越发突出。主要原因在于：

（1）如前所述，建立在高度自动化基础上的现代化生产，是一种高度技术密集型的生产。生产技术密集的程度越高，从成本构成上看，制造费用所占的比重越大，这是一种必然的发展趋势。

（2）一个实现自动化的“制造单元”必须由多技能的工人来进行操作。在此条件下，直接人工与间接人工的界限趋于消失，从而使人工成本也大部分转化为固定成本。

所以，在新的技术、经济条件下，以发展的眼光看，建立统一成本计算体系最终会实现变动成本计算和完全成本计算的融合。从而使得成本计算与新的技术、经济条件相适应。

思\考\题

1. 什么是变动成本法？其理论依据是什么？
2. 变动成本法与完全成本法的区别有哪些？
3. 变动成本法与完全成本法对分期损益差异的原因是什么？
4. 随着信息化的快速发展，变动成本法与完全成本法是否趋同？

参\考\文\献\与\荐\读

[1] 中华人民共和国财政部．管理会计应用指引第 303 号 [Z]．2017.

[2] 郑爱华，等．管理会计 [M]．北京：机械工业出版社，2007.

[3] 中国注册会计师协会组织．财务成本管理 [M]．北京：中国财政经济出版社，2018.

[4] 梁倩，郑爱华．基于 FIFO 的变动成本法与完全成本法分期损益差异成因分析 [J]．会计师，2018（5）.

第四章

本量利分析

导\入\案\例

华中药业股份有限公司（以下简称“华中药业”）始建于1967年，主要从事原料药和医药制剂的生产。由于社会资本比较充裕、市场需求快速增长以及质量标准体系和管理规范不断健全，华中药业在产业园建设前期运用本量利工具对原固体制剂车间进行了分析，从盈亏平衡点、利润敏感性、成本动因等各方面来探析各变量因素之间的关系，通过分析查找经营过程中存在的薄弱环节，针对不足制订切实可行的改进计划并落实到各基层单位，实现了固体制剂销售收入逐年增加，产品毛利率大幅上涨。华中药业2012年固体制剂销售收入9 875万元，2016年销售收入21 481万元，较2012年增长117.53%，截至2017年1～6月已实现固体制剂销售收入16 390万元，产品毛利率较2012年提高14.92%。

（摘自：李守武，管理会计工具与案例——营运管理，中国财政经济出版社，2018年）。

本量利分析是现代管理会计学的重要组成部分，是进行决策、计划和控制的重要工具，在管理会计中有着广泛的应用。本量利分析可以为企业改善经营活动和正确地进行经营决策提供简明而又十分有价值的信息。

第一节　本量利分析的概述

本量利分析（Cost-Volume-Profit Analysis）又称CVP分析，是指在成本性态分析和变动成本法的基础上，着重研究销售数量、价格、成本和利润之间的数量关系。这一分析方法以数量化的模型或图形揭示企业的变动成本、固定成本、销量、销售单价和利润等有关因素在数量上相互影响、相互制约的关系。

一、本量利分析的基本假设

在本量利分析中，成本、业务量和利润之间的数量关系是建立在一系列假设之上的。这些假设有助于建立数学模型来反映成本、业务量和利润之间的关系。一般来说，本量利分析主要基于以下假设前提。

（一）相关范围假设

本量利的分析是在成本性态的基础上进行的。相关范围假设是“在一定期间和一定业务量范围内”，包含期间假设和业务量假设两层意思。一般来说，在生产能力利用的一定范围内，成本才是稳定的。超出该范围后，成本性态会发生改变。

（二）模型线性假设

1．固定成本不变假设

本量利分析中的模型线性假设首先是固定成本不变。也就是说，在企业经营能力的相关范围内，固定成本保持不变，即在一定期间和业务量范围内固定成本曲线为一条水平线。

2．单位变动成本不变假设

与固定成本的假设近似，变动成本的假设是在一定的相关范围内假设单位变动成本不变，或者说假设变动成本总额呈完全线性。基于完全线性假设，变动成本的曲线就表现为一条从原点出发的直线，该直线的斜率就是单位变动成本。

3．销售单价不变假设

在本量利分析中，通常假设销售单价为一个常数，销售量与销售收入成正比，两者存在一种完全线性关系，即销售收入 = 销售量 × 单价。表现在坐标图中是一条过原点的直线，其斜率就是销售单价。

（三）产销平衡假设

产销平衡假设是指在一段时期内生产量与销售量相一致，不考虑存货水平变动对利润的影响。

二、本量利分析的基本数学模型

本量利分析时考虑的相关因素主要包括销售量、销售单价、销售收入、固定成本、单位变动成本、营业利润等。这些因素之间的关系可以用下列基本公式来反映。

$$\begin{aligned}\text{利润} &= \text{销售收入} - \text{总成本} \\ &= \text{销售收入} - \text{变动成本} - \text{固定成本} \\ &= \text{销售单价} \times \text{销售量} - \text{单位变动成本} \times \text{销售量} - \text{固定成本} \\ &= (\text{销售单价} - \text{单位变动成本}) \times \text{销售量} - \text{固定成本}\end{aligned} \tag{4-1}$$

设以 P 代表利润，V 代表销量，SP 代表单价，VC 代表单位变动成本，FC 代表固定成本，利润计算公式可表述为：

$$\begin{aligned}P &= V(SP)-V(VC)-FC \\ &= V(SP-VC)-FC\end{aligned} \tag{4-2}$$

此方程式中包含五个相互联系的变量，给定其中四个，便可以求出另外一个变量的值。本量利分析的基本原理就是在假设单价、单位变动成本和固定成本为常量以及产销一致的基础上，将利润、产销量作为因变量和自变量，给定产量便可以求出利润，或者给定目标利润求出产量。

第二节 线性本量利分析

一、单一品种条件下的本量利分析

（一）盈亏临界点分析

1．盈亏临界点的含义

盈亏临界点（Break-Even Point，BE）又称保本点、损益两平点、盈亏分歧点等，是指企业经营达到不盈不亏的状态，此时产品提供的边际贡献正好抵偿固定成本，利润为零。盈亏临界点分析旨在研究成本、销售收入与业务量之间处于什么变化规律时，可以帮助企业实现盈亏平衡或保本，对于企业合理的计划和控制经营过程起到帮助。

盈亏临界点通常有两种表现形式：一是以实物单位来表示，称为盈亏临界点销量，即企业要达到不盈不亏的状态至少应销售多少单位的产品；一种是以货币金额来表示，称为盈亏临界点销售额，即企业要达到不盈不亏的状态至少应销售多少金额的产品。

2．盈亏临界点的基本模型

盈亏临界点就是企业利润等于零时的销售量，即可得到

$$BE(SP-VC)-FC=0$$

进而得到

$$BE=\frac{FC}{SP-VC} \tag{4-3}$$

这就是盈亏临界点的基本模型。

3．基本指标

（1）边际贡献总额。在上一章变动成本法计算损益时，提到过边际利润（marginal profit 或 margin of profit），它又称边际贡献、贡献毛益，是指销售收入减去变动成本以后的差额，它反映增加产品的销售量能为企业增加的收益。

边际利润首先用来补偿固定费用，补偿固定费用后若有余额，才能为企业提供利润。否则，企业就无收益或亏损。

边际利润越高，企业的创利和控制成本能力越强。

（2）单位产品边际贡献。根据边际贡献的含义，有

$$\text{单位产品边际贡献}=\text{单位产品售价}-\text{单位变动成本} \tag{4-4}$$

（3）边际贡献率。边际贡献率（边际利润率）是企业一定期间的边际利润总额与该期间的销售收入的比率；或单位产品的边际利润与单位产品的价格之比。

$$\text{边际贡献率}=\frac{\text{边际贡献总额}}{\text{销售收入总额}}=1-\frac{\text{变动成本总额}}{\text{销售收入总额}}=1-\text{变动成本率} \tag{4-5}$$

该指标越高越好，对于指导企业经营决策非常重要。

4．盈亏临界点的计算

（1）按实物单位计算（保本量），有

$$\text{盈亏临界点的销售量（实物单位）}=\frac{\text{固定成本}}{\text{单位产品边际贡献}} \tag{4-6}$$

（2）按金额综合计算，有

$$\text{盈亏临界点的销售额} = \frac{\text{固定成本}}{\text{边际贡献率}} = \frac{\text{固定成本}}{1-\text{变动成本率}} \tag{4-7}$$

例 4-1　假定某企业只生产一种产品，设该产品单位售价为 20 元，单位变动成本为 10 元，相关固定成本为 10 000 元，共销售产品 1 500 件，则

（1）$\text{盈亏临界点的销售量} = \frac{10\,000}{20-10}\text{件} = 1\,000\text{件}$

企业必须销售 1 000 件该产品才能达到不盈不亏。

（2）$\text{边际贡献总额} = (20 \times 1\,500 - 10 \times 1\,500)\text{元} = 15\,000\text{元}$

$$\text{边际贡献率} = \frac{15\,000}{30\,000} \times 100\% = 50\%$$

$$\text{变动成本率} = 1-50\% = 50\%$$

$$\text{盈亏临界点的销售额} = \frac{10\,000}{50\%}\text{元} = 20\,000\text{元}$$

（二）盈亏临界点指标的应用

1. 盈亏临界点作业率

盈亏临界点作业率是指盈亏临界点销售量与企业正常销售量的比例或盈亏临界点销售额占正常销售额的百分比，即

$$\text{盈亏临界点作业率} = \frac{\text{盈亏临界点销售量（额）}}{\text{正常销售量（额）}} \times 100\% \tag{4-8}$$

上述比率表明，企业实现保本的业务量占实际或预计销量（或销售额）的比重。由于企业通常按照正常销售量来安排产品的生产，在合理库存的条件下，产品产量与正常的销售量大体相同。所以，盈亏临界点作业率还可以表明企业在保本状态下生产能力的利用程度。例 4-1 中企业共销售产品 1 500 件，则盈亏临界点的作业率为 66.7%（1 000/1 500 × 100%）。也就是说，该企业的作业率只有达到 66.7% 以上才能盈利，否则就会亏损。

该指标主要用于安排生产，越小越好。

2. 安全边际和安全边际率

盈亏临界点是企业处于不盈不亏的状态，此时边际贡献可以补偿全部的固定成本，但企业的最终目标是要获得利润。所以企业的销量必须超过盈亏临界点的销售量，其超出部分所提供的边际贡献才能形成企业的最终利润。显然，销量超过盈亏临界点越多，企业发生亏损的可能性就越小，企业的经营也就越安全，由此得到了与盈亏临界点紧密相关的另一个指标“安全边际”。

安全边际是指企业实际或预计销量（或销售额）与盈亏临界点销量（或销售额）间的差额，这个差额标志着从现有销售量到盈亏临界点有多大的差距，或者说，销量下降多少企业仍不至于亏损。该指标主要用于企业分析其经营的安全程度。

安全边际可以用绝对数和相对数两种形式表示：前者称为安全边际销售量（或安全边

际销售额）；后者称为安全边际率。其计算公式为

$$安全边际销售量（额）= 现有销售量（额）- 盈亏临界点销售量（额） \quad (4-9)$$

$$安全边际率 = \frac{安全边际量}{现有销售量} = \frac{安全边际额}{现有销售额} \quad (4-10)$$

安全边际能粗略地衡量风险程度。在实际工作中总是存在一些制订计划时未知的事件，这些事件有可能使销售量低于预计水平。如果企业的安全边际较大，则当实际销售量下降而使企业发生亏损的风险要低于安全边际较小的情况。如果企业的安全边际比较小，管理人员就应考虑采取措施以提高销售量或降低成本，这些措施将提高安全边际，降低发生亏损的风险，故该指标越大越好。

例 4-2 假定在例 4-1 中，该企业预计销售量可达到 1 600 件，则

$$安全边际销售量 = (1\,600-1\,000)\ 件 = 600\ 件$$

或：安全边际销售额 = (1 600 × 20−20 000) 元 = 12 000 元

$$安全边际率 = \frac{600}{1\,600} = 37.5\%，或 = \frac{12\,000}{32\,000} = 37.5\%$$

计算结果表明，销售量减少超过 37.5%，企业将出现亏损。那么安全边际率为 37.5% 是否安全呢?

根据企业经验数据，设计了评价企业经营安全程度的一般标准。表 4-1 是西方国家企业经常使用的经营安全程度评价标准。

表 4-1 西方国家经营安全程度评价标准

安全边际率	40%以上	31%～40%	21%～30%	10%～20%	10%以下
经营安全程度	非常安全	安全	值得注意	危险	非常危险

由于该产品的安全边际率为 37.5%，因而从经营角度讲是安全的。

综上所述，只有盈亏临界点以上的销售量（或销售额），即安全边际部分才能为企业提供利润，所以销售利润又可以按下列公式计算

$$销售利润 = 安全边际销售量 \times 单位边际贡献 = 安全边际销售额 \times 边际贡献率$$

将公式两边同时除以销售收入，可得

$$销售利润率 = 安全边际率 \times 边际贡献率 \quad (4-11)$$

根据例 4-1 和例 4-2，

$$销售利润 = [600 \times (20-10)]\ 元 = 6\,000\ 元$$

$$或 = (16\,000 \times 37.5\%)\ 元 = 6\,000\ 元$$

$$销售利润率 = 37.5\% \times 50\% = 18.75\%$$

利用有关的数据代入销售利润率计算公式，也可得到同样的结果：

$$销售利润率 = \frac{销售收入 - 销售成本}{销售收入} = \frac{32\,000-[(1\,600 \times 10)+10\,000]}{32\,000} = 18.75\%$$

从安全边际率和盈亏临界点作业率的定义可以看出它们是互补关系，即

$$安全边际率 + 盈亏临界点作业率 = 1$$

盈亏临界点作业率与安全边际率的关系可用图 4-1 表示。

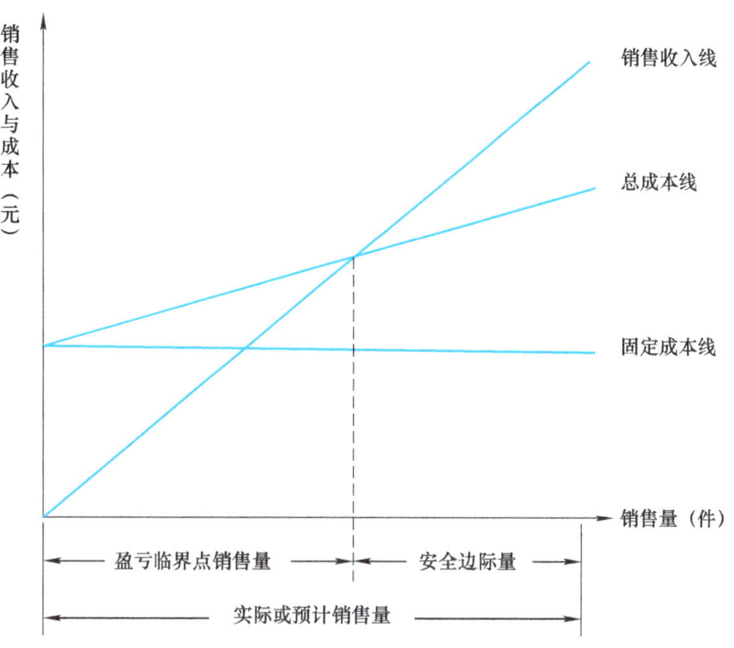

图 4-1　盈亏临界点作业率与安全边际率关系图

二、多品种条件下的本量利分析

通常情况下，大多数企业不可能只生产或销售一种产品，多品种条件下盈亏临界点的计算方法有以下几种。

（一）加权平均法

加权平均法就是根据各种产品的单价、单位变动成本和销售数量计算出一个加权平均的边际贡献率，再根据计算出的加权平均边际贡献率和固定成本总额计算出盈亏临界点销售额的一种方法。这种方法实际上是将全部产品的边际贡献作为补偿企业全部固定成本及利润的来源。加权平均法是计算多种产品盈亏临界点最常用的一种方法。

如上所述，单一产品盈亏临界点的销售额 = 固定成本 / 边际贡献率，但由于企业生产的各种产品的边际贡献率有所差异，因此，在多品种条件下公式中的边际贡献率应为各种产品的加权平均数。其计算步骤如下：

第一步，计算全部产品的销售总额

$$销售收入=\sum(各种产品的单价\times预计销售量)$$

第二步，计算各种产品销售额比重

$$某产品的销售额比重=\frac{该产品的销售额}{销售总额}$$

第三步，计算各种产品的加权平均边际贡献率

加权平均边际贡献率

$$=\frac{\Sigma\text{各种产品的边际贡献总额}}{\Sigma\text{销售总额}}$$

$$=\sum(\text{各种产品的边际贡献率}\times\text{各种产品的销售比重})$$

第四步，计算整个企业综合的盈亏临界点销售额

$$\text{综合盈亏临界点销售额}=\frac{\text{固定成本总额}}{\text{加权平均边际贡献率}}$$

第五步，计算各种产品的盈亏临界点的销售额和销售量

各种产品盈亏临界点的销售额＝综合盈亏临界点销售额×各种产品的销售比重

$$\text{各种产品盈亏临界点的销售量}=\frac{\text{各种产品盈亏临界点的销售额}}{\text{各种产品的单位售价}} \quad (4\text{-}12)$$

例 4-3 假设某企业生产销售 A、B、C 三种产品，且产销平衡，预计销售量分别为 30 000 件、20 000 件、10 000 件，三种产品的售价分别为 20 元、30 元、40 元，单位变动成本分别为 12 元、24 元、28 元；固定成本总额为 120 000 元。要求按加权平均法进行多种产品本量利分析。

按照加权平均法的计算步骤，计算如下：

表 4-2 A、B、C 三种产品的数据资料表

产品	产销量（件）①	销售单价（元）②	单位变动成本（元）③	销售收入（元）④=①×②	各产品销售比重 ⑤=④/∑④	边际贡献（元）⑥=①×（②-③）	边际贡献率 ⑦=⑥/④
A	30 000	20	12	600 000	37.5%	240 000	40%
B	20 000	30	24	600 000	37.5%	120 000	20%
C	10 000	40	28	400 000	25%	120 000	30%
合计				1 600 000	100%	480 000	30%

由表 4-2 中⑦可知，A、B、C 三种产品的边际贡献率分别为 40%、20% 和 30%。

$$\text{A产品的销售比重}=\frac{600\ 000}{1\ 600\ 000}\times100\%=37.5\%$$

$$\text{B产品的销售比重}=\frac{600\ 000}{1\ 600\ 000}\times100\%=37.5\%$$

$$\text{C产品的销售比重}=\frac{400\ 000}{1\ 600\ 000}\times100\%=25\%$$

加权平均边际贡献率 = 40% × 37.5%+20% × 37.5%+30% × 25% = 30%

$$\text{综合的盈亏临界点的销售额}=\frac{120\ 000}{30\%}\text{元}=400\ 000\text{元}$$

A 产品销售额 = (400 000 × 37.5%) 元 = 150 000 元

B 产品销售额 = (400 000 × 37.5%) 元 = 150 000 元

C 产品销售额 = (400 000 × 25%) 元 = 100 000 元

用各产品的保本额除以该产品的单价，就可以得出各产品的保本量：

A 产品销售量 = (150 000/20) 件 = 7500 件

B 产品销售量 = (150 000/30) 件 = 5000 件

C 产品销售量 = (100 000/40) 件 = 2500 件

（二）分算法

分算法就是根据所采取的合理的分配标准，将共同固定成本预先分配给各种产品的一种方法。各种产品所应分担的全部固定成本即为各种产品的专属固定成本加上分配给各种产品的共同固定成本。在这一基础上，就可以采用同单一产品条件下相同的方法，分别计算各种产品的保本点。这种方法主要适用于：产品品种并不是很多，且各种产品的生产都属封闭式的，即其固定制造费用都可按恰当的比例进行分配的企业。

例 4-4　沿用例 4-3 数据，要求按分别计算法计算多品种盈亏临界点。

假设固定成本按边际贡献比重进行分配：

$$固定成本分配率=\frac{120\ 000}{480\ 000}\times100\%=25\%$$

分配给 A 产品的固定成本 = (240 000 × 25%) 元 =60 000 元

分配给 B 产品的固定成本 = (120 000 × 25%) 元 =30 000 元

分配给 C 产品的固定成本 = (120 000 × 25%) 元 =30 000 元

$$A产品的保本量=\frac{60\ 000}{20-12}件=7\ 500件$$

A 产品的保本额 =（7 500 × 20）元 =150 000 元

同理，B 产品和 C 产品的保本量分别为 5 000 件、2 500 件，保本额分别为 150 000 元、100 000 元。

（三）联合单位法

如果企业产品结构保持不变，则多种产品条件下的盈亏临界点计算还可以采用联合单位法。所谓联合单位法，实际上是将固定实物比例构成的一组产品的盈亏临界点的计算问题转换成单一产品盈亏临界点的计算问题，通过每一个联合单位的边际贡献取代单一产品盈亏临界点计算公式中的单位边际贡献，而得出盈亏临界点的销量（以联合单位度量），以此为基础，再计算出各种产品在企业盈亏临界点时的销售额与销售量。

$$联合保本量=\frac{固定成本总额}{联合单价-联合单位变动成本} \tag{4-13}$$

$$某产品的保本量=联合保本量\times一个联合单位包含的该产品的数量比$$

式中，联合单价为一个联合单位的全部收入；联合单位变动成本为一个联合单位的全部变动成本。

例 4-5　如例 4-3，A、B、C 三种产品的销量比例分别为 30 000 ∶ 20 000 ∶ 10 000；即 3 ∶ 2 ∶ 1。计算一个单位保本销售量和各产品的保本销售量：

联合单价 = (20 × 3+30 × 2+40 × 1) 元 =160 元

联合单位变动成本 = (12 × 3+24 × 2+28 × 1) 元 =112 元

联合保本量 =[120 000/(160−112)] 元 =2 500 (联合销售单位)

A 产品的盈亏临界点销量 = (2 500 × 3) 件 = 7 500 件

B 产品的盈亏临界点销量 = (2 500 × 2) 件 = 5 000 件

C 产品的盈亏临界点销量 = (2 500 × 1) 件 = 2 500 件

根据各产品的盈亏临界点销量和各自的销售单价就可以计算出各种产品的盈亏临界点销售额。

A 产品的盈亏临界点销售额 = (7 500 × 20) 元 = 150 000 元

B 产品的盈亏临界点销售额 = (5 000 × 30) 元 = 150 000 元

C 产品的盈亏临界点销售额 = (2 500 × 40) 元 = 100 000 元

三、盈亏临界点图

如果将成本、销量和利润的关系用直角坐标系表示，就可以得到盈亏临界图。盈亏临界图是围绕盈亏临界点，将影响企业利润的有关因素及其相应关系，集中在一张图上，形象而具体地表现出来。利用它，可以形象地从动态角度揭示本量利的相互依存关系，从而有助于决策者在经营管理工作中提高预见性和主动性。盈亏临界图有多种图式，可根据资料和目的的不同进行选择。常用的方式有基本式、边际贡献式、量利式三种。

（一）基本式

盈亏临界图的基本式反映的是本量利的基本关系，其特点是能清楚地反映出固定成本不随业务量的变化而变化，总成本线是在固定成本的基础上加上变动成本而得到的。

基本式盈亏临界图的绘制方法如下，具体如图 4-2 所示。

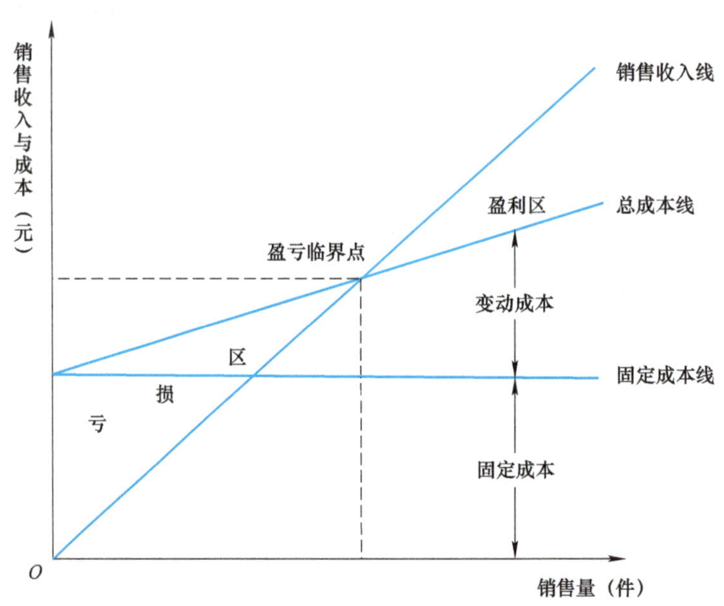

图 4-2 盈亏临界图——基本式

（1）在直角坐标系中，以横轴表示销售量，以纵轴表示成本和销售收入。

（2）绘制固定成本线。在纵轴上，根据固定成本数额，以（0，固定成本总额）为起点，绘制一条平行于横轴的直线，即为固定成本线。它与横轴的距离为固定值，不随产量的变化而变化。

（3）绘制销售收入线。以坐标原点为起点，根据“销售收入 = 单价 × 数量”做出一条源于原点的直线，即为销售收入线，单价为此直线的斜率。

（4）绘制总成本线。以（0，固定成本总额）为起点，根据“总成本 = 固定成本 + 单位变动成本 × 销量”做出一条直线即为总成本线，单位变动成本即为此直线的斜率。总成本与固定成本线之间的距离为变动成本，它随产量变化而正比例变化。

（5）销售收入线与总成本线的交点即为盈亏临界点，这一点所对应的横轴上的数量是保本点销售量，所对应的纵轴上的金额是保本点销售额。当销售量或销售额高于盈亏临界点时，企业处于盈利状态；低于盈亏临界点时，企业处于亏损状态。

基本式盈亏临界图的绘制如图 4-2。基本盈亏临界图从动态上集中而又形象地反映了销售数量、成本和利润之间的相互关系，从中可以得出如下几条规律：

（1）当盈亏临界点不变时，销售量超过盈亏临界点越多，能实现的利润越多，或亏损越少；销售量低于盈亏临界点越多，能实现的利润越少，或亏损越多。

（2）当销售量固定时，盈亏临界点越低，能实现的利润越多，或亏损越少；反之，盈亏临界点越高，能实现的利润越少，或亏损越多。

（3）在销售总成本既定的条件下，盈亏临界点受销售收入线斜率（即单位售价）变动而呈逆向。产品单价越高，表现为销售总收入线的斜率越大，盈亏临界点就越低；反之，盈亏临界点就越高。

（4）在销售收入既定的条件下，盈亏临界点的高低取决于固定成本和单位变动成本的多少。固定成本或单位产品的变动成本越高，盈亏临界点就越高；反之，盈亏临界点就越低。

明确以上基本规律，对于企业根据主客观条件有预见地采取相应措施，实施扭亏为盈，将有较大的帮助。

（二）边际贡献式

边际贡献式盈亏临界图的绘制如图 4-3 所示。

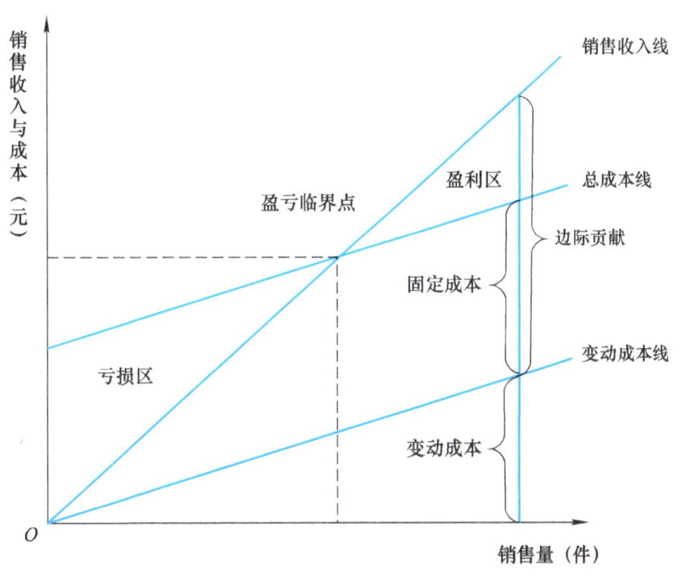

图 4-3　盈亏临界图——边际贡献式

边际贡献式图可以使人直观地了解边际贡献的形成、构成以及与利润之间的关系。边际贡献式盈亏临界图的绘制方法如下：

（1）在直角坐标系中，以横轴表示销售量，以纵轴表示成本和销售收入。

（2）绘制变动成本线。以（0，0）为起点，根据“变动成本 = 单位变动成本 × 销量”作出一条直线即为变动成本线，单位变动成本即为此直线的斜率。

（3）绘制销售收入线。以坐标原点为起点，根据“销售收入 = 单价 × 数量”作出一条源于原点的直线，即为销售收入线，单价为此直线的斜率。

（4）绘制总成本线。以（0，固定成本总额）为起点，根据“总成本 = 固定成本 + 变动成本”作出一条与变动成本线相平行的直线，即为总成本线，单位变动成本即为此直线的斜率。总成本与变动成本线之间的距离为固定成本，它不随产量变化而变化。

（5）销售收入线与总成本线的交点即为盈亏临界点，这一点所对应的横轴上的数量是保本点销售量，所对应的纵轴上的金额是保本点销售额。当销售量或销售额高于盈亏临界点时，企业处于盈利状态；低于盈亏临界点时，企业处于亏损状态。

图 4-3 显示，边际贡献式与基本式的区别在于：前者将固定成本线置于变动成本线之上，使总成本线成为一条平行于变动成本线的直线，以便形象地反映边际贡献的形成过程和构成，即产品销售收入减去变动成本以后就是边际贡献，边际贡献再减去固定成本就是利润。而后者则将固定成本置于变动成本之下，以便表明固定成本在相关范围内固定不变的特征。

比较一下上述两个图式，画法相近，但意义有所不同：基本式与生产实际比较接近，因为无论哪种产品生产，固定成本总是要发生的，且一般都是先发生固定成本，再发生变动成本。边际贡献式的画法较易理解本量利分析中的边际贡献、固定成本以及保本点之间的关系，对边际贡献与固定成本之间的联系反映得很清楚。

（三）量利式

量利式盈亏临界图仅仅反映销售量与利润之间的依存关系，是一种简化的盈亏临界图，它以利润线代替了销售收入线和成本线，因此也常常被称为利润图。因为简明扼要，易于理解，所以受到企业高层管理人员的欢迎。

量利式盈亏临界图的绘制方法如下：

（1）在直角坐标系中，以横轴表示销售数量（可用实物单位金额表示），纵轴表示利润和亏损。

（2）在纵轴利润等于零的点上画一条水平线，表示盈亏平衡线。

（3）在纵轴的负数区标上固定成本点，该点即销售量为零时的亏损数。

（4）在横轴上取任一整数销售量，并计算在该销售量下的损益数，并依此在坐标图中再确定一点，连接该点与固定成本点，便可画出利润线。

（5）利润线与盈亏平衡线的交点即为盈亏临界点。

从量利式盈亏临界图中可观察到以下规律：

（1）当销售量为零时，企业的亏损额等于固定成本。

（2）当产品的销售价格及成本水平不变时，销售量越大，利润就越多，或亏损越少；反之，销售数量越小，利润就越少，或亏损越多。

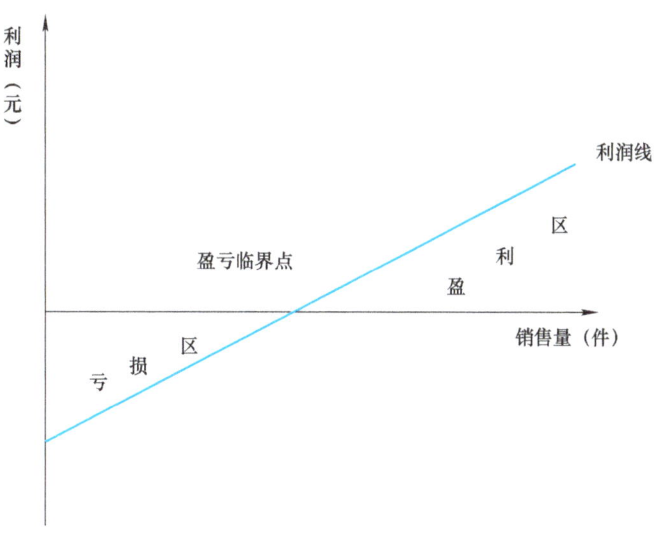

图 4-4 盈亏临界图——量利式

这种量利式盈亏临界图的特点是直观反映了利润与销售量之间的关系，便于对利润的控制，但本图不能清楚地反映量本利三者之间的关系。

四、盈亏临界点的影响因素分析

从盈亏临界点的计算公式可以看出，固定成本、销售单价、单位变动成本及品种结构等因素的变动都将对盈亏临界点产生影响，因此若能事先了解有关因素对盈亏临界点的影响，就能及时采取措施使企业增加盈利或减少亏损。

（一）销售单价变动对盈亏临界点的影响分析

在盈亏临界图上，销售单价表现为销售收入线的斜率。在其他因素不变的情况下，单位产品的售价越高，盈亏临界点越低，同样销售下实现的利润越高；反之，盈亏临界点越高，利润也就越低。假定例 4-1 中单价从 20 元提高到 26 元，则盈亏临界点的销售量由原来的 1 000 件变为

$$盈亏临界点的销售量=\frac{10\ 000}{26-10}件=625件$$

销售单价变动对盈亏临界点的影响分析如图 4-5 所示。

计算结果表明，在其他因素不变的条件下，盈亏临界点会随销售单价变动呈反方向变动。本例由于销售单价提高从而导致盈亏临界点左移，销售量 625 件至 1 000 件这段也由原来的亏损区域变成了盈利区。

（二）单位变动成本变动对盈亏临界点的影响分析

在其他因素不变的条件下，盈亏临界点会随单位变动成本变动呈同方向变动。在盈亏临界图上，单位变动成本表现为总成本线的斜率，假设在其他条件不变的情况下，单位变动成本下降，会使总成本线的斜率降低，盈亏临界点下降。假定例 4-1 单位变动成本从 10 元下降到 9 元，则盈亏临界点的销售量由原来的 1 000 件变为

$$盈亏临界点的销售量=\frac{10\ 000}{20-9}件=909件$$

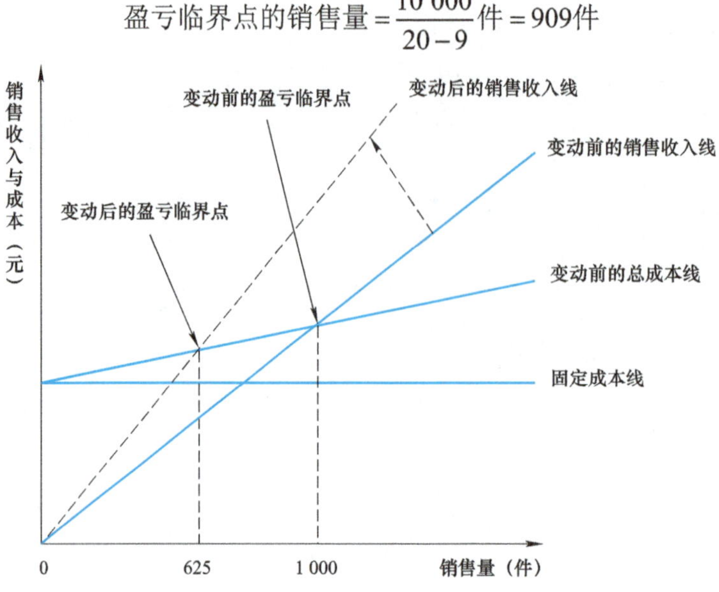

图 4-5　销售单价变动对盈亏临界点的影响

计算结果表明，本例由于单位变动成本下降，使盈亏临界向左移，盈利区增大，亏损区减少，如图 4-6 所示。

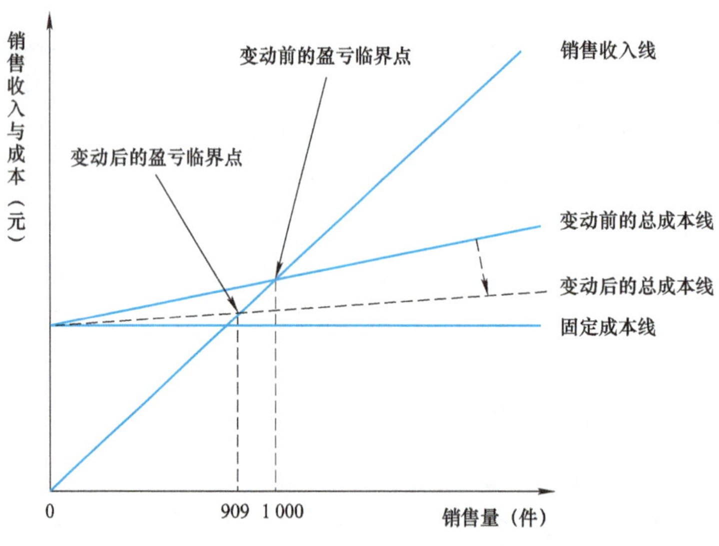

图 4-6　单位变动成本变动对盈亏临界点的影响

（三）固定成本变动对盈亏临界点的影响分析

从盈亏临界点的基本公式中可以看出，保持其他因素不变，固定成本越高，盈亏临界点越高；相反，固定成本越低，盈亏临界点越低。在盈亏临界图上，固定成本的降低会使总成本线下移，从而使盈亏临界点降低。假定例 4-1 中固定成本从 10 000 元下降到 9 000 元，则盈亏临界点的销售量由原来的 1 000 件变为

$$盈亏临界点的销售量=\frac{9\ 000}{20-10}件=900件$$

固定成本变动对盈亏临界点的影响分析如图 4-7 所示。

计算结果表明，由于固定成本下移使得总成本线下移，盈亏临界点左移，盈利区增多，亏损区减少。

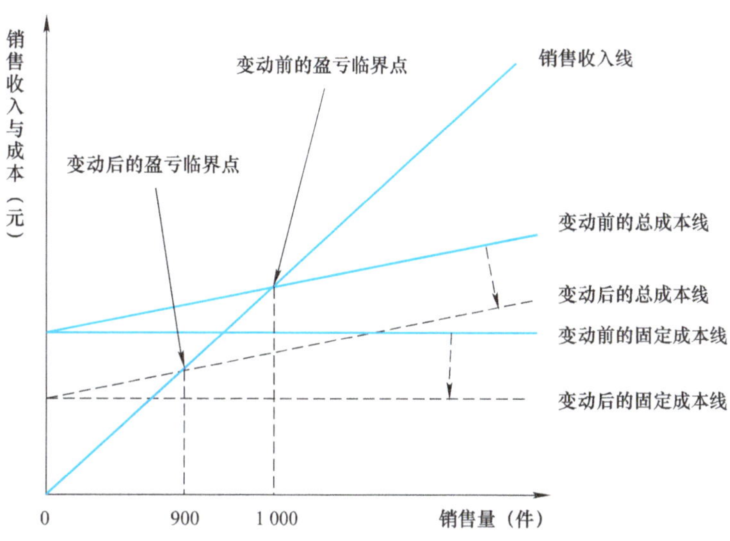

图 4-7　固定成本变动对盈亏临界点的影响

（四）产品品种结构变动对盈亏临界点的影响

当企业同时产销多种产品时，不同产品盈利能力不同，边际贡献率也不相同。结合多种产品边际贡献率的计算可知，边际贡献率不同的产品在总销售收入中所占的比重发生变化时，加权平均边际贡献率也会发生变化。例如，当边际贡献率低的产品销售比重增加时，会使加权平均边际贡献率下降，从而使以加权平均边际贡献率为基础计算的盈亏临界点销售额上升；相反，当边际贡献率高的产品销售比重增加时，会使加权平均边际贡献率上升，从而使以加权平均边际贡献率为基础计算的盈亏临界点销售额下降。

例 4-6　援引例 4-3 的数据，假定例 4-3 中其他条件不变，只是企业产品的品种构成由原来的 37.5 ∶ 37.5 ∶ 25 改变为 50 ∶ 25 ∶ 25，则加权平均边际贡献率由原来的 30% 变成 32.5%（40% × 50%+20% × 25%+30% × 25%），在该加权平均边际贡献率下的企业全部产品盈亏临界点的销售额为：

$$综合的盈亏临界点的销售额=\frac{120\ 000}{32.5\%}元=369\ 231元$$

可见，由于产品品种结构改变了，盈亏临界点也变了。在 A、B、C 三种产品中，A 产品的边际贡献最高（40%），C 产品次之（30%），B 产品最低（20%）。在上述产品品种成本的变动中，边际贡献最低的 B 产品的比重有所下降（由 37.5% 下降到 25%），边际贡献最高的 A 产品的比重有所上升（由 37.5% 上升到 50%），所以全部产品的加权平均边际贡献率有所提高，盈亏临界点也就降低了。提高边际贡献率较高的品种的构成比重，从结果上看与提高产品的销售单价有相似之处（如图 4-5 所示）。

关于相关因素变动对盈亏临界点的影响有两点需要指出：①为了简化说明和突出一致性，上述讨论组的变动为积极性变动；②我们是在假设产销平衡的情况下进行盈亏临界点分析的，而事实上产销经常不平衡。

（五）产、销不平衡对盈亏临界点的影响

在变动成本法下，产销不平衡并不影响盈亏临界点；在完全成本法下，在计算盈亏临界点时，由于当期生产的产品不一定在当期销售，因此当期发生的固定成本并非全部计入当期的产品销售成本，期末产品库存还要分摊当期固定成本的一定份额。因此可以采用两种方法计算盈亏临界点，一种是不管本期销售量是多少，全部固定成本全部由当期已销产品的边际贡献补偿；另一种方法是当期已销产品的边际贡献部分只用来补偿当期已销产品的固定成本，其余部分由库存产品承担。以下举例说明这两种方法的运用。

例 4-7　设某企业只生产和销售某一种产品，假定期初存货为零，本期生产 100 000 件，销售 90 000 件，单价为 4 元，单位变动成本为 1.2 元，单位变动非生产成本为 0.2 元，固定制造费用总额为 160 000 元，固定非制造费用总额为 20 000 元。

第一种方法：按当期已销产品的边际贡献补偿当期的全部固定成本计算。

$$\text{盈亏临界点的销售量}=\frac{\text{当期全部固定成本}}{\text{当期销售产品的边际贡献}}=\frac{160\ 000+20\ 000}{4-(1.2+0.2)}\text{件}=69\ 231\text{件}$$

第二种方法：改变盈亏临界点计算公式中固定成本的内容按当期由销售产品补偿的固定成本计算。

$$\begin{aligned}\text{盈亏临界点的销售量}&=\frac{\text{当期已销产品承担的固定成本}}{\text{当期销售产品的边际贡献}}\\&=\frac{160\ 000-160\ 000/100\ 000\times 10\ 000+20\ 000}{4-(1.2+0.2)}\text{件}=63\ 077\text{件}\end{aligned}$$

$$\begin{aligned}\text{盈亏临界点的销售额}&=\frac{\text{当期已销产品承担的固定成本}}{\text{当期销售产品的边际贡献率}}\\&=\frac{160\ 000-160\ 000/100\ 000\times 10\ 000+20\ 000}{[4-(1.2+0.2)]/4}\text{元}=252\ 308\text{元}\end{aligned}$$

第三节　目标利润规划

盈亏临界点的分析是在假定企业盈亏平衡、利润为零的状态下进行的。虽然它有助于了解企业最低生产条件以及评价企业经营安全程度，并且为企业的经营决策提供有用的信息，但是企业经营的目的在于盈利而非保本。在市场竞争中，企业经营的目的是为了追求利润。因此我们有必要在盈亏临界点的基础上进一步扩展，分析企业实现目标利润需要达到的业务量水平，包括销售量、销售单价等。

一、实现目标利润的因素分析

目标利润即企业计划在未来期间要实现的利润。为了分析和规划目标利润，就有必要

了解一下实现目标利润的模型。

（一）实现税前目标利润的模型

管理人员非常关心要实现特定目标利润，企业的销量应该达到多少。由于利润与销量之间存在以下关系

$$利润=单位边际贡献\times销售量-固定成本 \tag{4-14}$$

设 P_t 代表目标利润，V_t 代表实现目标利润的销售量，则有

$$P_t=V_t(\mathrm{SP}-\mathrm{VC})-\mathrm{FC} \tag{4-15}$$

$$V_t=\frac{P_t+\mathrm{FC}}{\mathrm{SP}-\mathrm{VC}} \tag{4-16}$$

即

$$实现目标利润的销售量=\frac{目标利润+固定成本}{单位边际贡献} \tag{4-17}$$

式（4-17）表明，企业产品销售在补偿了固定成本之后，销售量需要达到什么状态才能实现目标利。与盈亏临界点相似，实现目标利润的销售量也可以用金额表示，也即实现目标利润的销售金额。其计算公式是

$$实现目标利润的销售额=\frac{目标利润+固定成本}{边际贡献率} \tag{4-18}$$

例 4-8　假定某企业只生产一种产品，设该产品单位售价为 20 元，单位变动成本为 10 元，相关固定成本为 10 000 元，该企业在计划期的目标利润为 20 000 元。则

$$实现目标利润的销售量=\frac{20\,000+10\,000}{20-10}件=3\,000件$$

$$实现目标利润的销售额-\frac{20\,000+10\,000}{50\%}元=60\,000元$$

（二）实现税后目标利润的模型

之前所讲的利润均为税前利润，但在企业实际中，税后的利润才是企业可以实际支配的利润。所以，从税后利润的角度进行目标利润的规划和分析，将能符合企业生产经营的实际。

税后利润与税前利润的关系如下

$$税后利润=税前利润\times(1-所得税率) \tag{4-19}$$

$$税前利润=\frac{税后利润}{1-所得税率} \tag{4-20}$$

由此可得如下公式

$$实现目标利润的销售量=\frac{\dfrac{税后的目标利润}{1-所得税率}+固定成本}{单位边际贡献} \tag{4-21}$$

$$实现目标利润的销售额\frac{\dfrac{税后的目标利润}{1-所得税率}+固定成本}{边际贡献率} \tag{4-22}$$

假定例 4-8 中，本期要实现的税后利润为 13 500 元，所得税率为 25%，其他条件不变，则：

$$实现目标利润的销售量=\frac{13\ 500/(1-25\%)+10\ 000}{20-10}件=2\ 800件$$

$$实现目标利润的销售额=\frac{13\ 500/(1-25\%)+10\ 000}{50\%}元=56\ 000元$$

（三）相关因素对目标利润的影响

如上述公式所示，其销售单价、单位变动成本与固定成本中任何一个因素变动，都会影响到目标利润的实现。如果企业在实际经营中规划了目标利润，那么为了保证利润的实现，就需要对其他因素做出调整。通常情况下企业要实现目标利润，在其他因素不变时，应当提高销售量或销售单价，降低单位变动成本或固定成本。

1．单因素变动所产生的影响

例 4-9　沿用例 4-8 资料，现假定该企业将目标利润定为 26 000 元，从单个因素来看，影响目标利润的四个基本要素应当怎样调整？

$$\begin{aligned}实现目标利润的固定成本&=边际贡献-目标利润\\&=[(20-10)\times 3\ 000-26\ 000]元\\&=4\ 000元\end{aligned}$$

$$实现目标利润的销售量=\frac{固定成本+目标利润}{单位边际贡献}=\frac{10\ 000+26\ 000}{20-10}件=3\ 600件$$

$$\begin{aligned}实现目标利润的单位变动成本&=单价-\frac{固定成本+目标利润}{销售量}\\&=\left[20-\frac{10\ 000+26\ 000}{3\ 000}\right]元/件\\&=8元/件\end{aligned}$$

$$\begin{aligned}实现目标利润的单价&=单位变动成本+\frac{固定成本+目标利润}{销售量}\\&=\left[10+\frac{10\ 000+26\ 000}{3\ 000}\right]元\\&=22元\end{aligned}$$

计算结果表明，该企业的目标利润增加 6 000 元，调整至 26 000 元。为确保目标利润的实现，从单个因素来看：固定成本应降低到 4 000 元，比原来降低了 6 000 元；或销售量要上升到 3 600 件，比原来的销售数量增加 600 件；或单位变动成本下降到 8 元，比原来的单位变动成本降低了 2 元；或者销售单价调整到 22 元，比原来增加了 2 元。

例 4-10　假定某企业只生产一种产品，设该产品单位售价为 20 元，单位变动成本为 10 元，相关固定成本为 10 000 元，预计销售产品 1 500 件，则

$$目标利润=[1\ 500\times(20-10)-10\ 000]元=5\ 000元$$

或者先确定计划年度目标利润为 5 000 元，则

$$实现目标利润的销售量=\frac{10\ 000+5\ 000}{20-10}件=1\ 500件$$

（1）销售单价变动对目标利润的影响分析。假定其他因素不变，而单价由 20 元提高到 30 元，则

$$\text{实现目标利润的销售量}=\frac{10\ 000+5\ 000}{30-10}\text{件}=750\text{件}$$

单价提高后，实现目标利润的销量降低到 750 件，比原来少了 750 件。计算结果表明，由于价格提高，企业只需达到 750 件的销量即可实现 5 000 的目标利润。

（2）单位变动成本变动对目标利润的影响分析。假定其他因素不变，而单位变动成本由原来的 10 元变为 8 元，则

$$\text{实现目标利润的销售量}=\frac{10\ 000+5\ 000}{20-8}\text{件}=1\ 250\text{件}$$

单位变动成本降低后，实现目标利润的销量减少了 250 件。

（3）固定成本变动对目标利润的影响分析。假定其他因素不变，而固定成本由原来的 10 000 元降低到 5 000 元，则

$$\text{实现目标利润的销售量}=\frac{5\ 000+5\ 000}{20-10}\text{件}=1\ 000\text{件}$$

固定成本降低后，实现目标利润的销量只需要达到 1 000 件。

2. 多种因素同时变动对目标利润的影响分析

在现实经济生活中，除了所得税税率这一因素，单价、单位变动成本、固定成本各个因素往往是相互联系、相互影响的。例如，为了增加销量，需要增加广告费用，从而导致固定成本的上升。为如实反映客观实际情况，企业必须就各种因素的变动进行综合计算分析。

例 4-11　沿用例 4-10 的资料，该企业目前产销量为 1 500 件，其损益情况如下

$$\begin{aligned}\text{利润}&=\text{销售收入}-\text{变动成本}-\text{固定成本}\\&=(1\ 500\times20-1\ 500\times10-10\ 000)\text{元}\\&=5\ 000\text{元}\end{aligned}$$

分别计算下列情况，利润怎么变化。

（1）企业为了扩大产品知名度，增加广告投入 8 000 元，同时销量增加 15%，则

$$\text{利润}=[1\ 500\times(1+15\%)\times(20-10)-(10\ 000+8\ 000)]\text{元}=-750\text{元}$$

由于增加广告投入 8 000 元，使得产品知名度上升导致销量增加 15%，但企业仍将亏损 750 元。进一步分析可知，销量增加 15% 带来的收益最多只能弥补 17 250 元的固定成本，这是固定成本增长的上限。

（2）销售经理为了增加更多边际贡献，决定售价提高 5%，但与此同时销量下降了 10%，则

$$\text{利润}=\{[20\times(1+5\%)-10]\times1\ 500\times(1-10\%)-10\ 000\}\text{元}=4\ 850\text{元}$$

由于售价提高 5%，同时销量下降 10% 时，企业仍可盈利 4 850 元，说明该企业产品的价格需求弹性较小，通过涨价来获利在一定价格范围内是可行的。

二、利润的敏感性分析

利润的敏感性分析就是研究影响某一决策变量的因素发生变化时，对该决策变量的影响程度。它对于利润预测分析，有着十分积极的指导作用。如前所述，业务量、单价、单位变动成本、固定成本等因素中的某个因素或某些因素变动时，都会对盈亏临界点和目标利润产生影响。但是由于各因素在计算盈亏临界点和目标利润的过程中作用不同，影响程度也不尽相同。

（一）确定影响利润的各变量的临界值

由于单价、单位变动成本、销量和固定成本的变化都会导致利润发生相应变化，这种变化达到一定程度，会使企业达到盈亏临界状态，超过这一点，企业就会由盈利转化为亏损。各因素变动而不使产品发生亏损的最大允许范围，称为盈亏临界值。

（1）销售量的最小允许值 $V_{\min}$

$$V_{\min}=\frac{\text{固定成本}}{\text{单价}-\text{单位变动成本}} \tag{4-23}$$

（2）销售单价的最小允许值 $SP_{\min}$

$$SP_{\min}=\text{单位变动成本}+\frac{\text{固定成本}}{\text{销售量}} \tag{4-24}$$

（3）单位变动成本的最大允许值 $VC_{\max}$

$$VC_{\max}=\text{销售单价}-\frac{\text{固定成本}}{\text{销售量}} \tag{4-25}$$

（4）固定成本的最大允许值 $FC_{\max}$

$$FC_{\max}=\text{销量}\times(\text{销售单价}-\text{单位变动成本}) \tag{4-26}$$

例 4-12　设某企业所生产的产品单价为 40 元，单位变动成本为 30 元，固定成本总额为 20 000 元，目标销量为 5 000 件。则

$$\text{目标利润}=[5\ 000\times(40-30)-20\ 000]\text{元}=30\ 000\text{元}$$

将数据代入上面各公式得：

（1）销售量的最小允许值

$$V_{\min}=\frac{\text{固定成本}}{\text{单价}-\text{单位变动成本}}=\frac{20\ 000}{40-30}\text{件}=2\ 000\text{件}$$

销量下降幅度的下限为

$$\frac{5\ 000-2\ 000}{5\ 000}\times100\%=60\%$$

即产品的销量不得低于 2 000 件（2 000 件是销售量的最小允许值 / 盈亏临界点），或者说，下降幅度不能超过 60%，否则企业就要发生亏损。

（2）销售单价的最小允许值

$$SP_{\min}=\left[30+\frac{20\ 000}{5\ 000}\right]\text{元}=34\text{元}$$

单价下降幅度的下限为

$$\frac{40-34}{40}\times100\%=15\%$$

即销售单价不能低于 34 元，也即下降幅度不能超过 15%，否则企业就要发生亏损。

（3）单位变动成本的最大允许值

$$VC_{\max}=\left[40-\frac{20\ 000}{5\ 000}\right]\text{元/件}=36\text{元/件}$$

单位变动成本上升幅度的上限为

$$\frac{36-30}{30}\times100\%=20\%$$

即当单位变动成本由 30 元上升到 36 元，企业处于不盈不亏状态。所以，单位变动成本的

最大允许值为 36 元，也即上升幅度不能超过 20%，否则企业就要发生亏损。

（4）固定成本的最大允许值

$$FC_{max}=[5\ 000\times(40-30)]元=50\ 000元$$

固定成本上升幅度的上限为

$$\frac{50\ 000-20\ 000}{20\ 000}\times100\%=150\%$$

即固定成本不能高于 50 000 元，也即上升幅度不能超过 150%，否则企业就要发生亏损。

（二）敏感系数

以上分析可以得知，单价、单位变动成本、销量和固定成本中每个因素的变化对利润的影响程度不同。有的因素属强敏感性因素；而有的因素则为弱敏感性因素。用于度量某因素的敏感程度的指标称为敏感系数，敏感系数为正时，说明它和利润同向变动，敏感系数为负时，说明它和利润反向变动。确定敏感系数的目的，是使经营管理人员根据各因素对利润影响程度的轻重，及时采取必要的调整措施，确保目标利润的完成。其计算公式为

$$敏感系数=\frac{目标值变动百分比}{因素值变动百分比} \tag{4-27}$$

例 4-13 沿用例 4-12 的资料，假定单价、单位变动成本、销量和固定成本分别增长 10%，则

$$目标利润=[5\ 000\times(40-30)-20\ 000]元=30\ 000元$$

（1）单价的敏感系数的计算。当单价上升 10% 时

$$单价=[40\times(1+10\%)]元/件=44元/件$$

按照此单价计算的利润为

$$利润=[5\ 000\times(44-30)-20\ 000]元=50\ 000元$$

$$利润变动率=\frac{50\ 000-30\ 000}{30\ 000}\times100\%=66.67\%$$

$$单价的敏感系数=\frac{66.67\%}{10\%}=6.67$$

（2）单位变动成本的敏感系数的计算。当单位变动成本上升 10% 时

$$单位变动成本=[30\times(1+10\%)]元/件=33元/件$$

按照此单位变动成本计算的利润为

$$利润=[5\ 000\times(40-33)-20\ 000]元=15\ 000元$$

$$利润变动率=\frac{15\ 000-30\ 000}{30\ 000}\times100\%=-50\%$$

$$单位变动成本的敏感系数=\frac{-50\%}{10\%}=-5$$

（3）销量的敏感系数的计算。当销量增加 10% 时

$$销量=[5\ 000\times(1+10\%)]件=5\ 500件$$

按照此销量计算的利润为

$$利润=[5\ 500\times(40-30)-20\ 000]元=35\ 000元$$

$$利润变动率=\frac{35\ 000-30\ 000}{30\ 000}\times100\%=16.67\%$$

$$销售量的敏感系数=\frac{16.67\%}{10\%}=1.67$$

（4）固定成本的敏感系数的计算。当固定成本增加10%时

$$固定成本=20\ 000\times(1+10\%)元=22\ 000元$$

按照此固定成本计算的利润为

$$利润=[5\ 000\times(40-30)-22\ 000]元=28\ 000元$$

$$利润变动率=\frac{28\ 000-30\ 000}{30\ 000}\times100\%=-6.67\%$$

$$固定成本的敏感系数=\frac{-6.67\%}{10\%}=-0.67$$

将各自计算结果的绝对值按照从大到小的顺序排列分别是：单价（6.67）、单位变动成本（-5）、销售量（1.67）、固定成本（-0.67），即影响利润程度最大的是单价，其次是单位变动成本，再次是销售量，最后是固定成本。但该顺序仅为本例题的结论，不适合所有情况。

第四节 本量利分析的拓展

本章第一节中提出了本量利分析的一些基本假设，如相关范围假设、产销平衡假设等。但这些假设不但有其严格的适用范围，而且由于种种因素的影响，往往和实际情况相脱节。为此，当基本的假设条件发生变化时，本量利分析该如何寻求新的解决方法，以便为决策者提供更接近实际、更为可靠的资料。

一、不完全线性关系对盈亏临界点的影响

本量利基本假设中的线性假设，表现为产品的销售收入额和变动成本额与产销量同比例变动，总收入线与总成本线都表现为直线，两者的交点即盈亏临界点只有一个。然而，实际对这些因素的预计总带有不确定性。当成本和收入与产量之间存在着不完全的线性关系，总收入线与总成本线就会表现为折线，那它们之间的交点（即盈亏临界点）就可能不是只有一个而是多个。不完全线性关系的盈亏临界点如图4-8所示。

如图4-8所示，固定成本线、变动成本线、销售收入线以及由固定成本线和变动成本线所决定的总成本线都是折线，而且都不宜近似地看成直线。

就固定成本线来说，在生产能力利用达到50%前，是一条与横轴平行的直线，金额始终保持不变。但当生产能力超过50%时，现存的生产能力不能保证生产的正常进行，需要在某些方面追加一定的固定支出，导致固定成本在这一点突然增加，引起固定成本线在这一点突然中断，出现跳跃式上升，此时固定成本线是两条不连贯的平行于横轴的直线。

就变动成本而言，它的变动率在生产能力利用达到30%和100%时发生了较大的转折。在生产能力利用率达到30%时，由于产量不断增加，批量效益开始显现并不断提高，单位产品成本相应降低。而生产能力的利用超过其正常限度的100%，又会出现一些不经

济的因素，导致单位产品的变动成本相应提高。总成本 = 变动成本 + 固定成本，因此总成本线也是一条折线。

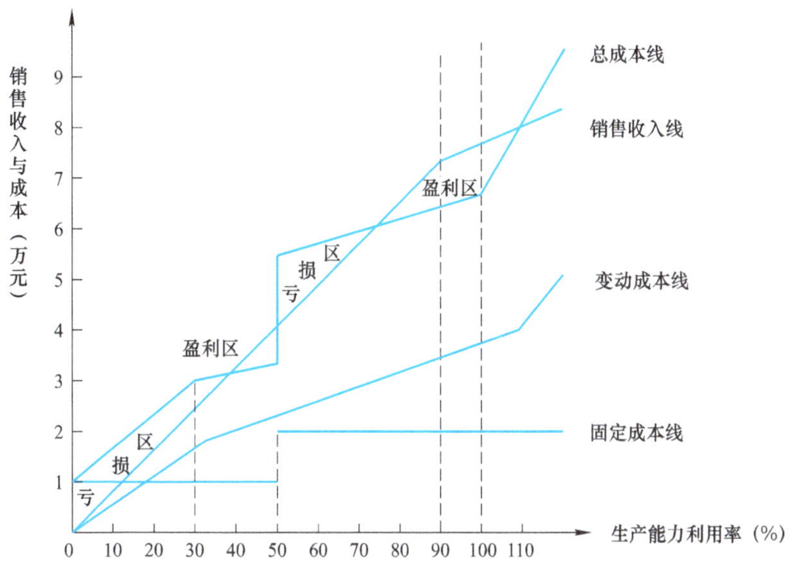

图 4-8　不完全线性关系的盈亏临界图

从销售收入线看，在生产能力利用达 90% 时，会出现一个转折，这是因为销售量超过这一点以后，为扩大销路，要给顾客较多的数量折扣，所以表现为产品平均售价降低，因此销售收入线也表现为一条折线。

由于销售收入线和总成本线都是折线，在图上出现了三个交点，即盈亏临界点。到达第一个盈亏临界点时，总收入足以抵减总成本，生产开始有利可图，企业由亏损转为盈利，这种状况一直持续到生产能力的利用达到 50% 时。在这一点时固定成本突然增加，导致企业由盈利转为亏损，直到第二个盈亏临界点，又重新转亏为盈，这种情况一直持续到第三个盈亏临界点。超过第三个盈亏临界点，由于单位产品售价的降低和单位变动成本的提高，使企业的生产经营又重新出现了转盈为亏的状况。具体了解企业的盈亏在不同生产水平的交替，对于正确进行经营决策和有效改善生产经营十分有利。

实际上，图 4-8 中的折线可以看作是由几条直线连接而成，因而在相关范围内，就可以用直线方程来描述有关变量之间的关系。这样的直线方程符合本量利假设中的线性假设，因此本量利分析的利用前提应该是保持在相关范围内。

二、非线性的本量利分析

本量利基本公式只是描述成本、收入和产销量之间依存关系的一种简化形式，单价、单位变动成本和固定成本等都是影响利润的不同变量。但这些变量又受其他诸多因素的影响，它们随各自影响因素的变化而相应的变化着。它们的这种变化，使得它们对利润的影响，以及相应的利润变化也是十分复杂多样的。本量利基本公式中线性关系的简单模型往往是难以准确地对其相互间的数量关系加以描述的。因而在现实经济生活中，用非线性方程取代线性方程来描述成本、收入和产销量间依存关系，可能更符合客观实际情况。

以非线性方程描述成本、收入与产销量之间的依存关系，需要根据历史数据进行加工，取得能反映各有关因素之间依存关系的函数表达式。假定销售收入曲线和销售成本曲线都是一元二次方程表达式，则销售收入可以用 $TR(x)=a_1+b_1x+c_1x^2$ 表述，销售成本曲线也可以用 $TC(x)=a_2+b_2x+c_2x^2$ 表示，则利润 $P=TP(x)-TC(x)$。下面举例说明非线性的本量利分析。

例 4-14　某企业成本、收入与产销量之间的关系，是用下列非线性函数式来表示：

$$TR(x)=5.6x-0.05x^2，TC(x)=10-0.4x+0.7x^2。$$

从函数关系式可以看出，销售收入与销售成本都是产销量的函数，则

$$利润\ P=TR(x)-TC(x)=-0.75x^2+6x-10$$

根据盈亏临界点的性质，使利润等于零的销售量即为盈亏临界点销售量，即令

$$0=TR(x)-TC(x)=-0.75x^2+6x-10$$

$$x_1=2.367\ 万件\quad x_2=5.633\ 万件$$

计算结果表明，销售总收入与销售总成本由两个交点，分别相交于销售量为 2.367 万件和 5.633 万件处。

在此基础上，还可以进一步求得使利润为最大的产销量水平。方法是对上述利润公式求导，令导数 $P'(x)=0$，从中求出产销量的值。则本例中令 $P'(x)=0$，则有

$$P'(x)=(0.75x^2+6x-10)'$$

$$x=4\ 万件$$

也就是说，当产销量为 4 万件时，可使企业实现的利润达到最大值。

$$TR(x)=5.6x-0.05x^2=21.6\ 万元$$

与线性本量利分析相比较，非线性的本量利分析具有下列特点：

（1）收入和成本各有其特殊的函数曲线，两者的交点（盈亏临界点）有两个或两个以上，根据盈亏临界点就界定了企业的盈利区域和亏损区域，为企业规划和控制生产规模提供指示性指标。

（2）非线性本量利分析表明，由于存在多种影响因素的复杂因果关系，产销量与利润之间的数量关系并不是在任何情况下都是正相关。只有满足使边际利润为零的产销量才是最佳产销量。

（3）尽管非线性本量利分析更接近于企业实际，但准确地确定收入与成本函数却很难。

三、不确定性的本量利分析

在实际生活中，本量利的基本公式中的各项自变量自身也受到外部多种因素的影响，因此对于它们的预期变动，往往难以在事前掌握得十分准确，而只能做概率的估算，估计它们将在怎样的范围内变动，有关数值在这个范围内出现的概率是多少。在这种情况下，利润相应地增加或降低到多少，就有多种可能。因此，对于处理这种带有不确定性的本量利分析，必须采用概率分析法，对其预期的变动进行规律分析，然后加以综合考虑，最终确定一个最可能达到的数值。其具体步骤如下：

（1）对各种产品的单位售价、单位变动成本、固定成本总额等的概率分别做出分析确定。

（2）对于各种可能的单位售价、单位变动成本、固定成本总额的组合，分别计算其保本销售量、保本销售额和联合概率。

（3）以联合概率为权数计算加权平均的保本销售量与保本销售额，即期望值。

例 4-15　公司生产某产品，其有关的价格、成本资料如表 4-3 所示。

表 4-3　某产品成本价格资料表

单位售价（元/件）	概率	单位变动成本（元/件）	概率	固定成本总额（元）	概率
120	0.3	70	0.7	10 000	0.6
90	0.7	80	0.3	20 000	0.4

根据上表中的资料，可以计算保本销售额的期望值。其计算结果如表 4-4 所示。

表 4-4　保本销售额的计算表

单位售价	单位变动成本	固定成本总额	保本销售额	联合概率	期望值（元）（保本销售额×联合概率）
120（$P=0.3$）	70（$P=0.7$）	10 000（$P=0.6$）	24 000	0.126	3 024
120（$P=0.3$）	70（$P=0.7$）	20 000（$P=0.4$）	48 000	0.084	4 032
120（$P=0.3$）	80（$P=0.3$）	10 000（$P=0.6$）	30 000	0.054	1 620
120（$P=0.3$）	80（$P=0.3$）	20 000（$P=0.4$）	60 000	0.036	2 160
90（$P=0.7$）	70（$P=0.7$）	10 000（$P=0.6$）	45 000	0.294	13 230
90（$P=0.7$）	70（$P=0.7$）	20 000（$P=0.4$）	90 000	0.196	17 640
90（$P=0.7$）	80（$P=0.3$）	10 000（$P=0.6$）	90 000	0.126	11 340
90（$P=0.7$）	80（$P=0.3$）	20 000（$P=0.4$）	180 000	0.084	15 120
合计				1.00	68 166

表 4-4 的计算表明，当产品售价是 120 元，单位变动成本为 70 元，固定成本为 10 000 元时

$$\text{盈亏临界点的销售量}=\frac{10\ 000}{120-70}\text{件}=200\text{件}$$

$$\text{盈亏临界点的销售额}=(200\times120)\text{元}=24\ 000\text{元}$$

而这种情况可能出现的概率为：$0.3\times0.7\times0.6=0.126$

由此得到

$$\text{期望值}=(0.126\times24\ 000)\text{元}=3\ 024\text{元}$$

这是其中的一种可能，用同样的方法对其他组合依次进行计算，最后汇总，最终可以得到预期的盈亏临界点的销售额为 68 166 元。由于在其形成过程中考虑了所有能预计到的情况，因而结果更接近于实际，但这种方法工作量较大。一般来讲，不确定条件下的保本点计算，不计算保本销售量，而只计算保本销售额作为进行规划与控制的依据。

思\考\题

1. 本量利分析的基本假设有哪些？请具体说明。
2. 什么是盈亏临界点？盈亏临界点有几种表现形式？
3. 为什么说安全边际中的边际贡献就是企业利润？
4. 在销售量既定的情况下，盈亏临界点的高低由什么因素决定？
5. 敏感性分析在企业利润规划时是如何发挥作用的？

参\考\文\献\与\荐\读

[1] 中华人民共和国财政部会计资格评价中心．财务管理[M]. 北京：经济科学出版社，2018.

[2] 郑爱华，张亚杰，李文美．管理会计[M]. 北京：机械工业出版社，2007.

[3] 孙茂竹，支晓强，戴璐．管理会计学[M]. 北京：中国人民大学出版社，2018.

[4] 余绪缨，汪一凡．管理会计[M]. 沈阳：辽宁人民出版社，2004.

[5] 温素斌．管理会计[M]. 北京：机械工业出版社，2016.

[6] 胡元林，杨锡春．管理会计[M]. 上海：立信会计出版社，2018.

[7] 李守武．管理会计工具与案例——营运管理[M]. 北京：中国财政经济出版社，2018.

第五章

预测与决策

导\入\案\例

2018 年 7 月 9 日小米科技在中国香港上市，在此之前投行给的估值是多少呢？一开始是 1000 亿美元，后来发行前又下调到 500 亿美元。这两个数值都是基于小米的财报和专业的财务模型估计出来的。但是，两个价值哪个才是小米的真实价值？在小米的经营没有发生任何重大变化的情况下，公司的真实价值会在短短几周之内，突然减少 500 亿美元吗？

其实，再专业的财报分析和财务模型，都无法准确得出一家企业的真实价值。因为财报中所有的数据，反映的都是公司过去的业绩，而估值体现的是对公司未来业绩的预期。所以，投行对小米的估值实际上是在使用历史数据去预测未来。

在实际操作中，企业估值很容易被各种因素干扰。比如，投行往往为了争取一个 IPO 项目，刻意去迎合公司对估值的期望值。小米想要 1 000 亿估值是吧？没问题，那我就把未来预期增长率调高。你觉得 500 亿更合适是吧？没问题，那我就想办法把增长率下调。

在 2014 年 9 月 8 日 ~ 2014 年 9 月 12 日的福布斯全球富豪排行榜中，排名前三位的世界富豪是卡洛斯、比尔•盖茨、巴菲特。据福布斯数据显示，软银集团董事长孙正义连续五日位列财富增长排名前五位，其中四个交易日的个人财富增长均排在全球第二位。阿里巴巴上市后，软银持有阿里巴巴 34.4% 的股份，从个人资产的变化来看，孙正义成为阿里巴巴上市的赢家。十多年前，孙正义的软银集团在当时名不见经传的阿里巴巴上投下了 2 000 万美元的赌注。十多年后，这个让中国制造商与海外买家实现互联的门户网站演变成了中国头号网上购物商城，软银所持股份的价值据估算也因此暴涨到大约 580 亿美元。孙正义，在互联网产业处于最低谷的时候对阿里巴巴的未来做了最成功的预测，或将借助阿里巴巴的上市再度问鼎世界首富！

（摘自：贾宁财务思维课——价值投资：用别人的错误赚钱，得到 App；温素彬 . 管理会计，机械工业出版社，2018 年：60-61 页。）

管理人员的任何决策都是面对未来的，因此都需要基于局部的、过去的、有限的信息去分析、推理和判断，进而服务于管理决策过程。那么什么是预测？预测都有哪些方法？预测和决策的关系又是怎样的？

第一节　预测概述

一、预测的概念

预测是指根据已知事件去推测未知事件，根据历史信息推测未来信息。具体地说，就是根据历史资料和现在的信息，运用一定的科学预测方法，对未来经济活动可能产生的经济效益和发展趋势做出科学预计和推测的过程。

二、预测的意义

（1）经济预测是企业进行经营决策的基础和依据。在市场经济条件下，企业的生存发展与市场息息相关，企业的经营决策离不开科学的经营预测。企业的经营预测就是要在销售预测的基础上，通过成本、利润和资金需求量的预测等，为企业的经营决策提供基础和依据。

（2）经济预测有利于提高企业竞争力。企业依靠科学的预测，可以充分了解竞争的形势和竞争对手的情况，通过采取合理的策略，在竞争中争取主动，从而提高竞争能力。

（3）经济预测是企业进行科学管理的基础。现代企业管理中大量采用全面预算、目标成本管理、绩效考评等科学管理手段，而这些手段都必须建立在科学的预测基础之上，科学的预测为科学管理提供了依据。

三、预测的原则

1. 延续性原则

延续性原则是指过去和现在的某种发展规律将会延续下去，并假设决定过去和现在发展的条件同样适用于未来。经济预测根据这一原则，就可以把未来作为过去和现在的延伸进行推测。

2. 相关性原则

相关性原则是指企业经营活动过程中的一些经济变量之间存在相互依存、相互制约的关系。经济预测可以根据这一原则，利用这些经济变量之间存在的相互依存、相互制约的关系来推测经济活动发展的规律。

3. 统计规律性原则

统计规律性原则是指企业经营活动过程中对于某个经济变量多次观测的结果会出现某种统计规律性的情况。经济预测可以根据这一原则，利用概率分析及数理统计的方法进行推测。

4. 实事求是原则

实事求是原则要求我们依据真实可靠的数据信息进行预测，收集数据信息时，要从实际出发，既要收集有利条件下的信息，也要收集不利因素的信息。

5. 成本效益原则

成本效益原则是指预测活动本身花费的成本不应该超出其带来的收益。

四、预测的程序

经济预测的程序随着预测目的和采用的方法不同而有所不同，没有固定不变的统一步骤，但对于不同的预测，尤其是定量预测，其预测过程有着相同之处。一般地说，经济预测的程序大致为：

1. 确定预测目的

进行一项预测，首先必须确定预测的具体目的。确定预测目的，要从决策和管理的需要出发，紧密地联系实际情况，确定预测要解决的问题。只有目的明确具体，才能根据预测目的去收集所需资料，选择预测方法，从而收到较好的效果。

2. 收集整理资料

根据预测目的和所选用的方法，收集所需要的资料。资料力求完整、准确、可靠和适用，并对所收集的大量资料进行分析整理，对有些资料还需要进行适当的调整，以供预测模型采用。收集资料一方面可以查阅现行的国内外统计资料；另一方面，就是做市场调查。

3. 选择预测模型和方法

通过对资料的分析和推理判断，揭示所要预测的经济现象的变化趋势及与之相关联的结构关系，根据经济理论选择建立描述预测对象与有关因素之间数量关系的预测模型和方法。在资料不完备的情况下，可采用定性预测方法。

4. 利用模型进行预测

对于所建立的预测模型，如果模型中含有参数，则需要对参数进行估计，并进行经济检验和统计检验，经过检验或修正之后，如果模型是正确的，则可利用模型进行预测。

5. 分析预测误差

预测误差分析就是利用选定的预测模型和方法对样本期计算出预测值，求出相应的预测误差，通过误差分析，可进一步修改模型，提高预测精度。同时也可选用不同的方法或建立不同的模型进行预测，对每种方法进行评价，从而选用适当的方法和模型。

6. 提出预测报告

把通过以上各步骤所得的预测结果写成报告，向有关部门上报或以一定的形式对外公布发表，即提供和发布预测信息，供有关部门、企业决策时参考和应用。

五、经济预测的分类

为了便于对预测进行研究，可以根据不同的维度对经济预测进行分类。一般说来，主要有以下三种分类：

1. 按照预测结果的属性分类

（1）定性经济预测。定性经济预测是指预测者根据一定的经济理论，在对经济发展的历史和现状进行分析的基础上，对经济发展的未来趋向做出判断，进行预测的方法。它适用于数据资料较少、难于量化的一些经济问题，以及一些无先例可循的经济问题，如新产品的销售问题等。定性预测的准确度主要取决于预测者的经验、理论、业务水平及分析判断能力。

（2）定量经济预测。定量经济预测是从历史数据入手，利用经济统计方法对历史数据进行推算或利用数学模型推导预测值的方法。其预测结果表现为一定的数量形式。随着经济的发展，定量经济预测已成为主要的经济预测。

定性经济预测和定量经济预测的分类不是绝对的，而是相互补充、互相渗透的，即定性经济预测中不排斥定量经济预测的判断，定量经济预测也不排斥对某个参数征求专家的意见。

2．按照预测的范围分类

（1）宏观经济预测。宏观经济预测是对大系统总体的、综合性的预测，是对整个国民经济、一个地区、一个部门的经济发展前景的预测，一般以社会经济总体发展作为对象，预测其总量指标之间的联系变化和发展趋向。如国民生产总值及其增长率的预测；国民经济各部门中工、农业的比例关系、积累和消费关系等的预测。

（2）微观经济预测。微观经济预测是对一个企业的经济发展或单个经济单位的经济活动的预测。如对一个企业产品的产量、销售量、市场占有率等的预测。

宏观经济预测与微观经济预测有着密切的关系。微观经济预测为宏观经济预测提供参考，宏观经济预测为微观经济预测提供指导，二者相辅相成。

3．按照预测时间分类

（1）短期预测。一般而言，预测时间在一年以下的预测称为短期预测。

（2）中、长期预测。中、长期预测是指预测的目标距离当前时间较远的预测活动。中、长期预测的期限一般为一年以上。

由于预测是根据过去和现在推断未来，因此预测的时间越短，影响预测结果的因素的变化就越小，预测误差也就越小；反之，预测时间越长，影响预测结果的因素的变化就越大，产生的预测误差也就会越大。

相比之下，在企业经营过程中，短期预测的种类较多、频率较高，且一般与较低层级的管理活动相关；而中、长期预测通常与较高层级的管理活动相关，需要处理更多的综合性信息，因此预测方法、预测精度、预测频率与短期预测都存在较大的差别。

此外，由于预测内容的不同，还有各种具体的分类，这里就不一一叙述了。

第二节　预测的基本方法

一、定性预测法

定性预测法又称定性分析法或非数量分析法，它主要是依靠预测人员丰富的实践经验和知识以及主观的分析判断能力，在考虑政治经济形势、市场变化、经济政策、消费倾向等各项因素对经营影响的前提下，对事物的性质和发展趋势进行预测和推测的分析方法。由于经济生活的复杂性，并非所有影响因素都可以进行定量分析，某些因素只有定性的特征，例如政治经济形势的变动、消费倾向、市场前景、宏观环境的变化等。再者，定量分析本身也存在局限性，任何数学方法都不能概括所有复杂的经济变化情况。如果不结合预测期间的政治、经济、市场以及政策方面的变化情况，必然会导致预测结果脱离客观实际。所以，我们必须根据具体情况，把定量分析与定性分析方法结合起来使用，这样才能取得良好的效果。

定性预测法主要包括判断分析法和调查分析法两大类。

（一）判断分析法

判断分析法是指通过一些具有实践经验的经营管理人员或专家对企业未来某一特定时期的产品销售业务情况进行综合研究，并做出推测和判断的方法。如综合意见法、专家意见法等。

1．综合意见法

综合意见法是综合经营管理人员或相关专业人员判断意见的一种经济预测方法。由于经营管理人员或相关专业人员处于生产经营的第一线，比较熟悉市场需求的情况及其动向，他们的判断，比较能反映市场需求的客观实际，因而是企业短期预测常用方法。

2．专家意见法

专家意见法也称专家判断预测法，就是向专家征求意见，并把专家意见集中起来，做出相应预测的一种方法。目前，最具有代表性、最完善的专家判断预测法是头脑风暴法和德尔菲法。

（1）头脑风暴法。头脑风暴法就是以专家的创造性思维来索取未来信息的一种直观预测方法。在国外，从 20 世纪 50 年代起就被广泛普及，在预测方法中所占的比重由 60 年代的 6.2% 上升到 70 年代的 8.1%。在国内，20 世纪 70 年代末开始引入，很快就得到有关方面的重视和采用。

1）头脑风暴法的优点：①通过信息交流，产生思维共振，进而激发创造性思维，能在短期内得到创造性的成果；②通过头脑风暴会议，获取的信息量大，考虑的预测因素多且广泛。

2）头脑风暴法的缺点：①专家会议易受权威的影响，不利于充分发表意见；②易受表达能力的影响，有些专家的意见和主张十分高明而且具有创造性，但表达能力欠佳，影响效果；③易受心理因素的影响，有的专家易垄断会议或听不进不同意见，有的甚至明知自己有错，也不愿意公开修改自己的意见；④容易出现羊群效应，导致与会者人云亦云。

（2）德尔菲法。德尔菲法（Delphi Method），又称专家调查法，它起源于 20 世纪 40 年代末期，最初由美国兰德公司（The Rand Corporation）首先使用，很快就在世界上盛行起来。现在此法的应用已遍及经济、社会、工程技术等各个领域。

德尔菲法的预测过程是由主持预测的单位，选定与预测课题有关的领域和专家，人数多少视具体问题而定，并与专家建立直接的联系，联系的主要方式是函询。通过函询收集专家的意见，加以综合、整理后匿名反馈给各位专家，再征求意见。这样反复经过四至五轮，逐步使专家的意见趋向一致，作为最后预测的根据。

德尔菲法的主要优点是简明直观，预测结果可供用户参考，受到用户的欢迎，避免了专家会议的许多弊病。

德尔菲法仍然存在其固有的局限性：①受主观因素和认识上的限制较大。由于参加应答的各个专家的学识渊博程度不同，各有所持的标准，心理状态也存在差别，因此，有时即使是对同一事件进行决策，也往往会得到差别较大的结果。②理论上缺乏深刻的逻辑论证。由于德尔菲法专家的评价是建立在直观经验的基础上，缺乏理论逻辑的严密论证，因而所得出的方案、结论常常是不稳定的。③影响重大问题的突破。由于德尔菲法是以人们的传统观念对决策对象的发展趋势进行推断的，再加上专家们不能面对面展开思想交锋，有些专家仍然无法摆脱“潮流效应”的影响，因而对于那些超前的新思想的产生和确立，往往难以做出准确的预测。

（二）调查分析法

调查分析法是指通过实地面谈、提问调查等方式收集、了解事物详细资料数据，并加以分析的研究方法。以销售预测为例，客户的消费意向是销售预测中最有价值的信息。如果通过调查，可以了解到客户明年的购买量，客户的财务状况和经营成果，客户的爱好、习惯和购买力的变化，客户购买本企业产品占其总需求量的比重和选择供应商的标准，这对销售预测将更有帮助。

在调查时应当注意：①选择的调查对象要具有普遍性和代表性，调查对象应能反映市场中不同阶层或行业的需要及购买需要；②调查的方法必须简便易行，使调查对象乐于接受调查；③对调查所取得的数据与资料要进行科学的分析，特别要注意去伪存真、去粗取精。只有这样，所获得的资料才具有真实性、代表性，才能作为预测的依据。

凡是客户数量有限，调查费用不高，每个客户意向明确又不会轻易改变的，均可以采用调查分析法进行预测。

例5-1 中盛公司是一家电冰箱生产企业，根据调查资料可测算出市场潜量[⊖]和该公司销售量，如表5-1所示。

表5-1 中盛公司电冰箱销售预测信息一览表

家庭组别（按年收入划分）	家庭户数（户）	每户年均购买额（元）	市场潜量（万元）	本企业最高市场占有率	本企业销售潜量（万元）
10万元以下	80 000	100	800	30%	240
10万元~20万元	10 000	200	200	20%	40
20万元~30万元	5 000	300	150	20%	30
30万元以上	1 000	400	40	10%	4
合计	96 000		1 190		314

二、定量预测法

定量预测法又称定量分析法或数量分析法，主要根据已有的比较完备的资料，运用一定的数字方法进行科学的加工处理，借以充分揭示有关变量之间的规律性联系，以此作为预测的依据。定量预测法可大致分为两类：趋势预测法和因果预测法。

⊖ 市场潜量是指市场需求的最高界限，即指在一定区域、一定时间内以及一定营销环境和一定的营销费用水平条件下，消费者可能购买的商品总量。

（一）趋势预测法

趋势预测法是以某项指标过去的变化趋势作为预测的依据，是把未来作为“过去历史的延伸”。其主要假定是以往对有关指标起影响作用的各种因素在现在和将来依然起作用。因而，我们就根据这种作用的延续作为预测未来的主要依据。

常用的趋势预测法包括：算术平均法、加权平均法、指数平滑法等。这些预测方法共同的特点是，在数学模式中将时间设为自变量，而将需预测的因变量视为时间的函数。下面将对几种常见的趋势预测法进行简要介绍。

1．算术平均法

采用算术平均法进行预测，就是把若干历史时期的数值作为观察值，求出其简单平均数，并将平均数作为下期销售的预测值。以销售预测为例，如果产品的销售额或者销售量在选定的历史时期中呈现出某种上升或下降趋势，就不能简单地采用这种方法。算术平均法应用的假设前提是：过去怎样，将来也会怎样，即将来的发展是过去的延续。当历史上各时期的数值呈现出增减趋势时，采用算数平均法进行预测就不妥当了，因为算术平均法把每个观察值看成同等重要，不能体现出这种增减趋势。

2．加权平均法

采用加权平均法进行预测，同样是将若干历史时期的数值作为观测值，将各个观察值与各自的权数相乘之积加总，然后除以权数之和，求出其加权平均数，并将加权平均数作为销售量的预测值。按照各个观察值与预测值不同的相关程度分别规定适当的权数，是运用加权平均法的关键。当各历史时期的销售量呈现增减趋势时，为了体现这种增减趋势，有必要将近期的观察值的权数规定得大一些，远期的观察值权数规定得小一些，使预测值更接近近期的观察值。

加权平均法的计算公式为

$$Y=\sum_{i=1}^{n}W_iX_i \qquad (5\text{-}1)$$

式中，Y 为加权平均数；W_i 为第 i 个观察值的权数；X_i 为第 i 个观察值；n 为观察值的个数。

W_i 应该满足下列两个条件：

（1）$\sum W_i=1$。

（2）$W_1\leqslant W_2\leqslant W_3\leqslant\cdots\leqslant W_n$。

X_n 是预测期前一期的观察值。

例 5-2　中盛公司 1 ~ 6 月份电冰箱的销售量情况如表所示。

表 5-2　中盛公司电冰箱销售量信息一览表

月份	1	2	3	4	5	6
销售量（台）	650	660	680	700	710	730

根据资料，用加权平均法预测 7 月份的电冰箱销售量时，规定 n=6，W_1=0.1，W_2=0.1，W_3=0.1，W_4=0.2，W_5=0.2，W_6=0.3，则 7 月份电冰箱销售量预测为

$$Y_7 = \sum_{i=1}^{n} W_i X_i$$
$$= (0.1\times650+0.1\times660+0.1\times680+0.2\times700+0.2\times710+0.3\times730)\text{台}$$
$$= 700\text{台}$$

3．指数平滑法

指数平滑法是美国人 R.G.Brown 所创，是移动平均法的一种变形。它是根据前期的实测数和预测数，以加权因子为权数，进行加权平均，计算指数平滑平均数，从而预测未来时间趋势的方法。

指数平滑法计算公式为

$$y_{t+1} = ax_t + (1-a)y_t \tag{5-2}$$

式中，x_t 为时期 t 的实测值；y_t 为时期 t 的预测值；a 为平滑系数，又称加权因子，取值范围为 $0 \leqslant a \leqslant 1$。$a$ 的大小表明了修正的幅度。a 值越大，修正的幅度越大，a 值越小，修正的幅度越小。因此，a 值既代表了预测模型对时间序列数据变化的反应速度，又体现了预测模型修匀误差的能力。

将 $y_t, y_{t-1}, \cdots, y_2$ 的表达式逐次代入 y_{t+1} 中，展开整理后，得

$$y_{t+1}=ax_t+a(1-a)x_{t-1}+a(1-a)^2x_{t-2}+\cdots+a(1-a)^{t-1}x_1+(1-a)^ty_1 \tag{5-3}$$

从上式中可以看出，指数平滑法实际上是以 $a(1-a)^k$ 为权数的加权移动平均法。由于 k 越大，$a(1-a)^k$ 越小，所以越是远期的实测值对未来时期平滑值的影响就越小。

在实际应用中，a 值是根据时间序列的变化特性来选取的。若时间序列的波动不大，比较平稳，则 a 应取小一些，如 0.1 ~ 0.3；若时间序列具有迅速且明显的变动倾向，则 a 应取大一些，如 0.6 ~ 0.9。

例 5-3　承例 5-2，如果假设 a 为 0.4，1 月份的销售量预测是 620 台，试运用指数平滑法预测 7 月份的销售额。

取 $a = 0.4$，运用指数平滑法计算后，各期预测值计算如表 5-3 所示。

表 5-3　中盛公司电冰箱销售指数平滑预测值　（单位：万元）

月份	实际销售额x_t	0.4 × 上月实际值	0.6 × 上月预测	本月平滑预测
1	650			620
2	660	260	372	632
3	680	264	379	643
4	700	272	386	658
5	710	280	395	675
6	730	284	405	689

根据表中计算，预测 7 月份的销售量为 705 台。

可见，如果指数平滑系数取值越大，则近期实际销售量对预测结果影响越大；如果指数平滑系数越小，则近期实际销售量对预测结果的影响也越小。在本例中，由于销售量的实际趋势是持续增长，因此以历史数据为基础而得到的预测值比实际值偏小。

同时，与加权平均法相比，平滑指数的选择和设定比较灵活。而且在不同程度上考虑了以往所有各期的实际值，信息利用方面比较全面。

4. 趋势平均法

趋势平均法又称趋势移动平均法。它的主要优点是考虑时间序列发展趋势，使预测结果能更好地符合实际。首先是分别移动计算相邻数期的平均值，其次是确定变动趋势和趋势平均值，最后是以近期的平均值加趋势平均值与距离预测时间的期数的相乘，即得预测值。

例 5-4 设某产品 202× 年 1 ~ 11 月份实际市场销售额如表 5-4 所示。假定未来时期的销售是与它相接近时期的销售的直接继续，试运用趋势平均法预测 202× 年 12 月份的销售额。

表 5-4 产品销售额及移动平均值 （单位：万元）

202×年月份	实际销售额	五期平均	变动趋势	三期趋势平均数
1	1024			
2	1040			
3	1052	1046.40		
4	1056	1050.40	4.00	
5	1060	1055.20	4.80	4.27
6	1044	1059.20	4.00	4.53
7	1064	1064.00	4.80	4.80
8	1072	1069.60	5.60	6.93
9	1080	1080.00	10.40	
10	1088			
11	1096			
12				

为了缩小偶然因素的影响，以五期平均值作为计算的依据，相关计算一并集中在表 5-4 上。

$$12\text{ 月份销售额的预测值} = (1\,069.6+6.93\times 4)\text{ 万元} =1\,097.32\text{ 万元}$$

上式中，1 069.60 是近期的平均值，从 8 月至 12 月相距 4 个月，6.93 是趋势平均值。

（二）因果预测法

因果预测法是根据某项指标与其他有关指标之间相互依存、相互制约的规律性联系，建立相应的因果数学模型进行预测的方法。如电力成本因机器工作小时数的增加而增加，即机器工作小时数与电力成本之间就存在某种因果的联系，从而可以根据这种联系建立相应的函数，据以进行预测分析。它的实质就是通过事物发展的因果关系来推测事物发展的趋势。

因果预测法最常用的方法，就是应用回归方程把各个相关因素联系起来，以一个或多个影响因素作为自变量，分析市场需求（因变量）和自变量之间相互依存关系的密切程度，预测市场需求的发展趋势。

1. 简单线性回归法

它是以简单线性回归方程为基础，建立一个预测函数式。实施市场预测时，若仅考虑一个影响预测目标的因素，且其与预测目标之间的因果关系为线性关系时，则可用简单线性回归模型进行预测。简单线性回归法的数学模型为

$$y_t = a+bx \tag{5-4}$$

式中，x 为影响因素，是自变量；y_t 为预测值，是因变量；a，b 为两个待定常数，b 又称为回归系数。a、b 的求解公式为

$$\begin{aligned} b &= \frac{n\cdot\sum xy-\sum x\sum y}{n\cdot\sum x^2-\left(\sum x\right)^2} \\ a &= \overline{y}-b\overline{x} \end{aligned} \tag{5-5}$$

相关系数 r 是用来检验两个变量之间是否有线性关系，也即变量间的相关程度。其计算公式为

$$r=\frac{\sum xy-n\cdot\overline{xy}}{\sqrt{\left(\sum x^2-n\cdot(\overline{x})^2\right)\left(\sum y^2-n\cdot(\overline{y})^2\right)}} \tag{5-6}$$

当 $|r|=1$ 时，实测值完全落在直线段上，说明 y 与 x 有完全的线性关系；当 $r=0$ 时，说明 y 与 x 不存在线性关系；当 $|r|<1$ 时，说明 y 与 x 有一定的线性关系。

2. 多元线性回归法

多元线性回归法是以多元线性方程为基础，建立一个预测函数式进行预测的方法。比如当产品市场需求的变化是同时受几个因素共同作用的结果时，要预测其变化趋势，则要选择几个自变量来建立多元回归模型。以下举例说明。

设函数方程如下

$$y=a+b_1x_1+b_2x_2 \tag{5-7}$$

式中，x_i 为自变量，b_i 为系数。

可以用以下的“简捷法”来确定公式中的 a、b_1 和 b_2。

先以总和的形式表述式（5-7）中的每一项

$$\sum y = na+b_1\sum x_1+b_2\sum x_2 \tag{5-8}$$

在式（5-8）两边同时乘以 x_1，得到

$$\sum x_1y = a\sum x_1+b_1\sum x_1^2+b_2\sum x_1x_2 \tag{5-9}$$

在式（5-8）两边同时乘以 x_2，得到

$$\sum x_2y = a\sum x_2+b_1\sum x_1x_2+b_2\sum x_2^2 \tag{5-10}$$

联立式（5-8）、式（5-9）、式（5-10），解方程组则可以求得 a、b_1 和 b_2 的值。

例 5-5 设某企业 20×5 年 ~ 20×9 年的制造费用、直接人工小时和机器工作小时如表 5-5 所示。

表 5-5 某企业制造费用数据表

年份	制造费用y（元）	直接人工小时x_1（千小时）	机器工作小时x_2（千小时）
20×5	3 200	26	50
20×6	2 001	15	35
20×7	2 700	18	40
20×8	3 135	21	45
20×9	2 964	20	40
Σ	14 000	100	210

为便于计算，可将表 5-5 扩充为表 5-6。

表 5-6 多元线性回归法数据计算表

年份	y	x_1	x_2	x_1^2	x_2^2	x_1x_2	x_1y	x_2y
20×5	3 200	26	50	676	2 500	1 300	83 200	160 000
20×6	2 001	15	35	225	1 225	525	30 015	70 035
20×7	2 700	18	40	324	1 600	720	48 600	108 000
20×8	3 135	21	45	441	2 025	945	65 835	141 075
20×9	2 964	20	40	400	1 600	800	59 280	118 560
Σ	14 000	100	210	2 066	8 950	4 290	286 930	597 670

将表 5-6 中的有关数据代入式（5-8）、式（5-9）、式（5-10）得

$$14\ 000=5a+100\ b_1+210\ b_2$$

$$286\ 930=100a+2\ 066\ b_1+4\ 290\ b_2$$

$$597\ 670=210a+4\ 290\ b_1+8\ 950\ b_2$$

解这三个联立方程，可得 a=254.50，b_1=63.75，b_2=30.25。代入 $y=a+b_1x_1+b_2x_2$，可得

$$y=254.50+63.75\ x_1+30.25\ x_2$$

3．非线性回归法

有时以过去较长时期的历史资料为基础进行分析，可以看到，一个指标的变动同另一个指标有着密切的联系，但适合其有关数据的趋势线并不是一条直线。比如，如果某个指标的变化大致按照比率变化（上升或下降），可以采用指数曲线法进行预测。

使用该方法的时候，先将指数方程$y_t = ab^{x_t}$通过两边同时取对数的方式，转化为对数直线方程$\lg_{y_t} = \lg a + x_t \lg b$，然后采用与回归直线相同的方法，求出常数 $\lg a$ 和 $\lg b$，从而确定对数直线方程。这里的 $\lg y_t$，$\lg a$，$\lg b$ 分别相当于回归直线方程中的 y，a，b。因此，计

算 a，b 值的公式也可以演变成计算 $\lg a$，$\lg b$ 的公式。

这一方法的举例从略。

第三节 决策概述

一、预测与决策的关系

决策（Decision Making）通常是指人们为了实现一定的目的，借助于科学的理论和方法，进行必要的计算、分析和判断，进而从可供选择的方案中择优的过程。决策是企业管理的一个关键环节，对于企业的发展和兴亡具有重要的战略意义。正确的决策来源于科学的预测。古人云："凡事预则立，不预则废"，这里的"预"是指科学预测，"决"是指工作决策，讲的就是这个道理。在实际工作中，决策者无论是"预而不决"，想的多做的少，虎头蛇尾，还是"决而不预"，凭老经验、旧方法和主观臆断决策，结果都会使决策缺乏应有的科学性和时代性，甚至造成工作被动或失误。所以，预测是为决策服务的。预测能帮助人们预先勾画出事物未来发展的大致轮廓，并提出多种有科学依据的假设和判断，使决策者能够高瞻远瞩地看到未来，防止决策失误。

如果说预测是决策的前提和基础，决策则是预测的结果和目的。企业的功能、规模和性质，能源或原料的采购来源，产品的品种、产量和销售去向等都需要在预测的基础上做出经济可行的决策。每个决策都是一个完整的过程，决策全过程的每个阶段都离不开预测的支持。决策正确与否，直接关系到企业的存亡兴废。

在逻辑关系上，决策和预测都需要寻出所决策和预测的事物的前因后果关系，决策是先从结果反方向找原因，再设法创造条件去实现结果；预测是顺方向从原因推测结果，设法找到已出现的原因去预言将出现的结果。

综上所述，预测与决策实际上是一件事的两个方面或两个阶段。预测是决策的必要前提，是决策科学化的基础；而决策则是预测的后续环节，是预测的服务对象和实现机会。

二、决策的分类

基于企业生产经营活动的多样性和复杂性，决策可按照不同标准分类。

（一）按时间长短分类

企业的经营决策按照其涉及时效的长短，可分为两类。

（1）长期决策。它是指为改变或扩大企业的生产能力或服务能力而进行的决策。例如，厂房设备的扩建、改建、更新、资源的开发利用，现有产品的改造和新产品的试制等。这些涉及企业的发展方向和规模重大的问题，都属于长期决策。其主要特点是：投资支出的金额大，决定方案一旦执行后，事后很难改变，并将在企业生产经营中起较长期的作用；同时，投资涉及的时间长，金额大，因而必须考虑货币的时间价值和风险价值。

（2）短期决策。它是指企业为有效地组织现有的生产经营活动，合理利用经济资源和人才资源，以期取得最佳的经济效益而进行的决策。包括生产、销售决策，定价决策等各个方面。其特点是：一般只涉及一年以内的有关经营活动，投资金额较少，时间短，一般不考虑货币的时间价值。

（二）按决策的层次分类

（1）高层决策。它是指企业的最高层次领导所做的决策。它所涉及的主要是有关企业全局性、长远性的大问题，例如关系到企业的生产规模、发展方向和重点以及提高企业素质，增强竞争能力等方面的问题。这一类的决策，属于战略性决策。

（2）中层决策。它是指企业中层管理人员所做的决策。其基本内容是高层决策从更低的层次，更短的时间和更小的范围内进行具体化，并制订最优利用资源，保证最高决策得以顺利实现的实施方案。这一类决策，可称为战术性决策。

（3）基层决策。它是指由企业生产第一线的员工所做的决策。生产第一线的员工的基本职责，是对上一层次所做的决策付诸具体实施。因此这一类决策属于执行性决策，其目的是在执行上级既定决策工作中，妥善解决所遇到的问题。

（三）按决策所依据的条件、状况分类

（1）确定型决策。它是指与决策相关的那些客观条件或自然状态是肯定的、明确的，并且可用具体数字表示出来，决策者可直接根据完全确定的情况，从中选择最有力的方案。

（2）风险型决策。它是指与决策相关的因素的未来状况不能完全肯定，只能预计大概情况，无论选择哪一种方案都带有一定的风险。所以这类决策称为风险型决策。这类决策的分析一般是以概率表示其可能性大小，尽可能做到符合实际情况。

（3）非确定性决策。它是指影响这类决策的因素不仅不能肯定，而且连出现这种可能结果的概率也无法确切的预计，这类问题的决策称为非确定性决策。

（四）按照决策项目本身的从属关系分类

（1）独立方案决策。它是指对各自独立存在，不受其他任何方案影响的不同方案的决策。对独立方案决策只需判断方案本身的可行性，不必择优，所以，也称“接受与否定决策”。例如，在企业中亏损产品是否停产的决策，是否接受加工订货的决策等。

（2）互斥方案的决策。它是指在一定的决策条件下，存在几个相互排斥的被选方案，通过计算、分析对比，最终选出最优方案而排斥其他方案的决策。例如，零部件是自制还是外购的决策，联产品是否进一步加工的决策，开发哪种新产品的决策等。

（3）最优组合决策。它是指有几个不同方案可以同时并举，但是在其资源总量受到一定限制的情况下，如何将这些方案进行优化组合，使其综合经济效益达到最优的决策。例如，在几种约束条件下生产不同产品的最优组合决策，或在资本总额定量的情况下不同投资项目的最优组合决策等。

（五）决策的其他分类

决策除了按上述标准进行分类外，还有其他一些分类方法。比如，按决策的重要程度

可分为战略决策和战术决策；按决策目标多少可分为单目标决策和多目标决策；根据相同决策出现的重复程度，可分为程序性决策和非程序性决策等。

三、决策的程序

无论是短期经营决策还是长期投资决策，一般都应按下列程序进行。

（一）确定决策目标

确定决策目标就是确定当前决策要解决的问题是什么，如销售价格应定在什么水平，特殊订货是否接受，亏损产品应否停产，是否要兴建流水线，是否要对现有设备进行改建或者更新等。决策目标必须具体，这样才能保证决策的明确性。

（二）收集有关信息

广泛收集对决策目标有影响的各种可计量信息和不可计量的信息，特别是有关预期收入和预期成本的数据，作为今后决策的根据。对于收集来的各种信息，还要善于鉴别，必要时还要进行加工延伸。不过应注意这项信息的收集工作，实际上往往要反复进行，贯穿于各步骤之间。

（三）提出备选方案

针对决策目标，应开阔思路，根据企业的实际情况，提出在技术上先进可靠，在经济上合理有效的多项可能实行的备选方案。如在进行产品零件自制或外购决策时，就可提出以下三个备选方案：本企业自行生产，委托其他单位加工和直接向外采购。

（四）分析评价方案

对备选方案的可计量信息，采用适当的方法计算有关的经济效益指标，再根据经济效益的大小对备选方案做出初步的判断和评价，确定哪个方案较优。这是整个决策分析过程的关键阶段。

（五）确定最优方案

根据上一步骤的分析评价，进一步考虑计划期间各种不可计量因素的影响。例如，针对国际国内政治经济形势的变动，人们心理、风俗等因素的改变，以及地区之间的差别等进行定性分析。把这两者结合起来，统筹研究，权衡利弊，最后筛选出最优方案，向管理当局建议。

（六）执行决策与反馈信息

执行决策是决策分析过程的延伸，因为在组织落实决策方案的过程中，有助于发现问题，及时反馈，随时调整目标或修改方案乃至做出下一轮新的决策。使决策过程处于决策——实施——反馈——再决策——再实施的动态良性循环。当然在决策分析过程的前几个阶段上也必须不断地反馈信息，为决策分析提供参数。

思\考\题

1. 如何理解管理会计的预测职能？预测分析有什么特点？说明它与经营决策和控制的关系。

2. 应用平滑指数法时，应该怎样根据实际需要确定平滑指数的数值？

3. 定性预测与定量预测的优缺点是什么？实际应用时应如何选择？

4. 长、短期决策需要考虑的因素有何不同？对预测又有何要求？

参\考\文\献\与\荐\读

[1] 郑爱华，张亚杰，李文美．管理会计 [M]．北京：机械工业出版社，2007：91-105.

[2] 温素彬．管理会计 [M]．北京：机械工业出版社，2018：60-85.

[3] 孙茂竹，文光伟，杨万贵．管理会计学 [M]．7 版．北京：中国人民大学出版社，2016（8）：105-134.

[4] 贾宁．贾宁财务思维课——价值投资：用别人的错误赚钱 [Z]．得到 App，2019.

第六章

短期经营决策

导\入\案\例

进入饮料行业如同陷入决策的迷宫。汤姆•弗斯特和汤姆•斯科特应当最了解这一点。大学毕业后，两人在南塔基特岛附近经营双人小艇服务的生意，专门在夏季提供游艇给养和清洗服务。1989 年，他们萌发了用鲜桃制造果汁饮料的念头。经过少量实验，这两个自称“果汁佬”的家伙开始在船上灌装和销售他们的甘美饮料。那年夏天，他们以每瓶 1 美元的价格售出 2 000 瓶。到 2000 年，南塔基特甘露公司共生产了 48 个品种的果汁饮料，年销量达数百万箱，销售额达到创纪录的 6 000 万美元。

然而销售情况并不稳定。他们起初计划将果汁出售给零售商，但失败了。然后他们卖掉一半的股权，将售得的 500 000 美元投资于分销事业，可惜当年即亏损 1 万美元。员工开始从仓库盗取成箱的商品，客户对产品质量表现出不满，比如对杨梅茶。但“果汁佬”是学习能手，他们舍弃分销事业，改变营销方式，迅速止住了亏损。

随着公司逐渐成长，它开始面对各种与生产相关的重要决策。例如，是否应当建造和经营自己的灌装设施？开发新产品应当选用何种标准？什么是跟踪和分析日益庞大的产量、分销及销售数据的最好方法？

在审查建造和经营灌装设施的成本之后，南塔基特甘露公司选择与罗得岛州、内华达州、佛罗里达州、宾夕法尼亚州及马里兰州的饮料包装商签约合作。这一方法使公司无须花费众多工厂的资本支出和制造费用，即可获得更广泛的分销选择。管理人员仔细考察与刚从实验室诞生的新产品创意有关的单位成本，确保毛利率符合目标。而且他们还利用出自 Oracle 的计算机化企业资源计划（ERP）信息系统，从生产成本直至市场促销，缜密跟踪所有细节。

同南塔基特甘露公司一样，其他公司的经理们也必须做出与生产相关的类似决策。丰田公司是应该自己制造汽车轮胎，还是应该从供应商处购买？通用磨坊（General Mills）公司是应该出售其磨制的面粉，还是应该用它做更多的谷物早餐？德尔塔航空公司（Delta Airlines）是应该开辟新航线以利用闲置飞机，还是应该出售这些飞机？这些决策均需要大量会计信息的支持。可是，如今对于各类决策，我们需要确定在经营领域中各种信息的相关性。

为确定经营相关信息的基本框架和方法具有大致相同的特征，我们仍要寻找与不同备选方案关联的未来成本，不过现在我们要引进机会成本和差量成本的概念，以扩展我们的分析。

（摘自：查尔斯 T. 亨格瑞等，管理会计教程，潘飞等译，机械工业出版社，2012 年：171-172 页。）

经营决策是对企业日常生产经营活动所面临的各种专门问题所做的决策，它涉及的时间长度在一年以内或长于一年的一个营业周期以内。经营决策涉及面较广，但就其具体内容来说，主要包括生产决策和定价决策。

企业的经营决策通常只涉及一年以内的业务，对该时期内的收支盈亏产生影响，一般不改变企业现有的生产能力，不增加或少量增加固定资产的投资。因此，管理会计人员在决策分析时，无须考虑货币的时间价值和投资的风险价值，而应把方案的选优标准放在能使企业经济效益和社会效益达到最大化的目标上。

第一节　短期经营决策概述

一、经营决策的种类

经营决策是指在任何经济组织内，为了实现预定目标（如目标利润、目标销售量或销售额、目标成本等），需要在科学预测的基础上，结合本单位的内部条件和外部环境，对未来经济活动的各种备选方案，通过缜密的调查研究和分析评价，最终做出抉择和判断的过程。

本章所述的经营决策主要指生产决策和定价决策两大类。

二、经营决策的基本方法

在经营决策分析中，采用的方法会因决策的具体内容不同而有所差异。常用的一些基本决策方法有：差量分析法、本量利分析法、贡献毛益分析法、线性规划法、期望值法和决策树法以及特定准则决策分析法等。

（一）差量分析法

企业进行不同方案的比较、选择的过程，实质是选择最大收益方案的过程，最大收益方案是在各个备选方案收入、成本的比较中产生的。当两个备选方案具有不同的预期收入和预期成本时，根据这两个备选方案间的差量收入、差量成本计算的差量损益进行最优方案选择的方法，就叫差量分析法。

差量分析法的决策过程，如表 6-1 所示。

表 6-1　差量分析法的决策过程

A方案	B方案	差量
预期收入	预期收入	差量收入
预期成本	预期成本	差量成本
预期损益	预期损益	差量损益

当差量损益 >0 时，A 方案为优；当差量损益 <0 时，B 方案为优。

（二）本量利分析法

本量利分析法主要包括保本分析、安全边际分析、多种产品本量利分析、目标利润分析、利润的敏感性分析等内容，这种方法是根据各个备选方案的成本、业务量与利润三者之间的依存关系，来确定在什么情况下哪个方案最优的方法。

（三）贡献毛益分析法

贡献毛益分析法是在成本性态分类的基础上，通过比较各备选方案贡献毛益的大小来确定最优方案的分析方法。在这里，“贡献”是指企业的产品或劳务对企业利润目标的实现所做的贡献。传统会计认为，只有当收入大于完全成本时才形成贡献；而管理会计则认为，只要收入大于变动成本就会形成贡献。因为固定成本总额在相关范围内并不随业务量的增减变动而变动，因此，收入减去变动成本后的差额（即贡献毛益）越大，则减去不变的固定成本后的余额（即利润）也就越大。也就是说，贡献毛益的大小反映了备选方案对企业利润目标所做贡献的大小。

（四）线性规划法

线性规划是运筹学的重要组成部分，用于解决有资源约束条件下，企业怎样合理安排生产以获得最大的经济效益的决策问题。满足以下两个条件的决策问题可以运用线性规划法进行决策分析。第一，已知生产单位产品的资源消耗量和总的资源能力。第二，问题的各有关变量和经济指标之间存在线性关系。运用线性规划法进行决策分析，首先要建立数学模型，它由两部分组成：①目标函数，它是用函数形式表示的经营活动所要实现的目标；②约束条件，它是在实现经营目标过程中受到的各种限制，如资源限制、资金限制、设备工作能力限制等。它在线性规划模型中用方程组来表示。

（五）期望值法和决策树法

期望值法就是利用所给的自然状态的概率把所有备选方案的期望值计算出来，加以比较，从中选出最优期望值的方案为最优方案。

决策树法是指用点和线来表示各备选方案的各个因素，做出一个有层次的、相互联系的树状图，以帮助决策者做出正确决策，这样的方法就是决策树法。

这两种方法主要用于风险型决策。

（六）特定准则决策分析法

在不确定条件下的决策过程中，决策者常采用一些比较特殊的决策准则进行决策分析，例如：大中取大法、小中取大法、大中取小法等。

第二节 生产决策

生产决策是指短期（通常为一年）内，在生产领域中，围绕是否生产、生产什么、怎样生产以及生产多少等方面问题而展开的决策，包括确定型生产决策（如生产品种决策和生产组织决策），风险型和不确定型的生产决策。

一、生产品种决策

1．新产品开发（或增产老产品）的品种选择

如果企业有剩余的生产能力可供使用，或者可以利用过时老产品腾出来的生产能力，在有几种新（老）产品可供选择时，一般采用贡献毛益分析法进行决策。在进行备选方案的择优决策时，应注意以下几点：

（1）在不存在专属成本的情况下，通过比较不同备选方案的贡献毛益总额，能够正确地进行择优决策（见例 6-1）。

（2）在存在专属成本的情况下，首先应计算备选方案的剩余贡献毛益（贡献毛益总额减专属成本后的余额），然后通过比较不同备选方案的剩余贡献毛益（或贡献毛益）总额，能够正确地进行择优决策（见例 6-2）。

（3）在企业的某项资源（如原材料、人工工时、机器工时等）受到限制的情况下，应通过计算、比较各备选方案的单位资源贡献毛益额，来正确进行择优决策（见例 6-1）。

（4）由于贡献毛益总额的大小既取决于单位产品贡献毛益额的大小，也取决于该产品的产销量，我们应该选择贡献毛益总额最大的（见例 6-3）。这是因为单位贡献毛益额大的产品未必提供的贡献毛益总额也大，也就是说，在决策中，我们不能只根据单位贡献毛益额的大小来进行择优决策。

例 6-1　某公司原设计生产能力为 100 000 机器小时，但实际开工率只有原生产能力的 80%，现准备将剩余生产能力用来开发新产品 A 或新产品 B。老产品甲及新产品 A、B 的有关资料，如表 6-2 所示。

表 6-2　某公司产品资料表

项目	老产品甲（实际数）	新产品A（预计数）	新产品B（预计数）
每件定额（机器小时）	80	50	40
销售单价（元）	85	60	50
单位变动成本（元）	70	50	41
固定成本总额（元）	10 000		

要求：根据上述资料做出开发哪种新产品较为有利的决策分析。

分析：由于公司是在生产能力有剩余的情况下开发新产品，并不需要为此增加固定成本，因而原来的共同固定成本属于无关成本，无须加以考虑。根据所掌握的售价和单位变动成本资料，可采用贡献毛益分析法，只需分析产品的贡献毛益，看哪种新产品能创造的贡献毛益总额最多，则其便是最优方案。

解：根据已知有关数据，可编制“贡献毛益计算分析表”，如表 6-3 所示。

表 6-3　贡献毛益计算分析表

项目	新产品A	新产品B
剩余生产能力（机器小时）	100 000 × (1 − 80%) = 20 000	
每件定额（机器小时）	50	40

（续）

项目	新产品A	新产品B
最大产量（件）	20 000 ÷ 50 = 400	20 000 ÷ 40 = 500
销售单价（元）	60	50
单位变动成本（元）	50	41
单位贡献毛益（元）	10	9
单位机器小时贡献毛益（元/小时）	0.2	0.225
贡献毛益总额（元）	4 000	4 500

结论：从以上计算的结果可见，新产品 A 每件创造的贡献毛益虽较新产品 B 多 1 元，似乎开发新产品 A 较为有利，但联系产量分别算出它们的贡献毛益总额以后，则以开发新产品 B 的方案较优，可多获贡献毛益 500 元（4 500−4 000）。从单位经济资源产生的贡献毛益看，由于生产受到剩余生产能力的总量制约，通过计算可知开发新产品 A 时单位机器小时的贡献毛益是 0.2 元 / 小时，低于开发新产品 B 的 0.225 元 / 小时。因此，仍然应该开发新产品 B。

例 6-2　仍用上例资料，如公司制造新产品 A 需支付专属固定成本 1 200 元，制造新产品 B 需支付专属固定成本 2 000 元，则决策分析的结论又将如何？

分析：由于专属固定成本是决策相关成本，故在决策分析过程中必须加以考虑，在两个方案贡献毛益总额的基础上扣除各自的专属固定成本，“剩余贡献毛益”大的方案即为最优。

解：在例 6-1 基础上，编制剩余贡献毛益计算分析表，如表 6-4 所示。

表 6-4　剩余贡献毛益计算分析表　（单位：元）

项目	A产品	B产品
贡献毛益总额	4 000	4 500
减：专属固定成本	1 200	2 000
剩余贡献毛益总额	2 800	2 500

结论：从表 6-4 计算分析的结果可以看出，在考虑了专属固定成本以后，新产品 A 的剩余贡献毛益总额较新产品 B 多 300 元（2 800−2 500），故开发新产品 A 更为有利。

例 6-3　某公司生产 A、B、C 三种产品，有关资料如表 6-5 所示。

表 6-5　单位产品成本利润表　（单位：元）

项目	产品A	产品B	产品C
销售单价	80	90	30
单位变动成本	32	66	10
单位贡献毛益	48	24	20
固定成本①	12	8	2
单位产品利润	36	16	18

① 固定成本按机器小时分配，每小时分配 1 元。

目前的生产情况是，公司生产能力（用机器小时表示）的利用程度只达到70%，为把剩余的30%的生产能力充分利用起来，公司增产哪种产品为宜？

分析：由于公司是利用剩余生产能力选择增产品种，并不需要为此增加固定成本，因而原来的固定成本属于非相关成本，无须加以考虑。根据所掌握的售价和单位变动成本资料，可采用贡献毛益分析法进行决策，又由于只掌握单位产品所用机器小时信息，那么只要分析产品单位机器小时的贡献毛益，选择单位机器小时的贡献毛益最大的品种，也就选择了创造贡献毛益总额最多的方案。

解：分析每一机器小时用于生产不同的产品能提供多少贡献毛益，如表6-6所示。

表6-6　贡献毛益分析表

项目	产品A	产品B	产品C
单位贡献毛益（元）	48	24	20
每单位产品需用机器小时（机器小时）	12	8	2
每机器小时能提供的贡献毛益（元）	4	3	10

结论：从以上分析资料来看，产品A每单位能提供较多利润，剩余的生产能力似乎生产A为宜。但仔细分析，单位产品固定成本按每小时1元的标准分配，固定成本已被原产品的产量分摊完毕，再增产的产品已不用承担固定成本。故每一机器小时提供较多的贡献毛益的产品C为最优，即全部利用30%的剩余生产能力(机器小时)增产产品C能带来较多的贡献毛益总额，所以增产产品C为宜。

2．亏损产品停产或转产的选择

企业出现经营亏损的产品，是否应该予以停产或者转产，可以采用差量分析法进行决策。

对于亏损产品，绝不能简单地予以停产或转产，而必须综合考虑企业各种产品的经营状况、生产能力的利用及有关因素的影响，在变动成本法的基础上采用差量分析法进行计算后，做出停产、继续生产、转产或出租等最优选择。

在运用差量分析法进行决策时，应注意以下几点：

（1）在不存在机会成本和专属固定成本的情况下，能够产生正的贡献毛益的亏损产品不应该停产或转产（见例6-4中B产品）；而贡献毛益为负的亏损产品，无论是否存在机会成本和专属固定成本都应该停产（见例6-4中C产品）。

（2）在不存在机会成本，但是存在专属固定成本的情况下，能够产生正的剩余贡献毛益的亏损产品应该继续生产（见例6-4中D产品）。

（3）存在机会成本和专属固定成本的情况下，亏损产品继续生产的条件是剩余贡献毛益高于机会成本。

（4）由于企业经营的多种产品的销售未必是相互独立的，因此亏损产品是否停产有时还需要考虑多种产品之间的相关性问题，进而进行综合分析。

例6-4　某公司本年产销A、B、C、D四种产品，年终算出四种产品的成本与各产品的销售收入比较，A产品获利12 000元，B产品亏损500元，C产品亏损5 000元，D产品亏损1 500元，全公司利润合计为5 000元。四种产品的销售量、销售单价及成本资料如表6-7所示。

表 6-7　产品资料表

项目	A产品	B产品	C产品	D产品
销售量（件）	1 000	500	400	200
销售单价（元/件）	20	40	50	100
单位变动成本（元/件）	5	35	55	80
专属固定成本（元）	0	0	0	2 500
共同分摊的固定成本（元）	12 000（按产品的销售额比例分摊）			

要求：为公司做出 B 产品、C 产品、D 产品是否要停产或转产的决策分析。

分析：如亏损产品 B、C、D 停产，原分摊的固定成本就会分摊到产品 A 上，固定成本 12 000 元仍会发生，即这部分固定成本属非相关成本，决策时无须考虑，因此可用贡献毛益分析法分析。只要亏损产品提供正的贡献毛益，就能弥补部分固定成本，为企业的利润总额做出正的贡献，就不应停产；反之，如果亏损产品提供负的贡献毛益，连自身分摊的固定成本都不能弥补，会为企业的利润总额做出负的贡献，就应果断停产。

解：根据上述资料编制贡献毛益及利润计算表，如表 6-8 所示。

表 6-8　贡献毛益及利润计算表　　（单位：元）

项目	A产品	B产品	C产品	D产品	合计
销售量（件）	1 000	500	400	200	—
销售单价	20	40	50	100	—
单位变动成本	5	35	55	80	—
销售收入总额	20 000	20 000	20 000	20 000	80 000
变动成本总额	5 000	17 500	22 000	16 000	60 500
贡献毛益总额	15 000	2 500	（2 000）	4 000	19 500
专属固定成本	0	0	0	2 500	2 500
剩余贡献毛益	15 000	25 00	（2 000）	1 500	17 000
共同分摊的固定成本	3 000	3 000	3 000	3 000	12 000
利润（或亏损）	12 000	（500）	（5 000）	（1 500）	5 000

从表 6-8 可以看出，B、C、D 三种亏损产品中，B、D 产品为公司提供了正的贡献毛益，C 产品提供了负的贡献毛益。B 产品提供的贡献毛益 2 500 元和 D 产品提供的 1 500 元剩余贡献毛益可以弥补固定成本，从而减少亏损 4 000 元；而 C 产品的贡献毛益为负的 2 000 元，不但不能分担固定成本，还会增加亏损。因而亏损产品 C 应立即停产，而亏损产品 B、D 不应停产。这样，可使利润总额增加 2 000 元，具体如表 6-9 所示。

表 6-9　C 产品停产后的贡献毛益与利润计算表　　（单位：元）

项目	A产品	B产品	D产品	合计
销售收入总额	20 000	20 000	20 000	60 000
变动成本总额	5 000	17 500	16 000	38 500
贡献毛益总额	15 000	2 500	4 000	21 500

（续）

项目	A产品	B产品	D产品	合计
专属固定成本			2 500	2 500
剩余贡献毛益	15 000	2 500	1 500	19 000
共同分摊的固定成本	4 000	4 000	4 000	12 000
利润（或亏损）	11 000	（1 500）	（2 500）	7 000

结论：亏损产品只要能提供正的贡献毛益就不应停产，而提供负的贡献毛益的应立即停产。本例中 B 产品能提供贡献毛益总额 2 500 元，D 产品能提供正的剩余贡献毛益 1 500 元，故不应停产，而 C 产品的贡献毛益为负的 2 000 元，应立即停产。

3. 产品最优组合的选择

产品最优组合决策适用于多品种产品生产的企业，通常采用线性规划的方法进行决策。

在多种产品的生产过程中，各种产品的生产都离不开一些必要的条件或因素，如机器设备、人工、原材料等，而其中有些因素可以用于不同产品的生产，如果各种产品共用一种或几种因素，而这些因素又是有限的，就应使各种产品的生产组合达到最优化的结构，以便有效、合理地使用这些限制因素。产品最优组合的选择就是通过计算、分析，进而做出各种产品应该生产多少，才能使各个生产因素得到合理、充分的利用，并能获得最大利润的决策。

例 6-5 某厂生产甲、乙两种产品，有关资料如表 6-10 所示。

表 6-10 产品相关资料表

产品名称	售价及成本资料			约束条件		
	销售单价	单位变动成本	固定成本总额	原料消耗定额	电力消耗定额	市场最大销售数量
甲	90元/件	70元/件	9 000元	3kg/件	6kW/件	500件
乙	80元/件	55元/件		4 kg/件	4 kW/件	无限制
最大用量				2 400 kg	3 600 kW	

要求：做出应如何安排甲、乙两种产品的生产决策分析。

分析：在有资源约束条件下，对企业如何合理安排生产以获得最大经济效益的决策可用线性规划方法来解决。固定成本为无关成本，贡献毛益总额最大的产品组合就是最优组合。

解：设该厂生产甲产品 x_1 件，乙产品 x_2 件，提供的贡献毛益总额为 S。

目标函数：$\text{Max } S = 20x_1 + 25x_2$

约束条件：
$$\begin{cases} 3x_1+4x_2 \leqslant 2\,400 & L1 \\ 6x_1+4x_2 \leqslant 3\,600 & L2 \\ 0 \leqslant x_1 \leqslant 500 & L3 \\ x_2 \geqslant 0 & L4 \end{cases}$$

求解满足约束条件并使 S 达到最大的生产安排。可用图解法、单纯形法来求解。单纯形法求解略（详见运筹学课程）。

图解法的基本思路是，将约束条件方程在坐标图中画出，根据线性规划的基本原理，目标函数的最大值必在一个凸点上，那么求出所有满足约束条件的凸点，代入目标函数，选择最大目标函数值的方案即为最优方案。

以 x_1 为横轴，以 x_2 为纵轴，将约束条件方程在坐标图中画出。由于 x_1、x_2 均大于等于零，所以取第 I 象限坐标系，如图 6-1 所示。

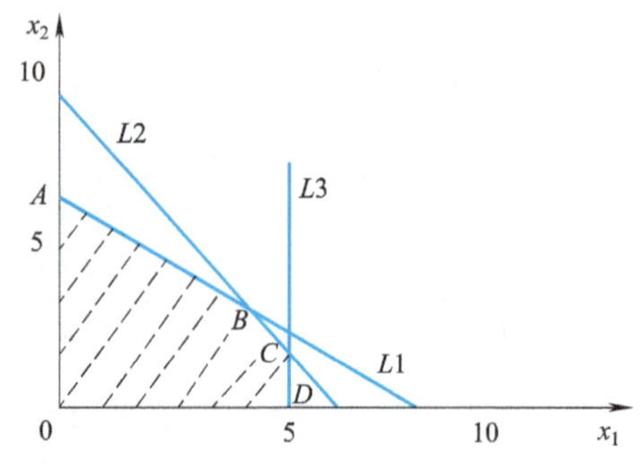

图 6-1 产品组合的可行解区域图

由 $L1$、$L2$、$L3$、x_1、x_2 所围成的共同区域（图 6-1 的阴影部分 OABCD），就是产品组合的可行解区域。将 $L1$、$L2$、$L3$、$L4$ 方程化为等式，两两求解，求出可行解区域凸点坐标，O（0，0）、A（0，600）、B（400，300）、C（500，150）、D（500，0），并将其代入目标函数。

$$S_O = 0$$
$$S_A = (20 \times 0 + 25 \times 600) \text{元} = 15\,000 \text{元}$$
$$S_B = (20 \times 400 + 25 \times 300) \text{元} = 15\,500 \text{元}$$
$$S_C = (20 \times 500 + 25 \times 150) \text{元} = 13\,750 \text{元}$$
$$S_D = (20 \times 500 + 25 \times 0) \text{元} = 10\,000 \text{元}$$

可见 B 点使目标函数 S 最大，为最优解。即产品甲生产 400 件，产品乙生产 300 件为最佳组合。

二、生产组织决策

1. 不同生产工艺选择

生产工艺是指加工制造产品或零件所使用的机器、设备及加工方法的总称。同一种产品或零件往往可采用不同的生产工艺进行加工。当采用某一生产工艺时，可能固定成本较高，但单位变动成本较低；而采用另一生产工艺时，则可能固定成本较低，但单位变动成本较高。于是，不同生产工艺方案的选择，就成为实际工作中必须解决的问题。

一般而言，生产工艺越先进，其固定成本越高，单位变动成本越低；而生产工艺落后时，其固定成本较低，但单位变动成本较高。在固定成本和单位变动成本此消彼长的变动组合中，产量成为最佳的判断标准。这时，只要确定不同生产工艺的成本分界点（不同生产工艺总成本相等时的产量点），就可以根据产量确定选择何种生产工艺最为有利。因此，不同生产工艺的选择可以采用本量利分析法进行决策。

例 6-6 某厂在生产某种型号的齿轮时，可用普通铣床加工，也可用数控铣床加工。这两种铣床加工的成本资料如表 6-11 所示。

表 6-11 齿轮加工成本资料表

铣床类型	产品单位变动成本（元/个）				铣床年固定成本（元）
	直接材料	直接人工	制造费用	合计	
普通铣床	20	18	10	48	200
数控铣床	20	10	10	40	1 000

要求：根据上述资料为该厂做出在什么批量范围内选用不同类型铣床进行加工的决策分析。

分析：采用普通铣床，单位变动成本较高，而固定成本较低；采用数控铣床，单位变动成本较低，而固定成本较高。那么就会存在成本分界点，在大于或小于成本分界点的批量范围，就有不同的成本优势，选择相应低成本的方案为优。可采用本量利分析法决策。

在分析时还应注意只需考虑各个备选方案不同的单位变动成本(如直接人工)和不同的固定成本。至于各个备选方案相同的变动成本（如直接材料）和固定成本（如管理人员工资、办公费等）则无须加以考虑。

解：设加工齿轮的批量为 x 个。

则：普通铣床预期成本 $y_1 = 200+18x$

数控铣床预期成本 $y_2 = 1\,000+10x$

令

$y_1 = y_2$，则成本分界点 $x = 100$

结论：当加工批量 >100 个，普通铣床预期成本 > 数控铣床预期成本，选择数控铣床有利；当加工批量 <100 个，普通铣床预期成本 < 数控铣床预期成本，选择普通铣床有利；当加工批量 =100 个，普通铣床预期成本 = 数控铣床预期成本，两个方案无差异。

2．自制和外购决策

对于具备加工能力的企业而言，常常面临所需零部件是自制还是外购的决策问题。对这类问题进行决策分析，可采用量本利分析法或差量分析法进行决策。

由于所需零部件的数量对于自制方案或外购方案总是一样的，因而在决策时只需比较方案的成本高低即可。具体而言，外购方案通常不会造成固定成本的增加，而自制方案可能需要增加专用的设备，产生专属固定成本。同时，由于生产工艺和组织方式不同，自制方案的变动成本与外购零部件的价格往往有一定差异。因此，决策时需要综合考虑自制时增加的专属固定成本、自制单位变动成本与外购价格差量以及所需零部件数量。

在决策中还应注意，在分析时是否有“机会成本”存在(如选择外购方案时，企业内闲置的剩余生产能力是否有其他用途，能否提供贡献毛益或获得租金收入等)。

例 6-7　某厂每年需用甲零件，如向市场购买，每个零件进货价包括运杂费为 500 元。若利用该厂目前的剩余生产能力制造这种零件，每个零件的成本资料如下：直接材料 150 元 / 个，直接人工 150 元 / 个，变动制造费用 100 元 / 个，固定制造费用 100 元 / 个，零件单位成本合计 500 元 / 个。

另外，如自制每年还需增加专属固定成本 2 万元。

要求：根据上述资料进行决策，全年需要量在什么情况下采用自制方案为宜？什么情况下采用外购方案较优？

分析：由于在自制方案中每个零件负担的专属固定成本是随产量的增减成反比例变动的，当产量超过一定限度，自制方案的单位成本会低于外购方案的单位成本，自制方案较为有利；如低于这个限度，则以外购为宜。因此，这项决策的关键因素是通过本量利分析法来确定“成本分界点”。另外，自制方案是在有剩余生产能力的情况下进行的，每单位 100 元的固定制造费用属于无关成本，决策分析时无须考虑，相关的单位成本应为 400（150+150+100）元 / 个。

解：（1）列出两个方案的预期成本方程，假设甲零件全年需用量为 x 个。

Y_1（外购方案预期成本）= $500x$

Y_2（自制方案预期成本）= $20\ 000 + 400x$

（2）求出两种方案下成本相等时的需用量，即成本分界点。

令

$Y_1=Y_2$，则 $x=200$

（3）将上述两种方案的成本、需用量关系作图，如图 6-2 所示。

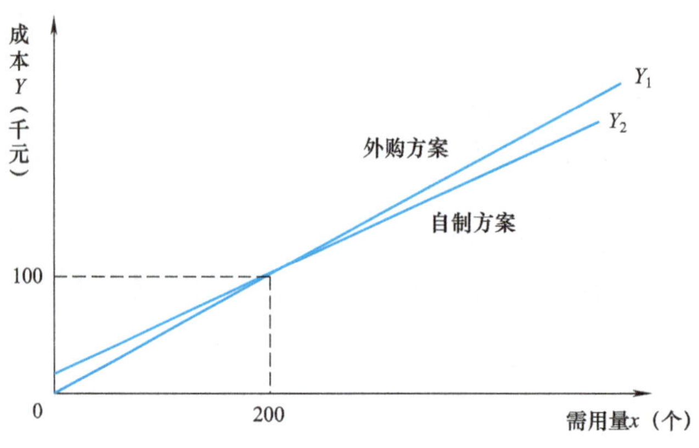

图 6-2　成本分界点图

结论：若甲零件需用量 >200 个，自制方案成本 < 外购方案成本，则采用自制方案为宜；若甲零件需用量 < 200 个，自制方案成本 > 外购方案成本，则采用外购方案为宜；若甲零件需用量 = 200 个，自制方案成本 = 外购方案成本，两方案无差别，均可。

另外，如果已知零部件的总需求量，也可直接运用差量分析法比较成本，选择成本低的方案。

3．产品应否深加工的选择

当半成品可以对外销售时，存在一个将产品加工到什么程度的问题。某些企业如纺织、钢铁制造业等，其产品可按不同的加工深度组织经营，半成品、联产品或副产品既可以直接销售，又可以进行深加工为成品再出售。一般情况下，成品出售的价格往往高于半成品等出售的价格，但需要追加一定的成本。因此，企业就会面临对上述产品究竟是直接出售还是深加工后再出售的决策选择。

这类决策应分清决策相关成本和非相关成本。深加工前的半成品、联产品或副产品的成本（无论是变动成本还是固定成本）都属于沉没成本，是与决策无关的成本，可不予考虑。相关成本只包括与深加工有关的成本，而相关收入则包括直接出售和加工后出售的有关收入。

例 6-8　某企业生产的半成品 A，单位变动成本为 30 元 / 件，售价为 40 元 / 件，年产量为 1 000 件。若经过深加工可加工为产成品 B，每件变动加工成本为 50 元，产成品 B 售价为 120 元 / 件。

要求：就以下不同情况做出半成品 A 是直接出售还是深加工的决策分析。

（1）产品全部深加工，需增加专属固定成本 20 000 元。

（2）企业只具有深加工 500 件的生产能力，但该能力可用于对外承揽业务，一年可获贡献毛益 16 000 元。

分析：所做决策是直接出售半成品还是深加工再出售，半成品的相关成本即是沉没成本，属决策非相关成本，无须考虑。那么只需比较两种方案后续的相关收入和相关成本的差量即可决策，可采用差量分析法进行决策。

解：（1）编制差量分析表，如表 6-12 所示。

表 6-12　差量分析表　（单位：元）

项目	半成品出售 （1）	产成品出售 （2）	差量 （2）－（1）
差量收入	1 000 × 40=40 000	1 000 × 120=120 000	80 000
差量成本	0	70 000	70 000
其中：加工成本	0	1 000 × 50=50 000	
专属固定成本	0	20 000	
差量利润			10 000

结论：深加工成产成品再出售可多获利润 10 000 元，应继续对半成品 A 进行深加工。

（2）编制差量分析表，如表 6-13 所示。

表 6-13　差量分析表　（单位：元）

项目	半成品出售 （1）	产成品出售 （2）	差量 （2）－（1）
差量收入	500 × 40=20 000	500 × 120=60 000	40 000
差量成本	0	41 000	41 000
其中：加工成本	0	500 × 50=25 000	
机会成本	0	16 000	
差量利润			（1 000）

结论：半成品直接出售比深加工多获利润 1 000 元，故应选择半成品直接出售。

注意：企业只具有深加工 500 件的生产能力，那么只需比较 500 件下两种方案的差量利润即可。同时，进行深加工便失去了对外承揽业务的收益，是深加工方案的一项机会成本，也应考虑。

4．特殊订货是否接受的选择

在日常经营中企业常常会遇到特殊订货，有时这些订单要求的价格不仅低于正常销售价格，还可能低于产品的成本。特殊订货是否接受的问题，可采用差量分析法进行决策，一般应注意以下几点：

（1）企业的剩余生产能力应能够满足特殊订货的生产需要。

（2）特殊订货的价格应该高于产品的单位变动成本，否则无法提供正的贡献毛益。

（3）特殊订货的贡献毛益总额应高于特殊订货相关的专属固定成本，否则无法提供正的剩余贡献毛益。

（4）特殊订货的剩余贡献毛益应该高于生产特殊订货相关剩余生产能力的机会成本。

如企业有剩余的生产能力，又暂无转产或出租等有利的方案，可考虑是否接受客户的追加订货。这种情况下，由于固定成本属无关成本，只要产品的定价高于其单位变动成本，就能提供正的贡献毛益，此时对企业是有利的。

例 6-9 某公司生产 A 产品，年设计生产能力为 10 000 件，销售单价为 80 元 / 件，其实际平均单位成本 60 元 / 件，其中：直接材料 20 元 / 件，直接人工 15 元 / 件，变动性制造费用 15 元 / 件，固定性制造费用 10 元 / 件。目前公司有 30% 的生产能力未被利用。现有一客户以每件 53 元低于成本的价格提出订货 3 000 件，公司为生产这批产品还另需购买一台专用设备，需支付 5 000 元。

要求：为该公司做出是否接受该批低价订货的决策分析。

分析：按照传统会计的观点，接受该项订货是不合算的。因为对方出价每件 53 元与单位成本 60 元相比较，明显每件要损失 7 元；何况接受订货还需增加专属固定成本 5 000 元，更加扩大了亏损数额。但从管理会计的观点来看，由于接受该项订货是在剩余生产能力范围之内，除专属固定成本需考虑外，至于原有产品的固定成本，并非该项决策的相关成本，无须加以考虑；只要对方出价高于单位变动成本，并能使专属固定成本得到补偿还有剩余，即可接受。因此可采用贡献毛益分析法，计算剩余贡献毛益总额，只要剩余贡献毛益总额为正，还可为公司的利润做出正的贡献，增加利润，便可接受该批低价订货；反之，公司利润会减少，故不能接受订货。

解：编制“贡献毛益计算分析表”，如表 6-14 所示。

表 6-14 贡献毛益计算分析表

项目	数量或金额	项目	数量或金额
订货数量（件）	3 000	贡献毛益总额（元）	3 × 3 000 = 9 000
销售单价（元/件）	53	减：专属固定成本（元）	5 000
单位变动成本（元/件）	20+15+15=50	剩余贡献毛益总额（元）	4 000
单位贡献毛益（元/件）	3		

结论：从表 6-14 计算的结果可以看出，接受该批低价订货还有剩余贡献毛益总额 4 000 元，可使公司利润增加这 4 000 元，所以接受该批低价订货对公司是有利的。

三、风险型及不确定型生产决策

以上生产决策的共同特征是与决策有关的各种因素的未来状况是已知的，每个决策方案的执行只有一种结果，那么只要比较不同方案的计算结果就能做出决策。

但是在实践中，各种因素的未来状况通常并非全然确定不变。除确定型生产决策之外，企业经营管理者还经常面对风险型生产决策和不确定型生产决策。

1. 风险型生产决策

风险型生产决策是指与决策有关的因素的未来状况不能确定，只能依据有关数据确定其概率，使决策不论执行哪一方案都存在一定的风险。

例 6-10　某企业在经营过程中面临甲、乙两个方案，其收益和市场情况预测如表 6-15 所示。

表 6-15　甲、乙投资方案收益和市场情况

项　目	销售状况	各种状况发生的概率	收益（元）
方案甲	好	0.3	6 000
	中	0.5	4 000
	差	0.2	-1 000
方案乙	好	0.3	5 000
	中	0.4	4 000
	差	0.3	0

要求：该企业应该采用哪一个方案才能获得收益最多？

分析：不论执行上述甲、乙哪一个方案都存在一定风险，这就是风险型生产决策，可利用期望值法分析判断哪一个方案更优，即比较两个方案的期望收益值，期望收益大的方案为最优方案。

解：计算方案期望收益值，如表 6-16 所示。

表 6-16　方案期望收益值

项目	销售状况 (1)	各种状况发生的概率 (2)	收益（元） (3)	期望收益（元） (4) = (2) × (3)
方案甲	好	0.3	6 000	1 800
	中	0.5	4 000	2 000
	差	0.2	-1 000	-200
	合计	1.0		3 600
方案乙	好	0.3	5 000	1 500
	中	0.4	4 000	1 600
	差	0.3	0	0
	合计	1.0		3 100

结论：方案甲的期望收益值为 3 600 元，方案乙的期望收益值为 3 100 元，方案甲的期望收益值较大，所以企业应采用方案甲。但这并不等于说，执行这个方案将来一定能取得 3 600 元的收益，而是按三种状态及其概率计算的平均收益值可达 3 600 元。一旦哪个状态真的出现，方案都承担风险。只不过是在可行的方案中，它是最优方案。

另外，也可以利用决策树法决策这类的生产决策，方法如下：

（1）画一个方框作为出发点，这个点称决策点。从决策点“1”出发画直线，每条直线代表一个方案，这样的线叫方案枝。在各方案枝的末端画一个圆圈，这个圆圈叫机会点或状态结点，如“2”“3”两点。从机会点再引出若干条直线代表自然状态，在这些直线上标明各种状态出现的概率，这叫作概率枝或状态枝。把各个方案在各种自然状态下的收益和损失的数字分别记在概率枝的末端。这样做出的图形就叫作决策树，如图 6-3 所示。

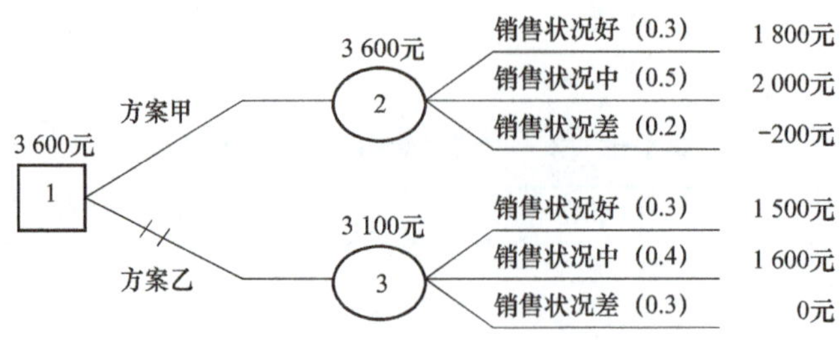

图 6-3　决策树图

（2）画出决策树，这样就可以计算出各机会点的期望收益值：

机会点“2”：(6 000 × 0.3 + 4 000 × 0.5 − 1 000 × 0.2) 元 = 3 600 元

机会点“3”：(5 000 × 0.3 + 4 000 × 0.4 + 0 × 0.3) 元 = 3 100 元

将机会点“2”和机会点“3”的期望收益值相互比较，可以看出，采用方案甲是比较合理的。所以剪掉方案乙，保留方案甲。

2. 不确定型生产决策

不确定型生产决策是指与决策有关的因素的未来状况不能确定，也不能客观地确定其概率，只能以决策者的经验判断的主观决策准则和数据作为决策依据。这类决策的分析过程属于非程序性决策，难度较大，决策者一般采用特定准则决策分析法进行决策。

对于这类不确定型的决策问题，其选优标准通常取决于决策者对未来所持的态度是乐观还是审慎、稳健。不同的态度所选用的决策分析方法是不相同的。但绝大多数都是先把不确定型转化为确定型或风险型，估计出各种方案的预期收益或预期损失，然后以预期收益的最大值或预期损失的最小值作为最优方案。常用的方法有“大中取大法”“小中取大法”“大中取小法”等。

（1）大中取大法。大中取大法是指决策者对前途持乐观态度的一种选优标准。它是在几种不确定的随机事件中，选择最有利的市场需求情况下具有最大收益值的方案作为最优方案的决策方法，也称“最大的最大收益值法”。这里的“收益值”在短期经营决策中是指“贡献毛益总额”“税前利润”等。

例 6-11　某公司在计划年度决定开发新产品 A，根据销售部门的市场调查，提出三种不同的产量方案，即 40 000 件、50 000 件和 60 000 件。在市场销路好坏不同的情况下，三种产量方案估计可能获得的贡献毛益总额的不同数据如表 6-17 所示。

表 6-17　不同产量方案的贡献毛益总额情况

贡献毛益总额（元）		销售情况		
		畅销	一般	滞销
产量方案（件）	40 000	80 000	60 000	30 000
	50 000	90 000	50 000	40 000
	60 000	98 000	55 000	35 000

要求：为该公司做出最优产量方案的决策分析。

分析：对前途持乐观态度并充满信心，选择三个备选方案的最大贡献毛益中的最大值，即选择最有利情况下的最大收益值作为最优方案。

解：编制最大的最大收益值计算分析表，如表 6-18 所示。

表 6-18　最大的最大收益值计算分析表　（单位：元）

产量方案（件）	畅销	一般	滞销	最大收益值
40 000	80 000	60 000	30 000	80 000
50 000	90 000	50 000	40 000	90 000
60 000	98 000	55 000	35 000	98 000√

结论：三个备选方案的最大收益值中最大的是 60 000 件的产量，其贡献毛益总额为 98 000 元，即以此作为开发新产品 A 的最优方案。

（2）小中取大法。小中取大法是指决策者对前途持审慎、稳健态度的选优标准。它是在几种不确定的随机事件中，选择最不利的市场需求情况下具有最大收益值的方案作为最优方案的决策方法，也称“最大的最小收益值法”。这里收益值的含义与“大中取大法”相同。

例 6-12　仍以例 6-11 的资料为根据，要求采用小中取大法为该公司做出最优产量方案的决策分析。

分析：对前途持审慎、稳健态度，选择三个备选方案的最小贡献毛益中的最大值，即选择最不利情况下的最大收益值作为最优方案。

解：编制最大的最小收益值计算分析表，如表 6-19 所示。

表 6-19　最大的最小收益值计算分析表　（单位：元）

产量方案（件）	畅销	一般	滞销	最小收益值
40 000	80 000	60 000	30 000	30 000
50 000	90 000	50 000	40 000	40 000√
60 000	98 000	55 000	35 000	35 000

结论：三个备选方案的最小收益值中最大方案的是 50 000 件产量，其贡献毛益总额为 40 000 元，即以此作为最优产量方案。

（3）大中取小法。大中取小法也是一种决策者持审慎、稳健态度的选优标准。它是在几种不确定的随机事件中，选择最不利情况下“损失额”最小的方案作为最优方案的决策方法。这里的“损失额”是指“后悔值”，即当出现随机事件时，各种情况下的最大收益值超过本方案收益值的差额，它表示如果选错方案将会受到的损失额。

很明显，当出现几种随机事件时，每个方案就会相应地出现几个“后悔值”。然后把各个方案的最大“后悔值”集中起来进行比较，选取其中“后悔值”最小的方案作为最优方案，故此法也称“最小的最大后悔值法”。

例 6-13　仍以例 6-11 的资料为根据，要求采用大中取小法为该公司做出最优产量的决策分析。

分析：对前途持审慎、稳健态度，选择三个备选方案的最大后悔值中的最小值，即选择最不利情况下的最小损失额作为最优方案。

解：编制最小的最大后悔值计算分析表，如表 6-20 所示。

表 6-20 最小的最大后悔值计算分析表 （单位：元）

产量方案（件）	畅销	一般	滞销	最大后悔值
40 000	80 000	60 000	30 000	
50 000	90 000	50 000	40 000	
60 000	98 000	55 000	35 000	
市场销售的最大值	98 000	60 000	40 000	
产量方案（件）	后悔值（市场销售的最大值－方案销售额）			
40 000	18 000	0	10 000	18 000
50 000	8 000	10 000	0	10 000
60 000	0	5 000	5 000	5 000√

结论：三个备选方案的最大后悔值中最小方案的是 60 000 件产量，其后悔值为 5 000 元，即以此作为最优产量方案。

第三节 定价决策

一、影响价格的基本因素

一种产品价格制定的适当与否，往往决定了该产品能否被市场接受，并直接影响该产品的市场竞争地位和市场占有率。一般来讲，影响价格制定的基本因素包括如下几个方面。

1. 成本因素

成本是影响定价的最基本因素。从长期来看，产品价格应等于总成本加上合理的利润，否则企业无利可图，将会停止生产；从短期来看，企业应根据成本结构确定产品价格，即产品价格必须高于平均变动成本，以便掌握盈亏情况，减少经营风险。

2. 需求因素

市场需求与价格的关系可以简单地用市场需求潜力与需求价格弹性来反映。市场需求潜力是指在一定的价格水平下，市场需求可能达到的最高水平。需求价格弹性是指在其他条件不变的情况下，某种商品的需求量随其价格的升降而变动的程度，它用需求变化率与价格变化率之比来表示。需求价格弹性大的商品，其价格的制定和调整对市场需求影响大；需求价格弹性小的商品，其价格的制定和调整对市场需求的影响小。例如，对消费品中的日常生活必需品，如粮食、食用油、日常小商品等，由于日常需求量大，而价格弹性较小，可采用较低的定价和薄利多销的策略；对消费品中的奢侈品和耐用消费品，如高档化妆品、名贵首饰、高级组合音响等，虽价格弹性较大，但因品牌定位可采用优质高价的策略。因为对购买者来说，看中的是商品的品质和品牌，价格则属于次要问题。

3. 产品的市场生命周期因素

产品的市场生命周期包括四个阶段，即投入期、成长期、成熟期和衰退期。在不同的阶段，定价策略应有所不同。投入期的价格，既要补偿高成本，又要为市场所接受；成长期和成熟期正是产品大量销售、扩大市场占有率的时机，要求稳定价格以利开拓市场；进入衰退期后，一般应采取降价措施，以便充分发掘老产品的经济效益。

4. 竞争因素

产品竞争的激烈程度不同，对定价的影响也不同。竞争越激烈，对价格的影响也越大。完全竞争的市场，企业几乎没有定价的主动权；在不完全竞争的市场中，竞争的强度主要取决于产品制造的难易程度和供求形势。由于竞争影响定价，企业要做好定价工作，必须充分了解竞争者的情况：主要竞争对手来自何方？主要竞争对手的实力如何？以及主要竞争者的定价策略如何？

5. 科学技术因素

科学发展和技术进步在生产中的推广和应用必将导致新产品、新工艺、新材料代替老产品、老工艺、旧材料，从而形成新的产业结构、消费结构和竞争结构。例如，化纤工业的兴起和发展形成对传统棉纺织工业和丝绸工业的巨大竞争压力；高清晰度彩色电视机系统是对原有彩色电视机系统的否定。这种科学技术因素对销售价格的影响必须予以考虑。

6. 相关工业产品的销售量

某些产品的销售量往往取决于相关工业产品的销售，如纺织业与服装业、轮胎业与汽车业、玻璃业与建筑业等，基本上是后者的销售决定前者的销售，因此前者的销售价格的制定可以根据后者的预测资料进行。

二、产品价格制定的目标

一般认为，企业要做好定价工作，必须按定价程序做好以下三项工作：①确定定价目标；②研究和选择定价方法；③研究和制定定价策略，掌握定价技巧。确定定价目标是每个企业制定产品价格的首要过程。定价目标就是产品的价格在实现以后应达到的目的。企业的定价目标一般有以下几种。

1. 以追求最大利润为定价目标

获取最大利润是多数企业定价的最重要目标，也是最终目标。但追求最大利润并不等于追求最高价格。在竞争激烈的市场上，任何企业想要靠长期维持不合理的高价以获取最大利润是不可能的，因为将会遇到许多方面的对抗，如需求的减少、替代品的盛行、竞争者的加入等，有时甚至由于消费者的不满和抗议而导致政府的干预。所以，高价并不是企业获取最大利润的良策。

这里所讲的最大利润有两个方面的含义，一是指长期最大利润，而不是短期最大利润；二是指全部产品的最大利润，而不是单一产品的最大利润。为实现最大利润这一目标，不同企业往往根据不同情况，针对不同产品选择不同的定价目标，也就是下面介绍的几种主要定价目标。

2. 以既定投资利润率为定价目标

多数企业是期望获得长期的报酬。追求既定的投资利润率和投资收益率是企业经常采用的注重长期利润的一种定价目标。它是根据投资期望得到一定百分比的纯利和毛利为目标。这种目标既不盲目追求一时的高利，也不急于限利求销，而是力图保持长期稳定的收益。在选择利润率时，应当慎重研究和计算分析，定价既要保证利润目标的实现又能为消费者所接受。

选择这一定价目标的企业应具备较强的实力，在同行业中实力雄厚、竞争力强的大型企业常以此办法作为企业的长期定价目标。如果在同行业中，地位不高、竞争实力不强，选择这种定价目标就会遇到同类产品的竞争和消费者的拒绝。

3. 以保持和提高市场占有率为定价目标

市场占有率是指企业产品销量在同类产品中的平均销售总量中所占的比重，也称市场份额。它是反映企业经营状况好坏和产品竞争能力强弱的一个重要指标。能否维持和提高市场占有率对企业来说有时比获取预期收益更为重要，因此市场占有率的高低直接影响到企业今后能否长期稳定地获得收益。

选择这一定价目标，企业应具备的条件是：具有潜在的生产经营能力，总成本的增长速度低于总销售量的增长速度，商品的需求价格弹性较大，即能够薄利多销。

4. 以稳定的价格为定价目标

保持稳定的价格是达到一定投资效益和长期利润的重要途径，一些在同行业中能够左右市场价格的大企业，为了长期有效地经营该种商品并稳定的占领市场，往往希望价格稳定，从而获取稳定的利润。

通常，稳定的价格是由一个行业的领导企业决定的。对它来说，这是一种稳妥的保持政策。同行业中以稳定价格为定价目标的其他中小企业所定价格往往与领导企业的定价保持一定的比例关系。小企业通常愿意长期追随领导企业的价格。领导企业也不能任意提高价格，以免引起各方的不满和政府干预。

5. 以应对和防止竞争为定价目标

在市场经济中，企业之间的竞争是多方面的，大多数企业尤其注重价格竞争。企业在定价之前，往往要广泛收集资料，将本企业产品的规格、品质与竞争者的类似产品做认真的比较，并主要以对市场有决定性影响的竞争者的价格作为定价基础，以应对和防止竞争为定价目标。采用这种定价目标时，企业可以采取与竞争者相同的价格，也可以采取低于或高于竞争者的价格。一般来说，较小的企业或谋求扩大产品市场占有率的企业常采取低于竞争者价格的定价方法；而资金雄厚或是技术先进、产品优良、服务较好的企业，也可以采取高于竞争者价格的定价方法。以竞争因素为定价目标的企业，在成本和需求发生变化时，只要竞争者维持原价，自身一般也应维持原价；当竞争者改变价格时，则应相应调整价格以应对和避免竞争。

除上述常见的企业定价目标，还有保持良好的企业形象定价目标、消费者定价目标等。企业的定价目标是多种多样的，目标选择的合理与否取决于能否为企业带来最大的利润。由于利润受多种因素影响，在实践中，有的企业定价目标往往是多目标的综合运用。

三、以成本为基础的定价决策

成本是企业生产和销售产品所发生的各项费用的总和，是构成产品价格的基本因素。以成本为基础制定产品价格，不仅能保证生产中的耗费得到补偿，而且能保证企业必要的利润。

1. 标准产品的定价决策

标准产品是相对于非标准产品而言的，标准产品是市场上大量销售的，有标准规格的正常产品，且一般不是独家经营的，因而产品有市价可循，受供求关系和市场竞争的影响较大。对这类产品制定正常的、长期性的价格，常常以本企业的成本为基础进行定价，具体包括完全成本加成定价法、变动成本加成定价法和边际成本定价法。

（1）完全成本加成定价法。采用完全成本加成定价法，其“成本”基数是指单位产品的制造成本，“加成”内容包括非制造成本（如管理成本等）及目标利润。

$$\text{目标售价}=\text{单位产品制造成本}\times(1+\text{成本加成率}) \tag{6-1}$$

$$\begin{matrix}\text{单位产品}\\\text{制造成本}\end{matrix}=\begin{matrix}\text{单位产品}\\\text{直接材料}\end{matrix}+\begin{matrix}\text{单位产品}\\\text{直接人工}\end{matrix}+\begin{matrix}\text{单位产品变}\\\text{动制造费用}\end{matrix}+\begin{matrix}\text{单位产品固}\\\text{定制造费用}\end{matrix} \tag{6-2}$$

$$\text{成本加成率}=\frac{\text{投资额}\times\text{期望投资报酬率}+\text{非制造成本}}{\text{产量}\times\text{单位制造成本}}\times100\% \tag{6-3}$$

例 6-14　某公司投资 400 000 元，每年产销 A 产品 10 000 件，其单位制造成本 24 元/件，销售与管理费用每年 35 000 元。该产品的成本资料如表 6-21 所示。若该公司期望获得的报酬率为 20%，请采用完全成本加成定价法制定目标售价。

表 6-21　产品成本资料

项目	产量（件）	成本总额（元）	单位成本（元/件）
直接材料	10 000	70 000	7
直接人工	10 000	50 000	5
变动性制造费用	10 000	40 000	4
固定性制造费用	10 000	80 000	8
变动性推销与管理费用	10 000	20 000	2
固定性推销与管理费用	10 000	15 000	1.5
合　计	10 000	275 000	27.5

解：1）按照完全成本法计算 A 产品单位的制造成本。

$$\begin{aligned}\begin{matrix}\text{单位产品}\\\text{制造成本}\end{matrix}&=\begin{matrix}\text{单位产品}\\\text{直接材料}\end{matrix}+\begin{matrix}\text{单位产品}\\\text{直接人工}\end{matrix}+\begin{matrix}\text{单位产品变}\\\text{动制造费用}\end{matrix}+\begin{matrix}\text{单位产品固}\\\text{定制造费用}\end{matrix}\\&=(7+5+4+8)\text{元/件}=24\text{元/件}\end{aligned} \tag{6-4}$$

2）确定成本加成率。

$$\begin{aligned}\text{成本加成率}&=\frac{\text{投资额}\times\text{期望投资报酬率}+\text{非制造成本}}{\text{产量}\times\text{单位制造成本}}\times100\%\\&=\frac{400\ 000\times20\%+35\ 000}{10\ 000\times24}\times100\%=48\%\end{aligned}$$

3）以制造成本为基础，加上相当于制造成本的 48%，作为 A 产品的目标售价。

$$\begin{aligned}目标售价&=单位制造成本\times(1+成本加成率)\\&=24\times(1+48\%)元/件=35.5元/件\end{aligned}$$

从表 6-21 的计算结果可以看出，“制造成本加成”实质上不仅应包含目标利润，而且还应补偿非制造成本 3.5 元（变动性推销与管理费用和固定性推销与管理费用）。

（2）变动成本加成定价法。采用变动成本加成定价法，其“成本”基础是指单位产品的变动成本，“加成”内容包括全部的固定成本及目标利润。

$$目标售价=单位变动成本\times(1+成本加成率) \quad (6\text{-}5)$$

$$\begin{matrix}单位产品\\变动成本\end{matrix}=\begin{matrix}单位产品\\直接材料\end{matrix}+\begin{matrix}单位产品\\直接人工\end{matrix}+\begin{matrix}单位产品变\\动制造费用\end{matrix}+\begin{matrix}单位产品变动性\\推销及管理费用\end{matrix}$$

$$成本加成率=\frac{投资额\times期望投资报酬率+固定成本}{产量\times单位变动成本}\times100\% \quad (6\text{-}6)$$

例 6-15　仍用例 6-14 完全成本加成定价法下的成本资料，采用变动成本加成法确定 A 产品的目标售价。

解：1）按照变动成本法计算 A 产品每单位的变动成本。

$$\begin{aligned}\begin{matrix}单位产品\\变动成本\end{matrix}&=\begin{matrix}单位产品\\直接材料\end{matrix}+\begin{matrix}单位产品\\直接人工\end{matrix}+\begin{matrix}单位产品变\\动制造费用\end{matrix}+\begin{matrix}单位产品变动性\\推销及管理费\end{matrix}\\&=(7+5+4+2)元/件=18元/件\end{aligned}$$

2）确定成本加成率。

$$\begin{aligned}成本加成率&=\frac{投资额\times期望投资报酬率+固定成本}{产量\times单位变动成本}\times100\%\\&=\frac{400\ 000\times20\%+80\ 000+15\ 000}{10\ 000\times18}\times100\%=97\%\end{aligned}$$

3）以变动成本为基础加成 97%，作为产品的目标售价。

$$\begin{aligned}目标售价&=单位变动成本\times(1+成本加成率)\\&=[18\times(1+97\%)]元/件=35.5元/件\end{aligned}$$

从表 6-21 的计算结果可以看出，“变动成本加成”实质上不只是加成目标利润，还应补偿全部固定成本 9.5 元（固定性制造费用和固定性推销与管理费用）。

采用成本加成法制定产品的目标售价，其优点是简便易行，缺点是没有考虑价格与销售量的关系。如例 6-14 中的 A 产品若按每件 35.5 元的定价出售，可能由于市场上的竞争致使该公司的全部销售量达不到预定的目标销售量 10 000 件。当然，也可能出现由于 A 产品在市场上的需求量激增，使该公司因缺货而丧失许多获利机会。因此，为了使“成本加成定价法”能切合实际，一般可采取以下三项补救措施：

1）运用时需注意产销量的选择，产销量预测不准将会给企业利润带来不良后果。在多品种生产运用该方法定价时，还应将有关固定成本合理地分配给各种产品。

2）成本加成法确定的目标售价绝不能一成不变，需根据市场竞争形势的变化，由企业管理当局做出上下浮动的决定。

3）每个企业不应对其全部产品采用同一加成率，而需根据市场上对各种产品需求的不同情况、各地区的习惯、同行业的惯例，分别制定不同产品的加成率。

该方法主要适用于产销数量较稳定或按固定客户订单进行生产的企业。

（3）边际成本定价法。边际成本定价法是指利用边际成本等于边际收入时利润最大的原理制定产品价格的方法。边际成本是指每增加一个单位（可以是一件，也可以是一批）产品销售所增加的总成本；边际收入则指每增加一个单位产品销售所增加的总收入。边际收入与边际成本的差额称为边际利润。企业的利润总额通常在边际利润为零的时候到达最大值，此时边际收入等于边际成本。

在市场经济中由于供需规律的作用，降低价格可扩大销量；提高价格可减少销量。与此同时，产品的销售总成本开始时比较高，随着销售量的增加，资源利用效率逐渐提高，而使总成本下降；但当销售量增长到一定限度时，资源利用率又开始下降，导致总成本上升。上述销售总收入与销售总成本的变化趋势如图 6-4 所示。

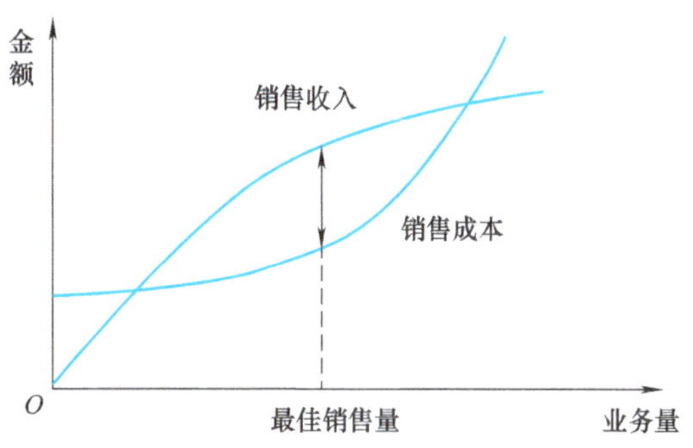

图 6-4　销售总收入与总成本趋势示意图

从图 6-4 可以看出，理论上的最佳售价，就是能使销售总收入与销售总成本的差额即销售利润达到最大值时的价格。以微分极值原理为理论依据，即只有当边际收入等于边际成本时，才能为企业提供最大的销售利润，此时的销售单价、销售数量是产品的最佳售价和最佳销售量。

例 6-16　某厂生产和销售一种产品（产销平衡），原定销售单价为 20 元 / 只，每月可销售 300 只，单位变动成本为 10 元 / 只，固定成本为 1 000 元。如果销售价格逐步下调，其销售量及成本的预计资料如表 6-22 所示。

表 6-22　产品销售价格、销售量和成本资料表

销售单价（元/只） p	预计销售量（只） x	单位变动成本（元/只） b	固定成本总额（元） F
20.00	300	10.00	1 000
19.50	350	10.00	1 000
19.00	400	10.00	1 000
18.50	450	10.50	1 000
18.00	500	10.50	1 500
17.50	550	11.00	1 500

要求：根据上述资料为该厂的产品做出最优售价的决策分析。

解：编制边际利润计算表，如表 6-23 所示。

表 6-23　产品边际利润计算表

销售单价（元/只）p	预计销量（只）x	销售总收入（元）px	边际收入（元）MR	销售总成本（元）y			边际成本（元）MC	边际利润（元）MR−MC	销售利润（元）$px-y$
				F	bx	y			
20.00	300	6 000	0	1 000	3 000	4 000	0	0	2 000
19.50	350	6 825	825	1 000	3 500	4 500	500	325	2 325
19.00	400	7 600	775	1 000	4 000	5 000	500	275	2 600
18.50	450	8 325	725	1 000	4 725	5 725	725	0	2 600
18.00	500	9 000	675	1 500	5 250	6750	1 025	(350)	2 250
17.50	550	9 625	625	1 500	6 050	7 550	800	(175)	2 075

结论：从表 6-23 的计算结果来看，该厂产品的最优售价是边际收入等于边际成本时的 18.50 元，此时销售量为 450 只，可使该厂利润达到最大 2 600 元。

2. 非标准产品的定价决策

非标准产品是按特殊用户需要，由个别厂商单独制造的非标准规格产品。这种产品不在市场上大量销售，因而无市价可供参考，一般只能以成本为基础由买卖双方协商定价，并订入合同，故称为“合同定价法”。这类合同根据具体定价方法的不同，可分为以下四种类型。

（1）固定价格合同。经买卖双方协商，在合同中订立双方同意的固定价格作为今后结算的依据，而不考虑实际发生的成本是多少。产品完工后，如实际成本较低，对卖方有利，买方不利；反之，如实际成本较高，对买方有利，卖方不利。无论哪一方缺乏经验，都可能受到损失，风险较大。因此，签订这种合同时，双方必须对产品成本的估计均有确切的把握。这种定价方法的一个优点是采取包价的形式，可促使卖方努力降低成本。

（2）成本加成合同。成本加成合同中规定，卖方在制造过程中实际发生的成本可在双方同意的合理范围内实报实销，并以实际成本为基础，加上按合同规定的成本利润率计算的利润，作为今后结算的价格。其公式为

$$价格 = 实际成本 \times (1 + 成本利润率) \quad (6\text{-}7)$$

例 6-17　若卖方制造 A 产品完工后的实报实销成本为 10 000 元，合同规定卖方的成本利润率为 15%，则

$$A 产品的卖方价格 = [10\,000 \times (1 + 15\%)] 元 = 11\,500 元$$

由此可见，实际成本越高，卖方获利越多。因此，采用这种定价方法容易造成卖方故意抬高成本，使买方蒙受损失，故在实际工作中很少采用这种方法。

（3）成本加固定费合同。成本加固定费用合同规定的价格由实际成本和固定费两部分构成。成本是实报实销，而固定费则由合同明确规定，按双方议定的预算成本和固定的成本利润率计算，与实际成本高低无关。由于固定费是固定不变的，不受实际成本影响，所以卖方人为地加大实际成本也不能多得利润。因此，这种定价方法可避免卖方故意抬高成本这一缺点，减少买方的风险，也能保证卖方获得一定的利润，但其不足之处在于不能促使卖方千方百计地去降低成本。

这种方法的计算公式为

价格 = 实际成本 + (预算成本 × 预算成本利润率) （6-8）

（4）奖励合同。奖励合同在合同中订明预算成本和固定费的金额，并约定当实际成本超过预算成本时，可以实报实销。但实际成本如有节约，则按合同规定的比例由买卖双方共同分享。这样定价可激励卖方想方设法降低成本。

当实际成本等于或高于预算成本时，其价格计算公式同成本加固定费合同的价格计算公式；当实际成本低于预算成本时，其价格计算公式为

价格 = 实际成本 +(预算成本 × 预算成本利润率) + (成本节约额 × 卖方提成比例)

（6-9）

例 6-18 A 公司委托 B 厂制造一台专用机床，合同规定其预算成本为 86 000 元，固定费用为 9 000 元，并在合同中规定 B 厂的实际成本如有节约，60%作为 B 厂的额外利润，其余 40%归 A 公司。

要求：为 B 厂分别确定在下述两种情况下出售专用机床的定价。

（1）若 B 厂制造机床的实际成本为 88 000 元。

（2）若 B 厂制造机床的实际成本为 85 000 元。

解：（1）若 B 厂的实际成本为 88 000 元，则

机床的定价 = (88 000 + 9 000) 元 = 97 000 元

（2）若 B 厂的实际成本为 85 000 元，则

机床的定价 = [85 000 + 9 000 +(86 000 − 85 000) × 60%] 元 = 94 600 元

四、以需求为基础的定价决策

以成本为基础的价格决策方法，着重考虑企业的成本情况，而基本不考虑需求情况，因而从企业取得最大产销收入和利润的角度看，制定的产品价格不一定是最优的。所以现实中，不少企业的产品在市场上受到冷落。最优价格应是企业取得最大利润或产销收入时的价格。为此，必须考虑市场需求状况与价格弹性，分析销售收入、成本利润与价格之间的关系，从中寻找最优价格点。其方法主要有以下几种。

1. 弹性定价法

企业供求关系的变化是影响价格的一个重要因素，因此，企业制定价格最需要考虑的因素是价格弹性。价格弹性，又称需求价格弹性，是指需求数量变动率与价格变动率之比，反映价格变动引起需求变动的方向和程度。市场上的各种产品都存在价格对需求的影响，但不同的产品影响程度不同，即需求价格弹性不同。需求价格弹性的大小取决于产品的需求程度、可替代性和费用占消费者收入的比重等。必需品的弹性一般小于奢侈品，低档产品的弹性小于高档产品，无替代品的产品弹性一般小于有替代品的弹性。我们可以通过测定价格弹性进行产品价格的制定。

需求价格弹性的大小可用下列公式计算

$$E_p = \frac{\Delta Q / Q}{\Delta P / P} \tag{6-10}$$

式中，E_p 为需求价格的弹性系数；Q 为基期需求量；ΔQ 为需求变动量；P 为基期单位产品价格；ΔP 为价格变动数。

当企业掌握了某种产品的需求价格弹性后，就可以利用弹性来预测价格变动的最优方向和幅度。

（1）需求价格弹性和预测销售量已知时的价格制定。由需求价格弹性公式展开可求得下列预测公式

$$\Delta P=\frac{\Delta Q\cdot P}{Q\cdot E_p}=\frac{(Q_1-Q)\cdot P}{Q\cdot E_p} \tag{6-11}$$

式中，Q_1 为预测期需求量。

设 P_1 为预测期价格，则

$$P_1-P=\frac{(Q_1-Q)\cdot P}{Q\cdot E_p}$$

移项得

$$P_1=P+\frac{(Q_1-Q)\cdot P}{Q\cdot E_p}=P\cdot\left(1+\frac{Q_1-Q}{Q\cdot E_p}\right) \tag{6-12}$$

利用上式即可进行产品的价格制定。

例 6-19　某企业计划年度预计生产并销售甲产品 25 000 件，上年每件销售价格是 385 元，销售量 18 500 件，该产品的价格弹性在 −3.8 左右。问计划期单位产品价格掌握在什么水平对企业最为有利？

$$P_t=385\times\left[1+\frac{25\ 000-18\ 500}{18\ 500\times(-3.8)}\right]\text{元/件}=349.4\text{元/件}$$

可见，甲产品单位价格下调至 349.4 元对保证完成 25 000 件的产品销售是最为有利的。

（2）需求价格弹性和价格变动率已知时的价格制定。计划年度，当单位产品价格由 P 变动为 P_1，销售量由 Q 变动到 Q_1 时，该产品的销售收入 S 为

$$S=P_1Q_1=(P-\Delta P)(Q+\Delta Q) \tag{6-13}$$

设 X 为价格变动率，即$X=\Delta P/P$，则

$$\Delta P=XP$$

$$E_p=\frac{\Delta Q/Q}{\Delta P/P}=\frac{\Delta Q/Q}{X}$$

移项得

$$\Delta Q=E_pQX$$

代入式（6-13），得

$$\begin{aligned}S&=(P-PX)(Q+E_pQX)\\&=PQ[-E_pX^2+(E_p-1)X+1]\end{aligned} \tag{6-14}$$

式（6-14）为价格需求变动目标函数模型。式中，销售收入 S 由价格弹性 E_p 和价格变动率 X 这两个因素决定。当 E_p 已知时，S 的最大值可通过对 X 求导来确定，因 PQ 为正，则设 $R=-E_pX^2+(E_p-1)x+1$，则

$$R'=E_p-1-2E_pX$$

令$S'=0$，则

$$E_p-1-2E_pX=0$$

$$X=\frac{E_p-1}{2E_p} \tag{6-15}$$

式（6-15）为判别式。当满足判别式时，销售收入最大。利用判别式就可以预测价格变动的方向及最优调整幅度。

当$\left|E_p\right|=1$，价格不动；

当$\left|E_p\right|>1$，应降价，降价金额为$\Delta P=PX$；

当$\left|E_p\right|<1$，应提价，提价金额为$\Delta P=PX$。

此时，产品价格为

$$P_t=P-PX=P-\frac{(E_p-1)P}{2E_p} \tag{6-16}$$

例 6-20　某产品在某市经销，据测定，其价格弹性为 1.6，该产品现行价格为每件 38 元，年平均销售量 80 000 件，问价格定在什么水平才能使该产品的销售收入最大?

该产品价格弹性$E_p>1$所以应降价，其降价幅度为

$$X=\frac{1.6-1}{2\times1.6}=0.187\,5$$

降价金额为

$$\Delta P=PX=(38\times0.187\,5)元=7.125元$$

产品定价为

$$P_t=(38-38\times0.187\,5)元=30.875元$$

销售收入为

$$\begin{aligned}S&=PQ[-E_pX^2+(E_p-1)X+1]\\&=\{38\times80\,000\times[-1.6\times0.187\,5^2+(1.6-1)\times0.187\,5+1]\}元\\&=[3\,040\,000\times(-0.056\,25+0.112\,5+1)]元\\&=3\,211\,000元\end{aligned}$$

降价后的销售量为

$$Q_t=\frac{R}{P_t}=\frac{3\,211\,000}{30.875}件=104\,000件$$

销售量的增加量为

$$\Delta Q=(104\,000-80\,000)件=24\,000件$$

销售收入增加额为

$$\Delta S=(3\,211\,000-38\times80\,000)元=171\,000元$$

可见，该产品价格调至每件 30.875 元，可以增加销售量 24 000 件，增加销售收入 171 000 元，此时销售收入最高，为 3 211 000 元。

企业除了利用需求价格弹性进行测算外，还可以利用供给价格弹性、需求交叉弹性等进行产品价格变动预测。其基本原理和测算方法与利用需求价格弹性进行预测决策相似，不再详述。

2. 目标成本法

目标成本法是以功能分析为核心，用最低的成本来实现产品或作业应具备的必要功能

的一项有组织的活动。通过功能分析，能够引导产品设计的改进，材料选定的变化或者工艺方法的改进，在满足产品必要功能的前提下，降低成本，保证目标成本的实现，进而保证目标利润的实现。基于目标成本法的定价决策方法基本程序如下。

（1）通过市场调查确定消费者对新产品的质量与功能要求，以及他们愿意为该产品支付的价格，此价格即作为该产品的目标售价。

（2）用目标售价减去合理的目标利润确定该产品的目标成本。

（3）研究新产品开发的可行性，确定企业能否以目标成本生产出消费者需要的产品。

（4）当新产品通过可行性分析后，企业即以该目标成本作为标准要求，实施价值工程，实现目标成本。如果预计成本高于目标成本时，就需要修订产品设计方案，直至新方案预计成本达到目标成本为止。如不能实现目标成本，就应果断放弃。

目标成本法的基本公式如下

$$\text{目标成本} = \text{目标售价} - \text{目标利润} \tag{6-17}$$

其中

$$\text{目标利润} = \text{投资额} \times \text{目标投资报酬率} \tag{6-18}$$

例 6-21　某玩具厂准备生产一种新型儿童玩具。市场调查结果显示，消费者可以接受的售价为 50 元。该厂预计每年可以销售该产品 10 000 件。为设计、开发和生产该产品，需投资 200 000 元。要求的投资报酬率为 16%。另外，相关的销售及管理费用为每年 28 000 元。要求根据资料为该厂确定目标生产成本及应否开发此产品。

解：预计销售收入	(50 × 10 000) 元 = 500 000 元
减：目标利润	(200 000 × 16%) 元 = 32 000 元
销售与管理费用	28 000 元
目标生产成本	440 000 元
单位目标生产成本	(440 000 ÷ 10 000) 元 = 44 元

计算结果表明，如果该厂能够通过合理设计而使单位产品生产成本不超过 44 元，则应组织设计、开发该产品。如果在设计和技术上达不到这一要求，那么该厂就应该放弃此项计划，这样可避免盲目生产所产生的不良影响。

五、产品生命周期与价格策略

选择适当的方法进行产品价格的预测固然十分重要，但预测结果还应结合产品所处的不同生命阶段，采用不同的价格策略予以调整和修正，才能作为最终价格确定，从而保证企业销售目标的实现。

1. 产品生命周期及其测定方法

产品生命周期是指某种产品从投入市场开始直到退出市场为止的整个过程。产品生命周期一般可以分为投入期、成长期、成熟期和衰退期四个阶段。如图 6-5 所示。

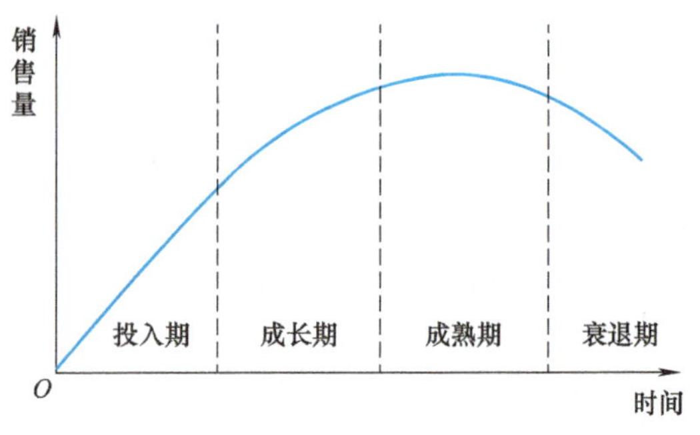

图 6-5　产品生命周期图

在不同生命阶段，产品的质量、成本、

产销量、竞争情况及需求者的评价等都存在着差异，对价格的确定会产生不同的影响，因而应采用不同的价格策略，使价格能够准确反映价值和供求关系，从而增强产品的竞争力，使企业获得最佳经济效益。

产品生命期的确定比较困难，通常可以采用绘图法和销售增长率测定法进行预测。

绘图法就是将某产品的历史产销量数据按时间先后顺序逐一在直角坐标系中标点，然后连点成线，得出到绘图时为止的生命周期曲线。尽管该曲线只是整个生命周期曲线中的某一段，但已经可以根据曲线的趋势粗略判断该产品在整个生命周期中所处的阶段。

销售增长率测定法是利用销售增长率判断产品在生命周期中所处阶段的一种方法。产品生命周期不同阶段的基本区别在于各阶段销售增长率的变化不同。在投入期，销售量增长缓慢，销售增长率较小；在成长期，销售量急剧上升，销售增长率较大；在成熟期，销售量增长趋缓，销售增长率较小；而在衰退期，销售量开始减少，销售增长率出现负数。因此，通过计算比较销售增长率的大小，即可粗略判断产品的生命阶段。销售增长率的计算公式为

$$\text{销售增长率}=\frac{\text{销售量的增加量}}{\text{销售时期的增长数}}=\frac{\Delta Q}{\Delta t} \tag{6-19}$$

一般而言，当 0< 销售增长率 <0.1 时，为投入期或成熟期；当销售增长率≥ 0.1 时，为成长期；当销售增长率 <0 时，为衰退期。

2．产品生命周期的阶段价格策略

不同阶段的价格策略，必须根据各阶段的特征灵活确定。下面简单介绍不同阶段的基本特征和所采用的一般价格策略。

（1）投入期的价格策略。作为刚刚投入市场的新产品，虽然具有一定的技术经济优势，甚至还可能是独家生产经营，但由于产品结构和工艺尚未定型，质量不太稳定，大批生产的能力也未形成，加上消费者（或用户）对新产品缺乏了解和信任，因而销路有待打开，产品开发是否成功还没有把握。

针对上述特征，企业为尽快打开局面，可采取以下价格策略：

① 撇脂策略。即在投入期，以较高的价格投放新产品，以后待市场扩大，产品趋于成长或成熟阶段，再把价格逐步降低。这种策略能保证试销初期获得巨额利润，并可保障新产品在产销方面无法预知的成本得到补偿。但正因为试销初期的巨额利润，会迅速引来竞争，高价不能持久。因此，这是一种短期性的定价策略，多适用于初期没有竞争对手或替代商品，在短期内居垄断地位而且容易开辟市场的新产品。

② 渗透策略。即在投入期，以较低价格投放新产品，其目的在于尽快打开销路，夺取更大的市场份额。待产品有效占领市场后，再逐步提价。这种策略尽管在试销初期获利不多，使企业投资回收速度放慢，但它能有效地排除其他企业的竞争，便于在市场上建立长期的领先地位，能持久地为企业带来日益增长的经济效益，故是一种着眼于长远利益的定价策略。

（2）成长期的价格策略。产品经过投入期的试销和改进，技术日趋成熟，质量也基本稳定，逐渐形成销售高峰，产品进入成长期。在成长期内，由于广告宣传等促销作用，产品已为消费者所熟悉，并在竞争中占有较大优势，市场需求量扩大，利润也开始

迅速增长。

成长期是产品开发的关键时期，企业一方面应该努力稳定和适当提高产品的质量，扩大生产能力；另一方面应在保证市场供应，维持、扩大市场占有率的情况下，通过采取目标价格策略，修正预测值，确定最优价格。具体做法是使该阶段的目标利润率高于整个生命期的平均利润率，这样不仅可以使产品的成长期成为企业获利最多的时期，而且企业也有了降价促销的后续手段，从而在销售困难时期可以以多补少，使整个生命期内的产品利润最大化。

（3）成熟期的价格策略。产品进入成熟期，市场需求量接近饱和，销售增长率逐渐下降。本阶段的最大特点就是随着大量竞争者进入市场，竞争日益激烈。

为了延长产品的成熟期，提高产品开发的经济效益，企业一方面应该继续加强广告宣传和用户服务工作，在保持老用户的同时，努力扩大新用户；另一方面，则应努力加强内部管理，大幅降低产品成本，为今后采用竞争价格策略创造条件维持原有的市场占有率。

竞争价格策略应因竞争者的情况而异。对于竞争条件差的对手，可以采用低价倾销的方法，在价格政策允许的范围内，挤走竞争者或乘机扩大己方市场占有率；对于竞争条件强的对手可以采用“你提我也提，你降我也降”的办法，努力维持原有市场占有率；对于竞争条件相当的对手，为了避免竞争可能形成的两败俱伤的局面，可以采用非价格竞争的办法，即在维修、供应备品备件、代培人员等方面提供更优越的条件，以维持原有的市场占有率。

采用竞争价格策略，确定降价幅度时，必须注意以下三点：①降价幅度必须考虑产品的价格弹性，凡价格弹性大的产品降价幅度应该小些，价格弹性小的产品降价幅度应该大些；②降价幅度应能引起消费者的注意，如果同时辅以各种宣传措施，效果将更好；③降价幅度不能太大，必须保证产品盈利，并消除降价幅度过大造成的不良影响。

（4）衰退期的价格策略。新技术的出现预示着品质更优越、性能更卓著的新产品将替代市场上原有的老产品，于是原有产品进入衰退期。衰退期产品的特点是，由于消费者的购买转向新产品，原有产品销售增长率和利润急剧下降，甚至出现负增长的情况，市场需求逐渐缩小。

对处于衰退期的产品，企业应积极转移产品市场，努力在新地区开拓对该产品的需求，并努力开发新产品，创造新的需求。此外，企业还应配合不同的价格策略，充分发挥原有产品的创利潜力。①维持价格策略。即对该种产品不做较大幅度的降价，而基本维持原有价格水平，以保持该产品在消费者心目中的地位，当然也应辅之以其他手段，如数量折扣、金额折扣、礼品馈赠等，以尽量延长产品生命期；②变动成本策略，即以单位变动成本作为最低价格，防止产品销售量减少，从而以该产品提供的贡献毛益来弥补一部分固定成本，为整个企业盈利增加做出贡献。

六、其他定价策略

1. 心理价格策略

心理价格策略主要是零售企业针对消费者的消费心理而采取的定价策略。常用的方法主要有以下几种。

（1）尾数定价。消费者购物时，对价格数字往往有这样一种心理倾向，即偏重于价格的整数，而忽视价格的零数。例如，当一件商品标价为 0.95 元时，消费者会在心理上认为其价格只是以角和分来计量，因而比较便宜；当标价在 1 元时，消费者则会认为计量单位以元计算，因而比较昂贵。其实两种标价之差仅为 0.05 元，而消费者却会认为两种标价之间的差别很大。这种在购物时对价格数字的心理倾向，会引导消费者的购物行为，从而导致商品需求的变动。尾数定价法正是利用了消费者的这种心理，采取非整数的定价形式，以达到引起消费者的购买欲望、增加销售量的目的。以这种方法制定的价格，其尾数以 8、9 为多，这样既能给消费者一个价格较低的印象，又能使消费者认为企业定价认真准确，从而产生一种信任感。这种方法虽然具有较强的吸引力，但也存在一定的局限性，一般只适用于价值较小、销售量大、销售面广、购买次数多的中低档日用消费品。对于高档商品则不宜采用，否则会影响商品的声誉。

（2）整数定价。与尾数定价法相反，整数定价法是以整数为商品定价的一种方法。消费者购物时，特别是在选购耐用消费品或高档商品时，看重的往往是其质量。在他们看来，价格越高，说明质量越好，安全保险系数越大，“一分钱一分货”的观念根深蒂固。因此，为高档商品或耐用消费品定价时，宜采用整数定价，给消费者一种质量好、可靠性强的印象，从而刺激其购买欲望。

（3）声望定价。一般来说，有名望的商店出售的商品，其价格要比一般商店中同类商品高，名牌商品价格要比非名牌商品价格高。这是因为这类商店或商品在消费者心目中已经有了良好的形象，能使消费者产生信任感。这种以商店或商品的声望来为商品定价的方法就是声望定价法。由于声望定价商品的购买者多是以商品显示其身份和地位，以商品的品牌以及价格炫耀其“豪华”为目的的，因而企业往往采用整数高位定价，以满足消费者的心理需要。

（4）心理折扣定价。心理折扣是利用消费者求廉务实的心理特点而采取的降价促销措施。当一种商品的牌号、性能不为广大消费者所熟悉与了解，其市场的接受程度较低时，采用心理折扣价格，即标明原价后再打折扣，向消费者宣传“原价 ×× 元的商品，现以 ×× 元出售”时，会在消费者心理上造成物美价廉的感觉，从而吸引消费者登门，扩大商品的销量。这种方法对不太知名、市场接受程度较低或销路不太好的商品比较有效。

（5）习惯性定价。习惯性定价法是商品进入生命成熟期时的一种心理定价法。市场上，一种商品由于销售已久，消费者经过使用以后，凭经验和感觉会对该种商品的质量、使用性能等情况与其他类似代用品做比较，做出主观评定，形成一种心理上乐于接受的习惯价格。对于这类商品，任何生产者要想进入市场，如果不具备特殊优势的话，都必须依照消费者的习惯价格定价。因为只要偏离习惯价格，消费者的心理倾向便会促使其减少购买量。

2．折扣定价策略

折扣定价策略是指在一定条件下，以降低商品的销售价格来刺激购买者，从而达到扩大商品销售量目的的定价策略。具体方式有以下几种。

（1）数量折扣。这是一种按购买者购买数量的多少所给予的价格折扣。购买者购买数量越多，则折扣越大，反之，则越小。它鼓励购买者大量或集中向本企业购买。数量折扣又可分为累计与非累计数量折扣两种。非累计数量折扣，是规定一次购买某种商品达到一定数量时，给予折扣优惠。其目的是在鼓励购买者大量购买的同时，便于企业安排大批量生产和销售，节约生产和销售费用。累计数量折扣，是规定购买者在一定时期内，购买商品如果达到一定数量或金额，可按总量大小给予不同的折扣。这样做的目的一是鼓励购买者经常向本企业采购，成为稳定的长期客户；二是便于企业进行销售预测，制订生产经营计划。

（2）现金折扣。这是一种按购买者付款期限长短所给予的价格折扣，其目的在于鼓励购买者尽早偿付货款，以加速资金周转。

（3）交易折扣。这是一种按各类中间商在商品流通过程中负担职能的大小所给予的价格折扣。其实质是卖方对买方提供商业服务所给予的报酬。交易折扣的多少随行业与产品的不同而不同。对同一行业或同一品种的产品，则又要视中间商所承担的责任多少而定。一般，给予批发商折扣较多，而给予零售商折扣较少。

（4）季节性折扣。季节性折扣是对购买者在商品淡季购买所给予的价格折扣。这样做既鼓励购买者提早采购，减轻企业的仓储压力，又加速了企业资金周转，充分发挥企业的生产能力。

3．综合定价策略

很多企业经常生产或经营两种以上彼此关联的商品，企业在对其中某一种商品定价时，就必须考虑到与它关联的相关商品，只有将它们作为一个整体加以综合考虑，才能保证企业取得最大的利益。

综合定价策略就是针对相关商品所采取的一种定价策略。它是根据相关商品在市场竞争中的不同情况，使各种商品价格有高有低，既能适应市场竞争的需要，又能促进商品的销售。相关产品的定价主要有以下三种情况：

（1）为具有互补关系的相关商品定价。互补关系的相关商品是指其使用价值的实现互为前提条件的两种或两种以上的商品。例如，钢笔与墨水，录音机与录音带，照相机与胶卷等。这些商品的使用价值只有配套使用时才能实现，失去一方，另一方的使用价值就难以实现。为这类相关商品定价，可有意识地降低其中部分相关商品的价格，一般是降低购买次数少或需求弹性较大的商品的价格，而抬高另一相关商品的价格，从而达到提高整体利润的目的。例如，美国派克公司生产的派克钢笔便宜而且耐用，当你购买了这样一支钢笔时，无形中你就成了价格高昂的派克墨水的长期顾客了，派克公司便可从你长期不断的消费中获利。另外，便宜的照相机与高价的胶卷、廉价的整车与昂贵的配件等，都是比较典型的定价实例。

（2）为具有配套关系的相关商品定价。具有配套关系的相关商品是指其使用价值既可单独发生作用，又可与另一种商品配合发挥作用的商品。例如西服套装中的上衣和裤子，既可单独穿用，又可搭配穿用。为这类相关商品定价，可实行单件高价，配套优惠的策略。例如，购买一件西服上衣，按原价出售，如果购买西服套装，则可按原价八折出售，或是免费赠送一件配套的衬衣。这样做既可节约流通费用，又可扩大销量，总体上有利于提高经济效益。

（3）销售商品与服务维修的定价。如果企业为了方便客户使用，解除客户购物的后顾之忧，可以把产品价格定得高些，而把修理服务费定得低些，如果企业是为了鼓励客户积极购买产品，加速产品更新换代，则应把新产品价格定得低些，而把修理服务费定得高些。

思\考\题

1. 短期经营决策必须要考虑哪些因素？如何理解相关业务量与相关收入和相关成本之间的关系？
2. 短期经营决策中，亏损产品就要停产吗？从长期看会有不同结论吗？
3. 半成品销售与进一步加工是如何决策的？哪些成本是无关成本呢？
4. 如何确定成本加成率？保本价格与特殊订货能接受的最低价格有什么不同？

参\考\文\献\与\荐\读

[1] 郑爱华，张亚杰，李文美．管理会计[M]．北京：机械工业出版社，2007：116-141.

[2] 孙茂竹，文光伟，杨万贵．管理会计学[M]．7版．北京：中国人民大学出版社，2016：105-193.

[3] 查尔斯 T 亨格瑞，等．管理会计教程[M]．潘飞，等译．北京：机械工业出版社，2012：171-172.

第七章

长期投资决策

导\入\案\例

2008年，丰田汽车公司取代通用汽车公司的位置，成为世界上最大的汽车公司。丰田汽车公司由丰田喜一郎于1937年创立，并开始制造和销售汽车。根据维基百科的资料，它曾经更改过名字，原因是“根据日本语，丰田有8笔（是幸运数字），视觉上简单清爽，听上去响亮悦耳。1957年，丰田在美国推出了第一款汽车，名为Toyopet Crown。但是美国消费者将这款汽车跟玩具和宠物联系起来，所以丰田马上弃用了这个名字。不仅如此，丰田继续在美国开拓它的市场，1963年，丰田第一次在日本本土以外建立了汽车工厂（在澳大利亚）；1982年，丰田开始在美国生产汽车。现在，丰田在美国拥有5家大型装配厂，还有一家正在建设中，一家正在规划中。丰田在全球25个国家建立了生产或装配厂。

丰田擅长精益生产和即时生产。它的管理理念集中于四点：①注重长期规划；②解决问题的程序；③发掘人才价值；④不断地学习。这使公司获得很多质量优秀奖，从1965年关于全面质量管理的戴明奖，到如今的J.D.Power奖项。良好的质量信誉使丰田在全球市场中迅速成长。

大约十年前，丰田在美国市场进行巨额投资，特别是在全尺寸皮卡和体育运动用途的车辆上。在2008年和2009年经济下滑的情况下，丰田发现自己拥有剩余生产力。在短短几个月内，丰田关闭了两家工厂，并将一家工厂的产品由汉兰达转向了普锐斯。尽管在SUV和卡车生产上的投资并不理想，但基于当时的信息，这是最好的决策。

（摘自：查尔斯T. 亨格瑞等 . 管理会计教程，潘飞等译，机械工业出版社，2012年：342-343页。）

本章将阐述如何在已有信息基础上做出分析以实现最好的长期投资决策。

相对于经营决策而言，投资决策面对的是长期资产的取得问题，涉及的资金支出数额通常较大，并且一般还具有风险大、周期长、不可逆转等特征，因此可以说，长期投资决策的正确与否对企业的生死存亡具有决定性作用，因而长期投资决策分析也就势必成为管理会计的重要研究内容之一。

第一节　长期投资决策的基础

长期投资属于“资本支出”的范畴，它与生产成本、管理费用、销售费用等可以由当年收入进行补偿的“收益性支出”相比，具有明显不同的特点：

（1）投资金额大。企业为了未来的发展潜力，必须对长期投资目标科学规划，制订发展计划，并付诸实施。当实施长期投资方案时，需要投入大量的资金，通常远高于短期经营所需的资金数额，所以依靠企业的自有资金往往难以负担，一般通过外部筹资解决。

（2）影响时间长。一项大的长期投资往往需要几个年度才可完成。例如，新煤矿的开发、地铁项目的建设等都不是一年半载所能完成的，而长期投资数额的收回一般来说都应在一个年度以上，有时甚至需要持续数十年才能取得预期报酬。因此从投资的时间和收回的时间来看，都会在长时间内持续产生影响。

（3）风险大。由于投资时间长、金额大，长期投资需要承担较大的风险。长期投资大多属于固定资产投资，影响因素非常复杂，如产品市场需求情况、原材料供应状况、通货膨胀水平、未来行业竞争激烈程度、设备技术老化速度以及政府经济政策等，都会影响到投资的实际效果。同时，固定资产主要以厂房和机器设备等实物形态存在，这些资产不易改变用途，也难于出售，变现能力较差。所以，长期资产投资面临较高的风险。

可见，时间、风险、资金等是长期投资决策的重要参考，在决策过程中，需要结合不同的考察对象和影响因素，综合平衡，全面考虑，统筹运用，以保证决策方案的合理性。有些重要的影响决策的因素是被广泛接受和认可的，在介绍长期投资决策的评价标准和方法之前，我们首先需要了解一下。

一、货币时间价值

（一）货币时间价值的含义

货币时间价值是指货币随着时间的推移而形成的增值，也称为资金的时间价值。例如，今天的 100 元钱存入银行，一年期满后如可得 102 元，这 2 元的增值便是 100 元钱一年时间形成的时间价值。如时间越长，形成的时间价值也会越大。

货币的时间价值使等量的货币在不同的时间点上具有不同的经济价值，长期投资项目的投资金额往往很大，全过程的时间跨度往往很长，且投资支出和投资回收又不在同一个时间点上，所以在决策时不能简单地将现在的投资支出和投资后若干年的投资收入直接相比，要使长期投资项目的经济评价建立在客观而可比的基础上，就必须考虑客观存在的货币时间价值，将不同时点的现金流入量和现金流出量都折算到同一时点后加以比较。否则如不考虑客观存在的货币时间价值，就可能会导致重大决策失误，给企业带来不可挽回的损失。

（二）货币时间价值的表现形式

货币时间价值可以用绝对数的利息形式表示，也可以用相对数的利率形式来表示。在实际工作中对这两种表示方法并不做严格的区分，通常以利息率进行计量。但一般的利息率除了包含货币的时间价值因素以外，还包含了风险价值和通货膨胀因素等。因此，作为货币时间价值表现形式的利息率，应剔除风险和通货膨胀的影响，仅指由于时间的推移而形成的增值，应是在没有风险和没有通货膨胀条件下的社会平均资金利润率。

（三）货币时间价值的计算

利息的计算有两种方法：一种是单利制，另一种是复利制。单利计算，仅对最初的本金计息。复利计算，不仅要计算本金的利息，还要计算利息的利息。经济生活中，本金生成的利息确实可以再投资而生息，所以在进行长期投资决策时，一般均应采用复利计息。以下主要介绍相关的复利计算。

计算货币时间价值涉及终值和现值两个概念。终值是指一定量货币在若干期限以后的本利和。现值是指一定量货币的现在价值，即现时价值。

1．复利终值、现值的计算

设 P 表示现值，i 表示年利率，I 表示利息，n 表示年数，F 表示终值。

现在将本金 P 存入银行：

第 1 年末应得本利和　$F=P+P\times i=P(1+i)$

第 2 年末应得本利和　$F=P(1+i)\times(1+i)=P(1+i)^2$

第 3 年末应得本利和　$F=P(1+i)^2\times(1+i)=P(1+i)^3$

⋮

第 n 年末应得本利和　$F=P(1+i)^n$

所以复利终值的一般公式为

$$F=P(1+i)^n=P\times F/P(i,\ n) \tag{7-1}$$

式中，$(1+i)^n$ 被称为复利终值系数或 1 元的复利终值，用符号 $F/P(i,\ n)$ 表示。在实际计算时，其数值可查寻复利终值系数表或者运用财务专用计算器得到。

复利现值是复利终值的逆运算。它是指未来一定量的货币按一定的利率折现的现在价值。计算公式为

$$P=\frac{F}{(1+i)^n}=F(1+i)^{-n}=F\times P/F(i,\ n) \tag{7-2}$$

式中，$(1+i)^{-n}$ 被称为复利现值系数或 1 元的复利现值，用符号 $P/F(i,\ n)$ 表示。在实际计算时，其数值可查寻复利现值系数表或者运用财务专用计算器得到。

例 7-1　存入银行 1 000 元，年率 6%，4 年期满后应得本利和为

$$\begin{aligned}F&=1\,000\times F/P(6\%,\ 4)\\&=(1\,000\times 1.262\,5)\text{ 元}\\&=1\,262.5\text{ 元}\end{aligned}$$

如 4 年后欲得本利和 1 262.5 元，年率 6%，现在应存入本金

$$\begin{aligned}P&=1\,262.5\times P/F(6\%,\ 4)\\&=(1\,262.5\times 0.792\,1)\text{ 元}\\&=1\,000\text{ 元}\end{aligned}$$

2．年金终值、现值的计算

年金是指于相同的间隔期收到（或支付）的一系列等额的款项。对一个企业进行投资，如每年可获一笔固定的收入，称为年金收入。日常生活中人寿保险保费的支付、退休金的领取、零存整取储蓄的存款等，都是采取年金的形式。

年金的形式主要有普通年金、先付年金、递延年金和永续年金等。凡在每期期末收入或支出的年金称为普通年金或后付年金；凡在每期期初收入或支出的年金称为先付年金；当收（付）的年金在第一期期末以后的某一时间时称为递延年金；当年金的期限为无限期时称为永续年金。

设 A 表示普通年金，其他参数同前，普通年金的终值计算如图 7-1 所示。

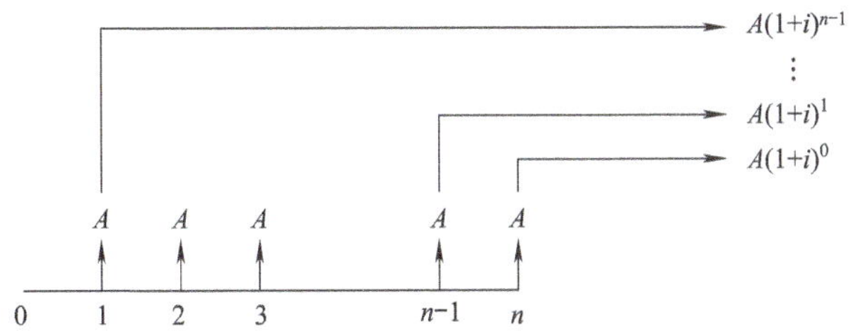

图 7-1　普通年金的终值计算示意图

利用等比数列求和公式，普通年金的终值计算公式为

$$\begin{aligned} F &= A + A(1+i) + A(1+i)^2 + \cdots A(1+i)^{n-1} \\ &= A \times \frac{(1+i)^n - 1}{i} \\ &= A \times F/A(i，n) \end{aligned} \tag{7-3}$$

式中，$\frac{(1+i)^n - 1}{i}$ 称为年金终值系数，用符号 $F/A(i，n)$ 表示。实际计算时，其数值可查寻年金终值系数表或者运用财务专用计算器得到。

普通年金现值计算同理。其计算公式为

$$\begin{aligned} P &= A \times \frac{1}{1+i} + A \times \frac{1}{(1+i)^2} + \cdots A \times \frac{1}{(1+i)^{n-1}} + A \times \frac{1}{(1+i)^n} \\ &= A \times \frac{1-(1+i)^{-n}}{i} \\ &= A \times P/A(i，n) \end{aligned} \tag{7-4}$$

式中，$\frac{1-(1+i)^{-n}}{i}$ 称为年金现值系数，用符号 $P/A(i，n)$ 表示。实际计算时，其数值可查寻年金现值系数表或者运用财务专用计算器得到。

其他年金计算原理相同，计算做相应调整即可。

例 7-2　某项工程需分三次付款，于每年末支付 1 000 万，年利率 8%，计算第 3 年末的终值和第 1 年初的现值。

解：

第 3 年末的终值 = 1 000 × F/A(8%，3) = (1 000 × 3.246 4) 万元 = 3 246.4 万元

第 1 年初的现值 = 1 000 × P/A(8%，3) = (1 000 × 2.577 1) 万元 = 2 577.1 万元

二、现金流量

现金流量是指投资项目从筹建、设计、施工、正式投产直到报废为止的整个期间内形成的现金流入量与现金流出量。二者之间的差额，称为净现金流量。注意这里的“现金”是广义的现金，它不仅包括各种货币资金，而且还包括项目需要投入的企业所拥有的非货币资源的变现价值。

具体估量各个投资方案形成的现金流入和流出的数量与时间、逐年的净现金流量，是正确评价其投资效益的一个必要条件。

（一）现金流量的内容

现金流量的内容主要包括初始投资、营业现金流量、终结回收三个组成部分。

1. 初始投资

初始投资是指投资项目在初始投资时发生的现金流出量，一般包括以下三项：

（1）在固定资产上的投资：指房屋、建筑物、生产设备的购入或建造成本、运输成本、安装成本等。

（2）在流动资产上的投资：指对原材料、在产品、产成品、存货和货币资金等流动资产的垫支。

（3）其他投资费用：指与长期投资项目有关的谈判费、注册费、职工培训费等筹建费用。

很明显，以上三项均属于现金流出量。但在特殊情况下初始投资也可能会出现现金流入量。例如，在旧设备是否需要更新的决策分析过程中，若决定“以旧换新”时，则旧设备可作价抵充一部分新设备的价款，这样，就出现了现金流入量。

2. 营业现金流量

营业现金流量是指投资项目在建成投产后的整个寿命周期内，由于开展正常生产经营活动而发生的现金流入与现金流出的数量。营业现金流量通常包括“现金流入量”（如销售收入或营业收入）和“现金流出量”（如使用固定资产发生的各项付现的营运成本和交纳的税金）两大部分。营业现金流量一般按年计算，营业现金流入量减现金流出量为各年“现金净流量”。

3. 终结回收

终结回收是指投资项目在寿命周期终了时发生的各项现金回收。例如，固定资产的残值或中途变价的收入，以及对原垫支的流动资产的回收。很明显，终结现金流量均属于现金流入量，其情况正好与初始投资相反。

（二）现金流量的计算

1. 计算现金流量的假设条件

为了便于理解并且简化现金流量的计算，在实际中，通常对投资项目各年净现金流量做如下假设：

（1）假设现金流量以年为时间单位发生，并且由第0年开始，至第n年结束。

（2）假设现金流量均发生于某时点，主要是各年年初或年末。

2. 现金流量的计算

现金流量中的初始投资额发生在投资初期，全部属于现金流出量（特殊情况除外）；终结回收发生在项目终了时，全部属于现金流入量，这两种现金流量的计算简单。而营业现金流量发生在项目建成投产后的整个寿命周期内，需要分别根据各年的预计收入和支出的有关资料进行计算。又因财务会计上计算的营业成本既包括付现成本，也包括非付现成本（如折旧等），因此计算营业净现金流量时，非付现的折旧费等不能算为现金流出量。

则每一年的营业净现金流量计算公式为

$$\begin{aligned}营业净现金流量 &= (营业收入-付现营业成本-非付现营业成本)\times(1-所得税率)+非付现营业成本 \\ &= (营业收入-付现营业成本-折旧)\times(1-所得税率)+折旧=税后利润+折旧 \quad (7\text{-}5)\\ 或 \quad &= (营业收入-付现营业成本)\times(1-所得税率)+折旧\times所得税率\end{aligned}$$

例 7-3　某固定资产项目需要一次性投入价款 55 万元，建设期为 1 年，使用寿命 5 年，按直线法折旧，期满净残值 5 万元，需垫支流动资金 20 万元。投入使用后，可使经营期第 1 ~ 2 年每年产品销售收入增加 80 万元，第 3 ~ 5 年每年产品销售收入增加 70 万元，同时使第 1 ~ 5 年每年的经营成本增加 40 万元。该企业的所得税税率为 30%。

试计算项目计算期的净现金流量。

解：项目计算期=建设期+经营期=1+5 年=6 年

（1）建设期投资的净现金流量

第 1 年年初　　$NCF_0=-55$ 万元

第 2 年年初　　$NCF_1=-20$ 万元

（2）经营期净现金流量=净利+折旧

$$净利润=(销售收入-经营成本)\times(1-所得税率)$$

$$经营期1\sim2年的年净利润=[(80-40)\times(1-30\%)]万元=28万元$$

$$经营期3\sim5年的年净利润=[(70-40)\times(1-30\%)]万元=21万元$$

$$折旧=\frac{资产原值-残值}{使用年限}=\frac{55-5}{5}万元=10万元$$

经营期净现金流量

$$NCF_{2\sim3}=(28+10)万元=38万元$$

$$NCF_{4\sim6}=(21+10)万元=31万元$$

（3）终结回收现金流量

$$NCF_6=(5+20)万元=25万元$$

项目的全部现金流量如表 7-1 所示。

表 7-1　投资项目的现金流量计算表　（单位：万元）

项目计算期（第t年）		建设期		经营期				
		0	1	2	3	4	5	6
原始投资	固定资产	−55						
	流动资产		−20					
营业现金流量				38	38	31	31	31
终结回收	固定资产残值							5
	流动资产回收							20
合计		−55	−20	38	38	31	31	56

3．计算现金流量应注意的问题

（1）考虑增量现金流量。在确定现金流量时需要注意的是，只有增量现金流量才是与项目有关的现金流量。增量现金流量是指实施或放弃某一投资方案后企业总现金流量因此而发生的变动。只有那些由于采纳某个项目引起的现金支出增加额，才是该项目的现金流出；只有那些由于采纳某个项目引起的现金收入增加额，才是该项目的现金流入。

（2）区别相关成本和非相关成本。相关成本是指与决策有关联的成本，这类成本发生与否直接取决于方案是否被采纳，如差别成本、机会成本、专属成本、可避免成本均属于相关成本。与此相反，与特定决策无关的、不会对决策构成影响的成本是非相关成本，决策时可以不予考虑，如沉没成本、历史成本、共同成本、不可避免成本均属于非相关成本。例如，某企业拟引进一项新产品生产线，为此聘请咨询公司进行项目可行性论证，并已支付该咨询公司10万元项目论证费。该项目论证费从表面上看与该投资项目有关，在项目决策时似乎应该予以考虑；但是无论该投资项目实施与否，这10万元论证费都已经支付，无法避免，因此属于沉没成本，不应予以考虑。

（3）不要忽视机会成本。投资决策的机会成本是指由于进行某项投资而失去其他收益机会所少收到的收益。例如，企业准备将一台闲置多年的废旧机器进行改造，用于生产一种新产品，那么该废旧机器的变价收入就是对其进行改造的机会成本。

（4）忽略利息支付和外部融资的现金流。目前我国计算项目净现金流量时通常不考虑融资情况，即无论负债融资与否，都视为全权益融资，负债的利息偿还不视为现金流出而作为投资的回收。

三、资金成本

（一）资金成本的含义

长期投资对企业来说属于资本支出的范畴，而资本是不能无偿使用的，取得和使用资本都必须付出代价。因此，资金成本就是筹集和使用资金所应负担的成本，通常以百分率表示。

资金成本在投资决策中非常重要。因为它是一个投资方案的“最低可接受的报酬率”，故也称“极限利率”。也就是说，任何投资项目如果预期获利水平不能达到这个报酬率都将舍弃；相反，如能超过这个报酬率，那么该方案就是可采纳的。因此，在西方国家，资金成本又称为投资项目的“取舍率”。资金成本是评价各种投资项目是否可行的一个重要尺度。

（二）资金成本的计算

企业进行长期投资的资金筹资方式有多种，负债筹资方式如长期借款、长期债券等，主权筹资方式如优先股、普通股及使用留存收益等。不同的筹资方式其资金成本的计算方法也有所不同。

1．个别资金成本的计算

（1）长期借款的资金成本。长期借款的资金成本一般由借款利息和借款手续费组成，

借款利息税前支付具有抵税作用，因此，长期借款的资金成本计算公式为

$$\text{长期借款资金成本}K_L=\frac{\text{长期借款总额}\times\text{年利率}(1-\text{所得税率})}{\text{长期借款总额}\times(1-\text{筹资费率})}\times100\%=\frac{\text{年利率}(1-\text{所得税率})}{1-\text{筹资费率}}\times100\% \quad (7\text{-}6)$$

（2）长期债券的资金成本。长期债券的利息也是税前支付，有抵税作用。但债券有平价发行和溢折价发行，计算相对复杂一些。

$$\text{长期债券的资金成本}K_b=\frac{\text{面值总额}\times\text{票面利率}}{\text{筹资总额}\times(1-\text{筹资费率})}\times(1-\text{所得税率})\times100\% \quad (7\text{-}7)$$

（3）优先股的资金成本。企业发行优先股需支付筹资费用，并定期支付固定的股利，这与债券相似；所不同的是发放股利由税后利润支付，股息不具有抵税作用。因此优先股的资金成本公式为

$$\text{优先股资金成本}K_p=\frac{\text{优先股年股息}}{\text{优先股筹资总额}\times(1-\text{筹资费率})}\times100\%=\frac{\text{优先股股息率}}{1-\text{筹资费率}}\times100\% \quad (7\text{-}8)$$

（4）普通股的资金成本。普通股股东每年获得的报酬取决于企业的经营状况和股利政策，有较大的不确定性。从理论上分析，认为普通股的资金成本是普通股股东在一定的风险条件下所要求的投资报酬率，在正常情况下，这种投资报酬率应该表现为逐年增长。因此，基于以上基本假设及对股利的逐年增长率加以合理估计。普通股的资金成本计算公式为

$$\text{普通股资金成本}K_S=\frac{\text{第一年股利}}{\text{普通股市价}(1-\text{筹资费率})}+\text{股利增长率} \quad (7\text{-}9)$$

（5）留存收益的资金成本。留存收益是企业税后净利在扣除派发股利后形成的。它包括提取的盈余公积金和未分配利润，留存收益的所有权属于普通股所有。普通股股东对留存收益的回报要求不会低于对普通股的要求，一般而言，人们将留存收益视同普通股股东对企业的再投资。因此留存收益的资金成本类似普通股的资金成本，不同之处在于使用留存收益无须筹资费用。

$$\text{留存收益资金成本}K_r=\frac{\text{第一年股利总额}}{\text{留存收益总额}}+\text{股利增长率} \quad (7\text{-}10)$$

2. 综合资金成本的计算

在实际工作中，企业长期投资所需资金的筹资方式是既有主权筹资又有负债筹资的。因此，要以项目资金来源的总体资金成本对项目进行评价，这就需要综合资金成本的计算。

$$\text{综合资金成本}K_W=\sum\frac{\text{各个别资金占}}{\text{总资金的比重}}\times\frac{\text{各个别资金}}{\text{资金成本率}}=\sum_{i=1}^{n}W_iK_i \quad (7\text{-}11)$$

例 7-4　某投资项目初始投资 100 万元，各筹资方式及相关资料如下：

长期借款	20 万元	年利率 8%
长期债券	30 万元	年利率 10%
优先股	10 万元	年股息率 11.2%
普通股	40 万元	

该公司股票每股市价 25 元，预计本年度普通股将发放股息 2.5 元，估计未来时期该公司股息增长率为 5%，长期借款筹资费忽略不计，长期债券筹资费率为 1%，优先股和普通股的筹资费率为 2%。该公司的所得税税率为 40%。

试计算项目资金的个别资金成本及综合资金成本。

解：

$$K_L = 8\% \times (1-40\%) = 4.8\% \qquad W_1 = 0.2$$

$$K_b = \frac{10\% \times (1-40\%)}{1-1\%} \times 100\% = 6.06\% \qquad W_2 = 0.3$$

$$K_P = \frac{11.2\%}{1-2\%} \times 100\% = 11.43\% \qquad W_3 = 0.1$$

$$K_S = \frac{2.5}{25 \times (1-2\%)} + 5\% = 15.2\% \qquad W_4 = 0.4$$

$$K_W = 4.8\% \times 0.2 + 6.06\% \times 0.3 + 11.43\% \times 0.1 + 15.2\% \times 0.4 = 10\%$$

如果投资项目预期获利水平大于综合资金成本 10%，该方案可以采纳；如达不到 10%，该投资方案应被舍弃。

第二节　长期投资决策分析评价的数量方法

在长期投资决策中，分析和评价备选方案优劣的方法有很多。按照其是否考虑货币时间价值，可分为静态评价方法与动态评价方法两大类。

一、静态评价方法

静态评价方法也称非折现的现金流量法，这类方法的基本点是不考虑货币的时间价值，把不同时点的现金流量看作是等效的，包括静态投资回收期法和平均投资收益率法。

（一）静态投资回收期法

投资回收期（Payback Period，PP），又称为偿还期，是指收回方案的初始投资额所需的时间长度。静态的投资回收期越短，则该项投资在未来时期的风险越小。

如果项目投产后每年营业现金净流量相等，则投资回收期公式为

$$投资回收期=\frac{初始投资额}{年营业净现金流量} \tag{7-12}$$

如果项目投产后每年营业现金净流量不等，则可通过编制累计净现金流量表计算投资回收期。其公式如下为

$$投资回收期=\begin{matrix}累计净现金流量\\出现正值年份数\end{matrix}-1+\frac{|上年累计净现金流量|}{该年份净现金流量} \tag{7-13}$$

静态投资回收期的决策规则：在方案的采纳与否决策中，当计算的静态投资回收期小于或等于该项目规定的基准投资回收期年限时，说明项目的总投资能在规定的时间内全部收回，该方案是可行的；反之则不可行。在多方案的比较选择中，应选择静态投资回收期较小的可行方案。

例 7-5　某企业准备扩充生产能力。现有 A、B 两个方案可供选择，初始投资额均为 200 万元，方案预计的现金流量如表 7-2 所示，所用折现率为项目资金的综合资金成本为 10%。

表 7-2　方案预计现金流量　　（单位：万元）

年份	A方案净现金流量	B方案净现金流量	现值系数（10%）
0	−200	−200	1.000 0
1	50	30	0.909 1
2	50	50	0.826 4
3	50	80	0.751 3
4	50	90	0.683 0
5	50	50	0.620 9

试计算 A、B 方案的静态投资回收期。

解：A 方案投资回收期=(200/50) 年=4 年

B 方案投资回收期的累计营业现金流量计算表如表 7-3 所示。

表 7-3　B 方案累计净现金流量计算表　　（单位：万元）

年份	方案NCF	累计净现金流量
0	−200	−200
1	30	−170
2	50	−120
3	80	−40
4	90	50
5	50	100

$$投资回收期=\left(4-1+\frac{|-40|}{90}\right)年=3.44年$$

按投资回收期指标评价，B 方案优于 A 方案。

静态投资回收期法优点在于简便易行，易于理解和掌握，可促使决策者及早收回投资；缺点是没有考虑资金的时间价值，而且基准投资回收期的确定主观性较强。此外，静态投资回收期法忽略了回收期以后的净现金流量，当未来年份的净现金流量为负数时，静态投资回收期指标可能变得无效。

（二）平均投资收益率法

平均投资收益率（Average Rate of Return on Investment，ARR）是指一项投资方案的年平均净利与初始投资额之比。在计算时可根据报表上的相关数据进行，故也称会计收益率（ Accounting Rate of Return，ARR）。其计算公式为

$$投资报酬率=\frac{年平均利润}{投资总额} \tag{7-14}$$

平均投资收益率的决策规则：在方案的采纳与否决策中，当计算的平均投资收益率达到或超过该项目预期要求的平均收益率时，表明该项目的投资收益能力达到要求的水平，该方案是可行的；否则不可行。在多方案的比较选择中，应选择平均投资收益率较高的可行方案。

例 7-6　仍用例 7-5 资料，计算 A、B 方案的会计收益率。

解：$A方案会计收益率=\frac{(50\times 5-200)\div 5}{200}=5\%$

$$B方案会计收益率=\frac{(30+50+80+90+50-200)\div 5}{200}=10\%$$

按会计收益率指标评价，B 方案优于 A 方案。

平均投资收益率法的优点也是计算简单，易于理解和掌握。但这种方法没有考虑到货币的时间价值，所以难以正确、全面地反映投资收益。

二、动态评价方法

动态评价方法又称折现的现金流量法，这类方法的基本点是考虑项目现金流量的货币时间价值。包括动态的投资回收期法、净现值法、现值指数法、内部收益率法和外部收益率法等。

（一）动态投资回收期法

动态投资回收期（Discounted Payback Period，DPP）是指从贴现的现金净流量中收回项目初始投资所需要的年限。无论各年营业现金净流量相等与否，都应通过编制累计的折现净现金流量表计算投资回收期。

动态投资回收期法的计算公式和决策准则同静态投资回收期法基本相同。

例 7-7　仍用例 7-5 资料，计算 A、B 方案的动态投资回收期。

解：编制累计的折现净现金流量计算表，如表 7-4 所示。

表 7-4 累计的折现净现金流量计算表 （单位：万元）

年份	A方案			B方案			现值系数（10%）
	NCF	折现NCF	累计折现NCF	NCF	折现NCF	累计折现NCF	
0	−200	−200.00	−200.00	−200	−200.00	−200.00	1
1	50	45.46	−154.55	30	27.27	−172.73	0.909 1
2	50	41.32	−113.23	50	41.32	−131.41	0.826 4
3	50	37.57	−75.66	80	60.10	−71.30	0.751 3
4	50	34.15	−41.51	90	61.47	−9.83	0.683 0
5	50	31.05	−10.47	50	31.05	21.21	0.620 9

$$\text{A 方案投资回收期} = \infty \text{ 年}$$

$$\text{B 方案投资回收期} = \left(5 - 1 + \frac{|-9.83|}{31.05}\right)\text{年} = 4.32 \text{ 年}$$

按投资回收期指标评价，B 方案优于 A 方案。

动态投资回收期法的优点是考虑了货币的时间价值，一定程度上克服了静态投资回收期法的缺陷，因而优于静态投资回收期法。但它的决策准则中对于企业能够接受的动态投资回收期选择上仍然具有主观性，同时它同样忽略了回收期以后的净现金流量。当未来年份的净现金流量为负数时，动态投资回收期可能变得无效。

（二）净现值法

净现值（Net Present Value，NPV）是指在整个项目周期内各年净现金流量按一定的折现率计算的现值之和。它反映投资项目的收益能力。其计算公式为

$$NPV = \sum_{t=0}^{n} \frac{NCF_t}{(1+k)^t} - \sum_{t=0}^{n} \frac{I_t}{(1+k)^t} \tag{7-15}$$

式中，NCF_t 为第 t 期净现金流量（投资额除外）；I_t 为第 t 期投资额；k 为贴现率，项目的资金成本率或必要投资报酬率；n 为项目计算期（项目建设期和经营期之和）。

净现值法的决策规则：在方案的采纳与否决策时，当 NPV > 0 时，说明该项目的投资收益率不仅达到了所要求的投资报酬率或资金成本水平，而且还有超额收益现值，方案可行；当 NPV=0 时，说明该项目的投资收益率恰好达到所要求的投资报酬率或资金成本水平，方案可行；当 NPV < 0 时，说明该项目投资收益率没有达到所要求的投资报酬率或资金成本水平，应该拒绝。在多方案比较选择时，应选择 NPV 大的可行方案。

例 7-8 运用前例的计算结果，方案的净现值为：

A 方案的净现值 NPV=50 × P/A(10%，5)−200=(50 × 3.790 8−200) 万元=−10.46 万元

B 方案的净现值 NPV=21.21 万元

按净现值指标评价，A 方案不可行，B 方案可行。

净现值法的优点是考虑了货币时间价值，能明确反映出一项投资方案给企业带来增值或减值的数额大小。但 NPV 指标是绝对额指标，对不同投资规模的效益比较模糊。而且

也没法揭示投资方案可能达到的实际投资收益率。

（三）现值指数法

现值指数（Present Value of Index，PVI）也称获利指数（Profitability Index，PI），是指投资方案未来的现金净流入量的现值同初始投资额的现值之比，它反映每1元投资可以获得的现金流入量的现值。这种方法克服了净现值法不易比较规模差异的缺陷。其计算公式为

$$PI=\sum_{t=0}^{n}\frac{NCF_t}{(1+k)^t}\bigg/\sum_{t=0}^{n}\frac{I_t}{(1+k)^t} \tag{7-16}$$

现值指数法的决策规则：在方案的采纳与否决策时，当 $PI \geqslant 1$ 时，说明该项目的投资收益率达到或超过所要求的投资报酬率或资金成本水平，方案可行；否则不可行。在多方案比较选择时，应选择PI大的可行方案。

（四）内部收益率法

内部收益率（Internal Rate of Return，IRR）又称内含报酬率，是指能够使方案未来净现值为零的贴现率或现金流入量现值与现金流出量现值相等时的折现率。它反映了投资项目自身所能达到的真实收益率。净现值法和现值指数法只能考查项目的投资收益率是否达到所要求的必要报酬率，但不能揭示项目自身所能达到的具体收益率是多少，内部收益率法弥补了这一缺点。其计算公式为

$$NPV=\sum_{t=0}^{n}\frac{NCF_t}{(1+IRR)^t}-\sum_{t=0}^{n}\frac{I_t}{(1+IRR)^t}=0 \tag{7-17}$$

1．求解内部收益率

（1）每期现金净流入量不相等时采用逐次测试法确定IRR：

1）估计一个贴现率，并按此贴现率计算NPV，如 $NPV>0$，说明预估的贴现率偏低，应提高贴现率测试；如 $NPV<0$，说明所估贴现率偏高，应降低贴现率测试。经过逐步测算，找到NPV由正到负且最接近零的两个贴现率。

2）用插值法计算出使NPV=0时的贴现率，即为该方案的内部收益率。

$$\left(\begin{array}{ll}\left(\begin{array}{ll} i_1 & NPV_1>0 \\ IRR & NPV=0\end{array}\right) & \\ i_2 & NPV_2<0\end{array}\right) \qquad \frac{i_1-IRR}{i_1-i_2}=\frac{NPV_1-0}{NPV_1-NPV_2}$$

（2）每期现金流入量相等时，实为年金形式下的IRR的确定：

初始投资额=每年相等的净现金流入量 × 年金复利现值系数

则

年金复利现值系数=初始投资额/每年相等的净现金流入量

利用插值法求出IRR。

这两种情况也可运用EXCEL的相关函数求解。

例7-9 仍用例7-5资料，计算A、B方案的内部收益率。

解：

A 方案的内部收益率估计：

NPV(10%)＝50×P/A(10%，5)－200＝(50×3.790 8－200) 万元＝－10.46 万元

NPV(9%)＝50×P/A(9%，5)－200＝(50×3.889 7－200) 万元＝－5.52 万元

NPV(8%)＝50×P/A(8%，5)－200＝(50×3.992 7－200) 万元＝－0.365 万元

NPV(7%)＝50×P/A(7%，5)－200＝(50×4.100 2－200) 万元＝5.01 万元

运用插值法求 IRR，有

$$\frac{8\%-\text{IRR}}{8\%-7\%}=\frac{-0.365-0}{-0.365-5.01}$$

则

$$\text{IRR}=7.93\% < 10\%$$

B 方案的内部收益率估计：

NPV(12%)=21.21 万元

NPV(12%)＝9.12 万元

NPV(14%)＝－1.95 万元

运用插值法求 IRR，有

$$\frac{12\%-\text{IRR}}{12\%-14\%}=\frac{9.12-0}{9.12+1.95}$$

则

$$\text{IRR}=13.65\% > 10\%$$

2．内部收益率的决策规则

在方案的采纳与否决策中，当计算出的内部收益率大于或等于该项目所要求的必要报酬率或资金成本时，说明该项目的投资收益能力达到了要求的水平，项目可行，反之则不可行。在多方案选择中，应选内部报酬率大的可行方案。可见，例 7-9 中 A 方案不可行，B 方案可行。

3．内部收益率指标的缺陷

在内部收益率的计算过程中，假定各年流入的净现金流是按项目的内部收益率，而不是投资方的基准折现率或最低投资报酬率进行再投资而形成增值。这种假定具有较大的主观性，缺乏客观的经济依据。基于上述再投资假设，当项目方案的现金流量的正负符号出现多次改变时，内部收益率可能出现多重解，使人无法据以判别其真实的内部收益率究竟是多少，为这一指标的实际应用带来困难。因此，在互斥项目的选择中，如果内部收益率法得出与净现值法不同的结论时，应该选择净现值较高的方案。

（五）外部收益率法

外部收益率（External Rate of Return，ERR）是使一个投资方案初始投资额的终值与各年的净现金流量按资金成本率或设定的折现率计算的终值之和相等时的收益率。其计算公式为

$$\sum_{t=0}^{n}\text{NCF}_t\times(1+K)^{n-t}=\sum_{t=0}^{n}I_t\times(1+\text{ERR})^{n-t} \tag{7-18}$$

外部收益率法的决策规则同内部收益率法。它是按统一的贴现率计算各年的净现金流量形成的增值，既可避免非常规方案的多个内部收益率问题，又可弥补上述内部收益率指标的不足。

例 7-10　仍用例 7-5 资料，计算 A、B 方案的外部收益率。

解：

A 方案的外部收益率计算：

$$50 \times F/A(10\%,\ 5) = 200 \times (1+\mathrm{ERR})^5$$

$$50 \times 6.105\ 1 = 200 \times (1+\mathrm{ERR})^5$$

$$\mathrm{ERR} = 8.82\%$$

B 方案的外部收益率计算同理：

$$\begin{aligned} 30 \times (1+10\%)^4 + 50 \times (1+10\%)^3 + 80 \times (1+10\%)^2 + 90 \times (1+10\%)^1 \\ + 50 \times (1+10\%)^0 = 200 \times F/P(\mathrm{ERR},\ 5) \\ = 200 \times (1+\mathrm{ERR})^5 \end{aligned}$$

$$\mathrm{ERR} = 12.24\%$$

也可用插值法求出 ERR。

按外部收益率评价，A 方案 $< 10\%$，不可行，而 B 方案 $> 10\%$，可行。

外部收益率法的不足在于，该指标的计算依赖于事先确定的折现率，因此外部收益率丧失了内部收益率无须事先确定折现率的优越性。同时，进行互斥方案选优决策时，与净现值法相比，外部收益率的结论不够直观，不便于进行互斥决策。

第三节　长期投资决策方案的对比与选优

进行投资方案的对比与选优，是其经济评价的关键性一步。主要经济评价指标的计算，归根结底，是为方案的对比与选优服务的。正确地选择长期投资决策分析评价方法，其目的就是要使它们在方案的对比与选优中正确地发挥作用。为正确地进行方案的对比与选优，要从不同投资方案之间的关系着眼，将投资方案区分为独立方案和互斥方案两类。独立方案是指之间存在着相互依赖关系，不能相互取代的方案，如企业生产既需要机器设备，同时也需要厂房，两者之间相互依赖，但又不能相互取代。互斥方案是指有取必有舍，不能同时并存的方案，如 A 设备与 B 设备的使用价值相同，则选择了 A 设备就不能选择 B 设备。

对不同关系的投资方案进行对比与选优，分别有其相适用的评价方法。

一、独立常规方案的对比与选优

常规方案是指在建设和生产经营年限内各年的净现金流量在开始年份出现负值，以后各年均为正值的投资方案。

在资金总量没有限制的条件下，对于独立方案来说，是通过经济评价指标的计算以权衡其经济上是否可行，并以此作为决定方案取舍的重要因素，不存在方案之间的对比、选优问题。

在资金总量不足的情况下，对于已选定的、经济上可行的独立方案不可能全部立即上马，这就要进行相互对比和筛选，以决定方案安排的先后顺序。

对独立的常规方案，评价其经济上是否可行，是决定方案取舍的重要因素，常用的评价方法有净现值法和内部收益率法。

1．净现值法

（1）净现值≥0，说明该方案可实现的投资收益率大于或等于所用的折现率（要求达到的最低收益率或资金成本），经济上可行；反之亦然。

（2）原投资额相同，净现值越大的说明可实现的投资收益率越高。

2．内部收益率法

（1）方案的内部收益率≥要求达到的最低收益率，经济上可行；反之亦然。

（2）内部收益率越大，说明可实现的投资收益率越高。

对于常规方案，内部收益率法不会出现多个内部收益率，因此净现值法和内部收益率法的决策不会发生矛盾，对比与选优的结论一致。

二、独立非常规方案的对比与选优

非常规方案是指在建设和生产经营年限内各年的净现金流量在开始年份出现负值，以后各年有时为正值、有时又为负值，正、负符号的改变超过一次以上的投资方案。

非常规方案可能得出多个内部收益率，为判别其经济上是否可行带来困难。一般用净现值法和外部收益率法来决定方案的取舍。

例 7-11　某个投资方案的净现金流量如表 7-5 所示，要求达到的最低收益率为 20%。

表 7-5　投资方案的净现金流量　（单位：元）

年份	净现金流量
0	−6 400
1	40 000
2	−40 000

这是一个非常规方案，可据以得出两个内部收益率 25% 和 400%，均大于 20%，方案可行。计算 NPV=(40 000×0.833 3−40 000×0.694 4−6 400) 元=−844 元＜0，方案不可行。两种方法评价结论相互矛盾。

为消除这一缺陷，可用外部收益率法来取代内部收益率法。按要求达到的最低收益率 20%，分别确定其净现值和外部收益率如下：

$$NPV=(40\,000\times0.833\,3-40\,000\times0.694\,4-6\,400)\text{元}=-844\text{元}<0$$

$$ERR=11.80\%<20\%$$

由于净现值出现负值，外部收益率小于要求达到的最低收益率，该方案经济上不可行，二者的结论是一致的。使用净现值法和外部收益率法来决定方案的取舍，结论一致，可避免净现值法和内部收益率法评价独立非常规方案的矛盾。

三、相互排斥的常规方案的对比与选优

（一）差量分析法的应用

对相互排斥的常规方案的对比与选优，如用常规的净现值法和内部收益率法可能得出相互矛盾的结论。

例 7-12　设方案Ⅰ、Ⅱ是两个互斥方案，预计的现金流量情况如表 7-6 所示。

表 7-6　预计现金流量　（单位：元）

年份	方案Ⅰ	方案Ⅱ	差量（Ⅱ－Ⅰ）
0	−20 000	−30 000	−10 000
1	+24 000	+35 400	+11 400

方案要求达到的最低收益率为 10%，确定方案Ⅰ、Ⅱ的净现值和内部收益率如下：NPV（Ⅰ）=1 818 元；NPV（Ⅱ）=2 182 元；IRR（Ⅰ）=20%；IRR（Ⅱ）=18%。

上述方案两个方案均可行，从净现值看，是方案Ⅱ优于方案Ⅰ；而从内部收益率看，是方案Ⅰ优于方案Ⅱ，得出了相互矛盾的结论。对这种互斥常规方案的择优，可补充运用差量分析原理，解决上述矛盾，如增量投资的收益率达到最低收益率的要求，则增量投资可行。

差量分析可运用于净现值和投资内部收益率两个指标。

设现金流量相减顺序为方案Ⅱ－方案Ⅰ：

（1）差额投资净现值法是计算两个方案净现金流量差额的现值之和。如差额投资净现值大于零，方案Ⅱ较优；反之，方案Ⅰ较优。

（2）差额投资内部收益率法是计算两个方案净现金流量差额的现值之和等于零时的折现率。如差额投资内部收益率大于要求达到的最低收益率，方案Ⅱ较优；反之，方案Ⅰ较优。

对本例进行差量分析，可得到差额投资净现值为+363.64 元 > 0，差额投资内部收益率为 14% > 10%，说明对方案Ⅱ的增量投资经济上可取，方案Ⅱ优于方案Ⅰ，同用净现值法对这两个方案进行对比的原始结论相一致。

（二）对互斥方案进行差量分析可能出现的特殊问题

例 7-13　设 A、B 是两个相互排斥的方案，它们的现金流量情况如表 7-7 所示。

表 7-7　方案现金流量　（单位：元）

年份	方案A	方案B	差量	
			B−A	A−B
0	−10 000	−10 000	0	0
1	0	5 845	5 845	−5 845
2	12 100	5 845	−6 255	6 255

设要求达到的最低收益率为 7%，分别确定方案 A、B 的净现值和内部收益率如下：

$$NPV(A)=568 元$$
$$NPV(B)=568 元$$
$$IRR(A)=10\%$$
$$IRR(B)=11\%$$

上述计算表明：从净现值看，两个方案等值，无法据以判别优劣；从内部收益率看，方案 B 优于方案 A。如前所述，互斥方案的选优，可借助于差量分析。而对方案 A、B 进行差量分析，由于两个方案的初始投资额相同，得到的结果仍具不确定性，具体表现在：对方案 A、B 按两种顺序相减得到的差量进行分析，净现值和差额投资内部收益率完全相同，且差额投资内部收益率恰好与要求达到的最低收益率相等：

$$NPV(A-B)=0$$
$$NPV(B-A)=0$$
$$IRR(A-B)=7\%$$
$$IRR(B-A)=7\%$$

仍无法据以判别二者优劣。对这种特殊情况，我们通过计算不同贴现率下两个方案的净现值，如表 7-8 所示，进一步分析可发现它的实质原因。

表 7-8 不同贴现率下两个方案的净现值情况 （单位：元）

折现率（%）	方案A	方案B
0	2 100	1 690
7	568	568
8	373	423
9	185	282
10	0	144
11	−179	0
12	−354	−121

将以上数据，在坐标系中作图，如图 7-2 所示。

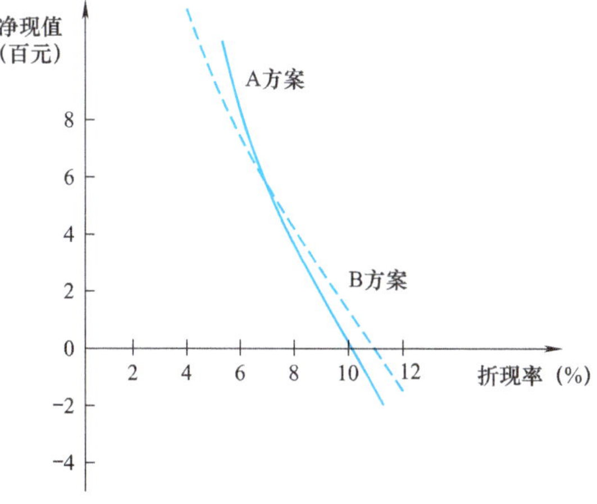

图 7-2 折现率与净现值之间的关系

从图 7-2 中可以看出，方案 A、B 的优劣，应视贴现率的取值范围而定，以 7% 为转折点：

在可行方案范围内，贴现率在 0 ~ 7% 时，A 方案优于 B 方案；贴现率 > 7% 时，B 方案优于 A 方案。在贴现率 7% 这一点，二者的净现值相同，两个方案无差异，因此这点也称为净现值无差异点。本例运用差量分析法无法择优，之所以特殊是因为所用贴现率刚好在 7% 的净现值无差异点上，即 A、B 两方案净现值相等，效益相同，因此实质是差量分析的结果是方案无差异，这是正确的结论。

从图 7-2 中的关系我们还可以看出，当所用贴现率 > 7% 时，NPV(B) > NPV(A)，同时 IRR(B) > IRR(A)，两种评价方法结论一致，B 方案较优。当所用贴现率 < 7% 时，NPV(A) > NPV（B），而 IRR(A) < IRR(B)，两种评价方法结论出现了矛盾。由于内部收益率法假定各个项目在其全过程内是按各自的内部收益率进行再投资而形成增值，而不是按在统一的资金市场上可能达到的同一收益率进行再投资而形成增值，这一缺乏客观经济根据的假定决定了内部收益率法的缺陷。因此，当决策结论有冲突时，应以净现值法为主要依据。

我们还可得出进一步的结论：对相互排斥的常规方案的对比与选优采用差额投资净现值法更为方便和准确。假定现金流量相减顺序为方案 A– 方案 B，其决策准则为：如差额投资净现值 > 0，方案 A 优于方案 B；如差额投资净现值 < 0，方案 B 优于方案 A；如差额投资净现值=0，方案 A、B 无差异。

四、相互排斥的非常规方案的对比与选优

相互排斥的非常规方案的对比与选优，同样要进行差量分析。但由于非常规方案可能出现多个内部收益率，因而对它们进行差量分析，不宜采用差额投资内部收益率法，而要代之以差额投资外部收益率法。也可使用差额投资净现值法择优。

例 7-14 设机床 A 的寿命期为 5 年，机床 B 的寿命期为 10 年；要求达到的最低收益率为 10%，寿命期内的现金流量情况如表 7-9 所示。

表 7-9 方案净现金流量情况 （单位：元）

年份	净现金流量	
	机床A	机床B
0	−20 000	−30 000
1~5	6 000	
1~10		5 000

由于机床 A、B 具有不同的寿命期，用不同期限创造的效益进行比较择优显然有失公平，因此要以不同寿命期的最小公倍数作为共同的比较基础。本例机床 A、B 寿命期的最小公倍数为 10 年，相当于把机床 A 重复投资 2 次折算成与机床 B 相同的寿命期再进行比较择优。折成相同寿命期的方案净现金流量情况如表 7-10 所示。

表 7-10 折成相同寿命期的方案净现金流量 （单位：元）

年份	净现金流量		差额（B－A）
	机床A	机床B	
0	−20 000	−30 000	−10 000
1	6 000	5 000	−1 000
2	6 000	5 000	−1 000
3	6 000	5 000	−1 000
4	6 000	5 000	−1 000
5	−14 000（−20 000+6 000）	5 000	+19 000（−1 000+20 000）
6	6 000	5 000	−1 000
7	6 000	5 000	−1 000
8～10	6 000	5 000	−1 000

表 7-10 中，机床 A 的现金流量和差量的现金流量都包含了一次以上的改号，要按非常规方案进行对比、选优。

（1）计算机床 A、机床 B 的净现值：

$$\begin{aligned}NPV(A)&=6\,000\times P/A(10\%，10)-20\,000\times P/F(10\%，5)-20\,000\\&=(6\,000\times 6.144\,6-20\,000\times 0.620\,9-20\,000)\text{ 元}\\&=4\,450\text{ 元}>0\end{aligned}$$

$$\begin{aligned}NPV(B)&=5\,000\times P/A(10\%，10)-30\,000\\&=(5\,000\times 6.144\,6-30\,000)\text{ 元}\\&=723\text{ 元}>0\end{aligned}$$

两种方案的净现值均大于零，两种方案均可行。

（2）计算差额投资净现值：

$$\begin{aligned}NPV(B-A)&=-1\,000\times P/A(10\%，10)+20\,000\times P/F(10\%，5)-10\,000\\&=(-1\,000\times 6.144\,6+20\,000\times 0.620\,9-10\,000)\text{ 元}\\&=-3\,727\text{ 元}<0\end{aligned}$$

（3）计算差额投资外部收益率：

$$-1\,000\times F/A(10\%，10)+20\,000\times F/P(10\%，5)=10\,000\times(1+ERR)^{10}$$

$$ERR(B-A)=5\%\ <\ 10\%$$

上述分析表明，差量投资的净现值出现负数、差额投资外部收益率小于要求达到的最低收益率 10%，对机床 B 的增量投资经济上不可取，又因为两方案均可行，应采取购置机床 A 的方案。

本例中这种处理方法把当前决策适用的条件推广到了未来，在长期看来，五年之后重新购置机床 A 未必符合现实，因此实际上对于计算期不同的互斥方案，也可采用均衡的年使用成本法计算（详见第五节例 7-18）。

第四节 长期投资决策的敏感性分析

一、敏感性分析的概念和方法

在长期投资决策中，未来的不确定性因素很多，当预测的有关投资要素如初始投资额、现金流量、资金成本、寿命周期等在项目实施过程中发生不利变化时，可能会导致按原预测数进行判断的可行项目变得不可行。所以为了提高决策的正确性和可靠性，在上述可行与否决策分析的基础上，还要对其进行敏感性分析，并在项目实施过程中严加控制敏感因素，确保项目收益。

敏感分析的方法可分为单因素敏感性分析和多因素敏感性分析两种。单因素敏感性分析是假定某因素发生不利变动时其他因素保持不变，以此来分析引起投资决策指标发生变化的程度，从而找出敏感因素和非敏感因素的一种方法。多因素敏感性分析是指相关因素同时发生变动引起投资决策指标发生变化的程度，考查相关因素对投资决策的综合影响。本节只从单因素角度进行敏感性分析，多因素敏感性分析原理相同。

二、相关因素变动对投资决策指标的敏感性分析

例 7-15 有一投资方案，期初固定资产投资 400 万元，当年建成投产，预计固定资产寿命为 10 年，期末无残值，按直线法计提折旧，每年可产销某种产品 50 万件，售价为 6 元 / 件，单位变动成本 3 元 / 件。所得税税率为 40%。项目的资金成本为 10%。试进行单因素变动的敏感性分析。

解：

（1）计算方案的净现值指标：

$$\text{NCF}=\{[(6-3)\times 50-400/10](1-40\%)+400/10\}\text{ 万元}=106\text{ 万元}$$

$$\text{NPV}=106\times P/A(10\%，10)-400=(106\times 6.144\,6-400)\text{ 万元}=251\text{ 万元}$$

（2）售价变动对净现值的影响：

假定售价下降 10%，其他因素不变。则

$$\text{NCF}=\{[(6\times 90\%-3)\times 50-400/10](1-40\%)+400/10\}\text{ 万元}=88\text{ 万元}$$

$$\text{NPV}=88\times P/A(10\%，10)-400=(88\times 6.144\,6-400)\text{ 万元}=141\text{ 万元}>0$$

净现值变化幅度为 (141−251)/251=−44%，不过此时该方案仍可行。

计算敏感系数：

$$\text{敏感系数}=\text{目标值变动百分比}/\text{相关因素变动百分比}=-44\%/-10\%=4.4$$

敏感系数表明了相关因素以每 1% 的幅度变动时，所带来的投资决策指标变动幅度的大小。敏感系数越大，说明该因素变动引起投资决策指标发生变动的幅度越大，是敏感因素，反之，则为非敏感因素。敏感系数为正数，说明该因素与投资决策指标变动方向一致；敏感系数为负数，说明该因素与投资决策指标变动方向相反。如上述敏感系数为 4.4，说明价格因素以每 1% 的幅度变动时，净现值同向变动 4.4%。

（3）单位变动成本变动对净现值的影响：

假定单位变动成本上升 10%，其他因素不变，则

$$NCF=\{[(6-3\times110\%)\times50-40](1-40\%)+40\}\text{ 万元}=97\text{ 万元}$$

$$NPV=97\times P/A(10\%，10)-400=(97\times6.1446-400)\text{ 万元}=196\text{ 万元}>0$$

净现值变化幅度为 (196−251)/251=−22%，不过此时该方案仍可行。敏感系数=−22%/10%=−2.2，表明变动因素与目标值的变动呈负相关。

（4）项目寿命变动对净现值的影响：

假定寿命期下降 20%，即从 10 年下降到 8 年，其他因素不变。则

$$NCF=\{[(6-3)\times50-400/8](1-40\%)+400/8\}\text{ 万元}=110\text{ 万元}$$

$$NPV=110\times P/A(10\%，8)-400=(110\times5.334\,9-400)\text{ 万元}=187\text{ 万元}>0$$

净现值变化幅度为 (187−251)/251=−25%，不过此时该方案仍可行。敏感系数=−25%/−20%=1.25，表明变动因素与目标值的变动呈正相关。

（5）贴现率（或项目资金成本）变动对净现值的影响：

假定贴现率上升 50%，即从 10% 上升到 15%，其他因素不变。则

$$NCF=\{[(6-3)\times50-400/10](1-40\%)+400/10\}\text{ 万元}=106\text{ 万元}$$

$$NPV=106\times P/A(15\%，10)-400=(106\times5.018\,8-400)\text{ 万元}=132\text{ 万元}$$

净现值变化幅度为 (132−251)/251=−47%，不过此时该方案仍可行。敏感系数=−47%/50%=−0.94，表明变动因素与目标值的变动呈负相关。

其他因素可参照进行分析。

以上分析该项目敏感因素依次为：售价、单位变动成本、贴现率、寿命周期。其中，贴现率、单位变动成本与净现值指标变动方向相反；寿命周期、售价与净现值指标变动方向一致。

三、保持原来决策结论不变，允许相关因素变动范围的敏感性分析

例 7-16 仍用例 7-15 资料，确定相关因素变动范围。

（1）使方案可行而允许售价变动的下限（其他因素不变），即 NPV=0 时的售价：

$$NCF=[(\text{售价}-3)\times50-400/10](1-40\%)+400/10$$

$$NPV=NCF\times P/A(10\%，10)-400=NCF\times6.144\,6-400=0$$

$$\text{售价}=4.63\text{ 元 / 件}$$

允许变动幅度为 (4.63−6)/6=−23%，即允许售价发生不利变动的幅度是 23%；否则，该方案将不可行。

（2）使方案可行而允许贴现率变动的上限（其他因素不变）：

$$NCF=\{[(6-3)\times50-400/10](1-40\%)+400/10\}\text{ 万元}=106\text{ 万元}$$

$$NPV=106\times P/A(i，10)-400=0$$

运用插值法，求出 i

$$i=23\%$$

允许变动幅度为 (23%−10%)/10%=130%，即允许贴现率发生不利变动的幅度为 130%；否则，该方案不可行。该方案允许贴现率变动幅度较大，贴现率较售价来讲是非

敏感因素。

其他相关因素可参照分析。

第五节 固定资产更新决策分析

固定资产更新决策是长期投资决策中的一个重要问题。在固定资产形成以后，是继续使用还是更新重置，需要在科学分析的基础上做出正确的判断和选择，这也是从整体上提高长期投资经济效益的一个重要方面。

一、是继续使用旧固定资产还是购置新固定资产的决策分析

对固定资产更新方案的分析评价，应把现有的旧固定资产同欲取代它的新固定资产放在同等地位，有关现金流量的计算要同等对待，要用同样的方法进行处理。也就是，无论现有旧固定资产还是欲取代之的新固定资产，都要着重考察其未来的现金流量，过去发生的“沉没成本”应不予考虑。因此，在固定资产更新决策方案的分析评价中，现有固定资产的“价值”应以其“现时价值”（变现价值）而不是按“原始成本”进行计量。

例 7-17 某公司原有一套生产设备系四年前购入，原购置成本为 20 万元，估计尚可使用六年，期满无残值，已提折旧 8 万元（按直线法计提），账面折余价值为 12 万元。若继续使用旧设备每年可获销售收入净额 29.6 万元，每年付现的营业成本为 22.6 万元。现该公司为了提高产品的产量和质量，准备更换成自动控制设备，约需价款 30 万元，估计可使用六年，直线法计提折旧。购入新设备时，旧设备可作价 7 万元。使用新设备后，每年可增加销售收入 7 万元；同时每年可节约付现的营业成本 1 万元。公司的资金成本为 10%，所得税税率为 40%。

要求：为该公司做出是继续使用旧设备还是更换新设备的决策分析。

分析：为便于正确地进行比较，对于旧设备、新设备的现金流量，要从“局外人”的观点进行考察。从“局外人”看来，为取得有关的“服务”，目前有两种选择：是用 7 万元购置当前的旧设备（而不是用当初的 20 万元购置旧设备），还是用 30 万元购置新设备。这种决策同旧设备的“原始交易”20 万元无关，对于旧设备的这 20 万元的“沉没成本”自不予考虑。同时方案寿命期相同，是一个互斥常规方案的对比择优，因此可用差额投资净现值法或差额投资内部收益率法决策。

解：

（1）为便于计算方案现金流量，将上述资料整理，如表 7-11 所示。

（2）编制方案差量净现金流量表，如表 7-12 所示。

旧设备经营净现金流量 $=[(29.6-22.6)\times(1-40\%)+2\times40\%]$ 万元 $=5$ 万元

新设备经营净现金流量 $=[(36.6-21.6)\times(1-40\%)+5\times40\%]$ 万元 $=11$ 万元

差额投资净现值 $=6\times P/A(10\%,\ 6)-23=(6\times4.355\,3-23)$ 万元 $=3.13$ 万元 >0，

结论：从计算结果看，购置新设备比继续使用旧设备能增加净现值 3.13 万元，故采用更换新设备的方案。

差额投资内部收益率法决策原理相同。

表 7-11　新旧设备相关资料　（单位：万元）

摘要	旧设备	新设备
购入成本	20	30
使用年限（年）	10	6
已使用年数（年）	4	0
期满残值	0	0
年折旧额	2	5
账面价值	12	30
变现价值	7	30
年销售收入	29.6	36.6
年付现营业成本	22.6	21.6

表 7-12　方案净现金流量情况　（单位：万元）

年份	旧设备	新设备	差量（新设备-旧设备）
0	-7	-30	-23
1~6	+5	+11	+6

二、固定资产最优更新期的决策分析

固定资产的最优更新期也称为固定资产的经济寿命，即按照这一时间间隔进行更新，可使固定资产的服务成本相对说来达到最低。

从理论上讲，生产设备的使用年限越长，其年折旧额就越低。若每年的其他使用成本（如维修费等）不随使用年限变动时，则使用年限越长，生产设备的年均成本也就越低。在这种情况下，生产设备的实物寿命（或自然寿命）就等于它的经济寿命。但实际情况往往并非如此。任何一项生产设备随着逐年的使用，其效率和精度通常就会逐渐降低，而其原材料和能源的消耗量以及维修的工作量却会逐年增加，从而使收益下降。在整个寿命周期中，其年均总成本最低的使用年限就是生产设备的“经济寿命”。

固定资产经济寿命的计算步骤如下：

（1）计算 n 年内投资的年摊销额。设 L 为残值，I_0 为原投资额，n 为年限。其投资额摊销示意图如图 7-3 所示。

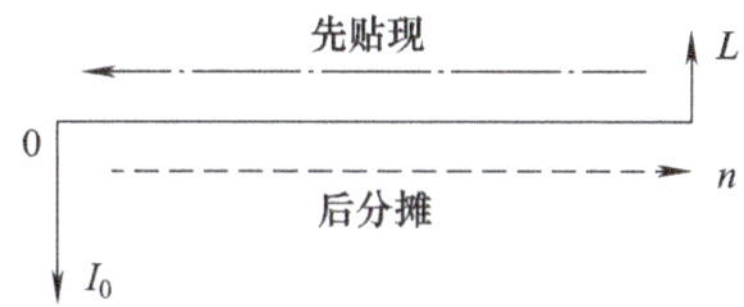

图 7-3　投资额摊销示意图

$$年投资额摊销=\frac{I_0-L}{P/A(i,n)}+L\times i \qquad (7\text{-}19)$$

（2）计算 n 年内均衡的年使用费。它是将 n 年内发生的使用费统一换算为0年年初的现值，再年金化。计算公式为

$$年使用费=\left(\sum_{t=1}^{n}[第t年使用费\times P/F(i,t)]\right)\div P/A(i,n) \tag{7-20}$$

（3）对1、2项求和，即为 n 年内均衡的年使用成本，选择最低的年使用成本，其对应的间隔期即为该项固定资产的经济寿命。

例7-18 新购置一项固定资产，原价3 000元，预计可用四年，寿命期终了残值为0；年使用费第一年为1 000元，以后每年增加700元。该资产各年末的预计残值和使用费如表7-13所示。设备上的投资要求达到的最低收益率为10%。

表7-13 年使用费用情况 （单位：元）

年份	原投资额	年末残值	年使用费
0	3 000	3 000	
1		1 500	1 000
2		1 000	1 700
3		500	2 400
4		0	3 100

要求：计算该资产的经济寿命。

解：

（1）计算 n 年内投资的年摊销额，根据例7-17中的公式：

$n=1$，(3 000−1 500)÷P/A(10%，1)+1 500×10%=1 800元

$n=2$，(3 000−1 000)÷P/A(10%，2)+1 000×10%=1 252.38元

$n=3$，(3 000−500)÷P/A(10%，3)+500×10%=1 055.29元

$n=4$，(3 000−0)÷P/A(10%，4)+0×10%=946.41元

(2) 计算 n 年内均衡的年使用费：

$n=1$，1 000×P/F(10%，1)÷P/A(10%，1)=1 000元

$n=2$，[1 000×P/F(10%，1)+1 700×P/F(10%，2)]÷P/A(10%，2)=1 333.33元

$n=3$，[1 000×P/F(10%，1)+1 700×P/F(10%，2)+2 400×P/F(10%，3)]÷P/A(10%，3)=1 655.59元

$n=4$，[1 000×P/F(10%，1)+1 700×P/F(10%，2)+2 400×P/F(10%，3)+3 100×P/F(10%，4)]÷P/A(10%，4)=1 966.81元

（3）计算 n 年内均衡的年使用成本，如表7-14所示。

表7-14 均衡的年使用成本计算表 （单位：元）

使用年数	n年内投资的年摊销额	n年内均衡的年使用费	n年内均衡的年使用成本
1	1 800	1 000	2 800
2	1 252.38	1 333.33	2 585.71
3	1 055.29	1 655.59	2 710.88
4	946.41	1 966.81	2 913.22

表 7-14 的计算表明，当 n=2 时，均衡的年使用成本达到最低，可据以确定该项固定资产经济寿命为 2 年。

值得指出的是，上述固定资产经济寿命的计算方法只适用于新固定资产经济寿命的计算。对现有固定资产剩余的经济寿命的确定，还需将其与欲取代之的新固定资产进行对比，再择优确定。

思\考\题

1. 与短期经营决策相比，长期投资决策需要考虑的因素有何不同？

2. 净现值法、内部收益率法、外部收益率法在评价投资决策的时候适用性有何不同，相互有什么联系？

3. 何谓敏感性分析？其内容和假设条件是什么？长期投资决策的敏感性分析是如何发挥作用的？

4. 请说明财务可行性分析与投资方案决策之间的关系。

参\考\文\献\与\荐\读

[1] 郑爱华，张亚杰，李文美 . 管理会计 [M]. 北京：机械工业出版社，2007：142-169.

[2] 孙茂竹，文光伟，杨万贵 . 管理会计学 [M]. 7 版 . 北京 ：中国人民大学出版社，2016：227-275.

[3] 温素彬 . 管理会计 [M]. 北京：机械工业出版社，2018：314-335.

第八章

预算管理

导\入\案\例

长江电工是一家具有百年历史的国有企业，也是近代重庆市第一家工业企业，一直居于重庆市工业企业前50强。但近年来企业面临多方面提升经营质量和效果的压力，企业在传统管理模式下运营效率低下，成本费用管理粗放，控制活动乏力，降本增效措施迟迟不见效果。面对复杂多变的经营形势，对已有的和可能获得的各种资源做到合理规划并进行有效配置是企业取得竞争优势的先决条件，以事后核算反映为主的传统财务管理显然无法支撑企业达成上述目标。在新的经营形势下，企业决定以战略目标为核心，制定了清晰的中长期目标，使用全面预算的方法将战略制定的中长期目标分解到具体年度，进而将年度目标与各项业务工作进行有机结合，使战略目标落到实处并成为资源配置的指挥棒，以达到创造价值的目的。

（摘自：李守武，管理会计工具与案例——战略与预算管理，中国财政经济出版社，2018年。）

第一节　预算的概念

“凡事预则立，不预则废”。企业想以有效的资源获得尽可能多的经济效益，就必须编制全面预算。预算是企业在未来某一特定期间的经营活动中对资源获取、配置计划的量化表示。美国管理学家戴维•奥利曾指出，全面预算是为数不多能将企业的现金流、实物流、信息流、人力流等相整合的管理控制方法之一。早在20世纪20年代，预算最初在通用、杜邦、西门子等西方大型企业中产生，用以控制成本、管理现金流，成为企业量化管理的重要工具。近年来，全面预算已深入到企业的销售、生产、供应、财务等各个环节，成为一种有效的管理手段，为提高企业的盈利能力和创新能力发挥了重要的作用。

一、预算的含义和作用

（一）预算的含义

预算是企业为实现既定的组织目标，经过预测与决策，将企业未来某一期间内的销售、生产经营、成本耗费、现金流量反映成全面综合的财务表述的管理方法。简言之，预算就是决策目标的具体化。经过预测分析和决策分析，全面预算将企业的总体目标进一步细分为各个方面的具体指标。企业的各个部门为了实现这些目标必须相互配合、相互协调以达成各项具体指标。通过全面预算，便于使各个部门甚至每个员工明确自己的责任，也使得员工的工作业绩有了具体、可衡量的评价标准。

（二）预算的作用

企业为何需要做预算？在企业实践中，有很多企业家和经理人都错误地理解了全面预算的角色，给预算工作赋予了不切实际的期望值，最终导致预算执行过程中产生巨大的心理落差，不但没有发挥全面预算的作用，反而还会产生负面影响。预算的作用体现在预算管理对象的全方位、预算对其他手段的全面运用以及企业所有部门、人员等全员参与，主要体现在以下几个方面：

1．明确各部门目标

预算的本质是希望对未来有前瞻性的预测，是掌控未来的手段，它可以帮助领导决策。预算的其他作用都是在此作用上慢慢衍生出来的。预算作为一种计划，规定了一定时期内企业内部各部门的具体工作目标和任务。全面预算通过将总体目标的不断细分，使得各个部门了解各自经济活动与企业经营目标之间的关系，将企业内部原本相对独立的各个部门联系起来，在极大程度上减少了企业各部门因为本位主义而影响组织目标实现的现象。

2．协调部门工作

预算的编制将各部门的工作进行统筹规划，使各个部门形成一个有机整体。各个部门为了组织的总体利益自觉调整自身的工作目标，相互支撑、相互协调，减少了企业因内部矛盾而产生的不必要的成本。例如，生产部门提出购买设备、增加某种产品的生产，财务部门可能会因为资金融通上的困难而难以满足他们的需求，销售部门则认为新生产出来的产品不符合市场需求，销路不畅。因此企业应正确处理整体与局部、局部与局部各要素之间的关系，使之充分发挥各自的职能和作用。

3．控制日常活动

预算是企业控制日常经济活动的依据，也是衡量各项经济活动合理性的尺度。在预算执行过程中，各职能部门的经济活动应经常与预算进行比较和分析，及时提供实际偏离预算的差额并分析其原因，采取有效措施，确保目标的完成。

4．考核工作业绩

预算不仅是控制企业日常经营活动的依据，也是考核各部门工作的尺度。全面预算是根据本期的具体情况编制的，因而用来考核各部门的工作是最有说服力的。在生产经营过程中，把实际同预算进行对比，考核和分析实际成本同预算之间的差异，有助于促进各有关方面及时采取有效措施，消除薄弱环节，同时建立工作业绩的奖惩制度，形成正向激励，从而促进企业总体目标的实现。

5．促进精细化管理

预算的编制是建立在定额的基础上，如人员、物料消耗定额等，要求定额合理，并随定额条件的变化而修正。预算的编制要求及时准确地传递了多方信息，因而促进了信息管理的发展，使其管理更加精细化。

二、预算与战略

传统预算通常与短期财务目标相联系。例如，内部组织机构只重视自身预算目标的实现而不能很好地支持企业整体预算目标。因此，传统预算因与企业战略的脱节而饱受诟病。在绝大多数企业中，预算与长期战略基本没有联系，管理者的注意力多集中于短期细节。亨利 • 明茨伯格认为，对计划制订的学者来说，这是一种需要纠正的认识误区，他指出，行动计划制订与预算制定在结构和内容上的连接最薄弱。一项研究表明，60% 的组织没有把预算和战略联系起来。它们的预算和业绩评价过程与战略计划过程是独立运行的。

从战略管理上来说，预算制定必须与企业战略相结合。战略是为实现企业使命或长远目标而确定的整体行动规划，而全面预算管理作为一种系统化、战略化、人本化理念为一体的管理模式可以作为战略目标实现的后盾。全面预算将企业的战略目标转化为中长期预算目标，进而再细化为短期预算总目标，把短期总目标分解为各职能部门的具体目标，如图 8-1 所示。全面预算明确了各职能部门的具体目标，有助于企业与员工的沟通，使所有员工都了解本部门的经济活动与整个企业经营目标之间的关系，明确自己的工作应达到的水平，有利于动员每个员工想方设法从各自的角度去完成企业的战略目标。缺少预算做支撑，企业战略的操作性会大大减弱，而没有战略做引导的预算同样缺乏目标性。具体来说，预算和战略的关系体现在：战略为预算指明方向；预算目标可以解读并修正战略；预算编制可以细化战略实施方案；预算动态管理可以落实战略。

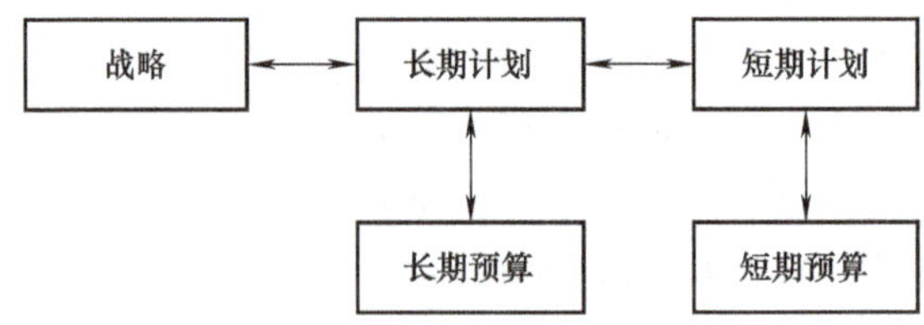

图 8-1　战略、计划与预算

企业的全面预算是以战略为出发点，以销售预算为主导，并特别重视生产经营活动对企业财务状况的影响。而战略规划的最初任务是任务的分解，如销售计划，资金计划等。预算是在此基础上通过合理的资源配置，制定各项详细的预算，如销售预算、成本预算、收入预算等。

三、预算管理的主要内容

全面预算是由一系列预算构成的体系，各预算之间相互联系，是一个有机联系的主体。全面预算通常包括经营预算、专门决策预算和财务预算三个部分。

1. 经营预算

经营预算是规划和控制企业日常生产经营活动的预算，主要包括销售预算、生产预算、直接材料预算、直接人工预算、制造费用预算、产品成本预算、销售及管理费用预算等。

2. 专门决策预算

专门决策预算是指企业为不经常发生的长期投资项目或一次性专门业务所编制的预算。专门决策预算可分为两类：资本支出预算和一次性专门业务预算，如用于长期投资的预算、股利分配预算、筹资预算等。专门决策预算直接反映相关决策的结果，是实际中选择方案的进一步规划。

3. 财务预算

财务预算是指企业在计划期间内有关现金收支、财务状况和经营成果的预算，主要包括现金预算、预计财务报表（预计利润表和预计资产负债表）等。财务预算作为全面预算的最后环节，可以从价值方面总括反映专门决策预算和业务预算的结果，所以也称总预算；其他预算相应称为辅预算或分预算。

四、预算的编制过程

企业一般是按照以销定产的经营思路编制全面预算，所以销售预算是全面预算的起点，然后根据销售预算和企业存货政策编制生产预算，再根据生产预算编制直接材料预算、直接人工预算、制造费用预算、产品成本预算，再编制销售和管理费用预算、专门决策预算，最后编制财务预算。所有这些预算项目的关系如图 8-2 所示。

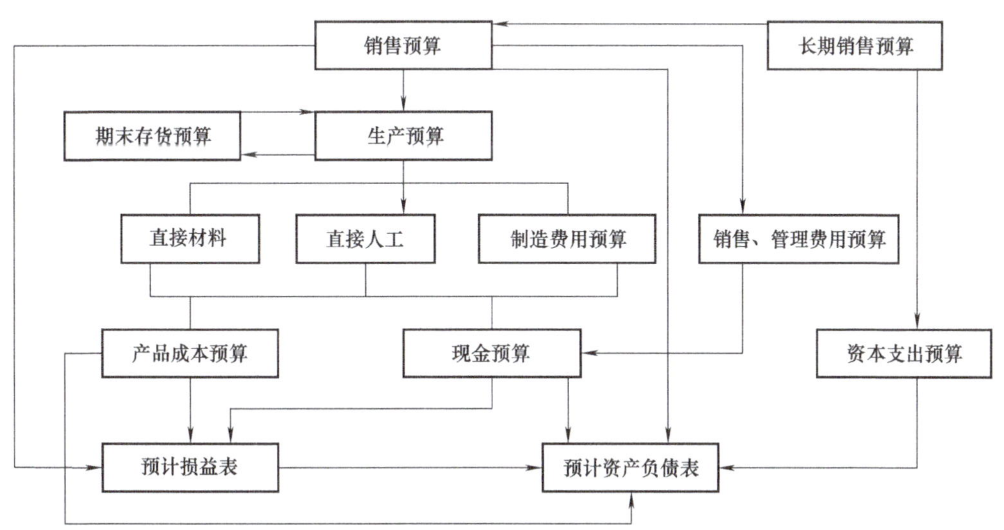

图 8-2　全面预算项目的关系

五、预算的分类

（一）按涉及的内容分为总预算和专门预算

总预算是指资产负债表预算和利润表预算，反映企业总体预算情况，是各种专门预算的综合。专门预算是指其他反映企业某一经济活动的预算。

（二）按涉及的业务活动领域分为经营预算、专门决策预算和财务预算

经营预算是指与企业日常经营活动相关的预算，包括销售预算、生产预算、直接材料预算、直接人工预算、制造费用预算、产品成本预算、销售费用预算、管理费用预算等。专门决策预算是指企业预算期内不经常发生的、需要根据特定决策临时编制的一次性预算。财务预算是反映企业预算期内预计财务状况、经营成果以及现金收支等价值指标的各种预算的总称，具体包括现金预算、预计利润表、预计资产负债表和预计现金流量表等内容，是全面预算体系的最后环节。

（三）按涉及的时间分为长期预算和短期预算

长期预算主要指一年以上的预算，如购置大型设备或改扩建、新建厂房等的长期投资预算，按年度划分的长期资金收支预算等。长期预算是一种规划性质的预算，虽然数字可以粗略，但编制的好坏，将影响到一个企业的长期战略目标是否能够如期实现。短期预算就是指全面预算，是关于企业在一定时期内（一般不超过一年或一个经营周期）经营、财务等方面的总体预算。短期预算是一种执行预算，数据应尽可能具体化，以便于控制和执行。

第二节 预算的编制方法

企业的预算构成比较复杂，根据企业经营管理的需要，财务人员可选用不同的预算编制方法。常见的预算方法主要包括固定预算与弹性预算、增量预算与零基预算、滚动预算与改善预算、作业基础预算与概率预算。这些方法广泛应用于营业活动有关预算的编制。

一、固定预算与弹性预算

预算按其是否可按业务量调整，分为固定预算和弹性预算两种。

（一）固定预算

固定预算（Fixed Budget）又称静态预算（Static Budget），是把企业预算期内正常的可实现的某业务量（如产量、业务量、利润等）水平作为唯一基础来编制预算的一种方法。

只有当预计业务量与实际业务量一致（或甚小误差）时，以固定预算法编制预算比较合适。当实际业务量与编制预算业务量发生较大误差时，实际数脱离预算数的差异包括了因业务量增减变化产生的差异而失去了可比性。所以，固定预算一般适用于考核非营利组织或业务量水平较为稳定的企业。

固定预算只以某一确定的业务量水平为基础预计其相应的金额，而不考虑预算期内业务量水平可能发生的变动。将实际结果与按预算期内所确定的某一业务量水平预算数进行比较分析，并据以进行业绩评价、考核。

例 8-1 进化公司的单位产品消耗为：直接材料 50 元，直接人工 60 元，变动制造费用 10 元。固定制造费用总额 50 000 元。以该公司第四季度的预计生产量和预计单位生产

成本为例，比较固定预算成本与实际成本如表 8-1 所示。

表 8-1　固定预算成本与实际成本的比较表　　（单位：元）

项目	实际成本①	固定预算成本②	差异③=①-②
生产量/件	3 200	2 970	230
直接材料	157 000	148 500	8 500
直接人工	190 000	178 200	11 800
变动制造费用	32 000	29 700	2 300
固定制造费用	52 000	50 000	2 000
产品成本	431 000	406 400	24 600

由表 8-1 可看出，将实际生产的数量 3 200 件的成本与预计生产量 2 970 件的成本对比，可以很清楚地反映企业成本的控制情况。每一项目的实际成本都大于预算成本，产生不利差异 24 600 元，这实际上主要是由于生产量增加所导致的。

由此可以看出，固定预算有明显的不足。在市场变化较快、较大时，实际发生的业务量与预算所依据的固定业务量会产生差异，因而不便于将实际与预算进行对比，不利于控制经济活动，难以评价企业的业绩。

（二）弹性预算

弹性预算（Flexible Budget）也称变动预算，是在成本性态的基础上，依据业务量、成本和利润之间的联动关系，按照预算期内可预见的多种生产经营或业务量水平分别确定相应数据而编制的预算方法。和固定预算相比，弹性预算可以适应变化的市场情况，在不同的业务量下都可以较为有效地用来控制和考核各种经济活动，所以适用于业务量水平经常变动的企业。由于未来业务量的变动会影响到成本、费用、利润等各个方面，因此，弹性预算从理论上说适用于全面预算中与业务量有关的各种预算，但实务中主要用于编制弹性成本预算和弹性利润预算。

与按照特定业务量水平编制的固定预算法相比，其基本特征是：①它按预算内某一相关范围内的可预见的多种业务活动水平确定不同的预算额，也可按实际业务活动水平调整其预算额；②将实际指标与实际业务量相应的预算额进行对比，并据以进行业绩评价、考核。

弹性预算的编制步骤为：

（1）确定某一相关范围，预计在未来期间内业务量水平将在这一相关范围内的变动情况。弹性预算的业务量范围，应视企业或部门的业务量变化情况而定。一般来说，可定在正常生产能力的 70% ~ 110%，或以历史上最高业务量和最低业务量为其上下限。弹性预算法编制预算的准确性取决于成本性态分析的可靠性。

（2）选择业务量的计量单位。要选用一个最能代表本部门生产经营活动水平的业务量为计量单位。例如，以手工操作为主的车间，可选用人工工时；制造单一产品或零件部门，可选用实物数量；修理部门可以选用直接修理工时等。

（3）按照成本性态分析的方法，将企业的成本分为固定成本和变动成本两大类，并确定成本函数（$y=a+bx$）。

（4）确定预算期内各业务量水平的预算额。

弹性预算法分为公式法和列表法两种具体方法：

1）公式法

公式法是运用总成本性态模型，测算预算期成本费用数额，并编制成本费用预算的方法。根据成本性态，成本与业务量之间的数量关系可以表示为

$$y=a+bx \tag{8-1}$$

式中，y 表示某项预算的成本总额，a 表示该项成本中的预算固定成本，b 表示该项成本中的预算单位变动成本，x 表示预计业务量。

例 8-2　假设进化公司制造费用中修理费用与修理工时密切相关。经测算，预算期修理费用中固定修理费用为 4 000 元，单位工时变动修理费用为 10 元；预计预算期内的修理工时为 1 500 小时。采用公式法，测算预算期的修理费用总额为

$$4\,000+1\,500\times10\text{ 元}=19\,000\text{ 元}$$

任何成本都可以用“$y=a+bx$”来近似表示，所以只要在预算中列示固定成本和单位变动成本，便可以计算任意业务量成本。

2）列表法

列表法是在预计业务量范围内将业务量分为若干个水平，按不同业务量水平编制。

例 8-3　进化公司 2018 年预计可以生产约 3 000 件产品，单位产品消耗为：直接材料 50 元，直接人工 6 元，变动制造费用 10 元。固定制造费用总额 50 000 元。进化公司充分考虑到预算期内产量发生变化的可能，分别编制出 2 100 件、2 400 件、2 700 件、3 000 件和 3 300 件时的弹性利润表，如表 8-2 所示。

表 8-2　进化公司弹性产量预算表　（单位：元）

项目	预计生产量				
	2 100件	2 400件	2 700件	3 000件	3 300件
直接材料	105 000	120 000	135 000	150 000	165 000
直接人工	12 600	14 400	16 200	18 000	19 800
变动制造费用	21 000	24 000	27 000	30 000	33 000
固定制造费用	50 000	50 000	50 000	50 000	50 000
产品成本	188 600	208 400	228 200	248 000	267 800

表 8-2 中列示为五种生产量水平的成本预算数据。这样，无论实际产量到达何种水平，都有适合的一套数据来发挥控制作用。

列表法的优点是不管实际业务量多少，不必经过计算即可找到与业务量相近的预算成本；混合成本中的阶梯成本和曲线成本，可按总成本性态模型计算填列，不必用数学方法修正为近似的直线成本。但是，运用列表法编制预算，在评价和考核实际成本时，往往需要使用插补法来计算“实际业务量的预算成本”，工作量较大。

二、增量预算与零基预算

预算按其编制是否以基期水平为基础分为增量预算和零基预算。

（一）增量预算

增量预算（Incremental Budget）又称调整预算，就是在基期预算执行结果的基础上，结合预算期的情况，加以适当的调整来编制预算的方法。这种预算方法比较简便，它以基期的水平为基础，实际上是以承认现实的基本合理性作为出发点，容易造成预算的不足，造成资源浪费。它适用于比较稳定的企业预算的编制。

在增量预算法下，预算编制单位常常在上一年预算的基础上，增加一定的比例来编制新的预算，以此来争取资金。这不仅使预算缺乏科学的基础，也会使一些不合理的支出继续存在。增量预算法并没有认真评价所提供的服务水平及效率，因而，助长了浪费和低效。

（二）零基预算

零基预算（Zero-Base Budget）又称零底预算，全称为“以零为基础编制的计划和预算”。它的主要特点是在编制预算时，预算期内任何一个费用项目的开支数，不从往年的实际出发，而是以零为基础，从根本上考虑各开支项目的必要性、合理性和实际需要量来编制的一种预算。

零基预算的编制步骤为：

（1）划分基层预算单位，确定预算期内可能发生的费用项目和金额。

（2）对每一个可以增减费用额的项目进行“费用—效益分析”，权衡得失，按费用效益率排出优先顺序。

（3）将预算期内可动用资金在各费用项目间分配。分配时应首先满足那些必须支出的项目，然后再将剩余资金按费用贡献率的顺序进行分配。

例 8-4 假设进化公司按照零基预算方法编制管理费用预算，在预算期内可用于管理费用的资金为 180 000 元。经管理部门全体职工的反复讨论，确定以下费用项目和费用金额：房屋租金 60 000 元；培训费 50 000 元；差旅费 20 000 元；业务招待费 30 000 元；办公费 30 000 元。在上述费用项目中，房屋租金、培训费、办公费是必须足额支出的项目，共支出费用总额 140 000 元，剩余资金 40 000 元根据费用效益率在差旅费和业务招待费中分配。差旅费和业务招待费的费用效益分析结果如表 8-3 所示。

表 8-3 差旅费和业务招待费的费用效益分析表

项目	费用（元）	收益（元）	费用效益率（%）
差旅费	20 000	100 000	500
业务招待费	30 000	60 000	200

$$\text{差旅费分配资金} = \frac{40\,000}{100\,000 + 60\,000} \times 100\,000\text{元} = 25\,000\text{元}$$

$$\text{业务招待费可分配资金} = (40\,000 - 25\,000)\text{ 元} = 15\,000\text{ 元}$$

零基预算由于冲破了传统预算方法框架的限制，以零为起点，观察分析一切费用开支的合理性和必要性，使企业可以有效地利用资源，帮助管理人员提高投入产出意识，还可以激励各基层单位参与预算编制的积极性和主动性。然而，由于一切支出均以零为起点进行分析研究，因而编制预算的工作量较大，而且对各费用项目的效益率进行计算缺乏客观依据，容易引起部门间的矛盾。因此，一个合理的编制方法是：每三年至五年编制一次零基预算，以后几年内再做适当调整，这样既减少了工作量，又能适当控制费用，以减少浪费和低效。

三、滚动预算与改善预算

（一）滚动预算

滚动预算（Rolling Budget）又称永续预算或连续预算，是指在预算编制时，将预算期脱离会计期，随着预算执行的不断延伸补充预算，使预算期永远保持为一个固定期间的一种预算编制方法。和一般预算相比，滚动就是在每季度末编制以后四个季度的预算，或在每月末编制以后 12 个月的预算，使预算的执行者永远处在预算期的第一个阶段。

滚动预算按照滚动的时间单位分为逐月滚动预算、逐季滚动预算和混合滚动预算。

（1）逐月滚动预算。逐月滚动预算方式是指在预算编制过程中，以月份为预算的编制和滚动单位，每个月调整一次预算的方法。如在 2018 年 1 月至 12 月的预算执行过程中，需要在 2018 年 1 月末根据当月预算的执行情况，修订 2018 年 2 月至 12 月的预算，同时补充 2019 年 1 月份的预算；到 2018 年 2 月末可根据当月预算的执行情况，修订 2018 年 3 月至 2019 年 1 月的预算，同时补充 2019 年 2 月份的预算；以此类推，如图 8-3 所示。逐月滚动预算方式编制的预算比较精确，但工作量比较大。

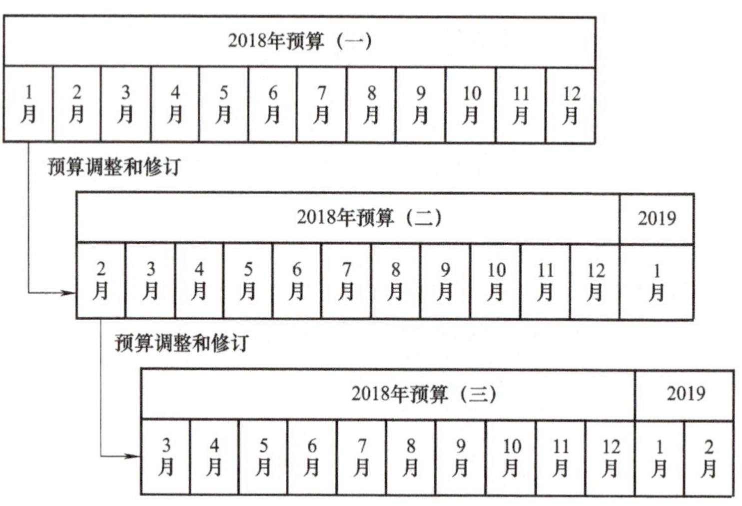

图 8-3　逐月滚动预算方式示意图

（2）逐季滚动预算。逐季滚动预算方式是指在预算编制过程中，以季度为预算的编制和滚动单位，每个季度调整一次预算的方法。具体操作与逐月滚动方式编制预算相同，如图 8-4 所示。相较于逐月滚动预算，逐季滚动预算的工作量小，但精确度较差。

（3）混合滚动预算。混合滚动预算方式是指在预算编制过程中，同时以月份和季度作为预算编制以及滚动单位的方法，如图 8-5 所示。由于进行长期预算不准确，按季度编制的滚动预算通常是对第一个季度的预算按月进行编制，对后三个季度的编制按季编制。即近期的预算资料尽可能详细些，远期的预算资料笼统些。这样可以避免无效劳动，简化预算的编制工作。

图 8-4　逐季度滚动预算方式示意图

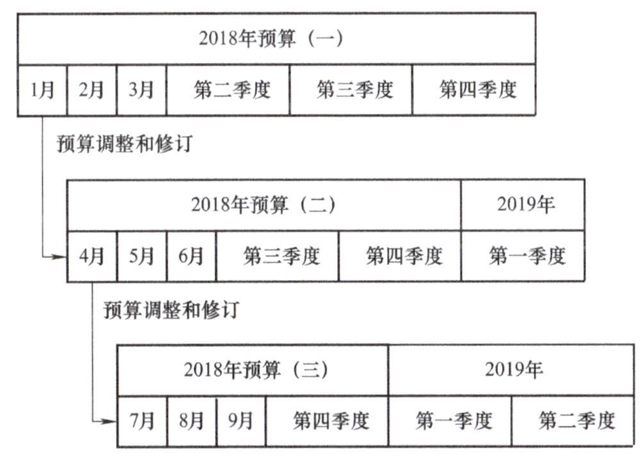

图 8-5　混合滚动预算方式示意图

综上所述，滚动预算较之传统的定期预算具有以下优点：①可以保持预算的连续性与完整性，使有关人员始终保持对未来 12 个月甚至更长远的生产经营活动做全盘规划，能从动态的预算中把握企业的未来；②可以根据前期预算的执行结果，结合各种新的变化信息，不断调整或修订预算，从而使预算与实际情况更相适应，有利于充分发挥预算的指导和控制作用。

（二）改善预算

改善预算（Kaizen Budget）是将预算期内的持续改善纳入预算期内。

例 8-5　假设进化公司 2018 年直接人工小时的改善预算如表 8-4 所示。

表 8-4　直接人工小时的改善预算表

时间	每件产品的预算（直接人工小时）
2018年1月～3月	4.00
2018年4月～6月	3.95
2018年7月～9月	3.90
2018年10月～12月	3.85

直接人工小时的减少意味着直接人工成本的降低。如果进化公司在以后的时间内持续改进目标，直接人工成本仍会降低；否则，以后的实际工时会超过预算工时。改善预算是总预算的关键构件。

四、作业基础预算与概率预算

（一）作业基础预算

作业基础预算（Activity-Based Budget，ABB）也称作业预算，是以作业管理为基础，以企业价值增值为目的的一种预算管理方法。它是在作业分析和业务流程改进的基础上，结合企业战略目标和据此预测的作业量，确定企业各个部门的作业发生成本，并运用该信息在预算中规定每一项作业所允许的资源耗费量，实施有效的控制、绩效评价和考核。

作业基础预算的编制步骤为：

（1）确定作业基础预算的编制起点。

（2）划分和识别主要作业，并确定作业动因和作业消耗比率。

（3）通过产品需求量和作业消耗比率计算作业需求量。

（4）分析作业的资源动因，确定资源消耗比率。

（5）通过作业需求量和资源消耗比率计算资源需求量。

（6）将预测的资源需求量与预计的资源单价相乘，计算相关资源成本。

作业基础预算模型根据产出消耗作业，作业消耗资源的原理，在预测产出量的基础上，预测产出消耗的作业量，由此预测资源的消耗量。然后将作业的消耗量与资源对比，从而不断地调整资源供应量，寻找资源的经营平衡，达到资源的优化配置。相较于传统预算，其核算更精细和准确。同时，在作业基础预算下，通过战略目标细化，将战略分解到“作业”层次而不仅仅是资源层次，可以使每一名员工都更清楚自己所面对的作业层面的战略目标。以预算形式表现的战略计划能激发企业员工的主动性，确保企业战略目标的实现。

（二）概率预算

概率预算（Probabilistic Budget）是为了反映企业在实际经营过程中各指定指标可能发生的变化而编制的预算。在企业的经营活动中，由于内外部环境的影响，其单位变动成本和固定成本经常发生变动，其销售额的估计也存在着不确定性。这时就需要根据客观条件，对有关变量做一些近似的估计，估计它们可能变动的范围及出现在各个变动范围的概率，再通过加权平均计算有关变量在预期内的期望值，使其所得的结果更符合未来客观实际情况，从而更好地发挥预算的计划和控制作用。

概率预算编制的具体做法如下：

（1）在预测分析的基础上，估计各相关因素的可能值及其出现的概率。

（2）计算联合概率，即各相关因素的概率之积。

（3）根据弹性预算提供的预算指标以及与之对应的联合概率计算出预算对象的期望值，即概率预算下的预算结果。

例 8-6　假设进化公司 2018 年度的预计有关数据如表 8-5 所示。

表 8-5　进化公司 2018 年度概率预算的基本资料　（单位：元）

销售量		销售单价	单位变动成本		固定成本
数量（件）	概率		金额	概率	
9 000	0.3	80	50	0.2	100 000
			55	0.5	
			60	0.3	
10 000	0.6	80	50	0.3	110 000
			55	0.4	
			60	0.3	
11 000	0.1	80	50	0.3	120 000
			55	0.5	
			60	0.2	

根据上述资料采用概率预算计算利润的期望值，如表 8-6 所示。经计算，税前利润的概率预算为 136 200 元。

表 8-6　利润的概率预算表

组合	销售量（件）	销售量概率	单位变动成本（元）	单位变动成本概率	固定成本（元）	利润（元）	联合概率	利润期望值（元）
1	9 000	0.3	50	0.2	100 000	170 000	0.06	10 200
2	9 000	0.3	55	0.5	100 000	125 000	0.15	18 750
3	9 000	0.3	60	0.3	100 000	80 000	0.09	7 200
4	10 000	0.6	50	0.3	110 000	190 000	0.18	34 200
5	10 000	0.6	55	0.4	110 000	140 000	0.24	33 600
6	10 000	0.6	60	0.3	110 000	90 000	0.18	16 200
7	11 000	0.1	50	0.3	120 000	210 000	0.03	6 300
8	11 000	0.1	55	0.5	120 000	155 000	0.05	7 750
9	11 000	0.1	60	0.2	120 000	100 000	0.02	2 000
合计							1.00	136 200

如何选择不同的预算方法呢？

企业可针对业务的特点，根据实际情况选择使用零基预算法或增量预算法，或对某一部分预算内容选择性使用或结合使用。例如，公司在运行平稳时多采用增量预算法，但当公司遇有重大的内外变化的时候使用零基预算法；公司在某些部门如销售市场、研发、生产等部门使用零基预算法，而其他部门如采购、行政、人事等部门使用增量预算法。

第三节　全面预算的编制内容

一、全面预算编制的基础

（1）各项预测决策的结果。企业的销售预测、产品售价的预测、单位变动成本和固定成本的预测等是企业编制全面经营预算的基础。

（2）预编本年度的资产负债表。编制预算需要以本年度资产负债表为基础，而本年度的资产负债表在下年度预算时还未编制，所以要预编本年度的资产负债表。

（3）各项标准用量和标准价格。标准用量是指直接材料用量、直接人工标准耗用工时等。标准价格主要包括直接材料标准价格、直接人工标准工资率、各项变动制造费用及销售管理费用标准分配率、固定制造费用及销售管理费用标准支出额。这些标准是考虑企业在预算期内的技术水平和管理水平的依据。

（4）其他相关资料。包括各季度的销售所得金额占当季销售额的比率、材料采购支出金额占采购额的比率、产成品存货数量占下季度销售量的比率和材料存货占下季度生产用量的比率。

二、经营预算的编制

在市场竞争的环境下，企业需要预测市场需求，以销定产。因此，企业预算管理为生产和运营配置资源时，同样需要以销定产。以制造业为例，企业经营预算的编制顺序通常是先编制销售预算、再依次编制生产预算、直接材料预算、直接人工预算、制造费用预算、产品成本预算、销售及管理费用预算等。

（一）销售预算

销售预算预测企业销售产品或提供劳务所取得的收入，它是根据营销经理们所做出的销售预测来编制的。它不仅是全面预算的开始，而且是编制其他预算的前提。

销售预算的主要内容是销售量、单价和销售收入。销售预算确定了预计销售量和单位售价后，就可以计算预计销售收入，即

$$预计销售收入=预计销售量\times 单位售价 \tag{8-2}$$

例 8-7　假设进化公司预计 2018 年销售产品 9 000 件，其中前三个季度销量均为 2 000 件，第四季度销量为 3 000 件，销售单价 180 元。每季的产品销售中当季收到的货款占 70%，其余 30% 下季收讫。2017 年年末的应收账款余额为 100 000 元。则该公司的销售预算如表 8-7 所示，预计现金收入表如表 8-8 所示。

表 8-7　进化公司 2018 年销售预算

摘要	第一季度	第二季度	第三季度	第四季度	合计
预计销售量（件）	2 000	2 000	2 000	3 000	9 000
销售单价（元）	180	180	180	180	
预计销售总额（元）	360 000	360 000	360 000	540 000	1 620 000

表 8-8　预计现金收入表　（单位：元）

摘要	第一季度	第二季度	第三季度	第四季度	合计
上年应收账款收回	100 000				100 000
收回第一季度销售收入	252 000	108 000			360 000
收回第二季度销售收入		252 000	108 000		360 000
收回第三季度销售收入			252 000	108 000	360 000
收回第四季度销售收入				378 000	378 000
现金收入总额	352 000	360 000	360 000	486 000	1 558 000

从预计现金收入表的编制过程可以看出，第一季度收回的上年度的应收账款 100 000 元是根据资产负债表的应收账款项目的期初余额列示的；第四季度货款的 30%，即 162 000 元表现为应收账款的期末余额，在年末预计资产负债表上列示。

如果公司制造的产品不只一种，那么每种产品都重复进行以上计算，得出的各种产品的销售额再加总，算出总销售额，但这样做会造成销售预算过于繁杂，而且也没有必要将那些销量小、销售额低的产品都反映在预算里。通常的做法是只列示全年及各季的销售总额，同时将几种主要产品的销售量和销售价格分别编制销售预算附表，作为销售预算的附件。

（二）生产预算

生产预算是为了规划预期生产规模而由生产部门参照销售预算量进行编制的。生产预算是根据预计的销售量和预期的期初、期末产成品存货量，按产品分别编制的。计算方法为

$$预计生产量=预计销售量+预计期末存货量-预计期初存货量 \tag{8-3}$$

在编制生产预算时，如果没有期初期末存货，生产量等于销售量。若企业制造的产品超过一种，则生产预算要分产品编制。从分析可以看出，每季的期末存货都成为下季的期初存货。产成品的期初、期末存货之所以要作为生产预算的一个必要组成部分，是为了避免不必要的成本。如果存货过多，会形成资金积压；如果存货过少，又会影响到下一季度销售活动的正常进行。这两种情况的出现，都会对企业的生产经营带来不利的影响。

例 8-8　承前例，假设进化公司每季末的产成品存货为下一季度销售量的 5%，第四季度预计产成品期末存货为 120 件。预算年度第一季度的期初存货为 80 件。上一季度末的期末存货即本季度的期初存货。根据表 8-7 的预计销售量和有关存货的期初期末资料，就可编制出生产预算，如表 8-9 所示。

年度生产预算编制完成以后，还应根据企业的生产进度，按月排出生产进度，以确定预算期生产任务的具体完成计划。

表 8-9　进化公司 2018 年度生产预算　　（单位：件）

摘要	第一季度	第二季度	第三季度	第四季度	合计
预计销售量（表8-7）	2 000	2 000	2 000	3 000	9 000
加：期末存货	100	100	150	120	120
预计需要量合计	2 100	2 100	2 150	3 120	9 120
减：期初存货	80	100	100	150	80
预计生产量	2 020	2 000	2 050	2 970	9 040

（三）直接材料预算

直接材料预算是为了规划预算期内直接材料采购金额的一种预算。直接材料、直接人工、制造费用各项预算都要依据生产预算中的预计生产量来编制，同时需要考虑期初、期末存货的影响。计算方法为

预算直接材料采购量＝预计生产量 × 单位产品材料耗用量＋预计期末材料存货－预计期初材料存货　（8-4）

企业需要充足的材料用于当期生产和材料的预期期末库存，以避免材料的供应不足。如果制造产品所需材料超过一种，那么计划表格要按材料种类分别编制，然后将各种材料的成本汇总，得出直接材料总成本。

在编制直接材料预算的同时，一般还应编制材料的预计现金支出表，用于编制现金预算。该表根据采购部门预期从供应商那里取得的信用条件来编制。任一期的预计现金支出数包括上期购料将于本期支付的现金和本期购料应由本期支付的现金。

例 8-9　承前例，设单位产品的材料用量是 10 千克，每千克单价 5 元。季末预计的材料存货占次季生产需要量的 5%，年末预计的材料存货为 1 020 件，年初预计的材料存货为 900 件。各季预计的期初存货即上季末预计的期末存货。

假定季度的材料采购额中 60% 应于当期支付现金，其余 40% 可于下季度支付现金。本预算期的应付账款期初余额为 60 000 元。

根据生产量和预计期末存货量可以编制出直接材料预算表，如表 8-10 所示；根据付款额的支付情况，可以编制预计现金支出表，如表 8-11 所示。

表 8-10　进化公司 2018 年度直接材料预算

摘要	第一季度	第二季度	第三季度	第四季度	合计
预计生产量（表8-9）（件）①	2 020	2 000	2 050	2 970	9 040
单位产品材料用量/kg②	10	10	10	10	10
生产需求量（件）③=①×②	20 200	20 000	20 500	29 700	90 400
加：预计期末材料存货（件）④	1 000	1 025	1 485	1 020	1 020
预计需要量合计（件）⑤=③+④	21 200	21 025	21 985	30 720	91 420
减：预计期初材料存货（件）⑥	900	1 000	1 025	1 485	900
预计材料采购量（件）⑦=⑤-⑥	20 300	20 025	20 960	29 235	90 520
每千克单价（元）⑧	5	5	5	5	5
预计材料采购额（元）⑨=⑦×⑧	101 500	100 125	104 800	146 175	452 600

表 8-11　预计现金支出表　（单位：元）

摘要	第一季度	第二季度	第三季度	第四季度	合计
支付上年应付账款	60 000				60 000
支付第一季度货款	60 900	40 600			101 500
支付第二季度货款		60 075	40 050		100 125
支付第三季度货款			62 880	41 920	104 800
支付第四季度货款				87 705	87 705
现金支出总额	120 900	100 675	102 930	129 625	454 130

从预计现金支出表的编制过程可以看出，第一季度支付的上年度的应付账款 60 000 元是根据资产负债表中该项目的期初余额列示的；第四季度购货款的 40%，即 58 470 元为应付账款的期末余额，在年末预计资产负债表上列示。

（四）直接人工预算

直接人工预算是为直接生产工人的人工耗费编制的预算，用来规划预算期内各种工种的消耗水平和人工成本。编制直接人工预算的主要依据是预算期生产量、直接人工标准耗用量和标准工资率。计算方法为

直接人工成本 = 预计生产量 × 单位产品直接人工小时 × 单位工时工资率　（8-5）

例 8-10　承前例，设生产单位产品需 5 个直接人工小时，每小时工资率为 12 元。根据生产量和单位产品耗用人工小时可以编制出直接人工预算表，如表 8-12 所示。

表 8-12　进化公司 2018 年度人工预算

摘要	第一季度	第二季度	第三季度	第四季度	合计
预计生产量（件）（表8-9）①	2 020	2 000	2 050	2 970	9 040
单位产品（直接人工小时）②	5	5	5	5	5
人工总工时（人工小时）③=①×②	10 100	10 000	10 250	14 850	45 200
小时工资率（元）④	12	12	12	12	12
人工总成本（元）⑤=③×④	121 200	120 000	123 000	178 200	542 400

（五）制造费用预算

编制制造费用预算需要将制造费用划分为变动性制造费用和固定性制造费用两部分。固定制造费用预算按基期资料编制或采用零基预算方法编制，变动性制造费用预算可以根据预计生产量和预计的变动制造费用分配率来计算。

制造费用中大部分需要在当期用现金支付，但也有一部分以前季度支付的费用在本期的摊销不需要支付现金，固定资产折旧也不需要支付现金。为了便于下一步编制现金预算，在编制制造费用预算的同时，还要编制预计现金支出表。

例 8-11　承前例，假设进化公司变动制造费用分配率为每小时 2 元。固定性制造费用的预算为每季度 50 000 元，其中折旧为 20 000 元。根据这些资料和直接人工预算中的预计直接人工小时以及变动性制造费用分配率，编制制造费用预算表。假定除折旧以外的

其他制造费用都以现金支付，同时编制预计现金支出表，如表8-13所示。

表8-13　进化公司2018年度制造费用预算及预计现金支出表　　（单位：元）

摘要	第一季度	第二季度	第三季度	第四季度	合计
预计直接人工总工时（人工小时）（表8-12）①	10 100	10 000	10 250	14 850	45 200
变动制造费用分配率（元/小时）②	2	2	2	2	2
预计变动制造费用③=①×②	20 200	20 000	20 500	29 700	90 400
预计固定制造费用④	50 000	50 000	50 000	50 000	200 000
制造费用合计⑤=③+④	70 200	70 000	70 500	79 700	290 400
减：折旧⑥	20 000	20 000	20 000	20 000	80 000
预计现金支出合计⑦=⑤-⑥	50 200	50 000	50 500	59 700	210 400

（六）产品成本预算

产品成本预算是销售预算、生产预算、直接材料预算、直接人工预算、制造费用预算的汇总。再在此基础上计算出产品单位成本，期末产成品成本以及本期产品销售成本，从而编制产品成本预算表。

例8-12　承前例，在进化公司直接材料、直接人工、制造费用预算的基础上，编制公司产品成本预算表如表8-14所示。

表8-14　进化公司2018年度产品成本预算表　　（单位：元）

成本项目	价格标准	用量标准	单位成本	本期生产成本（9 040件）	期末存货成本（120件）	本期销售成本（9 000件）
直接材料（表8-10）	5	10kg	50	452 000	6 000	450 000
直接人工（表8-12）	12	5工时	60	542 400	7 200	540 000
变动制造费用（表8-13）	2	5工时	10	90 400	1 200	90 000
单位变动成本			120	1 084 800	14 400	1 080 000
加：固定制造费用（表8-13）			22.12	200 000①	2 654.4	199 080
产品成本			142.12	1 284 800	17 054.4	1 279 080

①按照公式计算金额应为199 964.8元，差额为35.2元，这是由固定制造费用分配率误差造成的。

（七）销售和管理费用预算

销售和管理费用预算包括预算期内有关销售产品和日常行政管理活动中所产生的各种费用项目。销售和管理费用预算的编制方法与制造费用编制方法相类似，也是按成本性态划分为固定费用和变动费用两部分，固定费用通常包括广告费、管理人员工资、保险费和办公费等；变动费用包括销售佣金以及销售人员工资等。

例8-13　承前例，假设变动的销售和管理费用与销售量相关，销售和管理费用的变动费率为每件5元，固定的销售和管理费用每季度都是15 000元。假定这些费用全部以现金支付，预计现金支出与销售和管理费用额相等，则其预算表和预计现金支出见表8-15。

表 8-15　进化公司 2018 年度销售与管理费用预算表及预计现金支出表　（单位：元）

摘要	第一季度	第二季度	第三季度	第四季度	合计
预计销售量（件）（表8-7）①	2 000	2 000	2 000	3 000	9 000
单位变动费用率（元/件）②	5	5	5	5	5
变动费用总额③=①×②	10 000	10 000	10 000	15 000	45 000
固定费用④	15 000	15 000	15 000	15 000	60 000
销售与管理费用合计⑤=③+④	25 000	25 000	25 000	30 000	105 000
预计现金支出⑥=⑤	25 000	25 000	25 000	30 000	105 000

（八）预计利润表

预计利润表反映预算期内的经营成果，是经营预算中的一张关键表，它提供未来一段时间内某组织的盈利能力估计。编制预计利润表的主要依据是销售预算、产品成本预算、销售及管理费用预算、专门决策预算等有关资料。预计利润表上的税后收益与税后目标利润相比较，如有差距，应进行单一项目或进行综合性的调整，以达到目标利润的要求，实现企业的短期经营目标。预计收益表通常按年编制，为了适应管理上的特殊需要，也可以按季度编制。

例 8-14　承前例，进化公司根据以上预算表编制 2018 年度的预计利润表，如表 8-16 所示。

表 8-16　进化公司 2018 年度预计利润表　（单位：元）

摘要	第一季度	第二季度	第三季度	第四季度	合计
一、营业收入（表8-7）	360 000	360 000	360 000	540 000	1 620 000
减：营业成本（表8-14）	284 240	284 240	284 240	426 360	1 279 080
销售及管理费用（表8-15）	25 000	25 000	25 000	30 000	105 000
财务费用（表8-18）			2 500		2 500
二、税前利润	50 760	50 760	48 260	83 640	233 420
减：所得税费用（表8-18）	15 000	15 000	15 000	15 000	60 000
三、税后净利润	35 760	35 760	33 260	68 640	173 420

三、专门决策预算的编制

专门决策预算包括资本支出预算和一次性专门业务预算两类。

（一）资本支出预算的编制

资本支出预算是为购置固定资产、无形资产等长期决策活动而编制的预算。由生产部门提出，经审核批准后，作为编制预算的依据。由于长期投资决策的时间跨度大，资本支出预算的编制仅仅列示本预算年度内购置固定资产、无形资产等现金支出。对于长期投资决策在其他年份的现金流入和流出量在其他年度的预算中进行反映。

例 8-15　假设根据长期投资决策的结果，预算年度的资本性支出为 105 000 元。其中第二季度支出 100 000 元，第四季度支出 5 000 元。本例的资本预算支出如表 8-17 所示。

表 8-17　资本支出预算表　（单位：元）

摘要	第一季度	第二季度	第三季度	第四季度	合计
购置设备一台		100 000			100 000
购买专利				5 000	5 000
预计现金支出		100 000		5 000	105 000

（二）一次性专门业务预算的编制

企业为保证经营业务、资本性支出对资金的需求，应经常保持一定的现金数量，以支付各项费用和偿还到期债务。但要确保合理的现金持有量，尽量避免资金闲置或由于资金短缺而影响正常的经营活动。因此，财务部门在资金筹措、归还贷款、发放股利和缴纳税金等问题上要进行专门决策。

例 8-16　进化公司财务部门根据资本支出预算的编制，第一季度偿还短期借款 41 700 元，第二季度从银行借入款项 50 000 元，预计在第三季度偿还全部借款 50 000 元和利息 2 500 元。另外，预计预算期间每季度末预付所得税 15 000 元，全年 60 000 元。根据上述资料，进化公司编制的一次性专门业务预算表如表 8-18 所示。

表 8-18　进化公司一次性专门业务预算表　（单位：元）

摘要	第一季度	第二季度	第三季度	第四季度	合计
借入资金		50 000			50 000
归还借款	41 700		50 000		91 700
支付利息			2 500		2 500
预付所得税	15 000	15 000	15 000	15 000	60 000
预计现金收入合计		50 000			50 000
预计现金支出合计	56 700	15 000	67 500	15 000	154 200

四、财务预算的编制

（一）现金预算的编制

现金预算是以经营预算和专门决策预算为编制依据的，是用来反映预算期内由于经营和资本支出等原因而引起的一切现金收支及其结果的预算。现金预算一般由现金收入、现金支出、现金多余与不足以及资金筹集与运用四个部分组成。

（1）现金收入：包括期初现金余额和当期预计现金收入。通常，现金收入的主要来源是产品销售；其他现金收入（如投资利息）、收回的应收账款、票据贴现等也列入该部分。

（2）现金支出：指预算期的所有预计现金支出，包括原材料、人工、制造费用和管理费用各项预算中的支出；上交所得税、股利、支付利润以及资本性支出的有关费用等也包括在内。

（3）现金多余与不足：它是指现金收入与现金支出之间的差额，根据现金余缺情况可采用适当的融资方式来调剂余缺。

（4）资金筹集与运用：它根据预算期内现金收支的差额和企业有关资金管理的各项政策，确定筹集和运用资金的数额。如果现金不足，可向银行取得借款或以其他方式筹措资金，并预计还本付息的期限与金额。如果现金多余，除了可用于偿还借款外，还可用于购买作为短期投资的有价证券。

例 8-17　承前例，假设进化公司现金年初余额为 72 000 元，每季度末的现金期末余额是下季度的现金期初余额，进化公司编制现金预算表如表 8-19 所示。

表 8-19　进化公司现金预算表　（单位：元）

项目	第一季度	第二季度	第三季度	第四季度	合计
一、期初现金余额	72 000	50 000	49 325	40 395	72 000
加：现金收入（表8-8）	352 000	360 000	360 000	486 000	1 558 000
二、可供使用现金总额	424 000	410 000	409 325	526 395	1 630 000
减：现金支出					
直接材料（表8-11）	120 900	100 675	102 930	129 625	454 130
直接人工（表8-12）	121 200	120 000	123 000	178 200	542 400
制造费用（表8-13）	50 200	50 000	50 500	59 700	210 400
销售及管理费用（表8-15）	25 000	25 000	25 000	30 000	105 000
所得税（表8-18）	15 000	15 000	15 000	15 000	60 000
资本支出（表8-17）		100 000		5000	105 000
现金支付总额	332 300	410 675	316 430	417 525	1 476 930
三、收支相抵现金余缺	91 700	−675	92 895	108 870	153 070
加：银行借款（表8-18）		50 000			50 000
减：偿还借款（表8-18）	41 700		50 000		91 700
支付利息（表8-18）			2 500		2 500
四、期末现金余额	50 000	49 325	40 395	108 870	108 870

（二）预计资产负债表的编制

预计资产负债表是以期初资产负债表为基础，根据销售、生产等预算的有关数据进行调整的，是企业预算期末财务状况的总括性预算。

预计资产负债表提供预计资产、负债和所有者权益的有关信息，据此，管理层可以确定期末营运资本（流动资产与流动负债的差额）对计划中的运营来说是否充足；管理层利用预计报表来评价预期企业业绩，并采取适当的改进措施。

例 8-18　承前例，根据期初的资产负债表和本期相关预算资料，编制进化公司预计资产负债表，如表 8-20 所示。

表 8-20 进化公司预计资产负债表 （单位：元）

2018年12月31日

项目	年初数①	预计年末数	项目	年初数	预计年末数
资产：			负债及所有者权益		
现金	72 000	108 870②	短期借款	41 700	0⑨
应收账款	100 000	162 000③	应付账款	60 000	58 470⑩
原材料	4 500	5 100④	流动负债合计	101 700	58 470
产成品	11 334.4	17 054.4⑤	股东权益		
流动资产合计	187 834.4	293 024.4	普通股	140 000	140 000
固定资产	200 000	300 000⑥	留存收益	66 134.4	239 554.4⑪
减：累计折旧	80 000	160 000⑦	股东权益合计	206 134.4	379 554.4
固定资产净值	120 000	140 000			
无形资产		5 000⑧			
资产合计	307 834.4	438 024.4	负债和股东权益合计	307 834.4	438 024.4

① 年初数根据期初资产负债表数据编制。

② 见表 8-19 的第四季度末余额。

③ 表 8-16 中第四季度销售收入 54 万的 30% 即 162 000 元。

④ 表 8-10 中期末材料存货 1 020 件乘以材料单价 5 元而得。

⑤ 见表 8-14。

⑥ 年初数 200 000 元加上本期购置设备 100 000 元，见表 8-17。

⑦ 年初数累计折旧 80 000 元加上本年度计提折旧 80 000 元，见表 8-13。

⑧ 本期购置无形资产 5 000 元，见表 8-17。

⑨ 年初数 41 700 元减去本期偿还借款数 41 700 元，见表 8-18。

⑩ 表 8-10 第四季度材料采购额 146 175 元的 40% 即 58 470 元。

⑪ 年初的留存收益加上本期的净利润 173 420 元，见表 8-16。

五、预算编制的程序

企业编制预算，是一项工作量大、涉及面广、时间性强与操作复杂的工作。为保证预算编制的有序进行，一般要在企业内部专设一个预算委员会，负责并监督预算编制工作。全面预算的编制涉及各个部门，所以只有预算执行人员参与预算的编制，才能使预算成为他们自愿努力完成的目标。因此，预算编制一般应按照“上下结合、分级编制、逐级汇总”的程序进行，如图 8-6 所示。

（1）下达目标。由预算委员会根据企业发展战略和预算期经济形势的初步预测，在决策的基础上，拟定下一年度企业预算目标，包括营业目标、成本费用目标、利润目标和现金流量目标，并确定预算编制的政策，提前三个月将目标分解下达执行单位。

（2）编制上报。各预算执行单位按照企业预算委员会下达的预算目标和政策，结合自身特点以及预测的执行条件，提出详细的本单位预算方案，并提前两个半月上报本单位预算草案。

（3）审查平衡。企业财务管理部门对各预算执行单位上报的预算方案进行审查、汇总，提出综合平衡建议，约两个月报送预算委员会。在审查、平衡过程中，预算委员会应当进行充分协调，对发现问题提出初步调整意见，并提前一个半月反馈给有关预算执行单位予以修正。

（4）审议批准。企业财务管理部门在有关预算执行单位修正调整的基础上，编制出企业预算方案，上报财务预算委员会讨论。对于不符合企业发展战略或者预算目标的事项，企业预算委员会应当责成有关预算执行单位进一步修订、调整。在讨论、调整的基础上，企业财务管理部门正式编制企业年度预算草案，并提前一个月提交董事会或经理办公会审议批准。

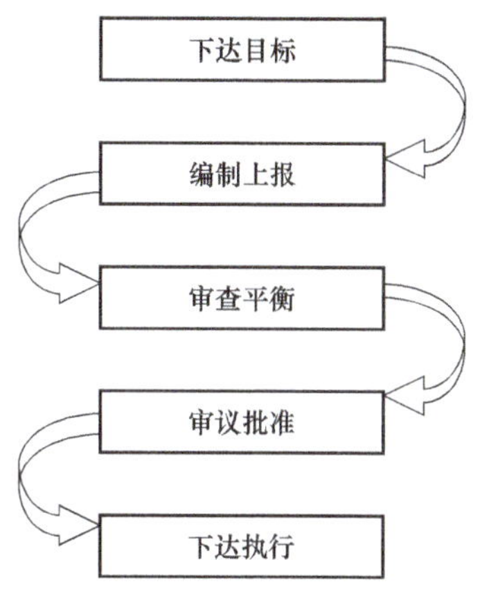

图 8-6 预算编制程序图

（5）下达执行。企业财务管理部门对董事会或经理办公会审议批准的年度总预算，一般在次年 3 月底以前，分解成一系列的指标体系，由预算委员会逐级下达各预算执行单位执行。

第四节 预算执行分析考评与编制的行为影响

一、预算执行分析与考评

（一）预算分析

各预算单位应当严格落实企业下达的预算指标，从横向到纵向落实到内部各部门、各单位、各环节和各岗位，形成全方位的预算执行责任体系。

为了把预算落到实处，企业首先应当严格把控预算内的资金拨付，按照授权审批程序执行；预算外的项目支出，按预算管理制度规范支付程序；无合同、无凭证、无手续的项目支出，不予支付。其次应当严格执行销售、生产和成本费用预算，努力完成利润指标。生产经营过程中对实际成本进行监控，一旦发现实际成本大幅度偏离预算，企业有关部门应及时查明原因，提出解决办法。

对于预算执行中发现的偏差较大的重大项目，企业财务管理部门、预算委员会应当责成有关预算执行单位查找原因，提出改进经营管理的措施和建议。强化现金流量的预算管理，按时组织预算资金的收入，严格控制预算资金的支付，调节资金收付平衡，控制支付风险。企业财务管理部门应当利用财务报表监控预算的执行情况，及时向预算执行单位、企业预算委员会、董事会或经理办公会提供财务预算的执行进度、执行差异及其对企业预算目标的影响等财务信息，促进企业完成预算目标。

企业正式下达执行的预算，一般不予调整。预算执行单位在执行中由于市场环境经营条件、政策法规等发生重大变化，致使预算的编制基础不成立，或者将导致预算执行结果产生重大偏差的，可以调整预算。

对于预算执行单位做出的预算调整事项一般应遵循以下要求：

（1）预算调整事项不能偏离企业发展战略。

（2）预算调整方案应当在经济上能够实现最优化。

（3）预算调整方案重点应当放在预算执行中的重要的、非正常的、不符合常规的关键性差异方面。

开展预算执行分析，企业管理部门及各预算执行单位应当充分收集有关财务和非财务等方面的信息资料，根据不同情况分别采用不同的分析方法，如比率分析、比较分析等，从定量与定性两个层面充分反映预算执行单位的现状、发展趋势及其存在的潜力。针对预算的执行偏差，企业财务管理部门及各预算执行单位应当充分、客观地分析产生的原因，提出相应的解决办法，提交董事会研究决定。企业预算委员会应当定期组织预算审计，可以采用全面审计或者抽样审计，也可组织不定期的专项审计。通过纠正预算执行中存在的问题，充分发挥审计的监督作用。审计工作结束后，应当形成审计报告，作为预算调整、改进内部经营管理和财务考核的一项重要参考。

（二）预算考评

预算年度终了，预算委员会应当向董事会或者经理办公会报告预算执行情况，并依据预算完成情况和预算审计情况对预算执行单位进行考评。

预算的考评有两层含义：评价制度和奖惩制度。预算考评的主要目的在于通过沟通、激励和控制，推动责任单位和员工的行为表现共同朝着企业整体目标前进。

预算的考评包括期中预算考评和期末预算考评。期中预算考评是指预算执行过程中依照企业全面预算内容的实际执行情况和预算指标进行考核、比较，发现及分析造成差异的原因，为企业生产经营者的纠偏和事中控制提供依据。期末预算考评是指预算期末各项预算执行主体的预算情况进行分析评价。大多数企业目前以期末考评为主，多以成本费用、利润和投资报酬率的考核为主。

全面预算的考评工作应当遵循以下原则：

（1）目标性原则。预算考核的目的是为了更好地实现企业战略和预算目标，将目标落实到各责任主体确保更好地整体目标实现。要避免出现只顾局部利益而不顾整体利益的现象，保证企业各级预算体系的一致性，共同实现企业整体战略目标。

（2）时效性原则。企业在实践中可以根据企业的生产经营要求、内外部环境选择合理周期。如年度考评、季度考评、月度考评等。需避免当期预算延迟到下期考评的情况。

（3）合理性原则。考评需秉承公平、公正、公开的原则，使各个预算主体的风险和收益相匹配、权利和义务相对应，做到责、权、利统一。

（4）分级考评原则。为了考评科学、合理和有效地进行，考评需针对不同层次的责任主体所拥有的权利和承担的责任来进行，分级考评的考评者为每级主体所属的上级部门。

（5）例外原则。预算管理中，需要关注宏观经济的变化、自然灾害等例外情况。这些因素不受企业控制，一旦受到这些因素的影响，企业应该及时修正预算，考评需按修正后的预算指标进行。

企业应当建立预算分析制度，由预算委员会定期召开预算执行分析会议，全面掌握预算的执行情况，研究、解决预算执行中存在的问题，纠正预算的执行偏差。

二、预算的编制行为影响

全面预算是用来帮助管理人员规划和控制各项经济活动的重要工具。它是由人编制并且最终由人来执行。整个预算编制过程和执行过程都包含着人的行为因素。可见，预算具有显著的行为效应。这种效应是积极的还是消极的，在很大程度上取决于预算的运用方式。

（一）预算松弛

预算松弛是指最终确定的预算水平与最优预算水平之间的差异，这一差异是普遍存在于预算编制过程的。差异的积累可能对整个预算管理制度的有效性产生直接影响。据卢因和希夫两位学者对 100 家大型企业进行预算过程的调查结果显示：绝大多数企业存在着不同程度的预算松弛问题。

1．预算松弛的成因

（1）信息不对称。信息不对称包括上下级之间的信息不对称、同级部门之间的信息不对称两个方面。一般来说，底层管理者往往掌握更加全面的本部门情况，对于影响预算编制的信息也比高层管理者了解更多。在个人利益的驱动下，底层管理者往往利用自身信息上的优势，故意高估支出、低估收入或业绩能力，导致预算松弛产生，这种松弛带来的直接结果是制定者能更加轻松地完成预算，从而在成果分配时获取更多的利益，更好的体现自己在工作中的能力。尽管高层管理者总是希望尽可能多地了解底层的运营情况，但由于决策时间的稀缺、专业化程度高、信息渠道不通畅等诸多因素的约束，几乎不可能突破底层管理者甚至底层部门集体构建的信息壁垒。

（2）预算制定制度缺陷。参与型预算制度是在预算制定过程中由高层管理者和底层管理者协商完成预算目标的制度，由底层管理者提供预算草案，双方根据预算草案进行协商，最后的预算目标是双方协商的结果，这种类似“讨价还价”的制度，很难不使底层管理者在草案中提出一个“高价”，以保证其在协商中的优势。

（3）激励模式缺陷。这往往是造成预算松弛的最大原因。在现代企业的考评机制中，企业管理中业绩评价的引入使得管理者的奖金与部门指标挂钩，预算指标由管理者参与制订，又用来考核管理者自身，经理为了获得更好的绩效考核，便产生了预算松弛。显然，预算的执行者会根据自己能够完成的真实业绩，通过制定比实际业绩低的预算目标，实现自己能够超额完成预算目标的假象，这为预算松弛的发生提供了强大的动力。

（4）争夺有限的资源。企业制定预算，往往是为了更好地对企业内部资源的使用权和决策权做出有效的分配。企业的资源分配是以预算为基础的，更多的资源可以使预算标准更加容易达到。于是，部门之间会出现对企业整体资源的抢占。当超过预算以后，争取更多资源往往需要多层审批，且会给上级留下不好的印象，影响部门的“声誉”，这其中的周折势必会影响到部门正常的运营。企业为了占有尽可能多的稀缺资源便在编制预算时制造预算松弛，夸大资源的需求量。这样可以更容易达到预算标准，也可以避免因超支带来的不便。

（5）规避风险。预算是根据现在及历史的情况，对于未来运行情况的合理预测，未来业务运营面临的风险具有不确定性，内部环境或者外部环境可能发生极大的变化，这样的变化使不同性质的部门遭到不同的影响。为了规避风险，底层管理者通过制造预算松弛来应对风险造成的负面影响。

2．预算松弛的防范措施

企业的整体战略目标为预算的制定提供了方向，各部门根据现有的运营水平，对未来的运营情况进行预测，提供预算所需的指标。鉴于企业预算松弛普遍存在于预算管理之中，影响预算管理效果，所以对于预算松弛的治理十分重要。

（1）加强信息交流与沟通。管理层应多渠道地向员工宣传企业战略、企业远景和企业文化，并对员工进行专业培训和道德教育，使员工的个人目标、部门目标与企业目标保持一致。这样才能较好地消除本位主义对预算编制的消极影响。同时建立以战略目标为导向的全面预算管理，将企业战略完全融入全面预算管理中，由上至下地贯彻企业的战略思想。

（2）替代评价标准。预算的评价标准是产生预算松弛的主要诱因之一。这种情况下，可以考虑在业绩评价及激励方案中采用其他的标准替代预算标准。这些标准通常包括实际的业绩水平、行业的平均水平或先进水平以及企业内部其他人员的水平。这样一方面可以使企业控制得以有效进行，另一方面可以减少预算松弛问题，使预算的其他职能得以充分发挥，促使企业的预算管理逐步走入良性的轨道。待条件成熟后，再考虑预算标准的采用。

（3）确定合理的考评和奖励机制。真实引导型激励方案是解决预算松弛问题的最主要途径之一，其最大的特点在于一方面激励企业员工努力创造业绩，另一方面又激励企业员工提供真实的预测、预算数据，防止预算松弛。它的基本原则是预算执行只有在提供真实的预算数据的情况下才能实现激励报酬最大化。

（4）增强预算透明度。企业还需要建立科学化的工作流程以及高效率的组织机构，以加强部门之间的沟通和交流，提高企业内部管理的透明化，这样可以缓解因为信息不对称造成的预算松弛。预算过程的透明是指预算制定过程中要符合实际的业务流程，预算管理的透明是指在管理过程中人员之间的关系要公平融洽。在预算考核的体系中，要根据企业的战略发展，将预算目标逐级拆分，使每个级次的责任人，每一岗位的责任人对自己的预算负责，最终以具有关键性的预算目标作为考核标准。

（5）强化内部审计监督执行力。从管理组织角度讲，内部审计部门要在预算管理中发挥作用，必须加入到预算管理组织体系中。预算管理组织体系一般包括三个层次：预算管理决策层、预算管理职能部门和预算管理责任部门。预算管理决策层由最高决策委员会与相应的咨询机构组成，其主要职责之一是对全面预算进行总体性审核与全局性把握。为有效发挥内部审计的咨询、评价、服务等职能，内部审计部门应全过程参与预算管理活动。内部审计部门不仅要对预算管理的过程予以审查，还要对预测数据、预算数据予以审查，必要的时候可以聘请相关领域的专家，比如注册会计师协助内部审计工作，加大对制造预算松弛部门的审计监督，使他们没有“有机可乘”的机会。

（二）目标一致

传统的以目标利润为导向的预算管理着眼于近期的内部规划和行动，忽略了对企业外部环境和内部条件的分析，制定的预算目标往往与企业的战略目标脱节，有时甚至与战略目标背道而驰，容易引起片面追求短期利润目标和经济效益的短视行为。因此，为了更好地将预算编制和企业战略目标相结合，企业应建立以战略目标为导向的全面预算管理体系。建立以战略目标为导向的全面预算管理体系关键在于将企业战略完全融入全面预算管理中，由上至下地贯彻企业的战略思想。

预算是战略执行和战略目标实现的保障与手段。预算编制的过程是企业与市场环境的沟通过程，是企业日常经营管理与发展战略相连接的综合性管理手段。预算将战略规划转化为行为计划，企业通过对年度预算目标的完成来逐步实现战略目标。如果仅有战略发展目标，而没有长期资源分配方案和预算方案，那么战略发展目标就如同空中楼阁，缺乏坚实的现实基础。

具体做法是在编制预算的过程中逐一分解战略目标，先由管理者确定企业战略，对企业战略进行分解，形成企业年度预算目标；然后在各部门充分协商的基础上确立各部门的战略目标和预算目标；最后，部门目标分解为每一位员工的责任目标，使每个员工在了解企业整体战略的基础上明确自己的工作任务。在预算执行过程中，通过对预算指标的分析，管理者能够及时掌握企业信息，以便于对战略发展目标进行及时调整和控制。

总之，战略和预算是紧密联系的。战略是预算的基础，预算不能偏离战略的方向，缺乏战略指引的预算是没有灵魂的预算，难以提升企业的核心竞争力和企业价值。战略目标的实现又依赖于预算的执行，预算支持和修正战略，没有预算支持的战略是不具操作性的空洞的战略。

思\考\题

1. 企业的全面预算由哪些预算组成？
2. 经营预算包括哪些主要内容？为什么说销售预算是预算编制的关键？
3. 一个企业只能选择一种预算方法吗？请结合不同类型的企业进行思考。
4. 预算编制的方法有哪些，请举例说明。

参\考\文\献\与\荐\读

[1] 财政部会计资格评价中心 . 财务管理 [M]. 北京：经济科学出版社，2018.

[2] 郑爱华，张亚杰，李文美 . 管理会计 [M]. 北京：机械工业出版社，2007.

[3] 孙茂竹，支晓强，戴璐 . 管理会计学 [M]. 北京：中国人民大学出版社，2018.

[4] 余绪缨，汪一凡 . 管理会计 [M]. 沈阳：辽宁人民出版社，2004.

[5] 王永刚，张秀清，胡慧玲 . 管理会计 [M]. 北京：机械工业出版社，2013.

[6] 陈兴述，李勇 . 管理会计 [M]. 北京：高等教育出版社，2014.

[7] 温素彬 . 管理会计 [M]. 北京：机械工业出版社，2016.

[8] 李守武 . 管理会计工具与案例——战略与预算管理 [M]. 北京：中国财政经济出版社，2018.

[9] 吕长江 . 预算实务 [M]. 上海：上海财经大学出版社，2017.

[10] 周国海 . 全面预算管理与实务 [M]. 北京：经济科学出版社，2017.

第九章

标准成本控制

导\入\案\例

重庆长江电工工业集团有限公司（以下简称长江电工），是一家具有百年历史的国有兵工企业，作为机械加工制造类企业，成本领先战略是长江电工持续发展的基础和必然选择，在近几年的实践中，长江电工结合自身管理现实，探索总结出标准成本“五因素”编制法，创新使用工艺定额逐步修正，编制科学、可靠、先进的标准成本，有力促进了全面预算、成本领先战略等一系列管理工具的深入实施。标准成本“五因素”编制法所需要考虑的五项重要因素分别为：

（1）工艺进步因素。长江电工每年坚持对制造工艺技术改进加大研发投资，同时投资新设备并投入使用，小型技改技革等带来的自动化水平提升促使工艺技术水平不断进步，工艺进步自然促进材料消耗和能源消耗的下降及劳动效率的提升。长江电工在每年编制标准成本时，结合工艺技术的进步情况对原材料消耗定额、能源消耗定额和工时定额等做出修正。

（2）历史成本因素。生产线的瓶颈制约或制造组织安排的不均衡性会导致实际制造耗费大于定额数据，这一差异可以通过历史成本数据反映出来。对于已批量投产一段时间的成熟产品，长江电工在编制标准成本时参考过去生产该产品的历史平均成本数据，尤其是消耗量数据，对定额进行适度修正。

（3）年度预算因素。成本的高低会受到整个企业资源分配的影响，对资源配置最权威的依据则是年度预算。长江电工在编制标准成本时参照年度预算对各项定额，尤其是制造费用定额中的部分项目进行修正调整，从而使得费用标准更加符合年度生产实际。

（4）规模变动因素。对于某些依据较小产量规模制定定额的产品，比如新投产产品或原来销量不佳的产品，当市场变动或订单增加导致产量规模发生大幅度变化时，其制造过程中所用的各种原材料的利用率和劳动效率便会相应上升，长江电工在制定标准成本时会依据实际情况对相应定额做出适当修正。

（5）产能变动因素。生产能力的变动会导致诸如折旧、生产一线管辅人员工资等固定成本的单位摊销额发生变化，长江电工在制定费用标准和单位人工成本标准时会根据产能的变动对费用定额和工时定额进行修正。

通过五个因素的调整，可以编制比定额成本更为精细、更贴近工艺和管理实际且具有一定先进指导意义的标准成本。

（摘自：李守武，管理会计案例，中国财政经济出版社，2016年。）

第一节　成本控制概述

企业经营的主要目的在于盈利，影响企业利润的因素主要来自销售收入、销售成本及各项费用。在激烈的市场竞争环境下，开源节流是企业谋求生存和发展所必须努力的方向。开源就是尽可能提高产品销售价格或增加销售量，但由于市场不确定因素的影响，这两种开源的方法往往难以实现。相对而言，降低或控制成本就变得相当重要。

企业的经营目标确定之后，就要围绕经营目标组织实施成本控制，对企业的各项经营活动予以监督。成本涉及企业经营的各个方面，因此成本控制是企业整个经营活动中不可缺少的重要组成部分。

一、成本控制的意义

（一）成本控制的含义

成本控制（Cost Control）有广义和狭义之分。狭义的成本控制主要是指对生产阶段产品成本的控制，即运用一定的方法对产品生产过程中构成产品成本的一切耗费进行科学严格的计算、限制和监督，将各项实际耗费限制在预先确定的预算、计划或标准的范围内，并通过分析造成实际脱离计划或标准的原因，积极采取对策，以实现全面降低成本目标的一种会计管理行为或工作。狭义的成本控制比较看重对日常生产阶段产品成本的限制。

广义的成本控制则强调对企业生产经营的各个方面、各个环节以及各个阶段的所有成本的控制。它不仅要控制产品生产阶段的成本，而且要控制产品的设计试制阶段的成本和销售及售后服务阶段的成本；不仅要控制产品成本，而且要控制产品成本以外的成本，如质量成本和使用寿命周期成本；不仅要加强日常的反馈性成本控制，而且要做好事前的前馈性成本控制。

显然广义的成本控制在空间上渗透到企业的方方面面，在时间上贯穿了企业生产经营的全过程，它与成本预测、成本决策、成本规划、成本考核共同构成了现代成本管理的完整系统。

（二）成本控制的作用

1．成本控制是企业增加盈利的根本途径

利润最大化是企业的目的之一，也是社会经济发展的动力之一。在收入不变的情况下，降低成本能增加利润；在收入增加的情况下，降低成本能使利润更快地增长；在收入下降的情况下，降低成本能抑制利润的下降。

2．成本控制是抵抗内外部压力、求得生存的重要保障

降低成本能提高企业价格竞争能力；降低成本可以提高安全边际率，使企业在经济萎缩时继续生存下去；提高售价会引起经销商和供应商相应的提价要求和增加流转税负担，而降低成本可以避免这类外部压力。

3．成本控制是企业发展的基础

降低成本可以降低售价以扩大销售，扩大销售可以稳定经营基础，有利于企业进一步提高产品质量，创新产品，以求新的发展。

二、成本控制的分类

成本控制可按不同的标志进行分类，常见的几种分类如下：

（一）按控制的原理分类

成本控制按其控制的原理可分为前馈性成本控制、防护性成本控制和反馈性成本控制三种类型。

前馈性成本控制是指利用控制理论中的前馈控制原理对事前的产品设计、试制阶段所进行的成本控制。防护性成本控制是一种辅助控制形式，也称制度控制，它是通过企业内部制定的规章制度来约束成本的支出，预防偏差和浪费的发生，它与前馈性成本控制都属于事前的成本控制。反馈性成本控制则是指利用反馈原理进行的日常或事后的成本控制。

（二）按控制的手段分类

成本控制按其控制的手段可分为绝对成本控制和相对成本控制两种类型。

绝对成本控制侧重于节流，主要着眼于节约各项支出，杜绝浪费。相对成本控制是开源与节流并重，除采取节约措施外，还要根据本量利分析的原理，充分利用生产能量，以达到相对降低成本的目的。

（三）按控制的对象分类

成本控制按其控制的对象可分为产品成本控制和质量成本控制两类。

产品成本控制是指生产产品全过程的控制。质量成本控制是指质量管理与成本管理的有机结合，通过确定最优质量成本而达到控制成本的目的。

（四）按控制的时间分类

成本控制按其时间特征可分为事前成本控制、事中成本控制和事后成本控制三种类型。

事前成本控制是指在产品投产前的设计、试制阶段，对影响成本的各有关因素所进行的事前规划、审核与监督，同时建立健全各项成本的管理制度，以达到防患于未然的目的；事中成本控制是指在产品的生产过程中，从投料起对成本的形成和偏离成本目标的差异进行的日常控制；事后成本控制是指在产品成本形成之后的综合分析与考核。狭义的成本控制只包括事前成本控制和事中成本控制。

（五）按控制的时期分类

成本控制按其控制的时期可分为运营期成本控制和使用寿命周期成本控制。

运营期成本控制侧重控制本企业运营期内的成本。使用寿命周期成本控制则从用户的角度出发，力图实现对取得成本和使用成本的双重控制。

三、成本控制系统的组成

一个企业的成本控制系统包括组织系统、信息系统、考核制度和奖励制度等内容。

（一）组织系统

组织是人们为了一个共同目标而开展活动的一种方式。组织系统也称组织结构，描述的是组织的框架结构。企业的成本控制系统应该与企业的组织结构相适应，将企业预算分由若干预算小组编制完成，每个小组的预算代表一个部门或者一个车间的财务计划，同时也明确了各个部门的权限和职责，这些代表企业各个部门的小组也被称为责任中心。

企业成本控制的组织系统是由各个责任中心组成的，这些责任中心按其所负责和控制范围的不同，分为成本中心、利润中心和投资中心。成本中心是指只能对成本或费用负责的责任中心，如企业的车间。利润中心是指既能控制成本又能控制收入的责任中心，如企业的分厂、分部。投资中心是指既对成本、收入和利润负责，又对资金及其利用效益负责的责任中心，如企业总部或企业集团。

（二）信息系统

信息系统也称责任会计系统，它是企业会计系统的一部分，负责计量、传送和报告成本控制使用的信息。责任会计系统主要包括编制责任预算，核算预算的执行情况，分析评价和报告业绩几个部分。

（三）考核制度

考核制度是指通过制定一系列业绩考核评价指标，业绩考核标准的计量方法、预算种类等内容，对企业成本控制的效果进行考核和评价。考核制度是成本控制系统发挥作用的重要因素。

（四）奖励制度

奖励制度是针对考核结果实施的奖励或惩罚制度。适当的奖惩，有利于调动有关人员的积极性，也是维持成本控制系统长期有效运行的重要因素。奖励有货币奖励和非货币奖励两种形式。非货币奖励包括表扬、提升等内容。

四、成本控制的原则

实施成本控制需要遵循以下原则：

（一）全面控制原则

全面控制，即全员控制、全过程控制和全方位控制。具体含义如下：

（1）全员控制：是指企业必须充分调动每个部门和每名员工控制成本、关心成本的积极性和主动性，做到上下结合，专业控制与群众控制相结合，加强员工成本意识，做到人人承担成本控制的任务，人人有控制指标，建立成本否决制。这是能否实现对成本全面控制的关键。

（2）全过程控制：是指以产品寿命周期成本形成的全过程为控制领域，从产品投产前的设计阶段开始，包括试制阶段、生产阶段、销售阶段直至产品售后阶段的所有阶段全部进行成本控制。

（3）全方位控制：是指在实施成本控制的过程中，正确地处理好降低产品成本与增加产品种类及提高产品质量的关系，必须以市场需求为导向，坚决杜绝产品单调、品种单一的现象，更不允许通过以次充好、以假乱真、欺骗消费者和不正当竞争手段来达到压缩成本的目的。

（二）经济效益原则

经济效益原则也可以称为“成本—效益”原则，是指因推行成本控制而发生的成本不应该超过因缺乏控制而丧失的收益。具体有以下三层含义：

（1）厉行节约，成本控制首先要求尽可能地降低成本支出。

（2）广开财路，充分利用企业现有的资源，实现生产要素的最佳配置。

（3）核算信息成本，将进行成本控制所必须支付的代价限制在最经济的限度内。因为进行成本控制必须依赖一定的信息，按照信息理论，任何信息的取得均需要花费代价，只有当成本控制取得的效益大于其代价时，成本控制才是必要的、可行的。

（三）目标管理及责任落实原则

目标管理是指企业管理部门以既定的目标作为管理人力、物力、财力和各项重要经济指标的基础。进行成本控制必须与目标管理经济责任制的建立与健全配套衔接，事先将成本管理目标层层分解，明确规定有关方面或个人应承担的成本控制责任义务，并赋予其相应的权利，使成本控制的目标和相应的管理措施能够落到实处，成为考核的依据。

（四）因地制宜原则

因地制宜原则也称为具体问题具体分析原则，是指成本控制系统必须个别设计，适合特定企业、部门、岗位和成本项目的实际情况，不可完全照搬别人的做法。

适合特定企业这一具体原则，是指对大型企业、中小型企业或新企业、发展快和相对稳定的企业、不同行业的企业，以及同一企业不同发展阶段，管理重点、组织管理风格、成本控制方法和奖励形式都应当有区别。例如，新建企业的管理重点是销售和制造，而不是成本；正常营业后的管理重点是经营效率，要开始控制费用并建立成本标准；扩大规模后的管理重点为扩大市场，要建立利润中心和正式的业绩报告系统；规模庞大的老企业的管理重点是组织的巩固，需要周密地计划和建立投资中心。适用于所有企业的成本控制模式是不存在的。

（五）例外管理原则

例外管理原则是指在日常实施全面控制的同时，有选择地分配人力、物力和财力，抓住那些重要的、不正常的、不符合常规的关键性成本差异（即例外）。采取例外管理原则的好处在于：一方面可以通过分析实际脱离标准的原因来达到日常成本控制的目的，另一方面可以检验标准本身是否先进适宜。

在实务中，确定“例外”的标准通常可考虑以下几个因素：

（1）重要性。例外的标准首先要体现重要性原则的要求，它是根据成本差异金额的大小来决定的。一般来说，只有数额较大的差异才应给予足够的重视。这里金额的大小通常以成本差异占标准或预算的百分比来表示，比如有的企业将差异率在5%以上的差异作为例外处理。

（2）一贯性。如果有些成本差异虽未达到重要性标准，但却一贯在控制线的上下限附近徘徊，则也应引起管理人员足够重视。因为这种情况可能是由于原标准已过时失效或成本控制不严造成的。

（3）可控性。凡属管理人员无法控制的成本项目，即使差异达到重要性标准，也不应视为例外，否则会挫伤责任人的积极性。

（4）特殊性。凡对企业的长期获利能力有重要影响的成本项目，即使其差异没达到重要标准，也应视为例外，需查明原因。

五、成本控制的程序

成本控制的程序是指实施成本控制需要依次经过的步骤，通常包括以下内容：

（1）确定成本控制的目标或标准。成本控制目标或标准是衡量成本及其每一项目应该达到的要求，是企业进行成本分析和评价的重要依据。如果没有目标或标准，也就无法进行成本控制。在实际工作中，成本控制的标准应根据成本形成的阶段和内容不同加以具体确定。

（2）分解落实控制的目标。通过成本目标的层层分解，将其具体落实到岗位、个人身上，通过责、权、利的有机结合，充分调动全体员工成本控制的积极性和创造性。

（3）计算并分析成本差异。通过实际成本与一定的成本控制标准比较，进行成本控制的信息反馈，掌握成本发生的实际情况，及时揭示偏差，以便确定成本的节约与浪费，分析成本超支或节约的原因，确定责任归属。

（4）进行考核评价。通过对成本责任部门的考核与评价，奖优罚劣，促进成本责任部门不断改进工作，实现降低成本的目标。同时，通过考核评价，发现目前成本控制中存在的问题，改进现行成本控制制度及措施，以有效地进行成本控制。

第二节 标准成本控制系统概述

标准成本控制系统，即标准成本制度（Standard Cost System），也称标准成本会计，是指围绕标准成本的相关指标而设计的，将成本的前馈控制、反馈控制及核算功能有机结合而形成的一种成本控制系统。它具有事前估算成本、事中及事后计算与分析成本，以及揭露矛盾的功能。

一、标准成本控制系统的产生

20世纪20年代以来，西方发达国家在成本计算与成本控制的结合以及满足预测和决策的需要上，取得了不少的成就。标准成本控制系统的产生和发展就是其中之一。它的产生与1903年泰罗发表的《工厂管理》一书有着密切的联系。该书中提出产品的标准操作程序及时间定额，成为标准成本控制系统产生的基础。1904 年美国效率工程师哈尔顿 • 爱墨森首先在美国铁道公司应用标准成本法。由于他不是会计师，因此，没有提出标准成本的会计账务处理方法。1911 年美国会计师卡特 • 哈里逊第一次设计出一套完整的标准成本制度，他在 1918 年发表了一系列文章，其中曾介绍了一套分析成本差异的公式，并对账户、分类账及成本分析单叙述得十分详细。从此标准成本会计就脱离实验阶段而进入实施阶段，以后被逐渐完善和广泛推广。

二、标准成本控制系统的内容

标准成本控制系统，是企业在生产经营过程中将实际成本与标准成本进行定期比较，揭示成本差异，并按照例外管理原则分析成本差异发生的原因，及时向管理层反馈，并就重大差异事项及时采取措施纠正，从而达到成本控制目标的一种成本控制系统。其具体内容包括标准成本的制定、成本差异的计算与分析、成本差异的处理三个部分。

（1）标准成本的制定。根据已经达到的生产技术水平，通过精密的调查、分析和技术测定，科学地为每一个成本项目制定标准支出。

（2）成本差异的计算与分析。通过记录当期发生的实际成本，根据成本项目的标准开支数和当期实际业务量，计算当期产品的标准成本，并将实际成本与标准成本进行比较，确定各成本项目的差异及产品成本的总差异，分析差异形成的原因，明确经济责任。

（3）成本差异的处理。对各成本项目的差异及产品成本的总差异，按照一定的原则和程序进行账务处理，并总结经验教训，进一步明确降低成本的措施，为后期加强成本控制与管理打下基础。

以上三个部分构成一个完整体系，其关系如图 9-1 所示。

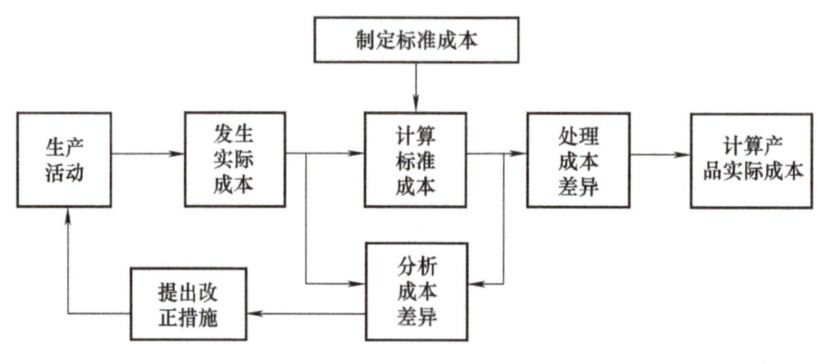

图 9-1　标准成本控制系统的业务流程

由图 9-1 可知，标准成本控制系统并不单纯是一种成本计算方法，它不仅是会计信息系统的一个分支，而且也是成本控制系统的一个分支。作为一种成本计算方法，它可以把成本差异计入标准成本，以确定产品的实际成本；作为一种成本控制方法，它可以将实际成本与标准成本比较后得到成本差异，并对成本差异进行分析与处理，以有效控制成本。因此，就成本控制而言，标准成本及成本差异是比实际成本更为重要和有用的管理信息。

三、标准成本控制系统的特点和作用

（一）标准成本控制系统的特点

标准成本控制系统的核心是按标准成本记录和反映产品成本的形成过程和结果，并借以实现对成本的控制。标准成本控制系统具有以下特点：

（1）标准成本控制系统只计算各种产品的标准成本，不计算各种产品的实际成本。“生产成本”“库存商品”“自制半成品”等账户的借贷方，均按标准成本入账。

（2）实际成本与标准成本发生的各种差异，分别设置各种差异账户进行归集，以便对成本进行日常控制和考核。常用的差异账户有“材料数量差异”“材料价格差异”“人工效率差异”“人工工资率差异”“变动制造费用效率差异”“变动制造费用耗费差异”“固定制造费用产量差异”和“固定制造费用预算差异”等。这些账户借方反映的都是超支差异，贷方反映的都是节约差异。期末，应将各成本差异的余额予以结清。

（3）标准成本控制系统并不是一种单独的成本计算方法，它可与任何一种成本会计模式和计算方法相结合。它既可以与完全成本法结合使用，也可以与变动成本法结合使用，还可以与作业成本法结合使用；它可以与分批法相结合，也可以与分步法相结合。标准成本控制系统将制造费用分成固定部分和变动部分，分别揭示其差异，便于根据成本的可控性和不可控性，明确差异的责任，寻找降低成本的途径。

（二）标准成本控制系统的作用

标准成本控制系统在西方工业企业中得到广泛应用。国外多年来的实践表明，企业实行标准成本控制系统的作用主要有以下几方面：

（1）有利于成本控制。它通过事前制定的成本标准，对各种资源消耗和各项费用开支规定数量界限。可以事前限制各种消耗和费用的发生；在成本形成过程中，按成本标准控制支出，随时揭示节约还是超支，及时发现问题，采取改进措施，纠正偏差，以达到降低成本的目的；产品成本形成之后，通过实际成本与标准成本的比较，揭示成本差异，并分析差异原因，为未来降低成本指明方向。

（2）为价格决策和投标议价提供依据。标准成本消除了经营管理过程中由于低效率或浪费以及偶然性因素对成本的影响，从而避免了由于实际成本波动而造成价格波动的后果，因此，标准成本比会计期间结束后求得的实际成本作计价基础更为符合客观真实情况。

（3）有利于简化成本核算工作。一套完整的标准成本控制系统通常伴有生产操作的标准化，这样就不需要对许多领料单和工作时间卡予以分类和汇总，因为标准数额已经计入汇总成本单，在生产通知单完工时，只需为差异额在标准工作单上做出分录。另外，在标准成本控制系统中，标准成本和差异分别列示，材料、在产品、产成品和产品销售成本都可以按标准成本入账。成本差异数额较小时，可作为期间费用处理。这样就使核算工作量大为减少，既可以及时提供成本资料，又可以使会计人员从繁重的核算工作中解脱出来。

（4）便于企业编制预算和进行预算控制。事实上标准成本本身就是单位成本预算。例如，在编制直接人工成本预算时，首先要确定每生产一件产品所需耗费的工时数以及每小时的工资率，然后用它乘以预算的产品产量，这样就可以确定总人工成本预算数。

（5）有利于增强员工的成本意识。标准成本控制系统要求在基层管理者参加之下，用科学的方法制定成本标准，作为员工工作努力的目标和业绩评估的尺度，这对促使广大员工关心成本计算，增强成本意识，努力完成预定目标具有积极的推动作用。

（6）有利于正确评价工作业绩。在标准成本控制系统中，以标准成本作为评估业绩的尺度。由于标准成本通常是指在正常生产条件下制造产品应有的成本额，因此，以本期实际成本与标准成本相比较，能正确评价企业的工作质量。另外，采用标准成本控制系统有利于责任会计的推行。在实行责任会计制度下，各成本中心之间的半成品内部转移价的确定，以标准成本为依据，可以避免各成本中心的责任成本受外界因素的影响，从而有利于正确评价它们的业绩。

四、实施标准成本控制系统的基本条件

把标准成本纳入正常的成本计算系统，同实际成本计算相对比，需要具备一些基本的前提条件，否则标准成本计算就难以名副其实，不能达到标准成本计算的应有作用。标准成本控制系统实施的基本条件主要有以下几点：

1. 产品设计及生产过程的标准化

采用标准成本控制系统，仅对成本计算对象的产品成本给予标准是不够的，因为产品生产过程中使用的零部件、半成品耗用的材料、使用的设备以及工艺操作方法如果不能标准化，就无法进行标准成本的累积，因而也就不能制定合理的成本标准。要确定零部件、半成品等成本要素的标准就必须建立作业流程和工艺规程的标准化，从而确定它们同成本要素之间的数量关系。

2. 完备的成本管理系统

前已指出标准成本控制系统的重要目的在于成本的控制，如果只有标准成本计算而没有相应的成本管理系统，那么标准成本计算将有名无实。因此同标准成本计算相适应，应确立成本管理的责任体系，成立专门的机构负责标准成本的制定、差异的原因分析、工作成果的评价以及标准成本的修订等。同时，根据生产过程的特点，建立成本责任中心，明确管理者在成本上的责任及权限范围，通过标准成本计算和工作成果的评价考核，对成本进行全面的控制。

3. 全员成本参与意识的提高

采用标准成本控制系统对成本进行全面控制，以达到降低成本、提高经济效益的目的，归根到底要依靠人们在生产经营活动中的积极性。标准成本控制系统本身并不能降低成本，能否降低成本要取决于管理者和实践者对标准成本控制的态度和参与程度。因此提高全员的成本意识，取得他们对标准成本控制系统的支持，使之积极参与成本管理，是实现标准成本控制目的的重要方面。

第三节 标准成本的制定

一、标准成本的含义

标准成本是在充分调查、分析和技术测定的基础上，根据企业现已达到的技术水平所确定的企业在有效经营条件下生产某种产品所应当发生的成本。它是目标成本的一种，可以作为控制成本开支、评价实际成本、衡量成本控制业绩的依据。

准确地讲，标准成本有两种含义：

一种是指“单位产品的标准成本”，也称“成本标准”，是一个单位的概念，是根据单位产品的标准消耗量和标准单价计算出来的，其计算公式为：

$$单位产品标准成本=单位产品标准消耗量\times标准单价 \tag{9-1}$$

另一种是指“实际产量的标准成本”，是一个总量的概念，它是根据实际产量和单位产品的标准成本计算出来的，其计算公式为：

$$实际产量的标准成本=实际产量\times单位产品标准成本 \tag{9-2}$$

二、标准成本的分类

标准成本的种类很多，按其制定的基础不同，可分为理想标准成本、正常标准成本和现实标准成本三种。

1．理想标准成本

它是在现有技术、设备和经营管理达到最优状态下的目标成本。“最优状态”是指在资源无浪费、设备无故障、产品无废品、工时全有效、生产能力达到充分利用的前提下，以最少的耗用量、最低的费用水平生产出最大的产出量的一种状态。在该生产水平下制定的标准成本是最理想的，也是最难实现的。虽然这种目标成本可以激励员工努力工作，但由于条件苛刻，在实际工作中，通过努力难以做到，以此为目标，可能会适得其反。

2．正常标准成本

它是以正常的技术、设备和经营管理水平为基础制定的目标成本。“正常”是指在考虑了设备可能发生的故障、意外或计划停工等一切不利的因素后的技术、设备和经营管理水平，是企业过去较长时间内所达到的平均水平，是经过努力可以达到的。但该标准成本只是根据过去经验估计的，不能反映目前的实际水平，用它来评价各个时期的业绩，往往不符合实际，达不到有效成本控制的目的。

3．现实标准成本

它是在正常标准成本基础上考虑到目前的实际情况而制定的目标成本。它是根据合理的耗用量、合理的费用耗费水平和合理的生产能力利用程度制定的切合实际情况的一种标准成本。这种标准成本是通过努力能够达到、切实可行的标准成本。标准成本制度下的标准成本通常是指这种标准成本。

三、标准成本的制定

标准成本制度的关键是标准成本的制定。标准成本是成本控制的目标和衡量实际成本的依据，所以标准成本的制定要遵循科学性、客观性、正常性和稳定性等原则。科学性和客观性，就是要对实际情况进行调查，根据客观实际，用科学的方法进行制定；正常性，就是标准成本要按正常条件制定，不考虑不能预测的异常变动；稳定性，就是标准成本一经制定，不应随意变动，应保持其相对的稳定性。

（一）标准成本的制定方法

标准成本一般是由会计部门会同采购部门、技术部门和其他有关的经营管理部门，在对企业生产经营的具体条件进行分析、研究和技术测定的基础上采用科学的方法共同制定的。标准成本的制定方法很多，常见的方法有工程技术测算法、历史成本推测法和预测法。

（1）工程技术测算法。工程技术测算法是指根据企业的机器设备、生产技术的先进程度，对产品生产过程中的投入产出比例进行估计而计算出的标准成本。

（2）历史成本推测法。历史成本推测法就是将企业过去发生的历史数据当作未来产品的标准成本的方法。一般是根据企业前几个月或一年的原材料、人工费用和制造费用等的实际发生数计算平均数。这是在假设原材料的市场价格、工程技术、工资水平等企业的内外因素变化很小或基本保持不变的基础上，否则利用这种方法制定的标准成本与实际就会相差甚远。

（3）预测法。预测法是指在制定产品标准成本时，不仅应考虑当前的生产条件，还应适当考虑未来企业内外因素变化对标准成本的影响。这是由于企业在生产过程中的许多因素都会随着时间的变化而不断变化，如机器设备的更新、生产工艺的改进、工人技能和工资水平的提高等；此外，市场物价水平和汇率的变化也会影响企业的成本水平。

（二）标准成本的制定

产品标准成本的制定通常按成本项目进行，通常有直接材料标准成本、直接人工标准成本和制造费用标准成本。

1. 直接材料标准成本的制定

直接材料标准成本的制定包括直接材料用量标准的制定和直接材料价格标准的制定。

直接材料用量标准是指在现有的生产技术条件下，生产单位产品所需要的材料数量，即材料的消耗定额。直接材料用料标准通常应根据企业的产品设计、生产工艺状况，并结合企业的经营管理水平，考虑降低材料消耗的可能等条件制定的。企业应为产品耗费不同的直接材料分别制定标准耗用量。

直接材料价格标准是指采购部门根据产品的市价，结合最佳采购批量和最佳运输方式等其他影响价格的因素预先确定各种材料的单价，包括买价和运杂费等。

根据材料用量标准和价格标准就可以确定直接材料的标准成本。其公式为

$$直接材料标准成本=直接材料数量标准\times直接材料价格标准$$

2．直接人工标准成本的制定

直接人工标准成本的制定包括直接人工的工时标准制定和工资率标准制定。

工时标准是指在现有的生产技术条件下，生产单位产品所需要的时间。这里的工时既可以是生产工时，也可以是机器工时。但在制定工时标准时，应考虑生产间歇和正常停工所用的时间。如有的企业生产工艺比较复杂，可先制定零件的工时标准，再制定部件及产品的工时标准。

在不同的工资制度下，工资率标准表现形式不同。在计件工资下，工资率标准就是在现有的生产技术水平下，生产单位产品所支付的计件单价；在计时工资下，工资率标准就是单位工时工资率标准，其计算公式为

工资率标准 = 标准工资总额 ÷ 标准总工时　　（9-3）

根据标准工时和小时标准工资率就可以确定产品的直接人工标准成本。其计算公式为

直接人工标准成本 = 工时标准 × 工资率标准　　（9-4）

3．制造费用标准成本的制定

制造费用标准成本可分为变动制造费用标准成本和固定制造费用标准成本。

（1）变动制造费用标准成本。变动制造费用标准成本的制定与直接人工标准成本的制定相类似，除了工时标准的制定外，还包括标准变动制造费用分配率的制定。变动制造费用标准分配率的计算公式为

变动制造费用标准分配率 = 变动制造费用预算总额 ÷ 标准总工时　　（9-5）

变动制造费用预算总额可采用弹性预算的方式按不同的生产活动水平分别确定。据此，可确定变动制造费用标准成本计算公式为

变动制造费用标准成本 = 工时标准 × 变动制造费用标准分配率　　（9-6）

（2）固定制造费用标准成本。固定制造费用标准成本的制定与变动制造费用标准成本的制定基本相同，只不过固定制造费用的预算总额只能是预计某一生产水平下的费用总额，一旦计划确定不能随生产量的变动而任意变动。其计算公式为

固定制造费用标准分配率 = 固定制造费用预算总额 ÷ 标准总工时　　（9-7）

固定制造费用标准成本 = 工时标准 × 固定制造费用标准分配率　　（9-8）

4．单位产品标准成本的计算

在按成本项目制定出标准成本后，就可以计算单位产品的标准成本。单位产品标准成本的计算通常以填制“标准成本卡”的形式进行。标准成本卡的格式如表 9-1 所示。

表 9-1　单位产品标准成本卡

产品：甲　　　　标准制定日期：　　年　月　日

成本项目		用量标准	价格标准	单位标准成本
直接材料	A	6kg	30元	180元
	B	3kg	50元	150元
	小计	—	—	330元
直接人工		5小时	7元	35元

（续）

成本项目	用量标准	价格标准	单位标准成本
变动制造费用	5小时	4元	20元
固定制造费用	5小时	3元	15元
单位标准成本	—	—	400元

（三）成本业绩的计量

成本业绩计量也称为标准成本的核算，是用数量形式来反映标准成本实际完成的进度或结果，是成本比较分析的前提，是实现成本控制的最基本环节。从另一个角度看，成本业绩计量就是计算成本责任中心的产品或服务的实际成本。换句话说，为了编制财务报告所计算的产品的实际成本完全可以用来当作成本业绩的计量。但是，由于下列原因，我国很多企业将为编制财务报告的成本计算和标准成本核算（或成本业绩计量）设计成两个相互独立的系统。

标准成本核算的对象是成本中心的负责人，其目的在于确认成本的实际与标准之间是否存在差异，用于保证成本中心的负责人向着完成成本标准的方向而努力。

以编制财务报表为目的成本核算，对象是产品，目的在于确定产品的实际总成本和实际单位成本，用于资产计价和损益的确定。

以编制财务报告为目的的成本核算将企业当成一个整体，而标准成本核算要深入到企业内部结构，重点核算成本中心。

毋庸讳言，两种体系并存不仅浪费资源，而且给成本管理工作特别是发挥财务部门在成本管理中的主导作用带来许多不便。我们完全可以建立一个统一的体系，同时实现两个目标。理由是：

（1）成本中心的责任成本和财务报表中的财务成本归根结底都是产品成本，都是为生产这些产品所耗费的直接材料、直接人工和制造费用，也就是说，从信息的角度看，责任成本与财务成本是同源的。

（2）在以编制财务报表为目的成本计算中的成本库或成本归集中心，与成本控制中的成本中心本来就是同一个东西，或者略加调整就变成了同一个东西。

（3）在账户设计上略加调整，即在在制品以及有关的费用项目下按部门设置明细账户，即可兼顾核算企业整体和核算企业内部结构。

（4）美国人早在 100 多年前就已经发现了将两个系统统一起来的方法。

总而言之，设置单一的系统不仅可行，而且在学习了财务会计知识之后也不存在掌握的困难。图 9-2 说明了企业成本核算单一系统的基本思路。

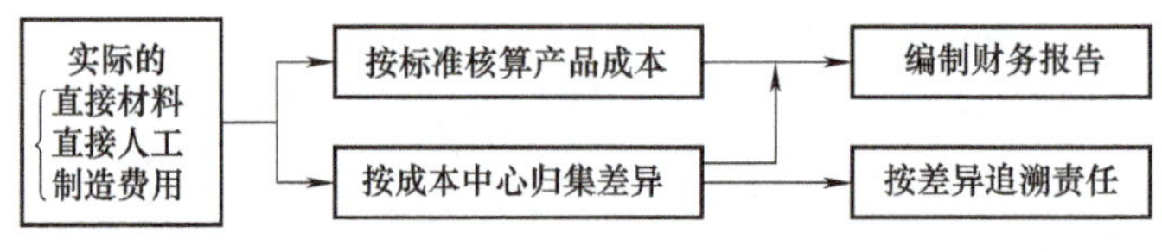

图 9-2　企业成本核算的单一系统

从图 9-2 中可以看到，当实际的直接材料、直接人工和制造费用发生时，均按标准成本计算产品成本，同时将差异分离出来，按成本中心归集。到会计期末，再依据各成本中心归集的成本差异追溯各成本中心负责人的责任，同时用按成本中心归集的差异调整按标准核算的成本，计算产品的实际成本，用来编制财务报告。

第四节 标准成本差异的计算和分析

一、标准成本差异计算和分析的一般原理

标准成本差异是指产品的实际成本与标准成本之间的差额。如果该差额为正，是逆差，为不利差异，说明企业实际成本大于标准成本；如果该差额为负，是顺差，为有利差异，说明企业实际成本小于标准成本。企业对标准成本差异分析的目的就是发现问题，找出差异形成的原因和责任，进而采取相应的措施，消除不利差异，发展有利差异，实现对成本的有效控制，促进成本降低，提高企业经济效益。

如前所述，各成本项目的标准成本是由数量与价格两个因素相乘计算的，标准成本差异的分析也同样应从数量和价格两个因素入手进行分析。

设：Q 表示标准数量，$Q+\Delta Q$ 表示实际数量，P 表示标准价格，$P+\Delta P$ 表示实际价格。则

$$\text{实际成本}=(Q+\Delta Q)(P+\Delta P) \tag{9-9}$$

$$\text{标准成本}=QP \tag{9-10}$$

$$\begin{aligned}\text{标准成本差异}=\text{实际成本}-\text{标准成本}&=(Q+\Delta Q)(P+\Delta P)-QP\\&=P\Delta Q+Q\Delta P+\Delta Q\Delta P\end{aligned} \tag{9-11}$$

上式用图示更为明了，如图 9-3 所示。可以看出，标准成本差异有三个部分：$P\Delta Q$（A 区域）是实际数量与标准数量不一致而产生的差异，是纯数量差异；$Q\Delta P$（B 区域）是实际价格与标准价格不一致而产生的差异，是纯价格差异；$\Delta Q\Delta P$（C 区域）是实际数量与标准数量的差异同实际价格与标准价格的差异结合在一起而产生的差异，是混合差异。

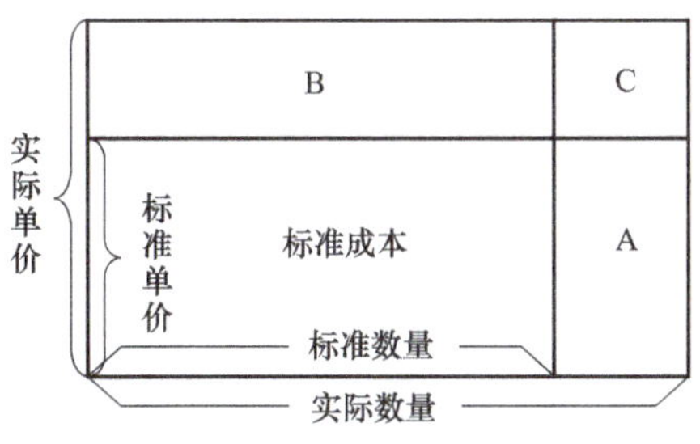

图 9-3 成本差异计算图

在西方标准成本制度中，对混合差异的处理，通常有两种方式：一种是把数量差异、价格差异、混合差异分别列出；另一种则是把混合差异并至价格差异来处理，这样价格

差异则表示在实际产量下，由于实际价格与标准价格不一致而产生的差异（B 区域+C 区域），更利于成本控制的需要，我国多用后者。因此，标准成本差异的基本计算公式为

$$数量差异=(Q+\Delta Q-Q)P=P\Delta Q \quad (9\text{-}12)$$

$$价格差异=(Q+\Delta Q)(P+\Delta P-P)=Q\Delta P+\Delta Q\Delta P=(Q+\Delta Q)\Delta P \quad (9\text{-}13)$$

标准成本差异包括数量差异和价格差异。确定数量差异时，在标准价格基础上计算，反映的是仅仅由数量变化所引起的成本差异；确定价格差异时，是在实际数量的基础上计算的，反映的是在实际数量下，仅仅由价格变化所引起的成本差异。

二、直接材料标准成本差异的计算和分析

直接材料标准成本差异是指直接材料实际成本与其标准成本的差异，它包括材料数量差异和材料价格差异两部分。直接材料成本差异、材料数量差异和价格差异的计算公式为

$$直接材料成本差异=\sum(实际用量\times实际价格)-\sum(标准用量\times标准价格) \quad (9\text{-}14)$$

$$材料数量差异=(实际用量-标准用量)\times标准价格 \quad (9\text{-}15)$$

$$材料价格差异=(实际价格-标准价格)\times实际用量 \quad (9\text{-}16)$$

计算结果如果是正数，表示超支，即逆差，为不利差异；如果是负数，表示节约，即顺差，为有利差异。

例 9-1 银驰轴承有限公司 20×× 年 8 月份 SW 锻坯加热部件的实际产量为 160 件，各成本项目的用量及价格标准如表 9-2 所示，其中：A 材料消耗定额为 9kg，每千克标准价格为 30 元，实际单价为 30.50 元，B 材料消耗定额为 3kg，每千克标准价格为 60 元，实际单价为 59.50 元。实际耗用 A 材料 1 600kg，B 材料 475kg。

表 9-2 单位产品标准成本卡

产品：SW锻坯加热部件　　　　标准制定日期：　　年　月　日

成本项目		用量标准	价格标准	单位标准成本
直接材料	A	9kg	30元	270元
	B	3kg	60元	180元
	小计	—	—	450元
直接人工		5小时	7元	35元
变动制造费用		5小时	4.5元	22.5元
固定制造费用		5小时	6元	30元
单位标准成本		—	—	537.5元

其直接材料标准成本差异计算如下：

直接材料的实际成本=(1 600×30.5 + 475×59.5) 元 =77 062.50 元

直接材料的标准成本=(160×9×30+160×3×60) 元 =72 000 元

直接材料成本差异=(77 062.5−72 000) 元 =5 062.50 元

其中：

A 材料数量差异=[(1 600−160×9)×30] 元 =4 800 元

B 材料数量差异=[(475−160×3)×60] 元 =−300 元

A 材料价格差异=[(30.50−30)×1 600] 元=800 元

B 材料价格差异=[(59.50−60)×475] 元=−237.50 元

合　　计　　　　　　　　　　　　5 062.50 元

上述计算结果说明，银驰轴承有限公司 SW 锻坯加热部件直接材料成本超支 5 062.50 元，其中 A 材料数量差异超支 4 800 元，材料价格差异超支 800 元，两者都为逆差，是不利差异，应分别由生产单位和采购部门进一步寻找原因，落实责任，并提出改进意见；B 材料数量差异节约 300 元，材料价格差异节约 237.50 元，两者都为顺差，是有利差异，同样应分别由生产单位和采购部门进一步寻找原因，积累经验。

影响材料数量差异的因素很多，如操作疏忽造成废品或废料增加、工人用料不精心、工人操作技术进步而节省材料、新工人上岗造成多用料、机器或工具不适用造成用料增加等。有时多用料并非生产部门的责任，如购入材料质量低劣、规格不符合要求也会使材料用量加大；又如工艺变更、新产品投产、检验过严等也会出现数量差异。因此，要进行具体分析才能明确责任。

材料价格差异除价格本身的波动外，可能还会由于采购批量、采购地点、交货方式、数量折扣等因素引起，一般应由采购部门负责。对于其他因素，应根据具体情况做进一步的分析。如应生产上的要求，对某项材料进行小批量的紧急订货，由于加急运输形成的不利差异，应由生产部门负责而不应由采购部门负责。

除以上两种差异外，如果企业生产一种产品同时按照一定比例混合使用几种主要材料，并且实际混合比例与预定比例不同，也会产生差异，这种差异称为材料结构差异，也就是耗用几种材料品种结构变动所引起的差异。如果实际混合材料投入后的产出量与预定混合材料投入后的产出量不同，也会产生差异，这种差异称为材料产出差异。在这种情况下，材料价格差异仍可按前述方法计算，材料数量差异则应进一步区分为结构差异和产出差异，以利于正确找出差异原因和确定差异责任。这两种差异分别用公式表示为

$$材料结构差异=\sum(实际用量\times标准价格)-\sum(实际用量\times预定混合价格)$$

$$材料产出差异=\sum(预定产出数量-实际产出数量)\times单位产品预定混合价格$$

例 9-2　承前例，银驰轴承有限公司 SW 锻坯加热部件生产同时耗用 A、B 两种材料，单位产品标准配方表资料如表 9-3 所示。

表 9-3　单位产品标准配方表

材料名称	预定混合用量/kg	价格标准（元/kg）	标准成本（元/件）	预定混合价格（元/kg）
A	9	30	270	
B	3	60	180	
合计	12		450	37.5

预计每 12kg 的混合材料可生产出 SW 锻坯加热部件 1 件，本月份实际耗用 A 材料 1 600kg，B 材料 475kg，生产出 SW 锻坯加热部件 160 件。

根据上述资料计算材料的结构差异、产出差异和价格差异如下：

直接材料数量差异=A 材料数量差异+B 材料数量差异

=[(1 600−160×9)×30+(475−160×3)×60] 元

=4 500 元

其中：

材料结构差异=∑(实际用量 × 标准价格)−∑(实际用量 × 预定混合价格)

=[(1 600×30+475×60)−(1 600+475)×37.5] 元

=−1 312.5 元

材料产出差异=∑(预定产出数量 − 实际产出数量)× 单位产品预定混合价格

={[(1 600 + 475)÷12×1−160]×450} 元

=5 812.5 元

合　计：　　4 500 元

直接材料价格差异同前。

三、直接人工标准成本差异的计算和分析

直接人工成本差异包括直接人工效率差异和工资率差异。直接人工效率差异是因实际耗用工时脱离标准而导致的成本差异，是实际工时和标准工时之间的差额与标准工资率的乘积，它等同于直接材料的数量差异。工资率差异是每小时实际工资率和标准工资率之间的差额与实际工时之间的乘积，它等同于直接材料的价格差异。

一般来说，直接人工的效率差异应由生产单位负责，因为其差异通常可能是由于材料或零件传递方法不当、工人技术不熟练、工作环境不良、使用工人的工种不符要求、工人经验不足、工人劳动情绪不佳、新工人上岗太多、机器或工具选用不当或故障较多、作业计划安排不当、产量太少无法发挥批量节约优势等等与生产活动相关的原因造成。但也不是绝对的，例如材料质量不好，也会影响生产效率。

直接人工工资率差异一般应由主管人事的部门负责，它通常与人事变动、工资制度和工资级别的调整有关；但如果是非生产工时造成的差异，如停工待料时间的工资、开会时间的工资等，仍由生产单位负责。直接人工的效率差异和工资率差异的计算公式为

直接人工效率差异=(实际工时 − 标准工时)× 标准工资率　　(9-17)

直接人工工资率差异=(实际工资率 − 标准工资率)× 实际工时　　(9-18)

同理，计算结果为正，表示超支，是逆差，为不利差异；计算结果为负，表示节约，是顺差，为有利差异。

例 9-3　承前例，产品的直接人工标准工时为每件 5 小时，每小时标准工资率为 7 元。实际耗用的工时为 700 小时，实际工资率为 8 元，则标准成本差异计算如下：

直接人工标准成本差异=(700×8−160×5×7) 元=0 元

其中：

直接人工效率差异=[(700−160×5)×7] 元=−700 元

直接人工工资率差异=[(8−7)×700] 元=700 元

本例中，虽然总的标准成本差异为零，但是其中直接人工效率差异为节约 700 元，而直接人工工资率差异为超支 700 元，均应查明原因，明确责任。

同理，与直接材料一样，也可进行人工结构差异分析，便于深入分析差异原因，分清责任。

四、变动制造费用标准成本差异的计算和分析

变动制造费用标准成本差异包括变动制造费用效率差异和变动制造费用耗费差异。变动制造费用效率差异是因实际耗用工时脱离标准工时而导致的成本差异，它相当于直接材料的数量差异，它是实际工时和标准工时之间的差额与标准费用分配率之间的乘积。变动制造费用耗费差异是因变动制造费用实际耗费脱离标准而导致的成本差异，它相当于直接材料的价格差异，它是实际费用分配率和标准费用分配率之间的差额与实际工时之间的乘积。其公式表示为

$$变动制造费用效率差异=(实际工时-标准工时)\times 标准费用分配率 \quad (9\text{-}19)$$

$$变动制造费用耗费差异=(实际费用分配率-标准费用分配率)\times 实际工时 \quad (9\text{-}20)$$

计算结果为正，表示超支，是逆差，为不利差异；计算结果为负，表示节约，是顺差，为有利差异。

例 9-4　承前例，银驰轴承有限公司 20×× 年 8 月份 SW 锻坯加热部件实际发生的变动制造费用为 4 200 元，标准制造费用分配率为每小时 4.5 元，则变动制造费用成本差异计算如下：

$$变动制造费用标准成本差异=(4\,200-160\times 5\times 4.5)元=600元$$

其中：

$$变动制造费用效率差异=[(700-160\times 5)\times 4.5]元=-450元$$

$$变动制造费用耗费差异=[(4\,200\div 700-4.5)\times 700]元=1\,050元$$

引起变动性制造费用不利差异的原因可能是多方面的，如构成变动性制造费用的各要素价格的上涨，例如间接材料价格的上涨，动力费用价格上涨等；或者是间接材料和人工的使用浪费，动力和设备使用的浪费等。变动制造费用效率差异是同变动费用的分配基础联系在一起的，所以变动性制造费用分配基础的选择非常重要，通常负责控制分配基础水平的部门应对变动性制造费用的效率差异承担责任。在本例中，它是同直接人工效率联系在一起的。

五、固定制造费用成本差异的计算和分析

由于固定制造费用相对固定，一般不随产量的变动而变动，产量的变动只会影响单位固定制造费用。也就是说，实际产量与设计生产能力规定的产量或计划产量的差异会对产品应负担的固定制造费用产生影响。所以，固定制造费用标准成本差异的分析方法与其他费用成本差异的分析方法有所不同。

固定制造费用成本差异一般包括固定制造费用产量差异和固定制造费用预算差异两部分。固定制造费用产量差异也称除数差异，是指在固定制造费用预算不变的情况下，由于实际产量和计划产量不同而造成的差异，其差异的原因与现有生产能力的利用程度有关。固定制造费用预算差异是指实际固定制造费用与预算固定制造费用的差异。固定制造费用产量差异和固定制造费用预算差异（也称耗费差异）的计算公式为

$$\begin{matrix}固定制造费\\用产量差异\end{matrix}=\begin{matrix}固定制造\\费用预算数\end{matrix}-\begin{matrix}实际\\产量\end{matrix}\times\begin{matrix}单位产品标准\\费用分配率\end{matrix} \quad (9\text{-}21)$$

$$\frac{\text{固定制造费}}{\text{用预算差异}}=\frac{\text{固定制造费}}{\text{用实际数}}-\frac{\text{固定制造费}}{\text{用预算数}} \tag{9-22}$$

计算结果正数为超支，负数为节约。

也可以将上述产量差异进一步分解为能力差异和效率差异，其计算公式为

$$\frac{\text{固定制造费}}{\text{用能力差异}}=\left(\frac{\text{计划产量}}{\text{标准工时}}-\frac{\text{实际产量}}{\text{实际工时}}\right)\times\frac{\text{标准费用}}{\text{分配率}} \tag{9-23}$$

$$\frac{\text{固定制造费}}{\text{用效率差异}}=\left(\frac{\text{实际产量}}{\text{实际工时}}-\frac{\text{实际产量}}{\text{标准工时}}\right)\times\frac{\text{标准费用}}{\text{分配率}} \tag{9-24}$$

这样对固定制造费用标准成本差异的分析就有两差异分析法和三差异分析法两种方法。

例 9-5 承前例，银驰轴承有限公司 20×× 年 8 月份 SW 锻坯加热部件计划产量为 170 件，实际固定制造费用为 5 600 元，标准费用分配率为 6 元。其固定制造费用标准成本差异计算如下：

固定制造费用成本差异 =(5 600−160×5×6) 元 =800 元

（1）用两差异分析法分析如下：

固定制造费用产量差异 =(170×5×6−160×5×6) 元 =300 元

固定制造费用预算差异 =(5 600−170×5×6) 元 =500 元

（2）用三差异分析法分析如下：

固定制造费用能力差异 =[(170×5−160×700÷160)×6] 元 =900 元

固定制造费用效率差异 =[(160×700÷160−160×5)×6] 元 =−600 元

固定制造费用预算差异 =(5 600−170×5×6) 元 =500 元

造成固定性制造费用成本差异的原因比较复杂。严格地说，企业高层经理人员、计划部门、生产部门、财务部门、设备管理部门、市场部门、职工教育部门等都可能负有一定的责任，涉及面很广，需要从全企业的角度考虑，综合加以解决。

造成固定性制造费用预算差异的原因可能有：①管理人员的增减；②管理人员工资及相应职工福利费的调整；③税率的变动；④折旧方法的改变；⑤维修费开支的加大；⑥职工培训费的增减；⑦租赁费、保险费的调整；⑧各项公共事业费增加。预算差异的责任应由有关的责任部门负责。例如，固定资产折旧费用发生变化应由财务部门负责，修理费用的开支变化应由设备维修部门负责；其他有关费用可根据实际情况确定责任归属。有些费用（如水电费调价等）属不可控因素，不应由某个部门来承担责任。

造成固定性制造费用能力差异的原因可能有：①订货增减；②产品定价调整；③原设计生产能力过剩，市场容纳不下；④原材料、燃料、动力供应不足；⑤产品结构调整；⑥机械设备故障频繁，停工修理增多；⑦人员技术水平有限，不能充分发挥设备能力。能力差异是由于现有生产能力未充分利用而造成的差异，难以简单地确定责任的归属。为分清各部门应负的责任，应根据实际情况加以分析，分别由计划部门、生产部门、采购部门、销售部门等承担相应的责任。

第五节　标准成本控制系统中的成本核算与成本业绩报告

一、标准成本控制系统中的成本核算

（一）成本核算程序

标准成本控制系统中的成本核算可结合一定的成本核算方法按如下基本程序进行：

（1）为各成本计算对象按成本项目制定标准成本。

（2）按成本对象设库存商品成本明细账。根据上月成本明细账，填入月初在产品成本。

（3）编制各成本费用分配表，分别反映其标准成本和实际成本，并列出其差异。

（4）将标准成本计入库存商品成本明细账，结转完工产品的标准成本。

（5）计算、分析各种成本差异，每月月末根据各成本差异科目的余额编制成本差异汇总表，将各种成本差异余额转入“主营业务成本”或“本年利润”明细账，计入当月损益。

（二）账户设置

在标准成本控制系统中，需要加设如下标准成本差异科目：“直接材料数量差异”“直接材料价格差异”“直接人工效率差异”“直接人工工资率差异”“变动制造费用效率差异”“变动制造费用耗费差异”“固定制造费用产量差异”“固定制造费用预算差异”科目。如果固定制造费用标准成本差异采用三差异分析法，其中“固定制造费用产量差异”科目可改设“固定制造费用能力差异”和“固定制造费用效率差异”两个科目。

这些成本差异科目的借方登记超支差异，贷方登记节约差异和差异转销额（超支用蓝字，节约用红字）。

（三）账务处理程序

1．登记各项标准成本账户

对于日常发生的各项实际成本，都应当将其分离为标准成本和成本差异两部分，并以标准成本分别登记“原材料”“生产成本”“库存商品”和“主营业务成本”等各有关成本账户。

2．登记各项成本差异账户

对于实际成本脱离标准成本而形成的各项成本差异，应当按照其不同的类别，分别登记各有关的成本差异账户。对超支差异应借记有关差异账户，节约差异则贷记相应账户。为了便于考核，各成本差异账户还可以按照其责任部门设置有关的明细账，分别记录各部门的各项成本差异数额。

3．期末处理各项成本差异

各差异账户的累计发生额，反映本期成本控制业绩。在月末或年末，对成本差异进行处理的方法有两种：

（1）结转本期损益法。结转本期损益法是指将本期发生的各项成本差异全部记入损益表，由本期收入补偿，视同于销售成本的一种成本差异处理方法。这种方法的理由是：本期差异应体现本期成本控制的业绩，要在本期利润上予以反映。其优点是比较简单，使当期经营成果与成本控制的业绩直接挂钩，但当标准成本过于陈旧或实际成本水平波动幅度过大时，就会因差异额过高而导致当期利润失实，同时会使存货成本水平失真。西方国家应用标准成本控制系统的企业多数采用此种方法。

（2）调整销货成本与存货成本法。按照这种方法，在会计期末将成本差异按比例分配至销货成本和存货。采用这种方法的依据是税法和会计原则均要求以实际成本反映存货成本和销货成本。本期发生的成本差异，应由存货和销货成本共同负担。当然，这样进行差异的分配计算会增加一些工作量，而且将这些费用计入存货成本也不一定合理。例如，生产能力闲置差异是一种损失，并不能在未来换取收益，作为资产计入存货成本明显不合理，不如作为期间费用在当期参加损益汇总。

成本差异处理的方法选择，要考虑许多因素，包括差异的类型（材料、人工，或制造费用）、差异的大小、差异的原因、差异的时间（如季节性变动引起的非常性差异）等。因此，可以对各种成本差异采用不同的处理方法，如材料价格差异多采用调整销货成本与存货成本法，闲置能量差异多采用结转本期损益法，其他差异则可因具体企业情况而定。值得强调的是，差异处理的方法要保持历史的一致性，以便使成本数据保持可比性，并防止信息使用人发生误解。

下面以第一种方法为例，介绍标准成本制度的账务处理程序。标准成本制度的账务处理程序如图 9-4 所示。

（四）账务处理实例

仍以前例企业为例，对银驰轴承有限公司 20×× 年 8 月份 SW 锻坯加热部件的各种成本差异进行归集并编制会计分录如下：

（1）借：生产成本——SW 锻坯加热部件	72 000	
直接材料数量差异	4 500	
直接材料价格差异	562.50	
贷：原材料		77 062.50

记入“生产成本”科目借方的是直接材料的标准成本，记入“原材料”科目贷方的是原材料的实际成本。由于数量差异和价格差异都是超支差异，所以记入两差异账户的借方。如果企业的材料成本差异单独核算，该笔分录只记录直接材料数量差异，那么，原材料则应记录计划成本。

（2）借：生产成本——SW 锻坯加热部件	5 600	
直接人工工资率差异	700	
贷：直接人工效率差异		700
应付职工薪酬		5 600

原理同上。

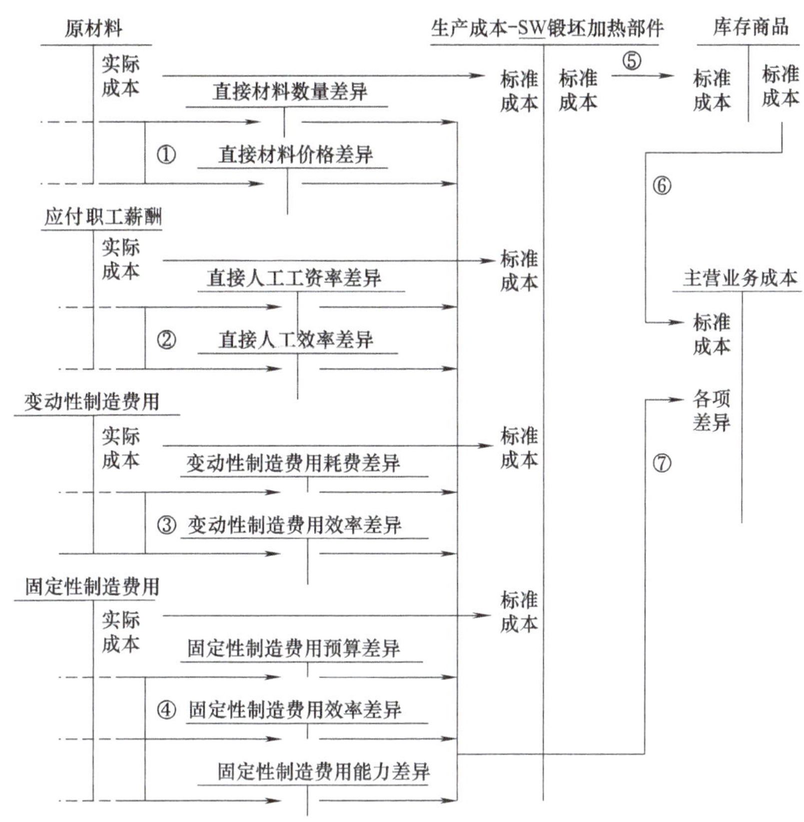

图 9-4　标准成本控制系统中的账务处理流程图

	借方	贷方
（3）借：制造费用——变动制造费用	3 600	
变动制造费用耗费差异	1 050	
贷：变动制造费用效率差异		450
原材料、应付职工薪酬等		4 200

原理同上。

	借方	贷方
（4）借：制造费用——固定制造费用	4 800	
固定制造费用产量差异	300	
固定制造费用预算差异	500	
贷：原材料、应付职工薪酬等		5 600

或

	借方	贷方
借：制造费用——固定制造费用	4 800	
固定制造费用能力差异	900	
固定制造费用预算差异	500	
贷：固定制造费用效率差异		600
原材料、应付职工薪酬等		5 600

原理同上。

（5）借：生产成本　　8 400
　　贷：制造费用——变动制造费用　　3 600
　　　　制造费用——固定制造费用　　4 800

（6）假设 8 月份生产的 SW 锻坯加热部件全部完工，编制会计分录如下：

借：库存商品　　86 000
　贷：生产成本　　86 000

（7）将全部标准成本差异转入本月“主营业务成本”科目，编制会计分录如下：

借：主营业务成本　　6 462.50
　贷：直接材料数量差异　　4 500
　　　直接材料价格差异　　562.50
　　　直接人工工资率差异　　700
　　　直接人工效率差异　　（700）
　　　变动制造费用耗费差异　　1 050
　　　变动制造费用效率差异　　（450）
　　　固定制造费用产量差异　　300
　　　固定制造费用预算差异　　500

通过这项结转分录，8 月末各成本差异科目均无余额。将成本差异科目的余额全部转入“主营业务成本”科目，虽然核算上比较简单，但如果差异较大，就会对当月的利润影响较大，并且会影响在产品和产成品计价的准确性。如果差异额较大，可以将其按标准成本的比例在当月在产品、库存商品和销售商品之间进行分配。

二、成本业绩报告

从标准成本管理系统可以看到：成本控制是一个循环的过程，从上级经理为成本中心经理制定成本标准开始，然后经过若干环节之后，借助于成本业绩报告又回到上级经理。成本业绩报告之重要是不言而喻的，通俗地说，制定成本标准就是上级经理为成本中心经理“派活”，而成本业绩报告则是成本中心经理对上级经理“派的活”完成情况的一种正式的“交代”。

成本业绩报告，又称成本反馈报告，反映成本中心对成本标准完成的进度或结果，它的基本用途就是将上级经理与成本中心经营活动连接起来，为上级经理了解和控制成本中心经营活动提供一个强有力的手段，也是分析各部门成本差异和责任并进行相应的成本奖惩的依据。另外，成本业绩报告也可以抄送给被考核的成本中心，它会强化成本中心经理自我约束的意识。

成本业绩报告一般要符合下列要求：

（1）在内容上应该说明差异、差异的原因和责任以及纠正差异的建议性措施。因此，比较完备的成本业绩报告应该包括两个文件：一是表格反映的差异；二是有关情况的分析（如差异原因和责任分析）。

（2）具有经常、简洁的特点，并对上级经理决策有用。这就是说，按照考核的时间间隔编制成本业绩报告。要严格区分成本业绩报告和财务报表，报告中的内容正是上级经理控制成本中心所需要的。

（3）成本业绩报告既反映一个成本中心的成本标准的完成情况，也反映在企业组织框架中各成本中心之间的联系。换句话说，既有一个成本中心的报告，也有反映所有成本中心的报告。

沿用前例，根据银驰轴承有限公司20××年8月份锻坯加热车间的实际生产情况编制该车间的成本业绩报告，如表9-4所示。

表9-4　银驰轴承有限公司锻坯加热车间生产成本业绩报告

20××年8月　　（单位：元）

项目	标准	实际	差异	差异率
直接材料	72 000	77 062.5	5 062.5	7.03%
直接人工	5 600	5 600	0	0
变动制造费用	3 600	4 200	600	16.67%
固定制造费用	4 800	5 600	800	16.67%
合计	86 000	92 462.5	6 462.5	7.51%

由表9-4描述的成本业绩报告“标准”“实际”“差异”“差异率”4列数据反映了成本控制的理念，也就是通过差异来控制成本，遵循例外原则管理。例外就是差异，但是这些差异还需要另外予以说明，以便将差异分析的成果报告给上级经理。此外，现实经济生活中的企业都是层级组织，而每个层级又由若干单位组成，那么如何设计成本业绩报告以反映这种情况呢？表9-5给出了一个示意性报告格式。

表9-5　成本业绩报告　　（单位：百万元）

<table>
<tr><th>说明</th><th>责任中心</th><th>预算</th><th>实际</th><th>差异</th></tr>
<tr><td rowspan="9">企业总经理：汇总企业的全部数据。由于报告中给出差异数据，如果有必要的话，总经理可以向下查找，以确定工作重点</td><td>技术部</td><td>⋮</td><td>⋮</td><td>⋮</td></tr>
<tr><td>市场部</td><td>⋮</td><td>⋮</td><td>⋮</td></tr>
<tr><td>供应链管理部</td><td>⋮</td><td>⋮</td><td>⋮</td></tr>
<tr><td>生产部</td><td>27 000</td><td>29 800</td><td>2 800</td></tr>
<tr><td>品质部</td><td>⋮</td><td>⋮</td><td>⋮</td></tr>
<tr><td>综合管理部</td><td>⋮</td><td>⋮</td><td>⋮</td></tr>
<tr><td>人力资源部</td><td>⋮</td><td>⋮</td><td>⋮</td></tr>
<tr><td>财务部</td><td>⋮</td><td>⋮</td><td>⋮</td></tr>
<tr><td>合计</td><td>59 000</td><td>63 700</td><td>4 700</td></tr>
<tr><td rowspan="7">生产经理：汇总所有生产部门的业绩，报告给生产主管，并向上级报告</td><td>锻造部</td><td>12 000</td><td>13 800</td><td>1 800</td></tr>
<tr><td>车加工部</td><td>⋮</td><td>⋮</td><td>⋮</td></tr>
<tr><td>磨加工部</td><td>⋮</td><td>⋮</td><td>⋮</td></tr>
<tr><td>供电部</td><td>⋮</td><td>⋮</td><td>⋮</td></tr>
<tr><td>维修部</td><td>⋮</td><td>⋮</td><td>⋮</td></tr>
<tr><td>包装部</td><td>⋮</td><td>⋮</td><td>⋮</td></tr>
<tr><td>合计</td><td>27 000</td><td>29 800</td><td>2 800</td></tr>
</table>

（续）

说明	责任中心	预算	实际	差异
锻造部部长：汇总所有生产车间的业绩，报告给锻造部部长，并向上级报告	锻坯加热车间	4 700	5 100	400
	辊锻备坯车间	⋮	⋮	⋮
	模锻成形车间	⋮	⋮	⋮
	切边车间	⋮	⋮	⋮
	冲孔车间	⋮	⋮	⋮
	合计	12 000	13 800	1 800
锻坯加热车间主任：汇总锻坯加热车间变动成本业绩，报告给锻坯加热车间主任，并向上级报告	直接材料	⋮	⋮	⋮
	直接人工	⋮	⋮	⋮
	变动制造费用	⋮	⋮	⋮
	合计	4 700	5 100	400

表9-5中的预算就是标准，该表数据与表9-4的4列数据都是用来表现标准、实际和差异这样一种适合控制需要的数据结构。必须注意的是：表9-5的根本用途是表现与企业组织结构和层级完全一致的成本中心的结构，从而可以推导出一个具有严格数量勾稽关系的表格体系。如表9-5所示，生产部经理控制着锻造、车加工、磨加工、供电、维修和包装六个部门；而就其中的锻造部而言，它又控制着锻坯加热、辊锻备坯、模锻成形、切边和冲孔五个车间；车间主任如锻坯加热车间主任才直接控制直接材料、直接人工和变动制造费用。实际上，其他经理如技术、市场等部门的经理也有自己控制的部门，其他部门的部长也有自己控制的部门，其他车间当然也有自己控制的料工费。如果全部展开，表格体系便随之建立起来。

第六节　现实制造环境对标准成本控制系统的影响

全球竞争的加剧，适时生产方法和弹性制造系统的引入、持续工序改进的目标以及对产品质量的强调正剧烈地改变着制造环境。这些变化对标准成本控制系统的应用和革新产生着重要影响。

一、现实制造环境对标准成本控制系统提出的质疑

下面列出了在当前发达的制造背景下标准成本控制系统的几个缺点：

（1）标准成本计算累积的差异水平太集中，得出结果的时间太长，这样所提供的信息就没有什么价值了。有些管理会计人员认为，传统标准成本计算的方法与成本管理方法和作业管理的思想不相符。生产过程包括许多作业活动，而这些作业活动会产生成本。通过关注引发成本的作业，消除无增值的作业以及不断提高有附加值作业的绩效，将促使成本最小化、利润最大化。当前所需要做的是直接关注管理人员想提高的作业的绩效及其计量尺度，如产品质量、加工时间和交货绩效。

（2）传统成本差异太笼统，以至于它们不与具体产品生产线、生产批别或柔性制造系统（FMS）单位联系。差异太笼统这个特点使得经理难于查找产生差异的原因。

（3）传统标准成本法过于偏重直接人工的成本与效率，直接人工的成本与效率正在迅速地成为生产中相对并不重要的因素。

（4）成功地运用标准成本计算的一个最重要的条件就是生产工序要稳定。然而，FMS的引入降低了这种稳定性，该系统要求同一生产线不断转换生产多种产品。

（5）较短的产品寿命期意味着标准仅在短期时间内适用。当引入新产品时，必须制定新的标准。

（6）传统标准成本不足以涵盖绩效的各个重要方面。例如，直接材料标准价格没有包括所有者的所有权成本。除了购买价格和运输成本外，所有权成本还包括订货、支付支票、规划交货、接收订单、检验、处理和入库以及交货不及时或不准确交货导致的产品线中断等成本。

（7）传统标准成本倾向于过分关注成本最小化，而不是提高产品或客户服务质量。事实上标准成本在准时制生产方式（JIT）和 FMS 环境中可能会引发功能障碍。例如，为了避免材料价格差异，就会以最低价格购买一定质量的材料，这可能导致选择交货能力与 JIT 要求不一致的供应商。

（8）自动化制造过程更倾向于与满足生产要求相一致。结果，脱离标准的差异势必非常小或不存在。

二、改进标准成本控制系统的措施

由于这些质疑，一些高度自动化的制造商降低了标准成本控制在企业控制系统中的地位。然而，大多数制造商即使在采用先进的制造方法后，仍在一定程度上使用标准成本控制系统。当然，此类企业在使用标准成本控制系统时做了些改进，以反映新制造环境的各种特点：

（1）降低人工标准和差异的重要性。随着直接人工在新制造环境中的地位不断下降，用于控制人工成本的标准和差异的重要性也在下降。传统标准成本对直接人工效率差异的偏重必须让位于对生产过程中更重要投入的差异的关注。机器工时、材料和制造费用、产品质量以及制造循环次数作为管理控制的目标更具有重要性。

（2）对材料和间接费用成本提高重视。随着人工重要性的降低，材料和间接费用成本更加重要。控制材料成本和质量与通过成本动因分析控制间接费用成本，成为成本管理系统（CMS）的重点。

（3）关注成本动因。确定生产成本产生的因素在 CMS 中显得更重要。机器工时、部件数、工程变化单和生产批次等成本动因，成为 CMS 和作业成本的焦点。

（4）转换成本结构。先进的制造系统要求大量的生产设备费用支出。这使得成本结构由可变成本转为固定成本。间接费用成本变得特别重要。

（5）追求高质量和零缺陷。全面质量控制（TQC）计划致力于使原材料和产成品都达到非常高的质量水平，该计划经常和 JIT 一起使用，其结果之一是材料价格差异、材料数量差异和返工成本都非常低。

（6）降低无增值成本。CMS的一项重要目标是消除无增值成本。随着这些成本的减少或消除，标准须不断调整，以提供便于成本控制的准确的基准。

（7）适应产品寿命期的调整。随着产品寿命期缩短，必须经常地制定和调整标准。

（8）应用实时信息系统。计算机集成制造系统（CIM）使得管理会计人员能在生产开始时收集经营数据，并向管理部门报告以实时为基础的相关绩效尺度。这样经理能更迅速地消除不利差异的诱因。

（9）引入经营控制的非财务尺度。传统的管理会计人员关注预算成本差异等绩效的财务尺度。财务尺度仍然非常重要，但非财务尺度能让财务绩效的作用发挥得更好。在新制造环境中，经营尺度正用于控制生产过程的关键部分。

（10）采用基准法。基准法（Benchmarking）是一种广泛用于控制成本和改进经营效率的方法，它是对完成一项任务最有效方法的持续研究。通过将现存方法和业绩水平与其他组织的同类指标或同组织的其他分部的同类指标比较来完成。例如，医院通常以诊断相关团体的病人护理成本为基准，与其他医院的同类成本相比较。

思\考\题

1. 什么是成本控制？成本控制有哪些作用？成本控制如何进行分类？
2. 成本控制系统由哪些部分构成？
3. 成本控制应遵循哪些原则？成本控制的程序是什么？
4. 标准成本控制系统主要有哪些内容？
5. 标准成本系统有什么特点？它的主要作用是什么？
6. 企业要实施标准成本控制系统应具备哪些基本条件？
7. 什么是标准成本？标准成本如何分类？
8. 直接材料、直接人工、变动制造费用和固定制造费用的标准成本如何制定？
9. 如何进行直接材料、直接人工、变动制造费用和固定制造费用成本差异的分析？
10. 试用图示表达各种成本差异。
11. 标准成本法的账务处理有何特点？
12. 什么是成本业绩报告？如何编制成本业绩报告？
13. 现实制造环境对标准成本控制系统产生了哪些影响？如何进行改进？

参\考\文\献\与\荐\读

[1] 李守武. 管理会计案例 [M]. 北京：中国财政经济出版社，2016.

[2] 罗纳德•W•希尔顿. 管理会计学：在动态商业环境中创造价值 [M]. 杜美杰，陈宋生，译. 北京：机械工业出版社，2009.

[3] 牛大军，牛彦秀. 管理会计 [M]. 大连：东北财经大学出版社，2013.

[4] 斯坎特•达塔，马达夫•拉詹. 管理会计：决策制定与业绩激励 [M]. 王立彦，等译. 北京：中国人民大学出版社，2015.

[5] 孙茂竹，等．管理会计学 [M]. 北京：中国人民大学出版社，2018.
[6] 特蕾西•诺布尔斯，布伦达•马蒂森，埃拉•梅•马楚姆拉．亨格瑞会计学：管理会计分册 [M]. 张永冀，等译．北京：机械工业出版社，2017.
[7] 杨洁．管理会计 [M]. 北京：清华大学出版社，2015.
[8] 杨文杰，朱学军，王景香．管理会计 [M]. 北京：清华大学出版社，2015.
[9] 于增彪，王燕祥，张双才，张黎群．管理会计 [M]. 北京：清华大学出版社，2014.
[10] 郑爱华，张亚杰，李文美．管理会计 [M]. 北京：机械工业出版社，2007.

第十章

责任会计

导\入\案\例

国际税法在转移定价问题上的公平交易法与全球公式法之争，已经进行了相当长的一段时间。2009 年，美国法院关于 Xilinx 公司及其分公司诉美国税务局案的判决结果，在世界范围内，特别是在北美与欧洲，引起了轩然大波。

Xilinx 公司是全球领先的可编程逻辑方案的供应商，在世界各地有若干分公司。公司把在 1998—1999 年期间的一部分研发成本分摊给爱尔兰受控公司，可是在向爱尔兰公司的研发人员派发股份期权时，却把这部分成本费用全部在美国总公司扣除，而没有在爱尔兰做任何扣除。爱尔兰的公司所得税税率比美国低许多，因此，这样做降低了公司的全球总税负。

此案的中心法律问题是，跨国公司如何在位于各国的受控公司之间分摊成本与收益，并且以此作为在各国纳税的税基，以及以此作为公司的全球总税负。

这是一个转移定价问题。美国有关转让定价问题的税收法规要求，所有的所得和扣除必须根据公平交易原则（the arm's length principle）在相关企业之间进行分摊。Xilinx 公司认为，非联属企业不应分摊。在 2005 年税务法院进行的一审判决认为，Xilinx 公司这样做没有违法，因此没有再交税款和相应罚款的义务，Xilinx 公司一审胜诉，美国国家税务局败诉。可是，在二审中，上诉法院推翻了 2005 年税务法院的判决，判 Xilinx 公司败诉，美国税务局胜诉。审判和判决中关键的法律问题在于：审判庭三位法官中的两位，Stephen Reinhardt 和 Raymond Fisher 认为，美国税法第 1.482-7（d）所规定的成本计算方法与美国税法 1.482-1 规定的公平交易标准不相协调。法庭认定，由于 1.482-7（d）的规定比 1.482-1（b）（1）更特定、更具体，由此这一规定优先适用。这样一来，公平交易原则实际上被规避了。

（摘自：那力，转移定价问题的公平交易法与全球公式法之争——美国法院一个新近判决引起的轩然大波，现代财经（天津财经大学学报），2011 年第 8 期。）

第一节　分权管理与责任会计制度

一、分权管理

直到 20 世纪中期，很多组织都以集权制、等级制的形式来进行组织。集权制（Centralization）是一种权力集中在高层，低层管理者几乎没有决策自由的组织形式。苏联是高度集权制结构的一个典型例子，它在 20 世纪 90 年代初瓦解。现在，更多的企业采用分权管理。分权管理是指企业高层管理当局将一定的经营管理决策权下放到有关的下属单位，各下属单位就本部门生产经营活动的成果向上级管理部门负责的一种组织形式。

（一）分权管理的优势

分权管理相对于集权管理至少有三方面的明显优势：

（1）有利于专项职能分工和管理专业化，提高企业的应变能力。在高度集中的管理模式下，生产经营活动的诸多管理决策权限都集中在较高层，使得高层管理的内容庞杂，工作量大，难以对所决策的每一事项进行详细的调查研究，容易导致管理决策效率低下，管理工作责任难以明确。而分权管理则把一定的管理权限下放到运用该权力进行专项决策和管理的职能部门，各部门对自身的情况和周围的环境了解得更加全面而详细，进行管理决策时所拥有的资料也更加真实、具体，管理工作的专门化程度比集中管理模式下要高得多，能够有效适应市场环境的变化。

（2）有利于高层管理者关注重点问题。高层管理部门通常在高层的重大决策方面比中层管理部门更具优势，如果他们的时间都花费在日常经营决策上，就会分散他们的精力，从而忽略了重要的战略决策。通过分权管理，能够使高层管理人员将有限的时间和精力放在企业最重要的战略决策上，从而可以保证企业始终有一个明确的发展目标。

（3）有利于调动各职能部门人员的积极性。放权是与负责联系在一起的，各专门机构具有了一定的管理权限，同时也须担负相应的工作责任。分权以前，集中管理模式下的权限与责任都统一在企业管理的高层，权力得不到有效使用，责任也就不分明。当权限下放后，责任主体和其所担负责任的内容也就更加明确。责任机制对激励和督促各责任主体的人员积极努力地工作，充分发挥责任单位和个人的积极性、主动性、创造性是十分有效的。工作责任对责任主体的每一个人员而言，既是工作上的压力，也是创造工作业绩的强大动力。

（二）分权管理的代价

尽管分权管理有许多优势，但是拥护较高程度集权制决策的人士指出，分权管理也需要企业付出许多代价，具体如下：

（1）导致次优决策。在分权管理下，最高管理层将某些决策控制权下放给下属单位，但是如果下属单位的管理者不具备必要的技能或能力来承担职责，则会使整个企业的状况变差。即使下属单位管理者足够熟练，次优决策也可能在某项决策能为下属单位带来益处，但不足以抵消整个企业付出的代价或遭受的损失时发生。次优决策最可能发生在各下属单位之间存在高度依赖性时，比如，一个下属单位的最终产品是另一个下属单位的直接材料或由另一个下属单位负责销售。举个例子，假定由于新的流行游戏的发布，日本电子游戏商 Nintendo 的营销团队收到来自澳大利亚的 Wii 控制台的额外订单，但是以成本作为评价标准的生产经理可能不愿意安排这个紧急订单，因为这会影响生产计划，进而提高生产成本。然而，从企业整体角度看，不供应控制台也是一个问题，因为澳大利亚的客户愿意支付溢价，而且当前的供应也会刺激未来对其他 Nintendo 游戏的订购。

（2）导致下属单位管理者专注于本身局部利益，而非企业的整体利益。某个下属单位的管理者可能把企业其他部门的管理者视同外来的竞争对手，这就导致管理者认为下属单位的相对业绩比企业目标更加重要。因此，管理者不愿意援助面临紧急事件的其他部门或者与他们共享信息。例如，2010 年关于丰田汽车召回的听证会显示，丰田的日本分部不与其美国、亚洲和欧洲分部共享关于工程问题的信息或缺陷报告，这种现象很常见。

（3）导致产出重复。如果企业的下属单位从事相同的业务，他们的内部竞争可能导致外部市场的失败，因为各部门可能发现通过模仿组织内部的成功产品抢走其他部门的市场份额比从外部企业抢走市场份额更容易。最后，这会导致客户的混乱和各部门独特优势的丧失。例如，通用汽车不得不逐渐缩小奥兹莫比尔、庞蒂亚克和土星等分部的规模，最后破产重组；类似地，Conde Nast Publishing 最初创办的美食杂志 Bon Appetit 和 Gourmet，因追求相同的客户群和广告商，最后都受到了损害，Gourmet 杂志在 2009 年 11 月停刊。

（4）导致经济活动重复进行。尽管企业的下属单位在不同的市场上经营，但一些下属单位可能分别承担相同的作业。在一个高度分权制的企业中，每个下属单位可能存在员工职能重叠的现象，如人力资源和信息技术。对于这些职能而言，采取集权制将有助于组织的团结、精简，可以减少某些冗余的作业。例如，瑞士的能源和自动化技术的全球领先者 ABB 集团就是一个分权化组织，但它将涉及多个业务部门的资源决策（例如管道输送和安装、工程和建造服务）集权化，从而使得成本节约的效果显著。通过集权管理，下属单位之间分享诸如信息技术和人力资源等服务变得流行起来，因为这比各单位独自购买服务节约 30% ~ 40% 的成本。

（三）分权管理的利弊比较

要选择一种能执行企业战略的组织结构形式，高层管理者必须比较分权管理的利弊，这种比较通常是分职能进行的。针对美国和欧洲企业的调查统计显示，实行分权管理的下属单位最常做的决策是有关货源供应、产品组合和产品广告等。在这些领域，下属单位的管理者根据当地的信息更快地做出决策。而下属单位最不常做的决策是有关长期融资方式和渠道选择等。在这些方面，企业的管理者知道更多关于不同市场中融资条款的信息，能够获取最好的条件。所以说集权化战略可以使组织权衡和管理下属亏损单位与盈利单位的收入。一般而言，当企业面临不稳定的环境，对所从事的工作需要掌握详细的当地情况，且下属单位之间很少存在相互依赖关系时，采用分权管理的优势更显著。

二、经济责任制

为了充分调动各责任中心的积极性，对各责任中心的工作绩效有一个客观评价，以促进责任中心的每个员工都朝着共同的目标认真努力地工作，在赋予责任中心一定的管理权限、规定其所独立担负工作责任的同时，还必须制定一定的工作标准和考核评价制度，定期对各责任中心的工作情况进行考核。根据考核情况，评价责任中心的工作绩效，并按考核评价制度中确定的奖惩方案对各责任中心进行经济奖惩和行政奖罚。在企业中实行的这种将各独立责任主体的责、权、利三者有机结合起来，以调动各责任主体的积极性，实现最优工作绩效的经济责任管理制度被称为“经济责任制”。

在任何社会经济制度下，经济责任制都可视为改善企业经营管理，提高经济效益的基本方法。经济责任制的形式多种多样，但无论怎样的经济责任制，都体现为以下两方面的基本原则和内容。

1. 责权利相结合

责权利相结合是经济责任制的核心内容。具体地说就是明确各责任单位的工作职责，按各责任单位完成工作责任的需要赋予其相应的管理和决策权限，根据对其工作绩效的考核结果，做出合理评价，并给予相应的经济奖励或惩罚。在贯彻经济责任制的过程中，首要的工作就是明确职责。责任就是压力，是调动责任主体积极性最有效的促进力；管理权力是经济责任制得以贯彻执行的权力保证，也是责任单位担负起工作责任的条件；经济利益则是促使责任单位积极完成工作责任的内在动力。责、权、利三者的关系通常被表述为：明确责任、以责定权、尽责定利。这一表述，全面而又准确地概括了经济责任制的基本原理和核心内容。

2. 个人所得与工作绩效相联系

责任主体最基本的组成单位是每一个负有具体责任的个人。对个人最为有力的激励机制是物质利益，所以经济责任制要尽可能地实行责任分解和权力下放，并将经济考核具体到责任单位中的每一个人，对每一个人都能客观公正地进行考核评价，实行奖罚分明的奖惩制度，使每个职工所得到的经济利益与其工作绩效直接挂钩。工作成绩越好，经济收益越大，工作完成不好或造成损失的，也要受到经济惩罚。使每个人的积极性、主动性、创造性在经济利益的促进之下最大限度地发挥出来。个人活力的增强，必将使得责任单位乃至整个企业活力提高，达到实现最优工作绩效的目标。

实行经济责任制，企业需要将会计方法与管理方法相结合，对企业内部各责任中心的经济活动进行规划和控制，对其工作绩效进行计量、评价和考核。由此而形成的一套完善的系统的管理会计专门方法就称为责任会计。可见，企业内部建立责任会计制度，是贯彻经济责任制的要求。

三、责任会计制度

责任会计是管理会计的一个子系统，是在分权管理的条件下，为适应经济责任制的要求，在企业内部建立若干责任中心，并对它们的经营活动进行规划、考核和业绩评价的一整套信息系统和控制系统。

（一）责任会计的基本内容

1. 划分责任中心

实行责任会计，企业应根据自身生产经营管理的特点，以现行组织机构为基础，将企业内部凡独立承担某项工作责任，能够授予其相应权力，并能进行明确考核、评价的各职能部门和责任单位划分为若干相互独立的责任中心。

2. 确定权责范围

企业内部凡被划定为责任中心的部门和单位，都应拥有履行其工作责任所必需的管理决策权限，同时担负与权力相当的工作责任，所以必须明确各责任中心的权责范围，这是责任会计制度成功实施的关键。

责任会计划分权责范围的基本做法是将企业的总体经营目标逐级分解到不同层次、不同种类的责任中心，以此作为各责任中心的责任目标，并编制各责任中心的责任预算，确定责任中心在成本费用、收入、利润、投资收益等责任目标要素方面的具体数额，同时分析决定各责任中心为完成其工作责任所应拥有的决策管理权力，将这些必需的权力授予各责任中心。

3．建立责任会计信息系统

建立责任会计信息系统是责任会计的核心内容。各责任中心应按责任会计所规定的工作责任内容，设置对经济活动进行记录和反映的会计账户和会计报表，对责任中心的经济活动所产生的信息，进行会计记录和整理加工。责任会计应提供各责任中心责任完成情况的会计信息，所提供的信息应该尤其反映重点，能够全面真实地反映责任中心的工作责任完成情况及与责任预算之间的差异，通过定期编制责任中心的责任业绩报告，使企业管理部门的决策建立在详细、真实和具有针对性的责任会计信息之上。

4．绩效考评和奖惩

根据责任会计信息系统所提供的责任会计信息资料中的责任目标，可以考核评价各责任中心工作绩效的优劣，按照其绩效优劣和经营成果的大小给予相应的奖惩，总结经验，及时发现问题，激励员工积极向上，提高整个企业的工作绩效。

（二）责任会计的作用

责任会计是管理会计的重要组成部分，对提高企业的经营管理水平具有十分重要的作用。具体来说表现在以下几方面：

1．有利于充分发挥分权管理和企业内部经济责任制的效果

随着经济的发展，企业组织的规模越来越大，生产经营活动越来越分散，所处环境越来越复杂，这就要求企业高层下放决策权，实行分权管理，对整个企业“分而治之”，以提高经营的效率，提高决策的灵活性和及时性。在分权管理的情况下，企业的各下属单位都被赋予一定的决策权。企业为了促使各下属单位有效行使其决策权，保证各下属单位的经营目标和企业的总目标一致，就必须建立有效的经济责任制度。经济责任制要求企业根据具体情况，确定各下属单位和各类人员的经济责任，并赋予相应的决策权，同时把各下属单位和各类人员的经营业绩同其经济利益挂钩，做到功过分明，奖惩有据，以激励全体员工的工作积极性和主动性。

责任会计正是为了配合这种以责权利结合为核心的经济责任制而建立起来的。实行责任会计以后，把各责任单位的目标和任务，通过以数量形式编制的责任预算具体地反映出来，可使各下属单位和各类人员目标明确、责任清晰。同时，通过以各责任单位（而不是以产品）为主体的会计核算，全面系统地反映各责任单位的工作业绩和经营成果，对各责任单位进行科学、有效的考核。

2．有利于保证企业经营目标的一致性

保证企业经营目标的一致性，使企业的整体目标和各责任单位的具体目标保持高度一致，是企业经营管理的基本要求。但是，由于各下属单位和各类人员客观上都存在各自的

需要和经济利益，各责任单位的具体目标和企业的整体目标并不会自动一致，要保证企业经营目标的一致性，就必须进行必要的制度设计。在分权管理的条件下，建立企业内部的经济责任制是解决经营目标一致性的重要手段。责任会计通过编制责任预算，为各下属单位和各类人员制定出具体的经营目标，并使这些具体的经营目标和企业总目标保持一致。同时，通过制定各种奖罚措施，把各项具体经营目标的完成情况和经济利益挂钩，使各责任单位的具体目标和企业的整体目标保持高度一致，使各责任单位的各项活动都自觉地服务于企业总体目标。

（三）责任会计的基本原则

1．责权利相结合原则

责权利相结合原则，要求责任会计必须使责任中心的责任与其权力和利益相结合。具体来说，责任会计要为每个责任中心规定应完成的任务，并赋予与责任范围相对应的权力，同时制定相应的业绩评价标准和奖惩措施。只有这样，各责任单位才会有压力、活力和动力。

2．整体利益最大化原则

整体利益最大化原则，要求各责任中心目标的实现有助于企业总体目标的实现，使两者的目标保持一致。建立责任会计的目的是有效地促进各责任中心为实现企业总体目标而努力。而由于各责任中心有不同的职责，甚至存在利益上的冲突，所以在编制预算和考核标准时应防止局部利益损害企业总体利益的情况。

3．可控性原则

可控性原则，要求为责任中心规定的责任必须是责任中心在其职权范围内可以控制的。贯彻可控性原则，首先要分清平级责任中心之间的责任界限，即平级的其他责任中心的责任不能由本责任中心负担；其次要分清上下级责任中心之间的责任界限，即不能让下级责任中心承担上级责任中心的责任，而上级责任中心却应向其上级责任中心承担下属责任中心的责任，任何一个责任中心对其下属责任中心的责任都有间接可控性。

4．反馈性原则

反馈性原则，要求各责任中心要及时记录其经济活动，及时将责任预算与执行情况进行对比分析，以便及时发现问题，迅速采取有效措施加以控制，达到强化管理的目的。贯彻反馈性原则，首先要求责任会计建立一套科学的信息跟踪和报告系统，保证及时、准确而有效地反映各责任单位的经济活动和经营业绩。其次要求责任会计建立一套反应迅速的控制系统和决策系统，以加强控制，及时调整并做出恰当的决策。

5．重要性原则

重要性原则也称例外管理原则，要求各责任中心对其生产经营过程中发生的重点差异进行分析、控制。重点差异有两层含义：一是指对实现企业总体预算、责任中心责任预算或对社会效益有实质性影响的差异。这类差异不论其数额大小，都应重点进行分析和控制，比如国家下达的指令性计划或供销合同完成情况等。二是指数额较大的差异。通过对这类差异的分析、控制，能够花费较少的精力解决较大的问题，达到事半功倍的效果。重点差异包括不利差异和有利差异。不论是不利差异还是有利差异，只要是重点差异，均应深入分析其产生的原因。

6. 及时性原则

责任会计功能的发挥在很大程度上取决于信息反馈的及时性。及时性原则，要求责任会计一方面要迅速对各责任单位的经营情况进行反映，并迅速做出考核评价，另一方面还要把有关信息及时反馈给责任者，并迅速做出相应的调整和决策。

第二节　责任中心的分类及评价指标

一、责任中心的概念及特征

责任中心是指拥有一定的管理权限，同时也担负相应的工作责任的一个责任主体，或责任单位。凡是拥有一定管理权限，并独立担负相应工作责任的责任主体，我们都可将其视为一个责任中心。所以责任中心不是以职能部门或责任单位大小而划分的，而是以其可确定独立责任的范围而划分的。大至企业的一个职能部门，乃至一个分厂、一个事业部，小至生产线上的一个班组，乃至负有专项独立责任的职工个人，都可作为一个责任中心。

作为责任中心的内部单位通常应具备以下特征：

（1）责任中心必须是一个责权利结合的实体，这意味着每个责任中心都要对一定的财务指标承担相应的责任。

（2）责任中心具有相对独立的经营业务和财务活动，能独立承担经济责任，这是责任中心得以存在的前提。

（3）责任中心能够使用有关的会计指标来衡量经营业绩。

二、责任中心的分类及评价指标

在企业中，按照责任主体所负担责任的内容及范围，可将责任中心划分为成本中心、利润中心和投资中心三大类。

（一）成本中心

1. 成本中心的含义

一个责任中心，如果不形成或者不考核其收入，而着重考核其所发生的成本和费用，这类中心称为成本中心。成本中心要对企业的成本或费用承担责任。任何发生成本的责任领域，都可以确定为成本中心。在一个企业中负责生产的生产部门、劳务供应部门以及车间管理部门等都可成为成本中心。因此，成本中心可能大小不一，上至分公司、分厂，下至车间、班组，甚至个人都有可能成为成本中心。小的成本中心共同组成一个较大的成本中心，而几个较大的成本中心共同组成本企业的成本中心；这样不同的成本中心既相互独立，又从上至下逐级控制，最终共同完成企业成本中心成本控制的任务。

成本中心又可分为标准成本中心和费用中心两种类型。标准成本中心必须是所生产的产品稳定而明确，并且已经知道单位产品所需要的投入量的责任中心。标准成本中心的典型代表是制造业工厂、车间、工段、班组等。费用中心适用于那些产出物不能用财务指标来衡量，或者投入与产出之间没有密切关系的单位。一般而言，企业的行政管理部门，比如会计、人事、劳资、计划等部门属于费用中心。

成本中心所计量的成本指标是各中心的责任成本，而不是传统的产品成本。

2．责任成本

对于成本中心，责任会计核算的内容主要是责任成本。责任成本就是以具体的责任单位（部门、单位或个人）为对象，以其承担的责任为范围所归集的成本，也就是特定责任中心的全部可控成本。

责任成本不同于变动成本，也不同于财务会计中的产品成本。其不同点在于：

（1）核算目的不同，核算责任成本的目的是为了控制成本。

（2）成本计算对象不同，责任成本以责任中心为成本计算对象。

（3）成本的范围不同，责任成本计算的范围是各责任中心的可控性成本。

（4）共同费用在成本对象间分摊的原则不同。责任成本按可控性原则把成本归属于不同的责任中心，谁能控制谁负责，不仅可控的变动间接费用要分配给责任中心，而且可控的固定间接费用也要分配给责任中心。

3．可控成本和不可控成本

可控性原则是责任会计的一个重要原则。责任会计在对责任中心的各种成本进行核算时，必须首先根据可控性原则对全部成本进行分析。在责任会计看来，各责任中心所发生的成本应区分为可控成本和不可控成本两类。

可控成本是指在特定时期内，特定责任中心能够直接控制其发生的成本。可见，可控成本总是针对特定责任中心来说的，判断一项成本是否是可控成本，可依据以下三个条件：

（1）假如某责任中心通过其自主行为能有效地影响一项成本的数额，那么该中心就要对这项成本负责。

（2）假如某责任中心有权决定是否使用某种资产或劳务，它就应对使用这些资产或劳务的成本负责。

（3）某管理人员虽然不直接决定某项成本，但是上级要求他参与有关事项，从而对该项成本的支出施加了重要影响，则他对该成本也要承担责任。

凡不能同时符合上述三个条件的，即为不可控成本。一个责任中心的各项可控成本之和，即构成该中心的责任成本。

在责任会计中，有关可控成本项目能否纳入会计核算，还必须同时符合以下三个要求：

（1）成本可以事先确定。责任中心可以事先确定将要发生哪些成本耗费。

（2）成本可以准确计量。责任中心能及时准确地计量所发生的成本耗费。

（3）成本可以控制调节。责任中心有办法控制和调节成本的发生。

可控成本与不可控成本是相对而言的。某项成本对某一个责任中心而言是不可控成本，而对另一个责任中心而言则可能是可控成本，如存货的采购成本，对于生产部门而言是不可控成本，但对供应部门来说，则是可控成本。某项成本对低层的责任中心而言是不可控成本，但在较高层的责任中心则可能为可控成本，例如制造费用中的固定部分对生产班组虽属于不可控成本，但对制造车间来说则是可控成本。某些成本在短时期内是不可控的，但在较长时期内又成为可控的了，如固定资产折旧费和摊销的长期租赁费，从已开始计提折旧和已开始摊销的会计期间看，是企业不可控的费用，但从购置和租入资产时的较长时期看，则又是可控的。另外，某些成本是否可控，要视其分配方法而定，例如维修、供水、供电、供气、内部运输等企业内部产品和劳务提供部门的成本，如果按规定的固定比例分配给受益部门，就属于各受益部门的不可控成本；如果按各受益部门的耗用数量（如维修工时、用水量、用电量、用气量、运输量等）分摊，则属于受益部门的可控成本。由此可见，成本的可控性总是与一定的条件相联系而确定的，不能脱离有关的具体条件抽象地谈论哪项成本是可控的或哪项成本是不可控的。

4．责任成本和产品成本的比较

传统的产品成本与责任会计的责任成本既有联系又有区别。两者的区别表现在：①成本计算和归集的方式不同，产品成本采取的是“谁受益，谁承担”的成本归集方法，由受益产品负担所发生的成本，责任成本采取的是“谁负责，谁承担”的成本归集方法，由责任中心负担其责任范围内的可控成本，各项可控成本之和即构成该责任中心的责任成本；②计算对象不同，产品成本以企业产品为计算对象，而责任成本以责任中心为对象；③计算与考核的目的不同，产品成本反映和监督产品成本计划的完成情况，是实行经济核算的需要，责任成本反映和考核责任预算的执行情况，是贯彻经济责任制的重要手段；④计算方法不同，产品成本计算不区分可控成本与不可控成本，而责任成本计算的是可控成本的集合。两者的联系是，在一定时期内，企业产品总成本与责任成本的总和是相等的，因为责任成本与产品成本反映的都是生产过程中所发生的耗费。

5．成本中心的考核指标

标准成本中心的考核指标是既定产品质量和数量条件下的标准成本。标准成本中心不对生产能力的利用程度负责，而只对既定产量的投入量承担责任。因为标准成本中心不需要做出价格决策、产量决策或产品结构决策，这些决策由上级管理部门做出，或授权给销货单位做出。标准成本中心的设备和技术决策，通常由职能管理部门做出，而不是由成本中心的管理人员自己决定。值得强调的是，标准成本中心必须按规定的质量、时间标准和计划来进行生产，在保证产品质量和数量的前提下考核其成本，这个要求是“硬性”的，很少有伸缩的余地。

通常使用费用预算来考核评价费用中心的成本控制业绩。决定费用中心预算水平有赖于了解情况的专业人员的判断。上级主管人员应信任费用中心的经理，并与他们密切配合，通过协商确定适当的预算水平。在考核预算完成情况时，要利用有经验的专业人员对该费用中心的工作质量和服务水平做出有根据的判断，从而才能对费用中心的控制业绩做出客观评价。

（二）利润中心

1．利润中心的含义

利润中心是指既要对成本负责又要对收入负责，同时能够控制生产和销售，但没有责任或没有权力决定该中心资产投资水平的一类责任中心。

通常，利润中心被看成是一个可以用利润衡量其一定时期业绩的组织单位。但是，并不是可以计量利润的组织单位都是真正意义上的利润中心，也不是必须创造现实营业利润的组织才算利润中心。从根本目的上看，利润中心是指管理人员有权对其供货的来源和市场的选择进行决策的单位。

责任会计中的利润中心有两种类型，一种是自然的利润中心，另一种是人为的利润中心。

自然的利润中心是指能够在外界市场上销售其产品或提供劳务，获得销售收入和利润的责任中心，自然利润中心的收入主要包括当期的产品销售收入、加工收入、其他业务收入。自然利润中心的利润是企业利润总额的组成部分，自然利润中心的利润发生增减变动，企业利润总额也随之发生相应的变动。

人为的利润中心是指那些并不对外销售其产品或提供劳务以取得实际的销售收入，而是为了加强内部经济责任管理，利用内部结算价格对其提供的半成品或劳务进行计价结算，并考核其内部利润的责任中心。实际上，大多数成本中心都可以转化为人为的利润中心，因为只需为它们各自的产品（半成品）或劳务制定一个合理的内部转移结算价格，便可计算出其内部销售收入，内部销售收入扣除该中心的责任成本，即可得出内部销售利润。当然，人为利润中心的利润不是企业从市场销售中获得的已实现的利润，而是企业内部各责任中心互相提供产品或劳务，按照内部结算价格结转时视同内部销售而形成的利润，是没有真正实现的利润。

企业建立利润中心，其主要目的是通过授予必要的经营自主权和确立利润这一综合性指标来推动和促进利润中心扩大销售、节约成本，努力实现自己的利润目标，使企业有限的资金得到最有效的利用。

2．利润中心的考核指标

对利润中心考核的指标主要是利润，其次还包括非财务指标，如生产率、市场地位、产品质量、职工态度、社会责任、短期目标和长期目标的平衡等。

在评价利润中心业绩时，有四种评价指标可供选择，即边际贡献、可控边际贡献、部门边际贡献和税前部门利润。

例 10-1 东方公司 A 部门的基本经营数据和利润表分别如表 10-1 和表 10-2 所示。

表 10-1 A 部门的基本经营数据 （单位：元）

项目	金额
部门销售收入	45 000
已销商品变动成本和变动销售费用	28 000
部门可控固定间接费用	2 600
部门不可控固定间接费用	3 500
分配的公司管理费用	3 300

根据表 10-2，以边际贡献 17 000 元作为业绩评价依据不够全面。A 部门经理至少可以控制一些固定成本，并且在固定成本和变动成本的划分上有一定的选择余地。以边际贡献为评价依据，可能导致部门经理尽可能多支出固定成本以减少变动成本支出，尽管这样

做并不能降低总成本。因此，业绩评价时至少应包括可控制的固定成本。

表 10-2　A 部门的利润表　　（单位：元）

项目	金额
收入	45 000
变动成本	28 000
（1）边际贡献	17 000
可控固定成本	2 600
（2）可控边际贡献	14 400
不可控固定成本	3 500
（3）部门边际贡献	10 900
公司管理费用	3 300
（4）税前部门利润	7 600

以可控边际贡献 14 400 元作为业绩评价依据可能是最好的，它反映了 A 部门经理在其权限和控制范围内有效使用资源的能力。部门经理可以控制收入、变动成本和部分固定成本，因而可以对可控边际贡献承担责任。

以部门边际贡献 10 900 元作为业绩评价依据，可能更适合评价该部门对企业利润和管理费用的贡献，而不适合于对部门经理的评价。如果要决定该部门的取舍，部门边际贡献是具有重要意义的信息。如果要评价部门经理的业绩，出于有一部分固定成本是过去最高管理层投资决策的结果，现在的部门经理已很难改变，部门边际贡献则超出了经理人员的控制范围。

以税前部门利润 7 600 元作为业绩评价的依据通常是不合适的，公司总部的管理费用是部门经理无法控制的成本，因此，由于分配公司管理费用而引起部门利润的不利变化，不能由部门经理负责。不仅如此，分配给各部门的管理费用的计算方法常常是任意的，部门本身的活动与分配来的管理费用高低并无因果关系。普遍采用的销售百分比、资产百分比、工资百分比等，会使其他部门分配基数的变化影响本部门分配管理费用的数额。许多企业把所有的总部管理费用分配给下属部门，其目的是提醒部门经理注意各部门提供的边际贡献必须抵补总部的管理费用，否则企业作为一个整体就不会盈利。其实，通过给每个部门建立一个期望能达到的可控边际贡献标准，可以更好地达到上述目的。这样，部门经理可集中精力增加收入并降低可控制成本，而不必在分析那些他们不可控的分配来的管理费用上花费精力。

（三）投资中心

1．投资中心的含义

企业中某些分散经营的下属单位或部门，其经理所拥有的自主权不仅包括制定价格、确定产品和生产方法等短期经营决策权，而且还包括投资规模和投资类型等投资决策权，像这样的单位或部门称为投资中心。投资中心是比利润中心更高一层的责任中心，适用于企业内部管理权限和业务规模较大的部门，如事业部、分公司、分厂等。

投资中心的责任权限既包括产品生产、销售自主权，还包括独立地运用其所掌握的资金进行长期投资决策的权力。作为一个投资中心，其成本、收入、利润、资金都是可控的，因此考核投资中心的工作绩效时，不仅要考核其成本、收入、利润，而且要将所获利润与所占用的资金进行对比，考核资金的运用效果。

投资中心因为要对投资效果负责，所以必须拥有充分的决策权，包括在其可运用资金额度内的投资决策权，不到紧要关头，或遇到关系到企业全局的重大事项，企业管理当局不宜进行干涉。为了明确划分各投资中心的责任界限，计算其经济效益和投资效果，对于各投资中心相互之间现金、存货等资产的转移，应该实行有偿使用，计息清偿；对各投资中心共同发生的成本应该按照适当的标准进行分配；各项经济资源都应明确归属于一定的投资中心。只有这样，才符合责任会计的要求，才能对各投资中心进行全面有效的考核评价。

2．投资中心的考核指标

投资中心的经理不仅能控制成本和收入，而且能控制其所占用的资产。因此，对投资中心的考核不仅要衡量其利润，而且要衡量其资产，并把利润与其所占用的资产联系起来。

投资中心的考核指标主要有投资利润率、剩余收益、现金回收率等。

（1）投资利润率。投资利润率又称投资报酬率、净资产利润率，是投资中心所获得的利润与投资额之间的比率。它反映投资中心运用“企业产权”供应的每1元资产对整体利润贡献的大小，或投资中心对所有者权益的贡献程度。其计算公式为

$$投资利润率=\frac{经营利润}{经营资产} \tag{10-1}$$

式中，经营利润通常指息税前利润（EBIT），经营资产通常指期初与期末资产的平均值。

为了合理分析影响投资利润率的影响因素，投资利润率这一指标，还可以进一步展开

$$\begin{aligned}投资利润率&=\frac{经营利润}{销售额}\times\frac{销售额}{经营资产}\\&=销售利润率\times资产周转率\end{aligned} \tag{10-2}$$

由上述公式得出，提高投资利润率的途径不仅在于降低成本、增加盈利、降低经营资产的平均占用，而且还在于资产的周转速度及销售获利能力。

投资利润率作为广泛采用的评价投资中心业绩的指标，其主要优点是促使管理者像控制费用一样地控制资产占用或投资额的多少，综合反映一个投资中心的全部经营成果。主要表现在：

1）投资利润率能反映投资中心的综合盈利能力，该指标的高低与收入、成本、投资额和周转能力有关。

2）投资利润率具有横向可比性，即在剔除了因投资额不同而导致利润差异等的不可比因素的基础上，将各投资中心的投入与产出进行比较。

3）投资利润率可以促使经理人员科学进行投资决策，优化资源配置。

4）投资利润率可以正确引导投资中心的经营管理行为，使其行为长期化。

但是，投资利润率这一指标也有其局限性：①世界性的通货膨胀使计算的投资利润率无法真正揭示投资中心的实际经营能力；②投资利润率往往会使投资中心仅注重本中心的投资效率，而使其近期目标与整个企业的长远目标相背离；③投资利润率的计算与资本支

出预算所用的现金流量分析方法不一致，不便于投资项目建成投产后与原定目标的比较；④由于一些共同费用无法为投资中心所控制，投资利润率的计量不全是投资中心所能控制的。

（2）剩余收益。剩余收益是指投资中心获得的利润扣减其最低投资收益后的余额。其计算公式为

$$剩余收益=利润-投资额\times规定或预期的最低投资报酬率$$

$$=\frac{息税前}{利\quad润}-\frac{总资产}{占用额}\times\frac{规定或预期的总资}{产息税前利润率} \tag{10-3}$$

“规定或预期的最低投资报酬率”和“规定或预期的总资产息税前利润率”通常是指企业为保证其生产经营正常、持续进行所必须达到的最低报酬水平。投资中心的投资额（或资产占用额）乘以规定或预期的最低报酬率即为最低投资收益，或者投资于该项目的机会成本。

剩余收益指标具有两个特点：

1）体现投入产出关系。

2）避免本位主义。即单纯追求投资中心的投资利润而放弃一些对整个企业有利可图的投资项目。

例 10-2　东胜集团公司下设 A、B 两个投资中心。A 中心的投资额为 200 万元，投资利润率为 10%；B 中心的投资额为 300 万元，投资利润率为 15%，集团公司要求的平均投资利润率为 10%。集团公司决定投资 500 万元；若投向 A 公司，每年增加利润 65 万元；若投资 B 公司，每年增加利润 70 万元。A、B 两个投资中心接受投资后的剩余收益情况如表 10-3 所示。

表 10-3　各投资中心追加投资前后的剩余收益比较　　（单位：万元）

项目		投资额	投资利润率	剩余收益
追加投资前	A	200	10%	200 × 10%−200 × 10%=0
	B	300	15%	300 × 15%−300 × 10%=15
	合计	500	13%①	500 × 13%−500 × 10%=15
投资中心A追加投资500万元	A	700	12.14%②	700 × 12.14%−700 × 10%=15
	B	300	15%	300 × 15%−300 × 10%=15
	合计	1 000	13%③	1 000 × 13%−1 000 × 10%=30
投资中心B追加投资500万元	A	200	10%	0
	B	800	14.375%④	800 × 14.375%−800 × 10%=35
	合计	1 000	13.5%⑤	35

①=[(200 × 10%+300 × 15%) ÷ 500] × 100%=13%

②=(200 × 10%+65) ÷ (200+500)=12.14%

③=(700 × 12.14%+300 × 15%) ÷ (700+300)=13%

④=(300 × 15%+70) ÷ (300+500)=14.375%

⑤=[(200 × 10%+800 × 14.375%) ÷ (200+800)]=13.5%

由表 10-3 可知，以“投资利润率”作为考核指标，在接受追加投资方案时，A 中心的利润率由 10% 提高到了 12.14%，B 中心的利润率由 15% 下降到了 14.375%，因此 A 中心愿意接受投资方案，而 B 中心则不愿意。然而，若 B 中心接受投资的话，集团公司整体获利能力确增强。在以“剩余收益”作为考核指标时，A 中心的剩余收益由原来的 0 增加到 15 万元，B 中心则由 15 万元增加到 35 万元，由于各投资中心的剩余收益都有不同程度的增加，显然无论是 A 中心还是 B 中心，都愿意追加投资。然而，事实上对于集团公司而言，将 500 万元投资于 B 中心将获利更多。

如果从集团公司的角度进行评价就会发现，在对 A 中心追加投资时，集团公司总体投资利润率没有变化，而剩余收益由 15 万元上升到 30 万元，因此，“投资利润率”和“剩余收益”两个指标对 A 中心投资业绩的评价结果会出现不同；在对 B 中心追加投资时，集团公司总体投资利润率由 13% 上升到 13.5%，剩余收益由 15 万元上升到 35 万元，“投资利润率”和“剩余收益”两个指标的评价结果一致。所以，以“剩余收益”作为评价指标可以保持各投资中心获利目标与公司总的获利目标达成一致。

相对于投资利润率指标，剩余收益指标的主要缺点是不便于规模不同的投资中心之间的分析比较。

（3）现金回收率。在第七章长期投资决策中强调了现金流量分析，并指出了以利润为项目评价主要指标的局限性。

以现金流量为基础的业绩评价指标是现金回收率和剩余现金流量。

$$现金回收率=\frac{营业现金流量}{总资产} \tag{10-4}$$

式中，营业现金流量为年现金收入与现金支出的差额；总资产为部门资产的历史成本平均值。

例 10-3　假设 M 公司 A 部门的营业现金流量为 90 000 元，资产的历史成本平均值为 500 000 元，则该部门的现金回收率为

$$现金回收率=\frac{90\,000}{500\,000}=18\%$$

如果各年的现金流量相同，则现金回收率为回收期的倒数。对于长期资产来说，如寿命在 15 年以上的资产，现金回收率近似于内含报酬率，即接近实际的投资报酬率。因此，这个指标可以检验投资评估指标的实际执行结果，减少为争取投资而夸大项目获利水平的现象。

尽管在计算现金回收率时未遵循权责发生制，但实际经验表明企业的现金回收率相当稳定，并且从长期来看与净利率相关程度很高，因而可以作为业绩评价的标准。

由于现金回收率是一个相对数指标，也会引起部门经理投资决策的次优化，出现与投资报酬率类似的缺点。为了克服这个缺点，可以同时使用剩余现金流量来评价部门业绩，即

$$剩余现金流量=经营现金流入-部门资产\times资金成本率 \tag{10-5}$$

例 10-4　仍用例 10-3 的资料，假设 M 公司 A 部门的资金成本率为 12%，则该部门的剩余现金流量为

剩余现金流量 =(90 000−500 000 × 12%) 元 =30 000 元

（四）各类责任中心之间的关系

成本中心、利润中心和投资中心彼此并非孤立存在，每个责任中心都要承担相应的经营责任。最基层的成本中心就其经营的可控成本向上层成本中心负责；上层成本中心就其本身的可控成本和下层转来的责任成本一并向利润中心负责；利润中心就其本身的经营收入、成本（含下层转来的成本）和利润（或边际贡献）向投资中心负责；投资中心最终就其经管的投资利润率和剩余收益向总经理和董事会负责。

总之，企业各种类型和层次的责任中心形成一个“连锁责任”网络，这就促使每个责任中心为保证经营目标一致而协调运转。三种类型责任中心的比较如表 10-4 所示。

表 10-4　三种类型责任中心的比较

责任中心	实际应用范围	权利	考核范围	考核办法	组织形式
成本中心	最广	最小（可控成本的控制权）	可控的成本、费用	只以货币形式计量投入，不以货币形式计量产出	一般不是法人
利润中心	比较窄（较高层次，具有独立收入，是具有经营决策权的中心）	较高（生产经营决策权）	成本、费用、收入、利润	不进行投入产出的比较	可以是法人，也可以不是法人
投资中心	最小（最高层次，是具有投资决策权的中心）	最高（投资决策权）	成本、费用、收入、利润、投资效率	进行投入产出比较	一般是法人

第三节　责任预算与业绩报告

一、责任预算及其编制

（一）责任预算的含义

责任预算（Responsibility Budget）是以责任中心为主体，以其可控的成本、收入、利润和投资等为对象所编制的预算。

编制责任预算可以明确各责任中心的责任，并与企业的总预算保持一致，以确保企业目标的实现。责任预算既为各责任中心提供了努力的目标和方向，也为控制和考核各责任中心提供了依据。在企业实践中，责任预算是企业总预算的补充和具体化，只有将各责任中心的责任预算与企业的总预算有机地融为一体，才能较好地达到责任预算的效果。

（二）责任预算的指标构成

责任预算由各种责任指标组成，这些指标可分为主要责任指标和其他责任指标。

主要责任指标是指特定责任中心必须保证实现，并能够反映各种不同类型责任中心之间的责任和相应区别的责任指标。本章第二节所涉及的有关责任中心的各项考核指标都属于主要责任指标的范畴。

其他责任指标是根据企业其他总目标分解而得到的或为保证主要责任指标完成而确定的责任指标，这些指标包括劳动生产率、设备完好率、出勤率、材料消耗率以及职工培训等内容。

（三）责任预算的编制程序

责任预算有两种编制程序，即自上而下的编制程序和自下而上的编制程序。

1. 自上而下的编制程序

这种编制程序是以责任中心为主体，将企业总预算目标自上而下地在各责任中心之间层层分解，进而形成各责任中心责任预算的一种常用程序。

这种程序的优点在于可以使整个企业在编制各部门责任预算时，实现一元化领导，便于统一指挥和调度；其不足之处在于可能会限制基层责任中心的积极性和创造性的发挥。

2. 自下而上的编制程序

这种编制程序是由各责任中心自行列示各自的预算指标并层层汇总，最后由企业专门机构或人员进行汇总和协调，进而编制出企业总预算的一种程序。

这种程序的优点在于便于充分调动和发挥各基层责任中心的积极性；其不足之处在于由于各责任中心往往只注意本中心的具体情况或多从自身利益角度考虑，容易造成彼此协调上的困难，互相支持少，以致冲击企业的总体目标，层层汇总的工作量比较大，协调的难度大，可能影响预算质量和编制时效。

（四）不同经营管理方式下责任预算编制程序的选择

责任预算的编制程序与企业组织机构设置和经营管理方式有着密切关系。在集权管理制度下，企业通常采用自上而下的预算编制方式；在分权管理制度下，企业往往采用自下而上的预算编制方式。

在集权组织结构形式下，首先要按照责任中心的层次，从上至下把企业总预算（或全面预算）逐层向下分解，形成各责任中心的责任预算；然后建立责任预算执行情况的跟踪系统，记录预算执行的实际情况，并定期由下至上把责任预算的实际执行数据逐层汇总，直到高层的利润中心或最高层的投资中心。

在分权组织结构形式下，首先也应按责任中心的层次，将企业总预算（或全面预算）从最高层向最底层逐级分解，形成各责任单位的责任预算。然后建立责任预算的跟踪系统，记录预算实际执行情况，并定期从最基层责任中心把责任成本的实际数，以及销售收入的实际数，通过编制业绩报告逐层向上汇总，一直达到最高的投资中心。

随着预算数据的逐级分解，预算的责任中心的层次越来越低，预算目标越来越具体。这意味着企业总预算被真正落实到责任单位或个人，使预算的实现有了可靠的组织保障，也意味着企业总预算被分解到了具体的项目上，使预算的实现有了客观的依据。

（五）责任预算的编制

例 10-5　东方公司采用分权组织结构，下属安达和凯佳两个分公司，公司组织结构形式如图 10-1 所示。该公司成本中心发生的成本费用均为可控成本。东方公司编制的总公司和安达分公司 20×× 年度的责任预算（简略形式）如表 10-5 ~ 表 10-8 所示。

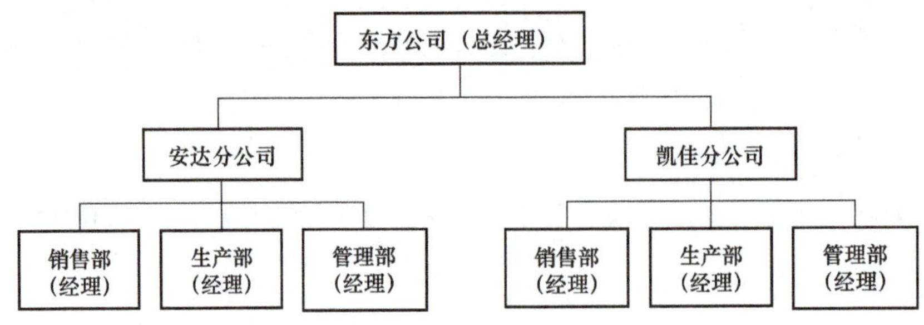

图 10-1 东方公司的组织结构

表 10-5 东方公司 20×× 年度责任预算 （单位：千元）

责任中心类型	项目	责任预算	责任人
利润中心	安达分公司营业利润	78 000	安达分公司经理
利润中心	凯佳分公司营业利润	63 000	凯佳分公司经理
合计		141 000	东方公司总经理

表 10-6 安达分公司 20×× 年度责任预算 （单位：千元）

责任中心类型	项目	责任预算	责任人
成本中心	销售部可控成本	14 500	销售部经理
	生产部可控成本	105 000	生产部经理
	管理部可控成本	15 500	管理部经理
	合计	135 000	安达分公司经理
利润中心	销售部收入	213 000	安达分公司经理
	营业利润	78 000	安达分公司经理

表 10-7 安达分公司生产部 20×× 年度责任预算 （单位：千元）

成本中心	项目	责任预算	责任人
甲车间	变动成本		甲车间负责人
	直接材料	23 000	
	直接人工	18 000	
	变动制造费用	9 000	
	小计	50 000	
	固定成本		
	固定制造费用	6 000	
	成本合计	56 000	

（续）

成本中心	项目	责任预算	责任人
乙车间	变动成本		乙车间负责人
	直接材料	21 000	
	直接人工	16 000	
	变动制造费用	7 000	
	小计	44 000	
	固定成本		
	固定制造费用	3 000	
	成本合计	47 000	
生产部	生产部其他费用	2 000	生产部经理
	成本费用总计	105 000	生产部经理

表 10-8 安达分公司管理部和销售部 20×× 年度责任预算 （单位：千元）

成本中心	项目	责任预算	责任人
管理部	资产折旧	4 000	管理部经理
	办公费	3 000	
	保险费	2 500	
	工资费用	6 000	
	合计	15 500	
销售部	资产折旧	3 500	销售部经理
	办公费	2 800	
	广告费	2 700	
	工资费用	5 500	
	合计	14 500	
成本费用总计		30 000	

上述各表的预算数据之间存在着以下勾稽关系：

表 10-6 中的营业利润 78 000 千元与表 10-5 中安达公司营业利润相等；表 10-7 中的成本费用总计 105 000 千元等于该表中两个成本中心的责任成本与生产部其他费用之和；表 10-8 中的成本费用总计 30 000 千元等于该表中两个成本中心的责任成本之和。

二、业绩报告及其编制

（一）业绩报告的含义

责任会计以责任预算为基础，通过对责任预算的执行情况的系统反映，确认实际完成情况同预算目标的差异，并对各个责任中心的工作业绩进行考核与评价。责任中心的业绩考核和评价是通过编制业绩报告来完成的。

业绩报告（Performance Report）也称责任报告、绩效报告，是指根据责任会计记录编制的反映责任预算实际执行情况，揭示责任预算与实际执行差异的内部会计报告。

（二）业绩报告与责任预算的关系

业绩报告是对各个责任中心责任预算执行情况的系统概括和总结。根据业绩报告，可进一步对责任预算执行差异的原因和责任进行具体分析，以充分发挥反馈作用，以使上层责任中心和本责任中心对有关生产经营活动实行有效控制和调节，促使各个责任中心根据自身特点，卓有成效地开展有关活动以实现责任预算。

业绩报告与责任预算的关系如图 10-2 所示。

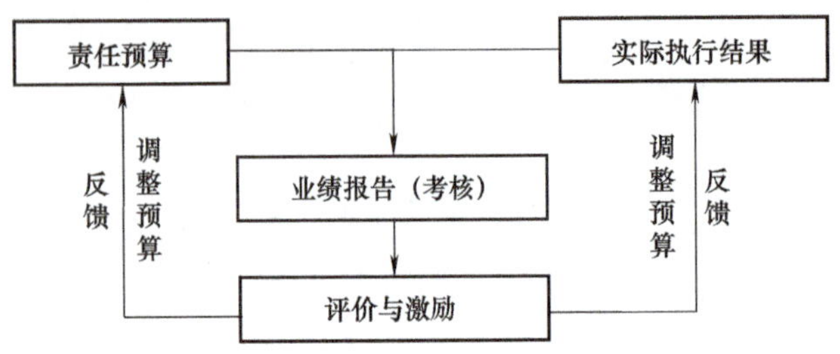

图 10-2　业绩报告与责任预算的关系

（三）业绩报告的形式与侧重点

业绩报告主要有报表、数据分析和文字说明等几种形式。将责任预算、实际执行结果及其差异用报表予以列示是责任报告的基本形式。在揭示差异时，还必须对重大差异予以定量分析和定性分析。其中，定量分析旨在确定差异的发生程度；定性分析旨在分析差异产生的原因，并根据这些原因提出改进建议。在现实工作中，往往将报表、数据分析和文字说明等几种形式结合起来使用。

在企业的不同管理层次上，业绩报告的侧重点应有所不同。最低层次的责任中心业绩报告应当最详细，随着层次的提高，业绩报告的内容应以更为概括的形式来表现。这一点与责任预算的由上至下分解过程不同，责任预算是由总括到具体，业绩报告是由具体到总括。业绩报告应能突出产生差异的重要影响因素，为此应遵循“例外管理原则”，突出重点，使报告的使用者能把注意力集中到少数严重脱离预算的因素或项目上来。

（四）业绩报告的编制

责任中心是逐级设置的，业绩报告也必须逐级编制，但通常只采用自下而上的程序逐级编报。

例 10-6　仍用例 10-5 的资料。根据 20×× 年度责任预算的实际执行情况，东方公司编制的安达分公司和总公司该年度的部分业绩报告（简略形式）如表 10-9 ~ 表 10-11 所示。

表 10-9　安达分公司成本中心 20×× 年度业绩报告（部分）　（单位：千元）

项目	实际	预算	差异
安达分公司甲车间			
变动成本			
直接材料	24 000	23 000	1 000
直接人工	19 000	18 000	1 000
变动制造费用	8 000	9 000	−1 000
变动成本合计	51 000	50 000	1 000
固定成本			
固定制造费用	5 600	6 000	−400
成本合计	56 600	56 000	600
安达分公司生产部可控成本			
甲车间			
变动成本	51 000	50 000	1 000
固定成本	5 600	6 000	−400
小计	56 600	56 000	600
乙车间			
变动成本	46 000	44 000	2 000
固定成本	2 900	3 000	−100
小计	48 900	47 000	1 900
生产部其他费用	2 000	2 000	0
可控成本合计	107 500	105 000	2 500
安达分公司可控成本			
销售部	15 500	14 500	1 000
生产部	107 500	105 000	2 500
管理部	14 500	15 500	−1 000
总计	137 500	135 000	2 500

表 10-10　安达分公司利润中心 20×× 年度业绩报告　（单位：千元）

项目	实际	预算	差异
安达分公司销售收入	223 000	213 000	10 000
安达分公司变动成本			
甲车间	51 000	50 000	1 000
乙车间	46 000	44 000	2 000
小计	97 000	94 000	3 000
安达分公司边际贡献总额	126 000	119 000	7 000

（续）

项目	实际	预算	差异
安达分公司固定成本			
生产部			
甲车间	5 600	6 000	−400
乙车间	2 900	3 000	−100
生产部其他费用	2 000	2 000	0
小计	10 500	11 000	−500
销售部	15 500	14 500	1 000
管理部	14 500	15 500	−1 000
小计	40 500	41 000	−500
安达分公司利润	85 500	78 000	7 500
东方公司利润			
安达分公司利润	85 500	78 000	7 500
凯佳分公司利润	65 300	63 000	2 300
合计	150 800	141 000	9 800

表 10-11　东方公司投资中心 20×× 年度业绩报告　（单位：千元）

项目	实际	预算	差异
安达分公司利润	85 500	78 000	7 500
凯佳分公司利润	65 300	63 000	2 300
小计	150 800	141 000	9 800
东方公司所得税（30%）	45 240	42 300	2 940
合计	105 560	98 700	6 860
净资产平均占用额①	472 800	493 500	−20 700
投资利润率	25%	20%	0.05
行业平均最低收益率	18%	15%	0.03
剩余收益	33 096	24 675	8 421

① “净资产平均占用额”是根据预计资产负债表和实际资产负债表所有者权益年初年末平均后求得。

第四节　内部转移价格

企业内部各责任单位在生产经营活动中既相互联系又相互独立地开展各自的活动，各责任中心在经营中常相互提供产品或劳务。为正确评价企业内部各责任中心的经营业绩，明确区分各自的经营责任，使各个责任中心的业绩评价与考核建立在客观而可比的基础上，调动各个责任中心的积极性，必须根据各责任中心业务活动的具体特点，制定具有充分经济依据的内部转移价格。

一、内部转移价格的含义

内部转移价格是指企业内部各责任中心之间相互提供中间产品或劳务时进行结算的价格标准。企业内部各责任单位在生产经营活动中，既相互联系又相互独立地开展各自的活动，各责任中心之间经常相互提供产品或劳务。为正确评价企业内部各个责任中心的经营业绩，明确区分各自的经济责任，使各个责任中心的业绩评价与考核建立在客观且可比的基础上，从而有利于调动各责任中心的积极性，必须根据各责任中心业务活动的具体特点，制定具有充分经济依据的内部转移价格。

二、内部转移价格的作用

（1）内部转移价格确定了中间产品转移和劳务供应过程中受益方应负担的成本和供应方应获得的收入。它有利于管理当局明确划分各责任中心的责任，充分调动各责任中心的工作积极性。

（2）内部转移价格可以防止中间产品转移带来部门之间责任转嫁。例如，工厂的生产车间之间交换中间产品，若由于前一工序加工质量不佳、规格不符合要求而发生了损失，则这些损失应转给前一工序负担。

（3）内部转移价格促使管理当局对各责任中心业绩评价与考核能建立在客观可比的基础上，它提供了反映责任中心业绩的内部利润数，也便于具体经济效益的计算和分配。

（4）内部转移价格促使管理人员根据责任会计信息正确地进行经营、投资决策，有利于使企业资源得到最佳利用，企业整体达到最好的经济效果。

（5）内部转移价格为制定新产品价格和今后调整产成品的销售价格提供了参考。

三、内部转移价格的制定原则

制定内部转移价格在理论上应同时满足三个标准：①对经营业绩的评价提供合理的基准；②激励基层责任人更好的经营；③促进分权单位与企业整体之间目标的一致性。但实际可能存在矛盾，一组适合于评价责任单位经营业绩的转移价格可能是违反企业整体利益的；一组能提供正确激励的转移价格，可能长期对企业的成功有重大贡献，但责任单位的业绩报告中会出现亏损。因此，制定内部转移价格应坚持五点原则：

（一）决策性原则

在不同的生产技术组织及管理条件下，各责任中心可能被赋予不同的权限，内部结算价格应促使责任中心在自己的权限范围内做出符合本责任中心的经营决策。例如，责任中心可以根据不同的产品转移价格为本部门带来的收益水平进行决策，确定是向下道工序的责任中心供货，还是向上道工序的责任中心购货。

（二）公平性原则

内部转移价格必须是中间产品转移过程中的购、销双方均感到公平合理的价格，这样才能调动双方的积极性。产品在若干个责任中心之间连续加工，中间产品的转移价格必须保证是各责任中心的所得与其付出相符；否则，就可能导致错误决策，还会打击责任中心的生产积极性。

值得注意的是，没有一种适合各种使用目的的最佳的内部转移价格。既可以说任何一种方法是合理的，又可以说任何一种方法都是不合理的。所以在同一企业组织里，内部转移价格的政策会因不同种类的产品和劳务而多样化。

（三）整体效益最大化

整体效益最大化原则是责任会计的一般原则，也是制定企业内部价格的具体原则。各责任中心实行单独核算以后，不可避免地都要追求本中心的最大经济利益，因而总会要求把内部转移价格定得对自己有利。但是，某个局部单位的最大利益，不一定就能带来整个企业的最大利益，甚至有时还会妨碍实现整体的最大利益。因此，制定企业内部转移价格要从企业全局出发，使之有助于实现企业的最大效益。常常可以看到，企业内部各责任中心乃至责任者的忙闲程度、苦乐程度、责任大小等并不均衡。有的单位任务繁重，人手紧张，责任很大；有的单位任务较轻，人员富余，工作清闲。为了保证责、权、利统一，合理配置内部资源，就应把内部价格作为一种联系利益、明确责任的手段，围绕提高企业整体经济效益的目标，相对提高有助于加强重要环节和部位工作的内部转移价格，引导劳动力和劳动量的合理流动和分布。

（四）突出重点与简便易行相结合

企业制定内部转移价格的具体对象往往成千上万，对每一具体对象的价格要细致、全面的考虑和严格确定，在当前还不易做到。这就需要根据具体对象的重要程度来定价；对于那些品种比重虽小，但价高量大，耗用频繁的具体对象，应该考虑细致、全面，从严定价；对于那些品种比重虽大，但价低量小，不常耗用的具体对象，可以从简定价，不必烦琐计算。

（五）相对稳定，定期调整

制定企业内部转移价格，有利于划清不同责任中心之间的经济责任和简化成本核算工作。即便是根据产品对象来划分生产组织，也不可能完全割断责任中心之间的生产联系，何况供、产、销三个环节往往还分属于不同的责任中心。如果不对原材料、零配件、半成品、劳务和产成品制定统一的内部转移价格并保持相对稳定，责任中心的成本和效益就会相互影响。如生产责任中心节约材料、减少物耗的成绩，会被供应责任中心不断上升的采购成本所淹没或干扰，后续工序责任中心很难确定上升或下降是谁的责任，同时也不能及时计算当期成本。制定企业内部转移价格，可以把影响不同责任中心成本升降的不可控的价格因素加以剔除，同时各责任中心的成本中心的成本核算工作无须相互等待，各自根据预先制定的价格和实际耗用的各种实物量或工作量，便可及时算出当期成本。正因如此，内部转移价格，尤其是成本中心和人为利润中心之间的内部转移价格，是一种计划价格，如果调整频繁，将会失去其原有的功效，等于变相地按实际价格进行核算，责任中心之间的责任将很难分清。但是，如果长期不调整，又将给企业带来两个方面的不利影响：一方面，价格脱离价值，不能做到等价交换、按劳分配和有效的调节内部资源配置；另一方面，形成较大的价格差异，影响成本信息的准确程度。所以，必须定期对企业内部转移价格进行调整，调整工作可以在平时进行，但调整之后的内部转移价格必须在新一轮考核期开始实行。

四、内部转移价格的类型

（一）市场价格

以市场价格作为内部转移价格的方法，是假定企业内部各部门都立足于独立自主的基础上，他们可以自由决定从外界和内部进行购销。同时，产品有竞争市场，这些产品之间只有极其微小的差别，而且有一个客观的市场价格可供利用。其理论基础是：对于独立的企业单位进行评价，就看它们在市场上买卖的获利能力。以市场为基础制定内部转移价格，没有必要考虑消除市场价格带来的竞争压力。以正常的市场价格作为内部转移价格有一个显著的优点，就是供需双方的部门都能按照市场价格卖出和买进他们所供的、所需的产品。供需双方的部门经理在相互交易时，同外部人员一样进行交易。从企业的角度来看，只要供应一方是按生产能力提供产品，也可将之视为在市场上进行交易。另外，一个企业的两个责任中心相互交易，不管市场上是否存在同样的货物，内部进行买卖具有质量、交货期等易于控制的条件，同时可以节约谈判成本等优点。因此，如果企业管理当局为了全企业的整体利益，应当鼓励进行内部交易。其基本原则是：除非责任中心有充分理由说明外部交易更为有利，否则各责任中心之间应尽可能进行内部交易。具体表现为：

（1）“购买”的责任单位可以同外界购入相比较。如果内部单位要价高于市价，则可以舍内求外，而不必为此支付更多的代价。

（2）对“销售”的责任单位也应如此，使其不可能从内部单位获得比外界销售更多的收入。必须注意的是，“购买”部门向外界购入时，将会使企业的部分生产能力闲置，但同时又从向外界购入得到一定的益处。此时，就应将其向外界购买所得到的收益与企业生产能力闲置而受到的损失进行比较。如果前者能抵补后者，则允许向外界进行购入。否则，次优方案必须服从最优方案。直接以市场价格作为内部转移价格的主要困难在于：从市场价格来讲，部门间提供的中间产品常常很难确定他们的市价；市场价格往往变动较大，或市场价格没有代表性。从业绩评价来讲，以市场价格为内部价格将对“销售”部门有利，因为产品由企业内部供应，可以节省许多销售、商业信用方面的费用，这方面所节约的费用将全部表现为“销售”单位的工作成果，“购买”单位得不到任何好处，因而会引起他们的不满。

另外，在进行产品部件由企业自制或外购以及是否淘汰某一产品的决策时，以市场价格作为转移价格几乎完全无用。因为，从企业作为一个整体的观点来看，这些决策应以边际成本和差异成本方法来制定。尽管以市场价格为内部转移价格还是有这样或那样的缺点，但由于以市场价格为转移价格适合于利润中心和投资中心，且有利于每一部门的业绩评价，故当产品有外界市场，“购”“销”双方可以自由对内、对外销售产品的情况下，以市场价格作为转移价格仍不失为一种有效的方法。

（二）以“成本”作为内部转移价格

以“成本”作为内部转移价格即以中间产品的成本作为内部转移价格，这是一种比较简单的价格制定方法，成本的概念有很多种，如实际成本、标准成本、变动成本等，使用不同的成本概念可以定出不同的内部转移价格，也会对责任中心的行为产生不同的影响。

1．实际成本法

实际成本法是以中间产品生产时实际发生的生产成本作为其内部转移价格。实际成本的资料是在企业成本核算的过程中自然产生的，具有现成可用的特点，不需要为制定内部转移价格增加任何费用。实际成本法具有一定的客观性，使用起来比较方便，但它把卖方的成本全部转移给买方，对卖方降低成本缺乏激励作用。对买方来说，卖方的成本无论高低都会全部转移给它，它会因此承担自己所不能控制的成本，这使各责任中心的责任不易划分清楚，给责任中心的考核工作带来困难。

2．标准成本法

标准成本法即以各中间产品的标准成本作为其内部转移价格的方法。标准成本作为内部转移价格的优点在于标准成本本身是一个比较合理的指标。标准成本一般是根据一个先进的而且是可及的标准制定的，所以标准成本易被各方所接受，而且实际成本和标准成本之间的差异可以揭示出成本控制中的不足，加强对成本的控制。

在管理工作做得比较好的企业中，各种产品的材料、人工、制造费用的标准成本资料比较健全，能够容易地计算出各中间产品的标准成本，这样就比较容易制定内部转移价格，也减少了进行内部转移价格核算的成本。

在使用标准成本法时，要制定以下三类内部转移价格：

（1）制定原材料、辅助材料、燃料等外购物品的内部转移价格，即

$$材料内部转移价格=购买价格+运输费用+其他费用 \tag{10-6}$$

（2）制定零件、半成品、产成品的内部转移价格，即

$$产品内部转移价格=标准材料成本+标准人工成本+标准制造费用 \tag{10-7}$$

（3）制定企业内部劳务的内部转移价格，可以参照外界各类劳务价格调整制定。

采用标准成本作为内部转移价格也不是完美无缺的。对于利润中心和投资中心来说，直接以标准成本作为内部转移价格是不适宜的。因为这样做，将使产品（半成品）的供应单位得不到任何利润。如果依据利润大小对其工作成果进行评价，显然是不公平的。所以这种方法只适用于成本中心。而且，由于标准成本既包括了产品的变动成本，又包括了产品的固定成本，所以这种内部转移价格不利于责任中心进行经营决策。

3．变动成本法

变动成本法是以变动成本作为内部转移价格的方法。变动成本同样有实际成本和标准成本之分，由于实际成本的局限性较大，这里主要介绍以标准成本的变动成本为基础制定内部转移价格的方法。企业在核算和管理方面应做以下具体工作：

（1）各种产品的成本必须严格区分为变动成本和固定成本两类，一些半变动费用也需要设法分解，然后分别归集汇总。

（2）设置一个费用限额来控制责任中心固定费用的发生，在报告期末实际发生的固定

费用与各产品变动成本总和构成该中心产品的总成本。责任中心内部利润为

$$责任中心内部利润=\sum(各产品内部转移价格-各变动成本)-实际发生的固定费用 \tag{10-8}$$

（3）企业按上述内部利润即按边际贡献总额与固定费用超支数之差来考核责任中心的经营成果。

（4）企业按变动成本对产品计价及编制利润和成本报表。

使用变动成本法存在的问题有：

（1）变动成本资料对短期决策项目来说，其产品的成本应是完全成本，成本补偿应是各自的完全补偿，所以必须使用完全成本资料。

（2）许多企业生产经营中半变动费用很多，很难按产品分解为变动部分和固定部分，若成本性态分析得不正确，将会直接影响变动成本的使用效果。

（3）使用变动成本法会引起存货计价和利润计算等问题，故此法目前还未被财税部门所接受。企业若使用此法，除用变动成本分析考核和编表外，还需按全部成本计算税利和编制报表，因此加重了核算的工作量。

4. 实际成本加成法

它是一种以产品（半成品）或劳务的实际成本为基础，加计一定比例的合理利润作为内部转移价格的方法。

成本加成的基础可以有多种，在制定内部转移价格时，若加成的基础是产品的全部成本，则卖方会在计算利润时占便宜，而买方会吃亏。由于买入的产品成本中包含了前面责任中心转来的全部成本，使得利润进行若干次的重复计算，加工次序越靠后的责任中心获得的不相关利润越多。所以，应按各责任中心、分厂转来的加工成本计算，即加成的基础不包括由前一责任中心转来的成本，只包括其本身发生的料、工、费，这样就可以避免重复计算利润。

决定了加成基础后，就要制定合理的成本加成率。制定成本加成率有两种方法：一种是使用成本利润率；另一种是使用资金利润率。这两种方法各有优缺点：成本利润率体现了耗用资金与利润之间的关系，但如果以此作为成本加成率计算转移价格，会导致耗料多、配件多的责任中心利润高，处于加工次序后面的责任中心利润高，使得利润分配不合理，不利于节约材料；资金利润率反映了资金占用与利润之间的关系，但在实际工作中计算资金占用金额很难。

5. 标准成本加成法

它是以产品（半成品）或劳务的标准成本加计一定的合理利润作为计价基础。它的优点是可以分清相关责任中心的责任，但确定加成利润率时，带有一定的主观随意性。

（1）按综合成本利润率确定利润，其计算公式为

$$\begin{aligned}内部转移价格&=标准成本+标准成本\times综合成本利润率\\&=标准成本\times(1+综合成本利润率)\end{aligned} \tag{10-9}$$

$$综合成本利润率=\frac{企业预计内部分配利润总额}{标准成本总额}\times100\% \tag{10-10}$$

按综合成本利润率确定利润，优点是计算简便，适用于各责任中心的人均标准成本比

较接近的企业；缺点是不适用于各责任中心人均标准成本差异较大的企业。因为这样定价，对生产用料多、材料价格高的责任中心有利，甚至不经努力便可获得较高利润；对于生产用料少、材料价格低的责任中心不利，虽经加倍努力也不能获得较高利润。

（2）按工资成本利润率确定利润，其计算公式为

$$内部转移价格=标准成本+工资成本\times工资成本利润率 \tag{10-11}$$

$$工资成本利润率=\frac{企业预计内部分配利润总额}{标准工资总额} \tag{10-12}$$

这种方法不仅计算简便，而且还可以克服按综合成本利润率计算利润的缺陷。但是，这种方法的运用必须以原有职工工资分配比较合理为前提，无疑这种方法是在维持原有结构。原有结构不合理，这种方法也就不合理。

（3）按分项成本利润率确定利润，其计算公式为

$$\begin{aligned}内部转移价格=&直接材料\times（1+材料成本利润率）+直接人工标准成本\times\\&（1+工资成本利润率）+制造费用\times（1+制造费用利润率）\end{aligned} \tag{10-13}$$

$$材料成本利润率=\frac{完成材料用量标准应得利润}{直接材料标准成本总额}\times100\% \tag{10-14}$$

$$工资成本利润率=\frac{完成工时用量标准应得利润}{直接人工标准成本总额}\times100\% \tag{10-15}$$

$$制造费用利润率=\frac{完成制造费用标准应得利润}{制造费用标准成本总额}\times100\% \tag{10-16}$$

如果有“其他直接费用”，可并入“制造费用”计算。

$$\begin{matrix}企业预计内部\\分配利润总额\end{matrix}=\begin{matrix}完成材料用量\\标准应得利润\end{matrix}+\begin{matrix}完成工时用量\\标准应得利润\end{matrix}+\begin{matrix}完成制造费用\\标准应得利润\end{matrix} \tag{10-17}$$

一般来说，工资成本利润率较高，材料成本利润率较低。企业可以根据具体情况分别确定各成本项目的利润率，使各责任中心耗费同样劳动，取得大致相同的利润。这种方法的优点是企业可以利用价格杠杆调节各责任中心之间的利润水平，贯彻按劳分配的原则，以利于调动各责任中心的积极性。其缺点是对利润的计算和价格的确定比较繁杂，各成本项目的利润率高低受主观因素影响较大。

（三）协商价格

买卖双方共同协调，确定出一个双方均可以接受的中间产品转移价格即为协商价格。

协商价格的制定通常是以一定价格作为基础，通过双方的协调，进而得出双方均满意的价格。作为协调基础的是成本、成本加成和外部市场三个方面。如果不在一定的基础上进行协调，双方将在谈判上花费很多时间精力，制定出的价格也不尽合理。

成功协调内部转移价格所依赖的条件有：

（1）最好应存在一个外部市场。如果根本没有可能从外部取得或向外部销售中间产品，就会使一方处于垄断地位，这样得出的协商价格往往是不尽合理的，协商价格受谈判人员的实力和技术影响很大，使得善于谈判的一方占便宜，而不善于谈判的一方吃亏。

（2）管理层必须进行干预。协商价格不仅对协商双方的经营决策有影响，而且还会

对企业整体的利益发生影响。如果协商双方只顾及自己的利益，而不顾全局的利益，则会给企业的计划和管理造成不利的影响。所以，管理当局应对协商做有效的引导和控制。另外，对于双方不能自行解决的争论，允许管理当局做出仲裁，对内部转移价格做出公平、合理的选择。

由于协商价格的制定涉及两个或两个以上责任中心的经济利益，可能耗费过多的时间和精力，责任中心往往过度注重于谈判的结果，却忽视了成本和费用的控制。协商价格制定的过程中还可能导致部门之间的矛盾，不利于企业整体工作的协调。这就需要上级主管部门做出仲裁和协调，以保证整体效益的最大化。一般来说，企业各部分之间转移的中间产品不多，且各部分自主权较大时，可考虑采用协商价格定价法。

（四）双重价格

双重价格就是针对责任中心各方面分别采用不同的内部转移价格所制定的价格。如对产品（半成品）的供应方，可按协商的市场价格计价；对使用方则按照供应方的产品（半成品）的单位变动成本计价。其差额由会计最终调整，之所以采用双重价格是因为内部转移价格主要是为了对企业内部各责任中心的业绩进行评价、考核，故各相关责任中心所采用的价格并不需要完全一致，可分别选用对责任中心最有利的价格为计价依据。双重价格有以下几种形式：

（1）按标准成本与市价双重定价。采取这种方法时，各责任中心之间相互提供的材料、半成品、劳务、产成品一律按标准成本定价，以反映各责任中心在生产过程中的实际耗费（量差因素影响），便于分清彼此的经济责任，及时进行成本核算。同时，为了加强协作，鼓励优先考虑向企业内部其他责任中心出售产品或劳务，对拥有外销权的责任中心的半成品、产成品或劳务，按市价定价，以保证其利润的完整，并以此作为考核业绩的依据。

（2）按标准成本与成本加成双重定价。采取这种方式时，企业内部各责任中心之间相互提供产品与劳务一律按标准成本定价，以反映各责任中心在生产过程中的实际耗费，便于企业及时进行会计核算，编制及上报会计报表。与此同时，用含一定利润的内部转移价格进行第二种核算，以确定各责任中心的责任利润，将其作为评价考核的依据。

（3）按市价与变动成本双重定价。采取这种方式，对于售出方出售的产品和劳务，按市场价格定价，以利于考核其经营业绩。对于购入方购入的产品和劳务，按变动成本定价，以利于其做出正确的经营决策。

此外，双重定价还有其他结合方式，如售出方按最高市价定价，购入方按最低市价定价；售出方按完全成本定价，购入方按变动成本定价等。

采用双重定价方式，能较好地满足购销双方在不同方面的管理需要，有利于排除各种不可控的客观因素的影响，充分调动各责任中心的积极性。采用这类方式，其缺点是核算较为复杂，工作量也较大。

采用双重价格的前提条件是：内部转移的产品或劳务有外部市场，供应方有剩余生产能力，而且其单位变动成本要低于市场，特别是当采用单一的内部转移价格不能达到激励各责任中心的有效经营和保证责任中心与整个企业的经营目标达成一致时，应采用双重价格。

五、跨国转移价格

跨国转移价格是指跨国公司内部，母公司与子公司、子公司与子公司间约定的出口与采购商品、劳务和技术时所规定的价格。跨国公司在产品与劳务的内部转移价格制定中会受到许多客观环境因素的影响，因此比单纯国内经营的企业更为复杂、风险更大。跨国公司转移价格是跨国公司的一项重要经营策略，它一方面是跨国公司组织与管理内部市场、实施资源配置的必要工具，另一方面又是跨国公司利用国际税收差异及其他政策差异，追求全球利润最大化的一种手段。

（一）跨国转移价格的主要功能

跨国公司制定并使用转移价格是为其全球竞争战略服务的，实现全球经济效益的最优化是其使用转移价格的根本出发点。除了被用于合理报告分部业绩，为绩效评估提供依据之外，制定跨国转移价格的主要目标和功能通常还包括以下几个方面：

1．避税

跨国公司凭借其跨国生产和销售的优势，利用所在国的不同税率水平、“避税港”的优惠及区域性关税同盟等有关法律法规，通过转移价格来避税。

（1）规避跨国公司所得税。当前各个国家和地区的所得税税制差别很大，即使按比例征收也相距甚远。因此，跨国公司能够利用中间产品的转移价格，将企业利润从所得税率较高的国家转移到所得税税率较低的国家，以减少企业所得税。一些跨国公司通过对“避税港”的利用，来达到最大限度避税的目的。目前国际上的“避税港”一般有三种类型：一是无税港，如百慕大、巴哈马、瓦努阿图、开曼群岛等，在这些地方免征任何所得税；二是低税港，其所得税率低于国际平均所得税率水平，如列支敦士登、维京群岛、荷属安的列斯群岛等，我国的香港、澳门等地区也属于此类低税区；三是特惠港，在国内税法的基础上采取特别的税收优惠措施，如爱尔兰的香农、菲律宾的巴丹、新加坡的裕廊、我国的沿海地区和一些经济开发区等都属于这种类型。在这些“避税港”，通常政府管制较为松弛，公司的资金调拨和利润分配相当自由。因此，跨国公司纷纷在避税港设立象征性的分支机构，以便有计划地利用转移价格将各子公司的利润调拨到避税港，以逃避东道国的重税。此外，如果某一跨国公司在某国的一个子公司遭到损失，而该东道国又没有对外资企业实行税收抵免政策，或者虽然实行税收抵免政策，但是有一定的有效期限（如加拿大规定为2年），跨国公司就可以利用转移价格将其他子公司的利润转移到这个遭受损失的子公司账户上，从而减轻其他子公司的所得税负担，这也是一种运用转移价格减少总公司税收的情况，以增加跨国公司的整体收益。

（2）规避关税。由于跨国公司的内部交易通常发生在不同国家，甚至不同经济区域间，所以，频繁的内部贸易使跨国公司需要负担高额的关税。跨国公司通常将中间产品出售给设立在税率较低国家的分公司，从而达到减轻税负的目的。对于从价计征的关税，跨国公司通过以较低的转移价格发货，降低子公司的进口贸易额，从而减少应缴纳的关税。然而，不难看出，跨国公司运用转移价格逃避关税与所得税所形成的效应恰好相反，少缴纳进口关税就得多缴纳所得税。因此，跨国公司在制定转移价格时应权衡利弊，妥善决策。随 WTO（GATT）规则的推行，各国、各经济区域间的关税正逐渐降低，因而跨国公司在确定高盈利业务的所在位置时，将更多考虑其周边市场的潜力，税收优势就变得不那么重要，关税对跨国公司全球经营的影响也越来越小。

2．调节利润

跨国公司会根据子公司海外经营的需要，对其账面利润进行调整。主要有两种情况：首先，跨国公司在东道国谋求建立良好的形象从而获得融资和信用方面的好处时，会通过转移价格增加海外子公司的利润水平，建立良好的财务形象；其次，与上述情况相反，当海外子公司业绩突出以致引起行业和地区性关注并导致重新谈判时，或者由于经营业绩突出而导致在合资公司中的投资比例超过期望并且分红过多时，跨国公司会通过转移价格压低海外子公司利润水平，甚至人为制造账面亏损。

3．控制市场

跨国公司母公司以较低的转移价格向其子公司提供原材料等资源，可以降低子公司的成本，增强竞争力，有利于子公司打入并控制东道国市场。转移价格是跨国公司获得竞争优势的制胜法宝。跨国公司在海外新建子公司时，可以凭借整个公司体系的资金等实力，运用转移价格为新设立的子公司供应价格低廉的原材料、产品和劳务，还可以高价买进子公司产品，帮助子公司迅速打开局面，树立良好信誉，站稳脚跟；当跨国公司的某个海外市场竞争异常激烈时，总公司以转移低价，维持低价倾销，集中财力、物力支持在东道国开拓市场的子公司，直至把对手击垮，最终独占市场。此外，跨国公司在投资领域利润大但市场空间有限的情况下，还可以通过转移价格调节利润率，减少进入者。

4．降低风险

为回避东道国宏观环境波动给企业带来的损失，跨国公司倾向将资金转移到政治、经济更为稳定的国家和地区，转移价格是降低风险的有效方式之一。具体来说：一是能够回避外汇风险和通货膨胀风险。由于转移价格与汇率波动相对独立，所以跨国公司能够利用转移价格回避外汇风险和通货膨胀风险。通常跨国公司内部贸易完全由公司独立确定，所以可以根据外汇的实际波动选择预付或者后付。二是避免政治风险。对东道国宏观环境不稳定的子公司，可以通过转移价格将其利润提前回笼。三是应对价格管制和市场管制风险。为维护市场稳定、消费者权益以及保护民族企业，东道国会制定严格的管制政策。转移价格可以让跨国公司富有弹性地调节成本，应对东道国的规制性外资政策。

总的来说，20 世纪 90 年代以前，由于世界上各个国家和地区的税收制度差别较大，避税是跨国公司在全球范围使用转移价格的主要动机。但是，随着经济一体化程度的加深，国家地区间税率差别不再明显，并且由于各个国家对于转移价格的监管日趋严格，利用转移价格获得赋税好处的隐性成本在逐渐加大，所以，非税务动机成为国际转移价格广泛使用的主要原因。除了前面提到的国际转移价格常常被用来调节利润、控制市场、降低风险之外，跨国公司还常常利用转移价格来减轻配额限制，减少管理摩擦，独占或多得合营企业利润等。

（二）国际上对转移价格的管理措施

很明显，各国税务机关对跨国公司的避税动机不会视而不见，而会采取各种措施来规范跨国公司的国际转移价格政策，并加强对转移价格违法的处罚。为了解决国际转移价格下的避税问题，国际经济合作与发展组织（OECD）1995年颁发了一份重要文件，简称《OECD转移定价指南》。《OECD转移定价指南》侧重于转移价格调整的规范，认为当跨国公司自行制定的转移价格明显存在关联交易的，有调整利润、转移税收等倾向存在时，东道国税务机关可以根据正常交易原则、最优法原则和可比性原则调整转移价格。

转移价格调整的目的是为了使关联企业间的交易与非关联企业间的交易一致，也就是说，关联企业间的交易应当与市场正常交易定价一样。因此，调整转移价格首先要贯彻正常交易原则。现实中的交易种类多种多样，交易的环境复杂多变，交易条件形形色色，如何决定一项关联交易是否符合正常交易标准，可以采用多个不同的方法，每一个方法的适应性和准确性不同，这就要求应选择其中能最精确反映正常交易标准的方法，这就是最优法原则。不管采用何种方法，要判断关联企业间交易的定价是否符合正常交易原则，要找出具有可比性的非关联方交易作为参照，这就要求在实施转移价格调整时必须进行可比性分析，遵循可比性原则。《OECD转移定价指南》对各国规范转移定价的法律法规提供了很好的基础。

长期以来，对转移价格规范的做法主要是事后调整。但是这种方法会引起税收收入不稳定，易引起争议和征纳双方的矛盾，税务处理也缺乏确定性。纳税的滞后性会影响企业的经营决策，调查处理时间过长也会消耗征纳双方大量的人力和物力等。目前的做法正在由事后调整向事先确认转换。其中，以预先定价为代表，即纳税人事先将其和境外关联企业之间内部交易与财务收支往来所涉及定价方法向税务机关申请报告，经税务机关审定认可后，作为计征税收的会计核算依据，避免了事后纳税对定价的调整。这样不仅简化了转移价格的税务处理，还走出了事后调整的困境。同时，西方国家还加强对转移价格违法的处罚。例如，美国从1996年起，因转移价格调整而增加应税所得净额500万美元以上者，或已达到业务总收入额的10%者，按其调整的应税所得额罚款20%；调增应税所得净额满2 000万美元以上者，或已达到业务总收入额的20%者，按其调增应税所得额罚款40%。纳税人如认为处罚不当必须承担举证责任，其中包括有关年度的所有经济因素所涉及的资料及税法规定的各种报表资料。法国也自1996年4月起授权税务机关加强对转移价格的审核，发现通过转移价格转移利润避税的，责成跨国公司限期举证来说明交易企业之间的关系、定价的方法和理由及境外公司有关交易所在国的税收待遇，据以核定应税所得额。对逾期不报者，税务机关有权按已掌握的资料调整补税，并可处以50 000法郎罚款。除此之外，有些国家降低外资企业纳税标准，通常低于跨国公司母国税率，这样一则可以减少或避免跨国公司利用税率差异操纵转移价格，二则也有利于吸引外资。

（三）制定跨国转移价格应考虑的因素

在制定跨国转移价格政策时需要综合考虑跨国公司外部和内部因素。

（1）外部因素。外部因素主要是指经济因素和政治因素。经济因素包括东道国政府的税收法规、外汇与金融管制、通货膨胀、子公司所在行业的竞争状况等；政治因素表现为东道国政府的政治稳定性、政策连续性、法律法规的完善程度等。

（2）内部因素。从跨国公司内部来看，首先，跨国转移价格应满足跨国公司整体战略和经营目标的要求。按照波特的战略思想，企业经营应充分考虑企业所处的经营环境。从跨国经营的角度来看，在跨国经营的不同阶段，企业所面临的经营环境不同，由此制定的战略重点也不同。在跨国经营前期，跨国公司以发展海外投资，提高跨国企业市场效率，以及处理好与东道国政府的关系为主要战略目标；进入跨国经营后期，海外子公司发展已达到一定程度，其战略目标应从全球战略出发，统筹安排生产、销售，实行全面的国际化分工协作，并在全球范围内进行大规模的投资、筹资活动，开展国际避税，以获取集团整体利益的最大化。显然，处在不同发展阶段，企业的跨国转移价格策略选择是有差异的。其次，应考虑集团的业务关联度、管理集权与分权程度。业务关联度低、分权程度高的企业多采用市场价格作为跨国转移价格；业务关联度高、集权程度高的企业对跨国转移价格则更多以成本为基础协商定价。最后，应考虑跨国公司业绩的评估体制。跨国转移定价直接改变了集团内部的资金流向和内部各公司的盈利水平，因而可以成为利益再分配的手段，所以公司内部许多人对管理转移价格有兴趣。跨国转移价格政策必须关注如何协调其与各公司业绩评估的冲突，此外，保持跨国转移价格政策的相对稳定性也是企业必须注意的问题。频繁变更跨国转移价格政策必然导致频繁的税务审计和高昂的应对成本，以及公司声誉及其与东道国政府关系的受损。从公司内部来看，跨国转移价格政策的频繁变更也意味着集团内部各公司之间反复地谈判和争论，随之而来的是高额的交易成本和公司经营的无效率。

总之，跨国转移价格政策应围绕企业战略目标的达成，综合考虑短期利益与长期利益，在企业战略目标、东道国法律法规和税收利益之间寻找平衡，并尽量保持稳定。

（四）跨国转移价格的制定方法

《OECD 转移定价指南》把转移价格的制定方法分为两类：第一类是基于市场的方法，包括可比非控制价格、转售价格法和成本加成法；第二类是基于利润的方法，包括利润分割法、交易净利润法和其他把利润从交易中分离出来的方法。

1. 基于市场的方法

基于市场的方法将跨国公司内部交易与市场上相同或类似交易进行对比，以外部市场或其他跨国公司内部交易价格为基础，根据具体目标稍加调整来确定转移价格。跨国公司在使用该方法的时候，不对转移价格做硬性规定，子公司可以独立参与东道国市场竞争，有利于调动和发挥其积极性。同时，由于使用该方法确定转移价格时，跨国公司采用的调整比例往往只是在所参考价格的基础上扣除外部市场不完全的成本，这符合东道国有关外资以及公平竞争的一般性规定，能够避免政策性干预产生的成本。但由于现实中独立交易价格获得困难，所以转移价格的确定通常会被扭曲。具体来说有以下三种确定方法：

（1）可比非控制价格（Comparable Uncontrolled Pricing，CUP）。在 CUP 方法中，跨国公司以独立交易价格（the Arm Length Price）为基准确定企业的转移价格。只要参照交易对象与公司内部交易对象相同或差别不大，该方法被认为是符合独立核算原则的最为可靠的定价方法。在实务中，该方法是跨国公司常用的转移定价方法。

（2）转售价格法（Resale Pricing Method，RPM）。跨国公司为更好地参与东道国市场竞争，以外部可比交易的转售毛利水平为基础确定中间产品的转移价格。确定过程是：子公司在竞争性外部市场中，按照公平独立核算原则确定中间产品对外转售的价格，从而确定转售过程的毛利水平，然后将毛利水平按企业目标进行调整后的利润水平与中间产品成本加总得到转移价格。

（3）成本加成法（Cost Plus Method，CPM）。CPM方法将不同子公司作为完全独立的利润中心对待。该方法确定的时候完全按照自由竞争市场规则处理，把中间产品的直接成本、间接成本以及沉没成本全部纳入转移价格，然后按照外部可比市场中的平均利润率进行加成，由于CPM确定转移价格的基础是中间产品的成本，相对易于控制，所以在确定集团内部供应商正常利润的时候被广泛采用。特别地，澳大利亚的跨国公司在采用CPM方法的时候，通常以边际成本为基础确定，将不同国家市场波动引起的成本计入其中。

2. 基于利润的方法

基于利润的方法是跨国公司根据竞争需要，以自身成本或者利润为基础确定的转移定价。通常，用此类方法制定的转移价格由跨国公司母公司统一制定，更有利于跨国公司对其全球范围的经营活动进行协调和控制。另外，外部市场或者其他公司的内部交易价格对跨国公司而言，仅作为其内部成本和利润的辅助性参考，所以跨国公司在具体定价上更为明确。但是，企业制定过高或者过低的转移价格，不利于子公司的独立核算，同时可能会引发东道国政府的规制甚至惩罚。具体来说，基于利润的转移定价有以下确定方法：

（1）利润分割法（Profit Split，PS）。在PS方法中，根据集权定价机制以及最终产品利润最大化的原则确定中间产品的转移价格。跨国公司通过最终产品市场获得利润，转移价格是实现利润过程中的过渡工具，所以转移价格可以根据最终产品市场的竞争状况任意调整。确定的过程是：跨国公司首先确定最终产品市场上可能获得的最大利润，然后按照各中间产品组成最终产品的比例确定各子公司的利润分配，最后在分配利润的基础上确定中间产品的转移价格。这种方法充分体现了跨国公司在资源整合与运营控制方面的能力，有利于提高其在国际市场中的整体优势。同时，该方法也是理论上转移价格的最优确定方法。

（2）交易净利润法（Transactional Net Margin Method，TNMM）。TNMM方法是指跨国公司通过确定中间产品交易的净利润水平，然后得到转移价格的方法。基本的原则是在联合定价机制的约束下，确定各个分公司的期望利润水平，然后加上中间产品的成本得到转移价格。为保证最终产品市场上的竞争力，跨国公司依据外部市场可比交易净利润率对公司内部转移价格进行调整，目的在于发挥跨国公司的管理控制优势，并保障海外子公司的运营活力。

六、内部转移价格的应用

例10-7 Horizon石油公司有两个下属分公司，分别为运输分公司和精炼分公司，这两个分公司均为利润中心。运输分公司从墨西哥马塔莫罗斯购买原油并将其运送到得克萨斯州的休斯敦，精炼分公司则将原油加工成汽油。为简化起见，假设汽油是休斯敦精炼厂唯一可出售的产品，生产1桶汽油需要2桶原油。

假设运输分公司和精炼分公司的“变动成本”分别随着运送的原油桶数和生产的汽油桶数呈正比例变化。运输分公司的“每单位固定成本”是根据预算年度固定成本总额和运送的原油产量来计算的，精炼分公司的“每单位固定成本”则是根据年度预算固定成本总额和生产的汽油产量来计算的。Horizon 石油公司所有的非美国交易成本和收入使用市场汇率进行折算，并采用美元进行报告。

运输分公司已获得从马塔莫罗斯地区的油田购买原油的权利，并与这些油田签订了一份合同，合同规定以 72 美元 / 桶的价格购得原油，然后将它们运送到休斯敦，最后将其“卖给”精炼分公司，运输分公司从马塔莫罗斯的油田到休斯敦的输油管每天可以承运 40 000 桶原油。

精炼分公司已经达到其生产能力，每天加工 30 000 桶原油，平均每天用掉从 Horizon 运输分公司运来的 10 000 桶原油和向其他产油商购买的 20 000 桶原油（85 美元 / 桶）。精炼分公司以每桶 190 美元的价格对外出售汽油。

图 10-3 描述了 Horizon 石油公司各分公司单位产品的固定成本、变动成本以及购买原油、销售汽油的外部市价。图中缺乏的是从运输分公司到精炼分公司的实际转移价格。这个转移价格随其确定方法的不同而改变。

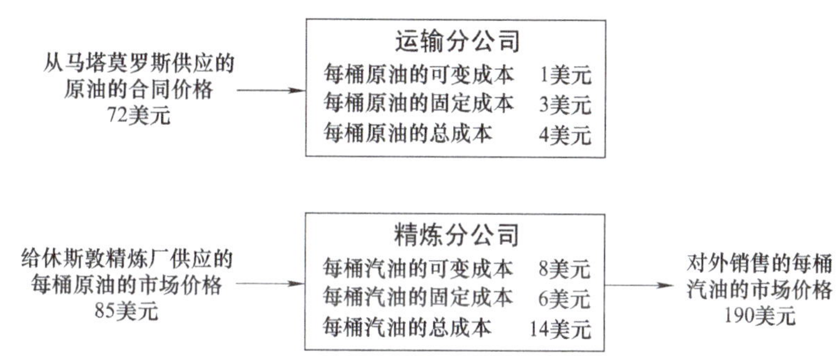

图 10-3　Horizon 石油公司的经营数据

下面考虑三种不同的转移定价方法：

（1）基于休斯敦竞争市场市价的转移价格，每桶 85 美元。

（2）基于全部成本 105% 的转移价格。全部成本是指原油的购进成本加上运输分公司自身的变动成本与固定成本之和，转移价格为 79.80 [1.05 × (72+1+3)] 美元。

（3）协商确定的转移价格，每桶原油 82.50 美元，这个价格介于前两者之间。

表 10-12 列示了根据三种不同方法计算的各分公司每 100 桶原油的营业利润，计算时假设采用不同的方法确定的转移价格在一定范围内不会影响各分公司管理层的决策行为，从而改变表中数据的关系。可见，转移价格为卖方带来了收入，为买方增加了相应的成本，而将所有分公司的经营成果合并时，收入和成本就全部抵销了。

表 10-12　不同转移定价方法下 Horizon 石油公司每 100 桶原油各分公司的营业利润（单位：美元）

各分公司的经营数据	基于市价的转移价格（85美元/桶）	基于全部成本105%的转移价格（79.8美元/桶）	协商确定的转移价格（82.5美元/桶）
运输分公司（转移原油100桶）			
收入（转移价格 × 100）	8 500	7 980	8 250
成本			
原油采购成本（72 × 100）	7 200	7 200	7 200

（续）

各分公司的经营数据	基于市价的转移价格（85美元/桶）	基于全部成本105%的转移价格（79.8美元/桶）	协商确定的转移价格（82.5美元/桶）
分公司变动成本（1 × 100）	100	100	100
分公司固定成本（3 × 100）	300	300	300
分公司总成本	7 600	7 600	7 600
分公司营业利润	900	380	650
精炼分公司（销售汽油50桶）			
收入（190 × 50）	9 500	9 500	9 500
成本			
转移成本（转移价格 × 100）	8 500	7 980	8 250
分公司变动成本（8 × 50）	400	400	400
分公司固定成本（6 × 50）	300	300	300
分公司总成本	9 200	8 680	8 950
分公司营业利润	300	820	550
两分公司营业利润合计	1 200	1 200	1 200

另外，在不考虑内部转移价格的情况下，Horizon 石油公司从购买 100 桶原油、运输直到精炼出 50 桶汽油的全过程，获取的营业利润也为 1200 美元，计算过程如下：

营业利润 = 收入 − 原油购买成本 − 运输分公司成本 − 精炼分公司成本

$= (190 \times 50) - (72 \times 100) - (4 \times 100) - (14 \times 50)$

$= (9\ 500 - 7\ 200 - 400 - 700)$ 美元

$= 1\ 200$ 美元

进一步注意到在所有方法中，把两个部门的营业利润加起来就是 Horizon 石油公司的总利润 1200 美元。现在保持总营业利润不变，集中考虑不同的转移定价方法对 Horizon 石油公司各分公司营业利润的影响。

根据表 10-12 所示，在采用基于市价的转移价格时，运输分公司的营业利润比采用基于全部成本的 105% 作为转移价格时多 520 美元（900−380）。若转移价格基于全部成本的 105% 来确定，精炼分公司的营业利润就比采用基于市价的转移价格时多 520 美元（820−300）。如果运输分公司的经营目标是使其营业利润最大化，那么它可能偏向于选择基于市价的转移价格；相反，精炼分公司可能偏向于选择基于全部成本的 105% 的转移价格以最大化其营业利润。两个分公司协商的 82.5 美元的转移价格介于基于全部成本的 105% 和基于市价的转移价格之间。协商转移价格将 1 200 美元的营业利润基本平分为两份（运输分公司 650 美元，精炼分公司 550 美元）。据此分析，各分公司的管理层会非常关注转移价格，因为这直接决定了自己所负责部门的经营业绩，特别是那些收入或晋升直接与其经营的部门的营业利润密切挂钩的管理者。为了分散下属部门管理层对自身部门业绩的过分关注，许多公司依据下属部门和全公司的营业利润对各部门管理层进行奖励。

例 10-8　仍用例 10-7 的资料，分析 Horizon 石油公司的跨国转移价格与税收。假设位于墨西哥的运输分公司根据墨西哥的法律要缴纳30%的所得税，而精炼分公司根据美国法律适用20%的所得税税率。对于Horizon石油公司而言，选择以全部成本的105%来确定内部转移价格将会最小化其全部所得税支出，因为该方法使其在墨西哥的所得税支出最小化，而墨西哥的税率高于美国。计算如表10-13所示。

表10-13　Horizon石油公司跨国转移价格分析　　（单位：美元）

转移定价方法	100桶原油的营业利润			100桶原油应缴纳的所得税		
	运输分公司（墨西哥）(1)	精炼分公司（美国）(2)	合计 (3)=(1)+(2)	运输分公司（墨西哥）(4)=0.3×(2)	精炼分公司（美国）(5)=0.2×(1)	合计 (6)=(4)+(5)
市价	900	300	1 200	270	60	330
全部成本的105%	380	820	1 200	114	164	278
协商价格	650	550	1 200	195	110	305

考虑税收因素为制定转移价格带来了一些新问题，有时可能会与转移定价的其他目标发生冲突。假设在休斯敦的原油市场是完全竞争的，在这种情况下，选用市价来制定转移价格将可以使Horizon石油公司更好地评价各分公司的盈利能力。但是从税收的角度来看，这种方法确要交更多的税。为了使所得税最小化，Horizon石油公司应该选用全部成本的105%作为转移价格。但是，美国和墨西哥的税法都对这样的选择有所限制。尤其是墨西哥的税务当局完全可以发现Horizon石油公司的避税动机及其在墨西哥少申报的利润，它们很可能会采取一切方法来防止Horizon石油公司通过不合理的转移定价把利润转移到精炼分公司。

七、运用内部转移价格进行内部结算和责任结转

实行责任会计，必须分别考核各责任中心的经营业绩，为了分清各责任中心的经济责任，以控制和考核其业绩，需要对各责任中心之间的所有业务往来，包括互相提供产品或劳务，按照合理的内部转移价格进行内部结算和责任结转，这是实行责任会计的基本要求。

（一）内部结算

企业内部各责任中心之间发生的经济往来，需要按照一定的结算方式进行内部结算。从控制的观点出发，各种内部结算方式的主要作用是以正规化的信息传递手段，及时向发生业务往来的双方和有关管理部门传递有关业务的反馈信息，从而有助于控制过程顺利进行。按照内部对象不同，通常采用以下的结算方式：

1．内部支票结算方式

内部支票结算方式是指当企业发生业务往来时，由付款单位以签发内部银行支票的方式，通知内部银行从其账户中支付款项的结算方式。它分为签发、收受和转账三个环节。签发就是由付款单位根据有关原始凭证或业务活动证明签发内部银行支票，直接交付收款单位；收受就是收款单位经审核无误后接受付款单位的支票；转账就是银行根据收款单位

送达的内部银行支票进行划拨转账，将款项由付款单位的存款账户转入收款单位的存款账户。

采用这种结算方式能够使发生业务联系的双方及时结清款项，避免由于产品质量、价格等原因在结算过程中发生纠纷，影响责任中心正常的资金运转；企业管理当局可以通过内部银行等机构及时了解业务的执行情况，从而有助于发现问题和解决问题；能够在货币资金集中在企业总部的条件下，以价值形式鲜明地反映内部各责任中心经济活动的来龙去脉，使责任单位有货币收支的真实感，从而有助于利用价值规律的作用，加强企业内部的管理控制。

2. 转账通知单结算方式

转账通知单结算方式是指收款单位向付款单位提供产品或劳务后，签发转账通知单，并附有关原始凭证，通知企业内部结算中心将转账通知单转给付款单位，发生业务往来的双方和企业结算中心则根据转账通知单分别记账的一种结算方式。

这种结算方式适用于经常性的、质量与价格都较稳定的内部往来业务，如辅助生产车间向基本生产车间供汽、供水、供电等业务。采用这种结算方式手续简便，能及时反映经济业务的内部计价结算，但由于转账结算单是单向传递，结算双方不直接见面，各付款单位对结算业务的质量、数量、价格等发生异议时，就要往返交涉，耽误时间，且比较麻烦。

3. 内部货币结算方式

内部货币结算方式是指企业内部各责任单位之间的往来结算业务以及向企业内部独立核算的责任单位拨付资金和经费，都运用企业发行的、限于企业内部流通的货币，如资金本票、流通券、资金券等直接进行结算的结算方式。

采用这种结算方式较内部银行支票结算方式更直观，更加形象化，更有真实感，能强化各责任中心的价值观念、核算观念、经济责任观念。但内部货币的携带、保管和清点不甚方便，特别是内部结算业务量多、金额大的大型企业中运用可能容易发生差错。因此，一般情况下，小额零星往来业务可以以内部货币结算，大宗业务以内部银行支票结算。

（二）责任结转

责任结转是指在生产经营过程中，对于因不同原因造成的各种经济损失，由承担损失的责任中心对实际发生或发现损失的责任中心进行赔偿的账务处理过程。

责任结转的目的是为了划清各责任中心的成本责任，使不应承担损失的责任中心在经济上得到合理补偿。进行责任结转的依据是各种准确的原始记录和合理的费用定额。在合理计算出损失金额后，应编制责任成本转账表，作为责任结转的依据。

责任结转的方式有直接的货币结算方式和内部银行转账的方式。前者是以内部货币直接支付给损失方，后者只是在内部银行所设立的账户之间划转。

各责任中心在往来结算和责任转账过程中，有时因意见不一致而发生一些责、权、利不协调的纠纷，为此，企业应建立内部仲裁机构，从企业整体利益出发来对这些纠纷做出裁决，以保证各责任中心正常、合理行使权力，保证其权益不受侵犯。

思\考\题

1. 分权管理有哪些优势和劣势？

2. 什么是经济责任制？经济责任制有哪些原则？

3. 分权管理与责任会计有什么关系？

4. 什么是责任会计制度？责任会计制度包括哪些基本内容？

5. 责任会计有什么作用？建立责任会计制度应遵循哪些基本原则？

6. 什么是责任中心？责任中心有几种形式？它们之间的关系如何？

7. 各类责任中心的考核指标有哪些？

8. 为什么说将剩余收益作为考核评价投资中心业绩的标准，可以使部门的目标与整个企业的目标趋于一致？

9. 责任成本有什么特点？产品成本、责任成本与可控成本之间有什么关系？

10. 什么是责任预算？如何编制责任预算？

11. 什么是业绩报告？如何编制业绩报告？

12. 为什么要制定内部转移价格？制定内部转移价格应遵循哪些原则？

13. 内部转移价格有哪几种？它们的适用范围和适用条件是什么？

14. 制定跨国转移价格应考虑哪些因素？

参\考\文\献\与\荐\读

[1] 查尔斯•T•亨格瑞，斯里坎特•M•达塔尔，乔治•福斯特，等 . 成本与管理会计 [M]. 王立彦，刘应文，罗炜，译 . 13 版 . 北京：中国人民大学出版社，2010.

[2] 罗伯特•安东尼，维杰伊•戈文达拉扬 . 管理控制系统 [M]. 刘霄仑，朱晓辉，译 . 北京：人民邮电出版社，2015.

[3] 乐艳芬 . 成本管理会计 [M]. 上海：复旦大学出版社，2014.

[4] 那力 . 转移定价问题的公平交易法与全球公式法之争——美国法院一个新近判决引起的轩然大波 [J]. 现代财经 – 天津财经大学学报，2011（8）：108-114.

[5] 牛大军，牛彦秀 . 管理会计 [M]. 大连：东北财经大学出版社，2013.

[6] 斯坎特•达塔，马达夫•拉詹，管理会计：决策制定与业绩激励 [M]. 王立彦，等译 . 北京：中国人民大学出版社，2015.

[7] 杨洁 . 管理会计 [M]. 北京：清华大学出版社，2015.

[8] 张绪军，杨桂兰 . 管理会计学 [M]. 上海：复旦大学出版社，2012.

[9] 郑爱华，张亚杰，李文美 . 管理会计 [M]. 北京：机械工业出版社，2007.

第十一章

业绩评价与管理层激励

导\入\案\例

国务院国资委第二次修订的《中央企业负责人经营业绩考核暂行办法》从2010年1月起正式施行。根据国资委正式在中央企业全面推行EVA考核的精神，中国石油天然气集团公司基于自身实际情况，在原有绩效评价体系基础上，将EVA及其相关指标纳入高级管理人员绩效合同，按规定程序和方法，对完成情况进行考核激励。EVA考核遵循以下原则：一是突出主业，对非主业收益和主业收益在EVA计算时有所区别；二是风险控制，引导加强EVA关键驱动因素分析研究，通过降低资产负债率，减少存货占用和应收账款等，控制经营风险，提升经济效益；三是可持续发展，鼓励增加研发、结构调整、员工培训等有利于长期发展的支出，引导持续改善和提升价值创造能力；四是分类考核，根据单位性质、主营业务和资产经管水平等不同特点，分类确定EVA重大调整事项和资本成本率；五是适用可操作，EVA计算办法和考核方式应简单明了，易于理解、计算和操作；六是压力传递，EVA考核压力要逐级传递，使价值创造理念和资本成本意识深入到各单位及其基层组织。

（摘自：杜阳，基于经济增加值的中央企业集团绩效评价应用研究，财务与会计，2014年第1期。）

第一节　业绩评价概述

业绩评价是组织管理控制系统的重要构成部分，美国“科学管理之父”泰勒自1891年创立科学管理理论后，有关企业绩效（业绩）管理与绩效（业绩）评价理论和方法的探索研究一直是经济管理学科讨论的热点之一。一百多年来，国外经济学者和管理专家从不同的角度对这一领域进行了较为系统的研究与探索，并且取得了许多有影响的研究成果，推动了企业绩效管理和绩效评价的实践应用与推广。尤其是在20世纪80年代以后，企业绩效管理和绩效评价在西方国家开始流行，得到了较为深入的实践探讨和推广应用。自20世纪90年代以来，国内的学者和专家也开始重视企业绩效管理和绩效评价问题的研究，一些管理部门和研究机构也进行了许多非常有益的探索。

一、业绩评价的概念

业绩评价是指运用数理统计和运筹学的方法，通过建立综合评价指标体系，对照相应的评价标准，将定量分析与定性分析相结合，对企业一定经营期间的盈利能力、资产质量、债务风险以及经营增长等方面的经营业绩和努力程度进行的综合评判。科学地评价企业业绩可以为出资人行使经营者的选择权提供重要依据，可以有效地加强对企业经营者的监管和约束，可以为有效激励企业经营者提供可靠依据，还可以为政府有关部门、债权人、企业职工等利益相关方提供有效的信息支持。

二、业绩评价的理论基础

业绩评价是现代企业管理方法的新发展，在实践中必须遵从经济活动的一般经济规律，因此，业绩评价体系的建立和完善与基本经济理论的发展有着必然的联系，这种联系体现在经济理论为业绩评价体系的建立提供理论支持及方法论的引导，特别是利益相关者理论、战略管理理论、现代系统理论及权变理论的产生，大大拓展了人们开展业绩评价研究的视野，使业绩评价体系逐步趋于完整、系统，评价方法和评价体系建设更加科学完善，更有利于为现代企业管理实践服务。

（一）委托—代理理论

委托—代理理论认为，随着现代企业规模的进一步扩大，由资本所有者完全独立控制企业的经营活动越来越受到所有者所具有的精力、专业知识、时间、组织协调能力等方面的限制。当所有者不能在进行风险决策的同时又圆满地从事日常经营管理活动时，就会委托专业经理人员去执行监控企业的职能，这就产生了委托—代理关系，也随之伴生了委托—代理问题。根据杰森和迈克林的定义，委托—代理关系是指这样的一种明显或隐含的契约，依据它，一个或多个行为主体指定雇佣另一些行为主体为其提供服务，与此同时授予后者一定的决策权利，并根据其提供服务的数量和质量支付相应的报酬。这种关系实质上是一种非对称信息条件下所结成的契约关系。由于经营者和所有者之间激励不相容、信息不对称、责任不对等以及合同的不完全，“内部人控制现象”不可避免地要出现，从而产生“道德风险”和“逆向选择”问题。

为了最大限度地降低代理成本，规避“道德风险”和“逆向选择”问题，提高所有者的资本回报，取得更大的资本收益，所有者必须设计一套激励约束机制来规范经营者的行为，使经营者为所有者的目标而行动。为此，业绩评价作为重要的激励约束手段，通过客观、准确地评价经营者的业绩，以此给予经营者恰当、准确的肯定，并根据经营者所创造的绩效水平进行激励或奖惩，调动经营者的积极性和创造性，实现经营者目标与所有者目标的最大一致性。由此，作为现代企业管理方法之一的企业业绩评价便应运而生。通过实施业绩评价，一是让代理人成为剩余权益的全部或部分所有者，从而消除或部分消除委托人和代理人之间的界限，使两者不再对立；二是通过设计制定一个委托代理合同或运用某种手段，给代理人提供必要的刺激和动力，使两者的目标函数一致。

（二）利益相关者理论

利益相关者概念的提出是20世纪60年代。20世纪80年代，美国经济学家弗里曼在进行了详细的研究后给利益相关者下的定义是：能够影响一个组织目标的实现或者能够被组织实现目标过程影响的人。这个定义提出了一个普遍的利益相关者概念，不仅将影响企业目标的个人和群体视为利益相关者，同时还将企业目标实现过程中受影响的个人和群体也看作利益相关者，正式将社区、政府、环境保护主义者等实体纳入利益相关者管理的研究范畴，大大扩展了利益相关者的内含。现在，企业利益相关者理论比较一致地认为，企业的本质是利益相关者的契约集合体，利益相关者是所有那些在企业真正有某种形式的投资并且处于风险之中的人，企业利益相关者包括股东、经营者、员工、债权人、顾客、供应商、竞争者、国家等。由于契约的不完备性使得利益相关者共同拥有企业的剩余索取权和剩余控制权，进而共同拥有企业的所有权。对所有权的拥有是利益相关者参与企业治理的基础，也是利益相关者权益得到应有保护的理论依据。

利益相关者理论的诞生对现代企业管理产生巨大影响。一是管理目标由原来单一的为股东利益最大化服务，发展为为所有利益相关者的目标利益服务，企业创造利润大小不再是衡量企业价值的唯一指标，而其他利益相关者的利益要求同等重要。二是企业绩效由原来的财务绩效，即利润指标考核，转变为企业整体价值考核，要看企业是否实现了价值最大化，就要看企业所有利益相关者是否得到了价值补偿或资本增值。三是企业的发展目标转变为战略管理，利益相关者理论提出各利益主体共同发展、共同追求利益最大化的要求，为实现这一要求，企业必须实施发展战略，将所有者的目标与其他利益主体的目标结合起来，将企业的眼前利益与长远利益结合起来，将企业的经营策略与发展战略结合起来，并付诸企业的管理实际，实现以企业价值最大化的战略发展目标。

（三）战略管理理论

企业战略管理是随着产业革命和经济的发展而逐渐形成的。战略管理是一个包括战略规划（或计划）和战略实施（包括评价和控制）的过程。战略规划是企业的长期发展方向，是为实现企业的战略目标而进行的规划。战略实施则是为企业战略目标服务的阶段性战术目标的执行，是企业战略目标或长期奋斗目标的阶段性实现。

按照企业战略管理要求构建企业业绩评价体系，应把握以下几个方面：一是业绩评价体系总体目标必须有利于企业长期发展规划的实现，体系设计要为企业的长期竞争优势形成，引导企业树立长远发展思想服务。二是指标体系的设计要有全局观念，突出企业整体利益，区分影响整体利益和局部利益的因素与异同，加强对影响整体利益的不可控因素的预测，把财务指标和非财务指标结合起来，把定性指标和定量指标有机统一起来。三是指标体系的设计要有环境适应性，战略总是面向未来的，未来总是充满风险的，企业面向未来的经营活动决策是外向性决策，指标体系的设计要体现外向型决策的要求，要把业绩评价与战略管理有机统一起来。传统的财务评价方法是由成本和财务模式驱动的，主要为企业的事后管理提供相关信息，并且易导致企业的短期行为，显然已经远不能适应现代企业的管理要求，即战略经营管理要求把企业业绩评价的重心从事后评价转到为实现企业战略经营目标服务，逐步把业绩评价工作纳入到战略管理的全过程，业绩评价指标体系应有助于企业战略目标的战术转换和具体执行。

（四）系统管理理论

系统是指由若干要素以一定结构形式联结构成的具有某种功能的有机整体。系统论是研究系统的一般模式、结构和规律的理论，是具有逻辑和数学性质的一门新兴科学。系统论的核心思想是系统的整体观念。任何系统都是一个有机的整体，它不是各个部分的机械组合或简单相加，系统的整体功能是各要素在孤立状态下所没有的性质。系统中各要素不是孤立地存在着，每个要素在系统中都处于一定的位置，起着特定的作用。要素之间相互关联，形成一个不可分割的整体。

企业业绩评价体系是由若干个要素组成的庞大系统，实施业绩评价必须有若干个要素做保证。评价体系中包括评价指标、评价标准、评价方法三个核心要求，以及评价目标、评价内容、评价主体、评价客体等基本要素，在评价体系运作过程中，各要素又是一个个独立的子系统，承担各自独立的功能；而对评价体系而言，各子系统又是相互依存，互相作用，共同发挥作用的单个要素。因此，系统管理理论对如何建立科学规范的业绩评价体系具有重要意义，有助于人们从完整、系统、全面的角度去分析和研究业绩评价。

（五）权变管理理论

权变管理理论是现代管理中的一个重要理论，权变者，权而变也，即根据环境条件的不同而有所变化，通俗地说即管理模式没有最好的，一切都要根据具体情况而定。权变管理理论认为，管理方式和技术要随企业内外环境而变化，它们之间有一种函数关系，但不一定是因果关系。这种函数关系可以解释为，如果发生或存在某种环境情况，就要采取相应的管理思想、管理方式。显然，作为因变量的管理思想，管理方法和技术应随环境自变量的变化而变化，以便更有效地实现组织目标，在一般情况下，环境是自变量，管理思想和管理方式是因变量，但有时也存在相反的情况。

企业业绩评价是伴随市场经济的发展完善而产生的一种新的企业管理制度，具有明显的时代性和创新性，是一门不断发展和创新的科学，权变管理理论为业绩评价的发展完善提供了指导，业绩评价作为企业管理的一个重要组成部分，其建立、发展与完善必须始终坚持权变管理观念。根据权变管理理论，实践中不存在一成不变的、普遍适用的和最好的业绩评价指标体系。各企业应随机制宜，根据自己的特点要求设计业绩评价指标体系，这里值得注意的是，权变管理理论提倡的随机制宜，并不等于否定在同类企业中存在较通用的评价企业绩效基本状况的指标体系，因为同类企业在经营上具有许多共同的特征。

（六）激励理论

激励理论是关于激励的基本规律、原理、机制及方法的概括和总结，是激励在管理活动中赖以发挥功能的理论基础。西方许多管理学者和心理学家分别从不同角度研究探索，提出了多种激励理论。一是需要激励模式。该模式认为人的需要是多方面、多层次的，当低层次的需要满足后，会转而追求高层次的需要。此模式以美国心理学家马斯洛的需求层次论和赫茨伯格的双因素理论影响最为广泛。二是动机目标激励模式。该模式的理论基础源于美国心理学家弗鲁姆提出的期望理论。弗鲁姆认为，当人们预期到某一行为能给个人带来既定结果且这种结果对个体具有吸引力时，个人才会采取这一特定行为，用公式表达为：激励力=期望值×效价。三是权衡激励模式。该模式的理论基础源于美国管理学家亚当斯提出的公平理论。亚当斯认为，员工更为关注的不是报酬的绝对值的大小，而是报酬的分配是否公平合理，以及自己是否受到公平的对待。四是强化激励模式，该模式依据的是美国心理学家斯金纳创立的强化理论，斯金纳认为，当有意识地对某一行为进行肯定强化时，可促进这一行为重复出现，当对某种行为进行否定强化时，可修正或阻止这种行为的重复出现。

激励理论为企业业绩评价体系的应用给予了重要的理论支持，在业绩评价体系的构建中，无论是设计评价指标，还是选择评价标准，都要遵循激励理论所研究的模式来发挥业绩评价在企业管理活动中的激励导向作用，有针对性地构建评价系统，有目标地实行激励，切实通过激励约束机制的建立促进企业实现价值最大化的目标。

三、业绩评价体系的构成要素

（一）业绩评价体系的构成

企业的业绩评价体系可以分为两个层次的内容：一是企业整体层次的业绩评价，按对象的不同分为企业业绩评价和管理者业绩评价；二是企业内部各层级、各子公司、各经营单位的业绩评价，按对象的不同分为分部业绩评价和员工业绩评价。

无论是哪个层次的业绩评价体系，都由以下几个要素构成，即评价主体（评价者）、评价客体（评价对象）、评价目标、评价指标体系（评价指标、评价标准、评价方法）以及相关的激励机制。评价主体是业绩评价的行为主体，可以是特定的组织机构，也可以是自然人；评价客体是评价的行为对象，是根据不同的需要和目的确定的；评价目标是评价的立足点和目的地；评价指标体系是评价系统的核心部分，其中评价指标是对评价客体实施评价的重要依据，评价标准是评价的参照系，评价方法是具体实施评价的技术规范；激励机制是评价行为的延伸和反馈，有利于评价客体行为的改善。

业绩评价体系各构成部分之间的关系如图 11-1 所示。评价主体依据一定的评价目标，通过一定的评价指标体系进行业绩评价，形成评价结论，并通过一定的激励机制来影响评价客体的行为，使之更好地为满足评价主体的评价目标而工作。

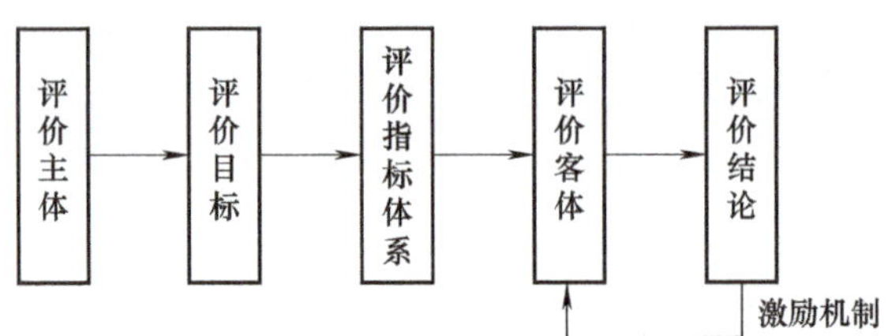

图 11-1 业绩评价体系构成

各个层次的业绩评价体系要素都有各自的特点，其中评价指标体系的构建和激励机制的选择是业绩评价体系的两个核心要素。

（二）业绩评价主体

业绩评价主体是业绩评价的组织者和实施者。从管理会计角度讲，业绩评价主体分为两个层次：一是企业所有者对企业最高管理层进行的业绩评价，此时业绩评价主体是企业的所有者；二是企业上级管理层对下级管理层的业绩评价，此时业绩评价主体是企业上级管理层。

作为第一层次业绩评价主体的企业所有者，是依据产权关系为基础的委托—代理关系对企业最高管理层进行业绩评价。在典型的股份有限公司中，所有者仅保留重要的表决权，而把大部分决策权委托给他们的代表——董事会，对管理者的业绩评价和奖惩措施的制定都由董事会来完成。董事会广泛地参与企业的内部治理，对股东财产负有经营管理责任，其最大的职责是企业财产的保值增值，同时还要维护其他利益相关者的利益，它们不仅与企业利益相关，而且具有参与监督的动机，也有参与监督评价的能力。

作为第二层次业绩评价主体的企业上级管理层，是依据管理权关系为基础的委托—代理关系对企业下级管理层进行业绩评价。这一层次的关系比第一层次的关系要复杂得多，是管理会计确定内部责任单位，进行业绩评价的重点。

在上述委托—代理链条中，每一环成为管理者业绩评价的主体都有不足之处，但是利益产生第一推动力，只有与企业利益相关的当事人才会关心企业的经营状况和经营行为。所以，在选择评价主体的时候，应该注意以下三个基本原则：①评价主体必须与企业的利益相关；②评价主体的选择应便于降低代理成本；③评价主体要有监督的动机和能力。

（三）业绩评价客体

业绩评价客体即业绩评价的对象。由于业绩评价分为两个层次，因此评价客体自然也就分为最高管理层和下级管理层。

那么谁能作为企业最高管理层的代表呢？企业经营权有两个层次的含义：一是对企业生产经营活动的管理权；二是对企业的生产、销售、分配等方面的大政方针的决策权。在实行经理负责制的企业中，从经理所拥有的权力和担负的责任来看，他们是企业最高管理层的代表。在股份制企业中，所有权与经营权的分离首先表现为所有权与管理权的分离，其次表现为所有权与决策权的分离。但后者的分离是不彻底的。我国公司法规定，股份有限公司的组织结构管理模式为：股东通过股东大会选举出代表他们的董事会和监事会；董事会是公司的经营管理机构，有权决定公司经营计划和投资方案；监事会对董事会和经理人员的行为进行监督；总经理由董事会聘用，负责公司的日常经营管理工作。可见，企业经理拥有的权力在公司制的企业中由董事会与总经理分享。董事会是主要的管理者，经理层是分享管理者角色的管理者。

至于下级管理层自然是指企业管理组织结构中的各个层次，比如纵向组织结构中的子公司、分厂、车间、工段、班组等，横向组织结构中的供应、生产、销售等职能部门和计划、财务、人事等管理部门。当然，下级管理层未必一定服从企业管理组织结构的要求，比如按可控性划分责任单位、按成本动因划分作业单位等。可以说，作为评价客体的下级管理层应该根据管理的要求来设置。

（四）业绩评价目标

业绩评价目标是解决为什么进行业绩评价这一问题。目标代表着一个组织努力追求的一些未来预期，即一种预期的业绩，从当前业绩衡量的结果评价企业目标的实现情况。

管理者业绩评价的目标应该是管理者的能力、水平和为实现企业目标所做的贡献，但在实践中这个目标可操作性较差。

管理者业绩评价的目标应该由企业目标决定，然而按照企业理论的说法，企业是个契约关系网，其主要当事人是股东、职工和债权人等。从股东角度看，企业的目标可能是股东财富最大化；从企业职工的角度看，企业的目标应该是自身福利的最大化；从债权人的角度看，企业的目标应该是利润最大化。企业的目标可以从多个方面加以描述：股东财富最大化、投资收益率最大化、职工工资增长最大化、利润最大化等。这说明企业目标是多样的，企业不可能同时追求上述多个目标，因此，企业只能达到多种目标之间的协调。对于企业相关利益主体的不同目标的折中，可以用实现企业的长期稳定发展、企业总价值的最大化来表述。企业的长期稳定发展和总价值的不断增长是企业的经营目标，企业的各利益集团都可以借此来实现它们的最终目标。长期稳定发展包含以下几个方面：①为股东提供回报；②关心企业职工利益，创造优美和谐的工作环境；③关心客户的利益，在新产品的研制和开发上有较高投入，不断推出新产品来满足客户要求；④保持对债权人的按期偿付，不拖欠；⑤关心社区建设，注重社会贡献。企业的管理者也有其自身所追求的目标，他们追求自身效用的最大化，这主要包括两个方面，即货币收入和非货币方面的利益。非货币方面的利益包括政治地位和社会地位等。将企业目标与管理者目标相比，可以发现，企业与管理者都有经济利益追求，这是一致的方面。但也有不一致的方面，管理者对个人经济利益的追求可能导致其在追求企业目标时的差异性，另外，管理者也有非经济利益方面的追求。而企业实际追求的目标是由管理者确定的，隐含在管理者的管理行为中。对管理者进行业绩评价的目标就是要衡量管理者实现企业目标的程度。正因为管理者的目标函数与企业目标不完全一致，对管理者进行业绩评价才有其必要性。

四、业绩评价体系的设计

（一）业绩评价体系设计的原则

企业在进行业绩评价体系的设计时，应遵循以下原则：

1．目标一致原则

企业经营的目的是实现其战略目标，因此业绩评价的第一项原则是评价体系与企业战略目标应保持一致或正相关。有效的业绩评价体系，其评价指标应是企业战略目标实施计划的分解，只要评价指标完成得好，就能保证战略目标计划的实现。从制度经济学角度讲，在存在交易费用的情况下，不同的制度安排将导致效率不同的资源配置，业绩评价指标本质上是企业内部的一种制度安排，因此必须考虑它是否能引导评价客体做出与企业目标相符的决策，从而实现企业资源的合理有效配置。

2．沟通原则

企业业绩评价最好能用被评价者依据规定制定的标准及方法，先行自我评价，然后再与评价者进行相互沟通。这样，可使评价者不致忽略被评价者的贡献，从而得知其未能顾及的方面，而被评价者也可因此获悉自身表现及差距，并据以改进。这种充分的双向沟通方式，使评价控制系统更能为组织成员所理解和接受，从而保证业绩评价工作顺利进行。

3．激励原则

一般而言，报酬是业绩的函数，以报酬作为激励方式之一，是现代企业中不可缺少的有效管理工具。因此，业绩评价体系的设计应充分体现其激励作用，充分调动评价客体的积极性，评价标准既要考虑战略发展的需要，也要保证评价客体能够通过自身努力达到标准。

4. 客观公正原则

运用业绩评价体系对企业实施评价，必须保持客观公正，否则就会导致评价结论的使用者做出错误的决策，企业及其各类人员也难以受到激励。因此，在合理设计指标体系、科学选取评价方法的同时，要制定统一的评价标准和规范评价操作程序。在进行评价时，应尽量以可验证的事实及资料作为评价的依据，使业绩评价做到客观公正。另外，还需要第三者或专家的参与，以其独立的立场和专业能力加以判断，科学、合理地度量绩效，从而保证业绩评价工作不受人为因素的影响，避免因主观、成见及不胜任等产生判断偏差。

5. 比较原则

企业业绩的优劣，必须通过将既定评价标准与企业实际运行结果、同业水准等进行比较才能得出结论。因此，在评价业绩时，应有一定的基准资料与企业实际经营结果产生的数据加以比较分析，这样才有意义。

6. 成本效益原则

业绩评价是一个耗用成本的过程，这其中包含了大量时间和精力的耗费，也包括评价结果所具有的经济效用，而人们真正能够有效利用的评价成果是有一定界限的，超过了这个限度，人们就会感到信息过量，从而限制了他们制定决策的有用性。因此，企业建立业绩评价体系，在考虑评价信息产生效益的同时，不能忽略获取信息所付出的代价。

7. 可控原则

奖惩之前，应首先确定责任的归属。在确认责任时，则须明确是否在当事人的权责范围内，并且是否为当事人可控制事项。在评定业绩时应尽量剔除其他部门或个人行为的影响，使业绩评价工作公平合理。

8. 实用性原则

评价体系的设计要尽量做到简化、实用、易操作。如果评价操作复杂，不但难以广泛使用，而且容易出现操作失误。为确保评价操作的准确性，提高工作效率和便于推广使用，应简化指标设计和评价程序，并尽可能充分利用现代处理技术配置设计评价操作软件，缩短从获取数据到形成评价结果的时间。

（二）业绩评价体系的管理责任承担结构

虽然绩效评价应当以结果为重，但这并不意味着对过程的忽视。业绩评价体系的中心目标应当是帮助企业的业务顺利地开展，它应当能够向业务流程中各个环节的责任人表明何时必须采取纠正措施，而不仅仅是由高级经理评价所取得的成绩。在传统的职能分工组织中，没有专门的职能部门能够对一个完整的价值实现程序负责，各部门往往也是孤立地设计自己的评价体系，因而没有办法测评整个企业的价值增值程序。目前，人们关于企业业务流程的关注越来越多，为了评价流程的效率和效果，促进业务流程的顺利开展，必须设计相应的业绩评价体系，这一评价体系的基础就是对业务流程中各个关键点责任的明确。有些企业基于流程设计，创造出一个能为整个价值实现过程负责的组织——团队。从这个意义上讲，业绩评价体系的设计与业务流程的设计在相互影响中发展着。

（三）业绩评价体系的实施步骤

业绩评价体系绝不仅是简单的评价一项工作，而是一个包括战略开发、预算制定、绩效测量、绩效检查和激励性报酬在内的系统实施流程。业绩评价体系的实施步骤如图 11-2 所示。

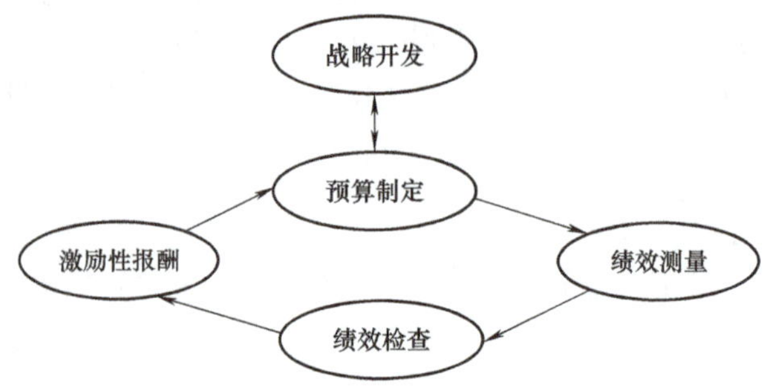

图 11-2　业绩评价体系的实施步骤

（1）战略开发。业绩评价首先是为了测量战略目标和行动计划完成的情况，因此作为业绩评价计划起点的必然是战略的开发，它建立在彻底理解以取得竞争优势为目标的价值驱动因素的基础上。在战略开发程序中，不仅应当计算所追求的未来财务成果，而且应当强调对价值创造活动做具体的计划；不仅应当向内看，注重内部的改善和提高，而且应当考虑到环境发展，重视与竞争对手的相对优势的变化情况。

（2）预算制定。这一程序将战略目标细化为具体经济业务和过程的目标，并通过预算的形式分配资源。制定预算必须考虑经营环境的易变性，通过弹性预算、滚动预算等形式将变化纳入预算的范围内，从而使预算具有更好的可操作性，能够成为衡量业绩的标准。

（3）绩效测量。这一程序及时收集、处理和归集与业绩有关的数据和信息，为有效执行后续子程序奠定基础。信息的相关性、可靠性、及时性都影响业绩评价的效果。造成绩效测量无法顺利进行的原因之一是人们对于经济业务所产生的信息无法产生一致的认识，因此收集的信息应当能够体现经济业务发生的轨迹，并按照责任归属进行归集和汇总，以避免在测量时发生不必要的争执。

（4）绩效检查。这一程序及时检查实际业绩与目标的差距，并进行必要的预测，以确保及时采取更正性和预防性行动，保证企业向着预期目标前进。在信息技术尚未充分发展时，绩效检查是定期进行的，不但浪费时间，还不能充分关注绩效问题和困难。同时，预测通常依据经验等进行，缺乏科学的方法和技术支持，因此预测很难作为采取预防性行动的基础。随着技术的发展和人们对于预测和业绩评价质量要求的提高，差异分析可以及时进行，时效性得到提高；预测也可以通过科学的模型和高速的数据处理开展，可靠性得到提高。这样的绩效检查能够更好地实现控制的作用。

（5）激励性报酬。在前四个环节中，任意环节的工作缺乏有效性，激励性报酬程序都不能够对人们的行为形成正确的引导。但是，如果前面四个环节的工作都做好了，这一程序没有能够提供相应的报酬或者惩罚措施，将会降低人们完成战略目标和计划的积极性。通过一种报酬和福利相结合的平衡政策，激励性报酬计划可以把具体的运营行动和影响战略目标实现的关键价值驱动因素联系起来。

最后应当强调的是，信息技术是提高业绩评价体系运行效果的重要工具，它对于实现信息透明化、实时化、集成化至关重要，使管理人员能获得满意的管理信息。有效的业绩评价体系离不开有效的信息系统的支持。

第二节 业绩评价体系的演进

根据业绩评价研究的演变过程，可以将企业绩效评价的研究成果归纳为三种模式，即成本模式、财务模式和平衡模式。

一、业绩评价的成本模式

成本模式是指业绩评价与考核以成本核算和成本控制为主。这一阶段又可划分为三个阶段：总成本控制阶段、成本分类控制阶段、标准成本控制阶段。总成本控制阶段的主要特征是成本分析和控制，以事后分析和控制为主，主要体现为单纯的总成本降低，成本核算较为简单，成本分析和控制较为笼统。成本分类控制阶段的主要特征是，随着生产力水平的进一步提高，单纯地降低总成本的方法已经不能适应生产经营的要求，需要对成本进行进一步的分类，成本核算开始划分直接成本和间接成本，并按照直接成本和间接成本对成本进行分类分析和分类控制，但这一阶段的成本分析和控制仍然是以事后的成本分析和控制为主。标准成本控制阶段的主要特征是开始重视事前预测和事中控制，建立标准成本制度，成本分类和成本核算更加科学。实施标准成本制度，事前进行成本预测和成本规划，制定标准成本，事中进行成本控制，事后进行成本差异分析与处理。

二、业绩评价的财务模式

财务模式是指以财务指标为主的业绩评价体系。根据评价指标的计算方法，财务模式可进一步分为以利润为核心的财务模式和以经济增加值（Economic Value Added，EVA）为核心的财务模式。

1. *以利润为核心的财务模式*

早期的财务指标仅仅表现为成本指标，进入20世纪后，随着所有权与经营权的进一步分离，财务指标的范围从单一的成本指标扩大到了偿债性指标、收益性指标和经营性指标，其中的典型代表如下：

（1）亚历山大·沃尔在《信用晴雨表研究》和《财务报表比率分析》中提出的流动比率、净资产/负债、资产/固定资产、销售成本/存货、销售额/应收账款、销售额/固定资产、销售额/净资产七项指标。

（2）杜邦公司提出的以投资报酬率为核心的杜邦财务系统。

（3）20世纪80年代美国管理会计委员会提出的净收益、每股盈余、现金流量、投资报酬率、剩余收益、市场价值、经济收益、调整通货膨胀后的业绩等八项指标。在这些指标中，投资报酬率被认为是使用最为频繁的财务绩效指标。

财务指标作为企业业绩评价的工具，其最大优点在于操作性和可考核性强，没有重复计算，一定程度上能够反映企业为投资者创造的增值，并且在计算过程中执行统一的会计准则，不同企业之间具有较强的可比性。但是，由于会计准则从谨慎性的角度来反映投资者的要求，并且按照历史成本原则进行资产计量，是一种保守的评价模式，不利于评价企业的战略价值；同时，由于财务指标的生成以会计准则为基础，会计操纵会使会计核算的结果偏离真实情况；另外，以会计利润为基础的财务指标，仅仅考虑企业生产经营所发生的制造成本，未考虑企业使用资本的资本成本，无法反映企业为投资者创造的真正财富。

以利润为核心的财务模式的特点是：①综合考虑成本和收益；②以利润作为业绩评价的主要指标；③未考虑企业的资本成本；④以投资者利益为业绩评价的价值取向。

2．以经济增加值为核心的财务模式

针对传统的利润指标未考虑资本成本的缺陷，斯腾思特咨询公司于1991年正式提出了经济增加值（EVA）绩效评价系统。EVA是在利润的基础上，进一步考虑资本成本，经过一系列调整后的财务指标，用于衡量企业生产经营的增加价值，其目的在于促使企业经营者以股东价值最大化作为行为准则，谋求企业战略目标的实现。

与传统的利润指标相比，EVA评价系统的主要优点在于考虑了资本成本，从而在以下几个方面表现出相对的优越性：①EVA是在会计利润的基础上进行相关调整后的结果，一定程度上降低了由于会计操纵引起的经营绩效扭曲现象，是一种比会计利润更准确地测定管理者经营绩效的指标和方法；②EVA将股东利益和经理业绩紧密联系在一起，避免了所有者与经营者之间的讨价还价，克服了经营者的利润粉饰行为；③EVA综合考虑了企业生产经营的制造成本和资本成本，对企业增值的反映更加彻底。

但是，EVA仍然存在较大的缺陷，主要表现为：

（1）EVA是总量指标，只能反映企业创造价值的规模，无法衡量企业创造价值的水平。

（2）与其他利润指标一样，EVA也是事后核算的静态指标，强调短期成果，容易产生短期经营行为，不利于科技创新和长期发展。

（3）EVA仍然是会计估计值，它的准确性依赖于会计信息披露的一整套制度。

（4）在计算EVA的过程中，如果对财务数据进行多项调整，一方面将导致EVA计算的复杂性，另一方面也容易产生EVA计算的随意性。

（5）EVA的计算是以有效市场假设为基础的，而事实上资本市场并非是完全有效的，资本市场的有效性问题会极大地影响EVA的正确计算。美国2000年度上市公司的经济增加值与市场增加值相关性为0.81，日本的这一数字为0.7，我国仅为0.1。

（6）资本成本的计算缺乏准确性。目前并没有一种能够准确计算资本成本的成熟方法，当前更多地运用资本资产定价模型（CAPM）来计算资本成本，但是，资本资产定价模型也是以有效资本市场假设为基础的。

（7）EVA系统仍然是以投资者为核心利益主体的绩效评价体系，不利于保护其他利益相关者的利益，不利于调动其他利益相关者的积极性，也不利于按照可持续发展的要求引导企业履行相应的生态责任和社会责任。

以经济增加值为核心的财务模式的特点是：①综合考虑成本和收益；②不仅考虑产品的制造成本，而且考虑企业的资本成本；③以 EVA 为绩效评价的主要指标；④以投资者利益为绩效评价的价值取向。

三、业绩评价的平衡模式

20 世纪 80 年代后，全球竞争日益激烈，市场瞬息万变，如何使业绩评价适应新的环境成为业绩评价研究的新课题。面对新经济环境的挑战，业绩评价研究领域出现了一系列新的观点和方法，比较明显的特征是非财务指标开始纳入企业绩效评价体系之中，逐渐形成了财务绩效和非财务绩效相结合的业绩评价模式。其中的典型代表有戴维•帕门特提出的关键绩效指标（Key Performance Indicator，KPI）、卡普兰和诺顿提出的平衡计分卡（Balanced Score Card，BSC）和尼利的绩效棱柱模型（Performance Prism，PP）以及其他一些基于利益相关者理论的业绩评价体系。

（1）关键绩效指标法是指基于企业战略目标，通过建立关键绩效指标体系将价值创造活动与战略规划目标有效联系，并据此进行绩效管理的方法。关键绩效指标是指对企业绩效产生关键影响力的指标，是通过对企业战略目标、关键成果领域的绩效特征分析，识别和提炼出的最能有效驱动企业价值创造的指标。关键绩效指标法可单独使用，也可与经济增加值法、平衡计分卡等其他方法结合使用。

关键绩效指标法的主要优点有：①使企业业绩评价与战略目标密切相关，有利于战略目标的实现；②通过识别的价值创造模式把握关键价值驱动因素，能够更有效地实现企业价值增值目标；③评价指标数量相对较少，易于理解和使用，实施成本相对较低，有利于推广实施。关键绩效指标法的主要缺点是：关键绩效指标的选取需要透彻理解企业价值创造的模式和战略目标，有效识别核心业务流程和关键价值驱动因素，指标体系设计不当将导致错误的价值导向或管理缺失。

（2）平衡计分卡。由卡普兰和诺顿提出的平衡计分卡包括四个维度：财务、客户、内部业务流程、学习与成长。财务方面用来反映企业组织如何满足股东的需要；客户方面用来反映企业组织如何满足客户的需要；内部业务流程方面用来反映企业组织是否较好地完成了其核心工作；学习与成长方面用来反映企业改进与创新的能力。四个维度之间密切相关，形成了一个较为完整的业绩评价体系。

平衡计分卡成功地弥补了传统业绩评价只重财务指标和短期目标的缺陷，将长期因素与短期因素、财务因素与非财务因素、外部因素与内部因素等多方面有机地结合起来，对企业业绩评价的创新起到了非常积极的促进作用。但是，平衡计分卡也并非完美无缺。首先，平衡计分卡仅仅考虑到股东、员工和客户的利益，仍然没有考虑债权人、政府、社会公众等其他重要利益相关者的利益；其次，平衡计分卡所提出的一些非财务层面指标面临着难以量化的问题；最后，平衡计分卡没有考虑时间因素，各维度的指标都是在静态的时间截面上选取的，无法厘清何种因素从动态上对财务结果发生影响。

（3）绩效棱柱模型。绩效棱柱模型是英国克兰费尔德大学（Cranfield University）管理学院的安迪·尼利等教授和安德森咨询公司（Andersen Consulting）的合作研究成果。他们经过长期的研究，针对传统的业绩评价体系都过分强调股东利益的缺点，以及平衡计分卡只考虑股东、员工与顾客三大利益相关者的不足，提出了绩效棱柱模型。绩效棱柱模型的基本寓意为日光经过三棱镜的折射显示出七彩颜色，而企业经营环境经过绩效三棱镜的“折射”则反映出各类利益相关者的要求，企业可以据此开展管理并对结果进行评价。

绩效棱柱模型的主要优点是：坚持主要利益相关者价值取向，使主要利益相关者与企业紧密联系，有利于实现企业与主要利益相关者的共赢，为企业可持续发展创造良好的内外部环境。绩效棱柱模型的主要缺点是：涉及多个主要利益相关者，对每个主要利益相关者都要从五个方面建立指标体系，指标选取复杂，部分指标较难量化，对企业信息系统和管理水平有较高要求，实施难度大、门槛高。

（4）其他一些基于利益相关者理论的业绩评价体系。美国学者索南菲尔德从外部利益相关者的利益出发，从社会责任和社会敏感性两个方面设计问卷，提出了企业绩效的外部利益相关者评价模式，问卷要求利益相关者对企业的社会责任和社会敏感性进行综合评价。克拉克森从企业、雇员、股东、消费者、供应商、公众利益相关者等方面，借鉴瓦提克和柯克兰描述企业社会绩效的四个术语建立了评价企业社会绩效的 RDAP 模式，这四个术语是：“对抗型”（Reactive）、“防御型”（Defensive）、“适应型”（Accommodative）和“预见型”（Proactive）。达文波特以伍德的公司社会绩效模型和弗里曼的利益相关者框架为基础，从企业伦理行为、利益相关者责任、环境责任三个方面，按照“企业公民身份”的要求，对企业绩效进行了评价。西尔吉提出了“利益相关者关系质量”的概念，将利益相关者分为内部利益相关者（Internal Stakeholders）、外部利益相关者（External Stakeholders）和末端利益相关者（Distal Stakeholders），建立了基于上述三种利益相关者关系质量的业绩评价体系。

综上所述，可以将业绩评价的研究成果归纳为表 11-1。

表 11-1　业绩评价体系的分类

业绩评价的模式		主要内容或主要指标
成本模式		总成本、单位成本、标准成本、成本差异
财务模式	以利润为基础	收入、成本、利润、净利润
	以EVA为基础	EVA、MVA①
平衡模式	关键绩效指标	驱动企业价值创造的关键指标
	平衡计分卡	财务、客户、内部业务流程、学习与成长
	绩效棱柱模型	利益相关者满意、利益相关者贡献、战略、流程、能力
	外部利益相关者评价模式	社会责任、社会敏感性
	RDAP模式	企业、雇员、股东、消费者、供应商、公众利益相关者
	企业公民身份模式	企业伦理行为、利益相关者责任、环境责任
	利益相关者关系质量模式	内部利益相关者、外部利益相关者、末端利益相关者

① 为市场增加值（Market Value Added），市场增加值是一家上市企业的股票市场价值与这家企业的股票与债务调整后的账面价值之间的差额。在理论上，MVA等于未来EVA的折现值，也就是说MVA是市场对企业获取未来EVA能力的预期反映。

第三节 经济增加值法

一、经济增加值法的含义与应用环境

（一）经济增加值法的含义

经济增加值法是指以经济增加值为核心，建立绩效指标体系，引导企业注重价值创造，并据此进行绩效管理的方法。经济增加值是指税后净营业利润扣除全部投入资本的成本后的剩余收益。经济增加值及其改善值是全面评价经营者有效使用资本和为企业创造价值的重要指标。经济增加值为正，表明经营者在为企业创造价值；经济增加值为负，表明经营者在损毁企业价值。

经济增加值法较少单独应用，一般与关键绩效指标法、平衡计分卡等其他方法结合使用。企业应用经济增加值法进行绩效管理的对象，可为企业及其所属单位（部门）（可单独计算经济增加值）和高级管理人员。

经济增加值法指标体系通常包括经济增加值、经济增加值改善值、经济增加值回报率、资本周转率、产量、销量、单位生产成本等。应用经济增加值法建立的绩效评价体系，应赋予经济增加值指标较高的权重。

（二）经济增加值法的应用环境

（1）企业应用经济增加值法，应树立价值管理理念，明确以价值创造为中心的战略目标，建立以经济增加值为核心的价值管理体系，使价值管理成为企业的核心管理制度。

（2）企业应综合考虑宏观环境、行业特点和企业的实际情况，通过价值创造模式的识别，确定关键价值驱动因素，构建以经济增加值为核心的指标体系。

（3）企业应建立清晰的资本资产管理责任体系，确定不同被评价对象的资本资产管理责任。

（4）企业应建立健全会计核算体系，确保会计数据真实可靠、内容完整，并及时获取与经济增加值计算相关的会计数据。

（5）企业应加强融资管理，关注筹资来源与渠道，及时获取债务资本成本、股权资本成本等相关信息，合理确定资本成本。

（6）企业应加强投资管理，把能否增加价值作为新增投资项目决策的主要评判标准，以保持持续的价值创造能力。

二、经济增加值法的应用程序

企业应用经济增加值法，一般按照制定以经济增加值指标为核心的绩效计划、制定激励计划、执行绩效计划与激励计划、实施绩效评价与激励、编制绩效评价与激励管理报告等程序进行。绩效计划是企业开展业绩评价工作的行动方案，包括构建指标体系、分配指标权重、确定业绩绩效目标值、选择计分方法和评价周期、拟定业绩绩效责任书等。构建经济增加值指标体系，一般按照以下程序进行：

（1）制定企业级经济增加值指标体系。应结合行业竞争优势、组织结构、业务特点、会计政策等情况，确定企业级经济增加值指标的计算公式、调整项目、资本成本等，并围绕经济增加值的关键驱动因素，制定企业的经济增加值指标体系。

（2）制定所属单位/部门级经济增加值指标体系。根据企业级经济增加值指标体系，结合所属单位/部门所处行业、业务特点、资产规模等因素，在充分沟通的基础上，设定所属单位/部门级经济增加值指标的计算公式、调整项目、资本成本等，并围绕所属单位/部门经济增加值的关键驱动因素，细化制定所属单位/部门的经济增加值指标体系。

（3）制定高级管理人员的经济增加值指标体系。根据企业级、所属单位/部门级经济增加值指标体系，结合高级管理人员的岗位职责，制定高级管理人员的经济增加值指标体系。

三、经济增加值及其相关指标的计算

（一）经济增加值的计算

经济增加值是指税后净营业利润扣除全部投入资本的成本后的剩余收益。其计算公式为

经济增加值 = 税后净营业利润 − 平均资本占用 × 加权平均资本成本

式中，税后净营业利润衡量的是企业的经营盈利情况，它等于会计上的税后净利润加上利息支出等会计调整项目后得到的税后利润；平均资本占用反映的是企业持续投入的各种债务资本和股权资本，它是所有投资者投入企业经营的全部资本，包括债务资本和股权资本（其中债务资本包括融资活动产生的各类有息负债，不包括经营活动产生的无息流动负债；股权资本中包含少数股东权益。资本占用除根据经济业务实质相应调整资产减值损失、递延所得税等，还可根据管理需要调整研发支出、在建工程等项目，引导企业注重长期价值创造）；加权平均资本成本反映的是企业各种资本的平均成本率，它是债务资本成本和股权资本成本的加权平均，反映了投资者所要求的必要报酬率。

加权平均资本成本的计算公式为

$$K_{\mathrm{WACC}} = K_D \frac{\mathrm{DC}}{\mathrm{TC}}(1-T) + K_S \frac{\mathrm{EC}}{\mathrm{TC}} \quad (11\text{-}1)$$

式中，TC为资本占用；EC为股权资本；DC为债务资本；T为所得税税率；K_{WACC}为加权平均资本成本；K_D为债务资本成本；K_S为股权资本成本。

债务资本成本是企业实际支付给债权人的税前利率，反映的是企业在资本市场中债务融资的成本率。如果企业存在不同利率的融资来源，债务资本成本应使用加权平均值。

股权资本成本是在不同风险下，所有者对投资者要求的最低回报率。通常根据资本资产定价模型确定，其计算公式为

$$K_S = R_f + \beta(R_m - R_f) \quad (11\text{-}2)$$

式中，R_f为无风险收益率；R_m为市场预期回报率；R_m-R_f为市场风险溢价；β为企业股票相对于整个市场的风险指数。上市企业的β值，可采用回归分析法或单独使用最小二乘法等方法测算确定，也可以直接采用证券机构等提供或发布的β值；非上市企业的β值，可

采用类比法，参考同类上市企业的 β 值确定。

企业级加权平均资本成本确定后，应结合行业情况、不同所属单位（部门）的特点，通过计算（能单独计算的）或指定（不能单独计算的）的方式确定所属单位（部门）的资本成本。

通常情况下，企业对所属单位（部门）所投入资本即股权资本的成本率是相同的，为简化资本成本的计算，所属单位（部门）的加权平均资本成本一般与企业保持一致。

（二）经济增加值计算时的会计调整项目

计算经济增加值时，需要进行相应的会计项目调整，以消除财务报表中不能准确反映企业价值创造的部分。会计调整项目的选择应遵循价值导向性、重要性、可控性、可操作性与行业可比性等原则，根据企业实际情况确定。常用的调整项目有：

（1）研究开发费、大型广告费等一次性支出但收益期较长的费用，应予以资本化处理，不计入当期费用。

（2）反映付息债务成本的利息支出，不作为期间费用扣除，计算税后净营业利润时扣除所得税影响后予以加回。

（3）营业外收入、营业外支出具有偶发性，将当期发生的营业外收支从税后净营业利润中扣除。

（4）将当期减值损失扣除所得税影响后予以加回，并在计算资本占用时相应调整资产减值准备发生额。

（5）递延税金不反映实际支付的税款情况，将递延所得税资产及递延所得税负债变动影响的企业所得税从税后净营业利润中扣除，相应调整资本占用。

（6）其他非经常性损益调整项目，如股权转让收益等。

（三）经济增加值目标值的计算

经济增加值目标值根据经济增加值基准值（简称 EVA 基准值）和期望的经济增加值改善值（简称期望的 ΔEVA）确定，则

$$\text{EVA 目标值} = \text{EVA 基准值} + \text{期望的 } \Delta\text{EVA} \tag{11-3}$$

企业在确定 EVA 基准值和期望的 ΔEVA 值时，要充分考虑企业规模、发展阶段、行业特点等因素。其中，EVA 基准值可参照上年实际完成值、上年实际完成值与目标值的平均值、近几年（比如前三年）实际完成值的平均值等确定。期望的 ΔEVA 值，根据企业战略目标、年度生产经营计划、年度预算安排、投资者期望等因素，结合价值创造能力改善等要求综合确定。

四、经济增加值法的激励计划

经济增加值法的激励计划按激励形式可分为薪酬激励计划、能力开发激励计划、职业发展激励计划和其他激励计划。应用经济增加值法建立的激励体系，应以经济增加值的改善值为基础。

（1）薪酬激励计划主要包括目标奖金、奖金库和基于经济增加值的股票期权。

1）目标奖金。目标奖金是指达到经济增加值目标值所获得的奖金，只对经济增加值增量部分实施奖励。

2）奖金库。奖金库是基于对企业经济增加值长期增长目标实施的奖励。企业设立专门的账号管理奖金，将以经济增加值为基准计算的奖金额存入专门账户中，以递延奖金形式发放。

3）股票期权。根据经济增加值确定股票期权的行权价格和数量，行权价格每年以相当于企业资本成本的比例上升，授予数量由当年所获得的奖金确定。

（2）能力开发激励计划主要包括对员工知识、技能等方面的提升计划。

（3）职业发展激励计划主要是对员工职业发展做出的规划。

（4）其他激励计划包括良好的工作环境、晋升与降职、表扬与批评等。

第四节　关键绩效指标法

一、关键绩效指标法的含义

关键绩效指标法是指为确保企业战略目标的实现，在目标管理这一基础上，通过对企业成功的关键因素的提取，再层层分解和量化，建立由企业级、部门级和岗位级组成的关键绩效指标体系，以获得个体对工作贡献度的评价依据的一种常用考核方法。其理论基础是帕累托原则，即八成的工作内容都是由两成的核心工作来决定的，所以，在对企业发展规划进行细分的决策工作中，必须着重两成的核心活动领域，分析和衡量，再从中分解出关键绩效指标。关键绩效指标法的核心是把企业的绩效指标与战略目标实现有机结合，且在绩效评估过程中，仅仅评估同企业发展规划联系最紧的绩效参数。关键绩效指标所衡量的内容取决于企业的战略规划，是企业战略计划对不同部门和各个岗位的工作绩效要求的具体体现。其指标构成包括财务绩效目标和非财务绩效目标，不仅看重企业在短时间内的经济效益，还看重工作人员在长时间内的发展。

二、关键绩效指标法的特点

作为出现较早，使用较多的一种绩效考核方法，关键绩效指标法各项内容和流程发展较为成熟，与其他绩效考核方法相比有其独有的特点。

1．系统性

关键绩效指标法是通过将企业战略目标与绩效考核指标相衔接，通过对企业整体战略的分解，将每位普通员工的工作实效与所属部门和企业的宏观战略目标相联系，使关键绩效指标体系能够联系企业发展实际适应企业的整体发展。需要注意的是，关键绩效指标只是针对关键工作的评估和管理，并非包含所有职位工作职责内容。在具体实践中，企业管理层的工作任务与普通员工相比更为复杂，在选择关键绩效指标时，按所列出指标对企业战略目标的影响程度排序，只选取那些对企业整体战略目标的实现影响很大的维度。

2．绩效可控性

企业经营的好坏不仅取决于外部行业竞争环境，也取决于企业内部管理活动成效，可以说企业的经营成果是由内部因素和外部因素两者综合作用所决定的。内部因素是可控制因素，所以更为关键。企业在选取关键绩效指标时，应尽量剔除来自外部环境的影响，重点反映员工对工作职责范围的直接可控领域。比如以企业市场部门为例，销售量与行业市场份额这两个标准都是衡量市场部运营的要素，市场总规模则是难以控制的变量，而销售量等于市场总规模与该企业产品市场份额的乘积。从这个维度出发，相对来看，产品市场占有量这一指标更直观和直接地反映了企业市场部门的工作表现，是工作表现的关键组成部分。因此，这一参数可以作为企业市场部门的关键绩效参数。

3．认可度高

关键绩效指标的选择与确定既不是由管理层按照管理需要强制进行的，也不是由各个部门或个人自行制定的，它是由组织上下级共同协商完成的。在各部门和各岗位关键绩效指标制定时，要召集相应部门全体员工研究探讨，让大家明确考核目标，从自身工作职责出发，剔除考核难度大、成本高、可操作性差等不良指标，通过面对面沟通的方式达成共识，以充分体现管理人员和一般员工双方的意愿。可以说，关键绩效指标是组织上级和员工对于企业工作绩效要求所达成一致的认识，这就能最大程度减轻绩效评估和管理的具体实践中给工作人员带来的人为妨碍，为后期绩效考核的顺利实施带来便利，以保证考核结果得到组织上下的一致认可。

三、关键绩效指标制定的原则

企业在确定关键绩效指标的过程中，需要按照 SMART 原则进行，SMART 是五个英文单词的首字母。

（1）S 代表具体（Specific），具体指的是绩效指标不能模棱两可，要有确定、具体的工作指标，让大家能够准确理解。

（2）M 代表可度量（Measurable），具体指的是评估和管理的绩效指标是可以量化的，同时，可以从一些验证方法中获得的数据来证明该绩效指标是切实可行的。

（3）A 代表可达成（Attainable），具体指的是指标选取要考虑其操作性，要尽量避免选取考核成本高、考核难度大或者过于简单的指标。

（4）R 代表有相关性（Relevant），具体指的是绩效指标必须是层层相关的，且最终都要与企业战略目标密切联系，否则就不是关键指标。

（5）T 代表有时限（Time-bound），具体指的是绩效目标需要在一定时间内完成，关注完成绩效目标的时间要求。

四、关键绩效指标的分类和建立程序

（一）关键绩效指标的分类

企业的关键绩效指标一般可分为结果类和动因类两类指标。结果类指标是反映企业绩效的价值指标，主要包括投资回报率、净资产收益率、经济增加值、息税前利润、自由现金流等综合指标；动因类指标是反映企业价值关键驱动因素的指标，主要包括资本性支出、单位生产成本、产量、销量、客户满意度、员工满意度等。关键绩效指标应含义明确、可度量、与战略目标高度相关。指标的数量不宜过多，每一层级的关键绩效指标一般不超过十个。

（二）关键绩效指标权重的确立原则

关键绩效指标的权重分配应以企业战略目标为导向，反映被评价对象对企业价值贡献或支持的程度，以及各指标之间的重要性水平。单项关键绩效指标权重一般设定在 5% ~ 30%，对特别重要的指标可适当提高权重。对特别关键、影响企业整体价值的指标可设立“一票否决”制度，即如果某项关键绩效指标未完成，无论其他指标是否完成，均视为未完成绩效目标。

（三）关键绩效指标目标值的确定依据

企业确定关键绩效指标的目标值，一般参考以下标准：

（1）依据国家有关部门或权威机构发布的行业标准或参考竞争对手标准。

（2）参照企业内部标准，包括企业战略目标、年度生产经营计划目标、年度预算目标、历年指标水平等。

（3）不能按前两项方法确定的，可根据企业历史经验值确定。

关键绩效指标的目标值确定后，应规定因内外部环境发生重大变化、自然灾害等不可抗力因素对绩效完成结果产生重大影响时，对目标值进行调整的办法和程序。一般情况下，由被评价对象或评价主体测算确定影响额度，向相应的绩效管理工作机构提出调整申请，报薪酬与考核委员会或类似机构审批。

（四）构建关键绩效指标体系的程序

构建关键绩效指标体系一般应采取以下程序：

（1）制定企业级关键绩效指标。企业应根据战略目标，结合价值创造模式，综合考虑内外部环境等因素，设定企业级关键绩效指标。

（2）制定所属单位（部门）级关键绩效指标。根据企业级关键绩效指标，结合所属单位（部门）关键业务流程，按照上下结合、分级编制、逐级分解的程序，在沟通反馈的基础上，设定所属单位（部门）级关键绩效指标。

（3）制定岗位（员工）级关键绩效指标。根据所属单位（部门）级关键绩效指标，结合员工岗位职责和关键工作价值贡献，设定岗位（员工）级关键绩效指标。

五、关键绩效指标体系的建立方法

建立关键绩效指标的方法多种多样，具体有外部导向法、关键成功因素法和策略目标分解法等方法。外部导向法也称标杆基准法，是以行业中的龙头企业为标杆，通过不断向其靠拢，从而提高企业的业绩；关键成功因素法，就是在企业多年经营的基础上，进行重点领域的分析；策略目标分解法，则是对企业进行全面和深入的分析，进一步建立综合性的考核指标。其中，以关键成功因素分析法最为常见。

关键成功因素分析法是以企业的宏观战略和长远发展目标为基础，通过提炼企业成功的关键要素并实施有效监督，经过逐级分解，并合理量化，建立企业关键绩效指标评价体系的方法。它的首要任务是要归纳出企业成功的关键维度。通过关键成功因素分析法建立关键绩效指标体系有以下几个步骤：

（1）确定企业宏观战略目标。它包括在具体行业领域中的地位、实力、市场占有量等。确定的长期发展规划是企业关键绩效指标机制的有效前提。

（2）确定关键绩效领域。关键绩效领域是指对实施企业战略规划有极大影响的变量，是关键绩效指标选择的重要来源，往往会因行业的不同而有差异。

（3）利用鱼骨图分析法，确定企业的成功要素。明确各个要素所需的条件，再全面分解和细化各项指标，确定关键绩效指标要素并简要描述，明确要素的考评方向，最终确定关键绩效指标。初期确定的关键绩效指标往往比较多，可按照有效性、可操作、易量化等原则进行分析和筛选，以确定最终的关键绩效指标体系。

例 11-1　常州公交建立 KPI 体系的实践。

常州公交公司全面导入卓越绩效管理模式，通过开展对标管理等方式来建立 KPI 体系。根据常州公交的使命、愿景、核心价值观、战略和战略目标，公司把创造社会效益放在首要位置。在尽可能做到科学、规范、精细、系统化和被考责任人可控原则下，全面设计了绩效指标测量体系，如表 11-2 所示，包括指标分类、指标名称等要素，明确了指标统计管理部门和被考核部门，以及测量评价的频次。具体做法如下：

表 11-2　关键绩效指标测量体系

<table>
<tr><th>指标分类</th><th>序目</th><th>指标名称</th><th>单位</th><th>评价周期</th><th>评价（测量）部门</th><th>相关方</th></tr>
<tr><td rowspan="4">顾客与市场</td><td>1</td><td>乘客满意度</td><td>（%）</td><td>年</td><td rowspan="4">营运发展部</td><td rowspan="2">乘客</td></tr>
<tr><td>2</td><td>乘客投诉率</td><td>次 / 百万人次</td><td>月</td></tr>
<tr><td>3</td><td>客运总量</td><td>万人次</td><td>月</td><td rowspan="2">社会</td></tr>
<tr><td>4</td><td>运营线路条数</td><td>条</td><td>月</td></tr>
<tr><td rowspan="3">财务</td><td>5</td><td>客运总收入</td><td>万元</td><td>月</td><td rowspan="3">财务部</td><td rowspan="3">股东</td></tr>
<tr><td>6</td><td>利润</td><td>万元</td><td>月</td></tr>
<tr><td>7</td><td>千车公里运营成本</td><td>元 / 千车公里</td><td>月</td></tr>
<tr><td rowspan="6">资源</td><td>8</td><td>运营车辆数</td><td>辆</td><td>月</td><td>机务技术部</td><td>供应商</td></tr>
<tr><td>9</td><td>员工满意度</td><td>（%）</td><td>年</td><td>工会</td><td rowspan="4">员工</td></tr>
<tr><td>10</td><td>人均收入增长率</td><td>（%）</td><td>年</td><td rowspan="3">人力资源部</td></tr>
<tr><td>11</td><td>员工流失率</td><td>（%）</td><td>年</td></tr>
<tr><td>12</td><td>人均培训时长</td><td>学时 / 年</td><td>年</td></tr>
<tr><td>13</td><td>科技研发投入</td><td>万元</td><td>年</td><td>财务部</td><td>股东</td></tr>
<tr><td rowspan="6">过程</td><td>14</td><td>运量里程差率</td><td>（%）</td><td>月</td><td rowspan="2">营运发展部</td><td rowspan="2">社会</td></tr>
<tr><td>15</td><td>总行驶里程</td><td>万公里</td><td>月</td></tr>
<tr><td>16</td><td>完好车率</td><td>（%）</td><td>月</td><td>机务技术部</td><td>供应商</td></tr>
<tr><td>17</td><td>行车事故责任率</td><td>次 / 百万公里</td><td>月</td><td>安全保卫部</td><td>社会</td></tr>
<tr><td>18</td><td>正点率</td><td>（%）</td><td>月</td><td rowspan="3">营运发展部</td><td>乘客</td></tr>
<tr><td>19</td><td>行车违章率</td><td>次 / 万公里</td><td>月</td><td>社会</td></tr>
<tr><td rowspan="5">领导与社会责任</td><td>20</td><td>站点覆盖率</td><td>（%）</td><td>年</td><td>乘客</td></tr>
<tr><td>21</td><td>新能源车占比</td><td>（%）</td><td>年</td><td>机务技术部</td><td>供应商</td></tr>
<tr><td>22</td><td>重大伤亡事故</td><td>次</td><td>月</td><td>安全保卫部</td><td>社会</td></tr>
<tr><td>23</td><td>车辆车厢整洁合格率</td><td>（%）</td><td>月</td><td>监察审计部</td><td>乘客</td></tr>
<tr><td>24</td><td>公益活动时长</td><td>小时</td><td>年</td><td>团委</td><td>社会</td></tr>
</table>

（1）导入卓越绩效管理模式。常州公交公司在常州市公共服务类行业中率先导入卓越绩效管理模式，结合《卓越绩效评价准则》和《卓越绩效评价准则实施指南》，对企业相关管理过程进行了全面梳理与总结，通过内部头脑风暴与请教外部专家，建立了顾客和市场指标、财务指标、资源指标、过程指标、领导与社会责任指标。

（2）导入对标管理模式。常州公交公司积极开展了企业对标管理，按照“建标、立标、对标、达标、创标”的对标管理思路，采用“走出去、引进来”的方式，外出学习考察了北京、天津、济南、郑州、哈尔滨等城市公交企业，对标杆企业绩效数据进行收集、整理、分析，了解标杆企业在企业管理、运营服务、车辆管理、安全保障、信息化建设等方面的情况，学习其先进管理方法，通过标杆对比，梳理了如何建立符合企业自身实际的KPI体系。

（3）KPI体系的监测。常州公交公司人力资源部负责对KPI进行监测，实施过程中请各职能部门和业务板块参与，共同评价企业管理情况和实施效果。

1）KPI整体监测。通过对24个KPI完成情况的监测，了解公司整体运营水平。每年年初在公司经营规划的基础上制定本年度的KPI绩效指标值，并将指标目标层层分解为公司、部门和岗位的绩效指标。

2）各职能部门监测。采取组织检查、部门抽查等不同方式，利用ERP、OA等信息系统工具对关键绩效指标进行动态监测，获得关键成功因素信息并进行分析，形成总结和分析报告。

3）业务条线监测。通过对公司关键成功因素信息、关键绩效指标数据进行收集和动态对标，并对实施情况进行系统性分析，结合公司内外部环境变化，提出调整公司关键绩效指标方案或调整公司战略规划、年度方针目标和长短期计划方案，提交公司领导层决策。

4）公司领导层监测。对各职能部门提出的调整方案，结合运营情况进行分析研究，确定公司关键绩效指标和战略规划、年度方针目标和长短期计划是否调整以及如何调整。

5）绩效预测。对关键绩效指标按照收集数据、选择方法、目标对比、定期分析、预测结果等步骤，分析对比竞争对手、标杆的数据，不断提高公司管理目标实施的效果，提高公司竞争能力。

（4）KPI的改进：

1）乘客满意度。乘客满意度是常州公交公司顾客与市场KPI大类中最能体现公司服务质量的指标。公司立足于乘客出行习惯变动、季节变化、市政发展等情况，积极主动持续优化、调整线网，做到便捷出行，让乘客满意。根据细分市场需求，开通大站快线、定制公交、毗邻公交、微循环线路等，满足乘客多元出行需求。近年来，公司先后创新引入市民乘车、候车舒适度、驾驶员服务态度等新评价指标，对乘客满意度评价体系进行完善，取得了乘客的好评，乘客满意度持续提升。

2）员工满意度。员工满意度是直接体现常州公交公司全体员工对工作各方面满足与否的态度和情绪反映的KPI指标。公司从2008年开始，通过员工满意度调查来评价员工对企业的满意程度，主要从个人收入、个人权益、个人发展、企业氛围、企业管理、企业管理人员、企业发展共七个方面的关键因素进行评价，如表11-3所示；同时，通过系统分析，对员工满意度进行量化评分，发现需改进项。此外，公司每年对所有领导干部开展民主测评，了解职工满意程度。近年来，公司对诸如工作餐、活动开展等评价指标和方式进行了改进，具体如表11-4所示。

表 11-3　影响员工满意度和积极性的因素

序号	关键指标	主要因素	主要影响对象
1	个人收入	工资收入、各类福利、激励机制等	基层员工
2	个人权益	个人社保、公司执行劳动法规、工作餐质量等	
3	个人发展	公司选人用人机制、职业生涯发展、培训制度、活动竞赛等	全体员工
4	企业氛围	公司氛围、沟通交流、团队协作等	管理人员
5	企业管理	公司章程制度、制度合理性、人性化管理等	
6	企业管理人员	管理人员廉洁自律、执行力、为职工服务意识、专业水平等	基层员工
7	企业发展	公司社会形象、企业精神认同、文化建设、企业归属感等	全体员工

表 11-4　公司在员工满意度评价方面的改进措施

序号	需改进项目	改进措施
1	工作餐	与合作商及时沟通，完善工作餐管理制度，提高饭菜质量，按照规定时间为一线员工配送
2	活动开展	创新活动方式，倾向一线基层，扩大参与面
3	人才培养	完善人才培养机制，提供多层次、多类别成长平台，制定科学的职业生涯发展规划

思考题：

（1）常州公交公司 KPI 体系成功实践的配套措施有哪些？

（2）常州公交公司 KPI 体系的成功实践对其他公交公司有什么启示？

第五节　平衡计分卡

一、平衡计分卡的含义与应用环境

（一）平衡计分卡的含义

平衡计分卡是指基于企业战略，从财务、客户、内部业务流程、学习与成长四个维度，将战略目标逐层分解转化为具体的、相互平衡的绩效指标体系，并据此进行绩效管理的方法。平衡计分卡通常与战略地图等工具结合使用，适用于战略目标明确、管理制度比较完善、管理水平相对较高的企业，其应用对象可以是企业、所属单位 / 部门和员工。

（二）平衡计分卡的应用环境

（1）企业应用平衡计分卡工具方法，应有明确的愿景和战略。平衡计分卡应以战略目标为核心，全面描述、衡量和管理战略目标，将战略目标转化为可操作的行动。

（2）平衡计分卡可能涉及组织和流程变革，具有创新精神、变革精神的企业文化有助于成功实施平衡计分卡。

（3）企业应对组织结构和职能进行梳理，消除不同组织职能间的壁垒，实现良好的组织协同，既包括企业内部各级单位/部门之间的横向与纵向协同，也包括与投资者、客户、供应商等外部利益相关者之间的协同。

（4）企业应注重员工学习与成长能力的提升，以更好地实现平衡计分卡的财务、客户、内部业务流程目标，使战略目标贯彻到每一名员工的日常工作中。

（5）平衡计分卡的实施是一项复杂的系统工程。企业一般需要建立由战略管理、人力资源管理、财务管理和外部专家等组成的团队，为平衡计分卡的实施提供机制保障。

（6）企业应建立高效集成的信息系统，实现绩效管理与预算管理、财务管理、生产经营等系统的紧密结合，为平衡计分卡的实施提供信息支持。

二、平衡计分卡的应用程序

企业应用平衡计分卡工具方法，一般按照制定战略地图、制定以平衡计分卡为核心的绩效计划、制定激励计划、制定战略性行动方案、执行绩效计划与激励计划、实施绩效评价与激励、编制绩效评价与激励管理报告等程序进行。

（一）制定战略地图

企业首先应制定战略地图，即基于企业愿景与战略，将战略目标及其因果关系、价值创造路径以图示的形式直观、明确、清晰地呈现。战略地图基于战略主题构建，战略主题反映企业价值创造的关键业务流程，每个战略主题包括相互关联的1～2个目标。企业可应用平衡计分卡的四维度划分绘制战略地图，以图形方式展示企业的战略目标及实现战略目标的关键路径。具体绘制程序如下：

（1）确立战略地图的总体主题。总体主题是对企业整体战略目标的描述，应清晰表达企业愿景和战略目标，并与财务维度的战略主题和关键绩效指标（KPI）对接。

（2）根据企业的需要，确定四维度的名称。把确定的四维度战略主题对应画入各自战略地图内，每一主题可以通过若干KPI进行描述。

（3）将各个战略主题和KPI用路径线链接，形成战略主题和KPI相连的战略地图。在绘制过程中，企业应将战略总目标（财务维度）、客户价值定位（客户维度）、内部业务流程主题（内部流程维度）和学习与成长维度，与战略KPI链接，形成战略地图。

企业所属的各责任中心的战略主题、KPI相应的战略举措、资源配置等信息一般无法全部绘制到一张图上，常常采用绘制对应关系表或另外绘制下一层级责任中心的战略地图等方式来展现其战略因果关系。

（二）制定绩效计划

战略地图制定后，应以平衡计分卡为核心编制绩效计划。绩效计划是企业开展绩效评价工作的行动方案，包括构建指标体系、分配指标权重、确定绩效目标值、选择计分方法和评价周期、签订绩效责任书等一系列管理活动。制定绩效计划通常从企业级开始，层层分解到所属单位（部门），最终落实到具体岗位和员工。

1. 指标体系的构建

平衡计分卡指标体系的构建应围绕战略地图，针对财务、客户、内部业务流程和学习与成长四个维度的战略目标，确定相应的评价指标。构建平衡计分卡指标体系的一般程序为：

（1）制定企业级指标体系。根据企业层面的战略地图，为每个战略主题的目标设定指标，每个目标至少应有1个指标。

（2）制定所属单位（部门）级指标体系。依据企业级战略地图和指标体系，制定所属单位（部门）的战略地图，确定相应的指标体系，协同各所属单位（部门）的行动与战略目标保持一致。

（3）制定岗位（员工）级指标体系。根据企业、所属单位（部门）级指标体系，按照岗位职责逐级形成岗位（员工）级指标体系。

平衡计分卡指标体系构建时，应注重短期目标与长期目标的平衡、财务指标与非财务指标的平衡、结果性指标与动因性指标的平衡、企业内部利益与外部利益的平衡。平衡计分卡每个维度的指标通常为4～7个，总数量一般不超过25个。

构建平衡计分卡指标体系时，企业应以财务维度为核心，其他维度的指标都与核心维度的一个或多个指标相联系。通过梳理核心维度目标的实现过程，确定每个维度的关键驱动因素，结合战略主题，选取关键绩效指标。

财务维度以财务术语描述了战略目标的有形成果。企业常用的指标有投资资本回报率、净资产收益率、经济增加值、息税前利润、自由现金流、资产负债率、总资产周转率等。

客户维度界定了目标客户的价值主张。企业常用的指标有市场份额、客户满意度、客户获得率、客户保持率、客户获利率、战略客户数量等。

内部业务流程维度确定了对战略目标产生影响的关键流程。企业常用的指标有交货及时率、生产负荷率、产品合格率、存货周转率、单位生产成本等。

学习与成长维度确定了对战略最重要的无形资产。企业常用的指标有员工保持率、员工生产率、培训计划完成率、员工满意度等。

企业可根据实际情况建立通用类指标库，不同层级单位和部门结合不同的战略定位、业务特点选择适合的指标体系。

2. 指标权重的分配

平衡计分卡指标的权重分配应以战略目标为导向，反映被评价对象对企业战略目标贡献或支持的程度，以及各指标之间的重要性水平。

企业绩效指标权重一般设定在5%～30%，对特别重要的指标可适当提高权重。对特别关键、影响企业整体价值的指标可设立“一票否决”制度，即如果某项绩效指标未完成，无论其他指标是否完成，均视为未完成绩效目标。

3. 绩效目标值的确定

平衡计分卡绩效目标值应根据战略地图的因果关系分别设置。首先确定战略主题的目标值，其次确定主题内的目标值，然后基于平衡计分卡评价指标与战略目标的对应关系，为每个评价指标设定目标值，通常设计3～5年的目标值。

平衡计分卡绩效目标值确定后，应规定因内外部环境发生重大变化、自然灾害等不可抗力因素对绩效完成结果产生重大影响时，对目标值进行调整的办法和程序。一般情况下，由被评价对象或评价主体测算确定影响程度，向相应的绩效管理工作机构提出调整申请，报薪酬与考核委员会或类似机构审批。

（三）制定战略性行动方案

绩效计划与激励计划执行过程中，企业应按照纵向一致、横向协调的原则，持续地推进组织协同，将协同作为一个重要的流程进行管理，使企业和员工的目标、职责与行动保持一致，创造协同效应。企业应持续深入地开展流程管理，及时识别存在问题的关键流程，根据需要对流程进行优化完善，必要时进行流程再造，将流程改进计划与战略目标相协同。

绩效计划与激励计划制定后，企业应在战略主题的基础上，制定战略性行动方案，实现短期行动计划与长期战略目标的协同。战略性行动方案的制定主要包括以下内容：

（1）选择战略性行动方案。制定每个战略主题的多个行动方案，并从中区分、排序和选择最优的战略性行动方案。

（2）提供战略性资金。建立战略性支出的预算，为战略性行动方案提供资金支持。

（3）建立责任制。明确战略性行动方案的执行责任方，定期回顾战略性行动方案的执行进程和效果。

例 11-2　平衡计分卡在青山公司的应用。

为了贯彻中国兵器装备集团公司的战略，其下属的重庆青山工业有限责任公司（以下简称青山公司）运用了平衡计分卡原理确定公司战略、规划，取得了较好的管理效果。具体做法如下：

青山公司从公司、部门、班组和岗位四个层级，按战略制定、战略地图、计分卡、KPI、行动计划五个业务线编制平衡计分卡。我们择取与本节相关的内容进行分析思考。

（1）战略地图。战略地图是平衡计分卡的起点，它从财务、客户、内部业务流程、学习与成长四个维度将战略目标在一张纸上呈现出来，反映了战略目标之间自下而上的逻辑关系，清晰展示出公司或部门未来几年“做什么”“怎么做”“做到什么程度”的内容。

以公司层面战略地图编制方法为典型进行描述。输入战略愿景、企业使命及最新战略规划，分别编制财务、客户、内部业务流程、学习与成长四个维度的战略目标，汇总形成公司战略地图，体现系统性、逻辑性及公司特色。

1）财务维度战略目标最直观的理解就是企业“做什么赚钱”“怎么赚钱”“赚多少钱”，企业所有的改善最终都将通过财务目标体现。就青山公司而言，就是要通过“规模效益、结构效益、管理效益”三驾马车同步发力，确保企业的持续健康发展。

2）客户维度战略目标最直观的理解就是为支撑上述财务维度战略目标，应有什么样的市场表现及结果，应提供什么样的产品与服务，必须思考在研发质量、制造质量、技术服务、市场响应及客户盈利能力管理等方面“做什么”“怎么做”“做到什么程度”。

3）内部业务流程维度战略目标最直观的理解就是要支撑上述财务维度及客户维度战略目标，必须“做哪些事，怎么做这些事，形成什么样的能力”。重点关注企业面临的发展瓶颈问题，主要从市场掌控、新品研发、质量保证、成本控制、管理创新五大核心能力方面制定内部业务流程维度战略目标。

4）学习与成长维度战略目标最直观的理解就是上述三个维度战略目标必须依靠“人”来实现，重点关注组织绩效提升、团队能力建设、人才队伍建设及领先文化建设等，描述企业“文化、组织、团队、人才”等无形资产在战略中的作用。

汇总以上各个维度的战略目标，明确战略目标之间的因果关系，青山公司形成了公司级战略地图，如图 11-3 所示。

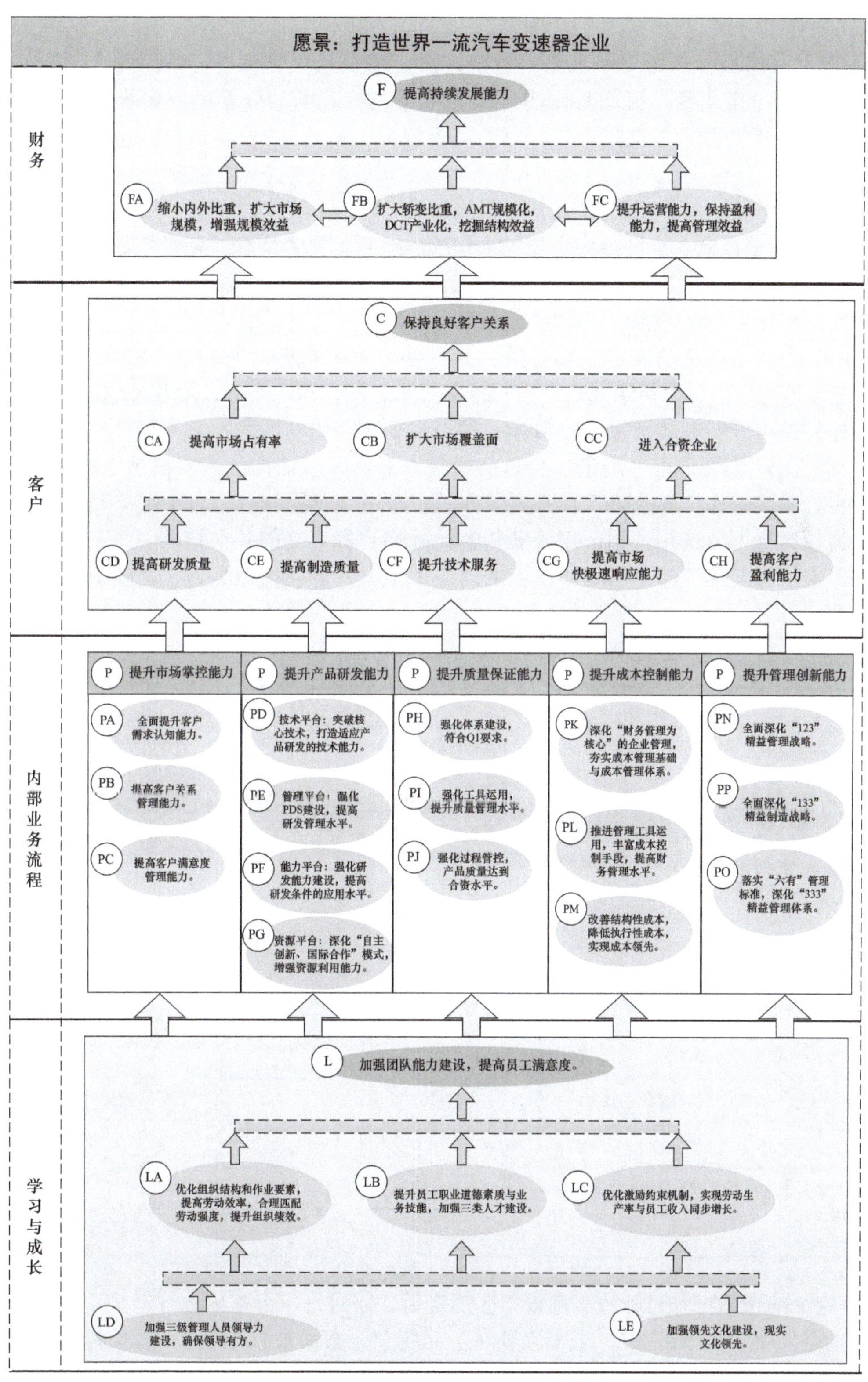

图 11-3　青山公司公司级战略地图

（2）平衡计分卡：

1）定义战略目标。每一个战略目标确定后，需对战略目标进行精简的定义，使战略目标涵盖的内容和意义更加具体明确，为衡量指标和行动方案的制定提供指引。战略目标定义主要包含的内容有：对目标的概要解释（是什么）；实现目标途径的简要解释（怎么做）；目标实现程度的说明（做到什么程度）；本目标支撑哪一层面的哪些战略目标。

2）确定衡量指标。衡量指标主要用来检验战略目标是否实现，衡量指标的表现形式可以是比率、绝对值、指数、百分比、名次排序、评分等级等；指标的选择要可量化、数据易收集、可层层分解并能驱动期望的行为。

青山公司衡量指标的确定流程包括：第一步，列举指标，即通过头脑风暴的方式，尽可能全面地列举出可以衡量战略目标的指标。第二步，筛选指标，主要考虑以下方面：①关键性，是否能够有效衡量战略目标，是否驱动所期望的行为？②衡量性，是否具备数据基础？测量结果是否可测量？测量成本是否低？③管控性，不易被被考核人操纵、便于管控。④聚焦性，各战略目标都要争取只设定一个结果指标，每个战略目标如果不止一个衡量指标可以选用，则选用最能传达此战略目标意义的一个指标。第三步，确定指标，即将指标汇集，建立与战略目标的对应关系，并标明指标类型。其模板及示例如表 11-5 所示。

表 11-5　衡量指标设置模板

角度	战略目标	衡量指标	指标类型
财务	缩小内外比重，扩大市场规模，增强规模效益	变速器销量	绝对值型
		营业收入	绝对值型
		内外市场比重	比率型
		⋮	⋮
	⋮	⋮	⋮
客户	提高市场占有率	市场占有率（微车/轿车/自变）	百分比、比率型
	进入合资车企	在合资车企的供货量	绝对值型
	⋮	⋮	⋮
内部业务流程	提升产品质量保证能力	千台车维修频次	周期频率型
	⋮	⋮	⋮
学习与成长	提高员工满意度	企业文化认同度	指数型
	⋮	⋮	⋮

3）定义衡量指标和目标值。衡量指标确定后，需对每一个指标进行定义，衡量指标必须包括评价周期、计算公式、指标负责人、目标值、数据来源等因素。其模板及示例如表 11-6 所示。

表 11-6　衡量指标定义模板

战略目标	序号	衡量指标	衡量指标定义/计算公式	指标数据来源	评价周期	衡量单位	2013—2015年目标值			指标责任单位	指标责任人	备注
							2013年	2014年	2015年			
强化过程质量管控，降低零公里故障率和售后千台车维修频次，降低质量损失	M1	千台车维修频次（R/1000）	90天内出现的故障数/规定时间段内装配的零件数×1000	主机厂	月	（‰）	微车：6 轿车：3	微车：4 轿车：2	微车：2 轿车：1	品质管理部	部门负责人	
	M2	零公里故障率（0PPM）	内外部质量损失总额/主营业收入×1000	主机厂	月	ppm	160	120	100	品质管理部	部门负责人	

4）编制行动方案。行动方案是平衡计分卡的核心内容之一，战略目标、衡量指标、行动方案三者形成跟踪企业绩效的统一体。行动方案必须形成里程碑计划，并且要有预算的配备；对于没有设立指标的战略目标，一定要设立行动方案；行动方案在计分卡上仅仅体现为一个项目名称，必须制定详细计划。其编制流程包括：第一步，列举行动方案，即通过头脑风暴的方式，依据战略目标和衡量指标，尽可能全面地列举出实现这些目标和指标的行动举措。第二步，筛选行动方案，主要考虑：①重要性，即抓住企业经营的薄弱环节和紧迫的工作，抓住最能突破的关键事项；②关键性，即对战略目标的提高和实现起到最大化的作用，且预期对目标达成和指标提升产生明显效果；③非常规性，即选择非日常工作类、具备项目特征的行动项，对于没有设立指标的战略目标，一定要设立行动方案。第三步，确定行动方案，将行动方案汇集，建立与战略目标、衡量指标的对应关系。

具体行动方案确定后，为确保可执行性，需对每一个行动方案进行定义，包括方案的负责人、参与人、开始日期、结束日期、预期收益与影响以及具体的里程碑等。其模板及示例如表 11-7 所示。

表 11-7　行动方案定义模板

序号	行动方案名称	行动方案具体描述	支持战略目标及指标名称	行动方案责任人	行动方案牵头部门	参与/支持部门	行动方案开始日期	行动方案结束日期	具体行动计划（里程碑日期及描述）	所需资源概要	预期的收益与影响
K2	加强资产分析	建立资产管理常态化运行机制，加强资产基础数据的收集与统计，定期开展资产分析，为公司资产管理提出建设性改进建议	F2(M3、M4)	××	财务会计部	公司各单位	2013年3月1日	2015年12月31日	2013年6月建立资产月度盘存、月度分析例会等日常管理机制 2013 年8月修订资产管理相关制度 2013年12月开展资产专题分析，形成资产分析报告 2014 年1、4、7、10月按季度开展资产专题分析 2015 年1、4、7、10月按季度开展资产专题分析	办公费	资产结构优化

（3）公司平衡计分卡逻辑体系。根据公司及部门战略地图、平衡计分卡、行动计划，结合公司年度 KPI 指标及 GS 重点工作，分解建立部门（班组）KPI、GS 体系，有效运用 KTM、QTM、OPEN 三张表进行管理，实现月度滚动预算、业务预算与战略预算的有效衔接，从而确保战略落地，如图 11-4 所示。

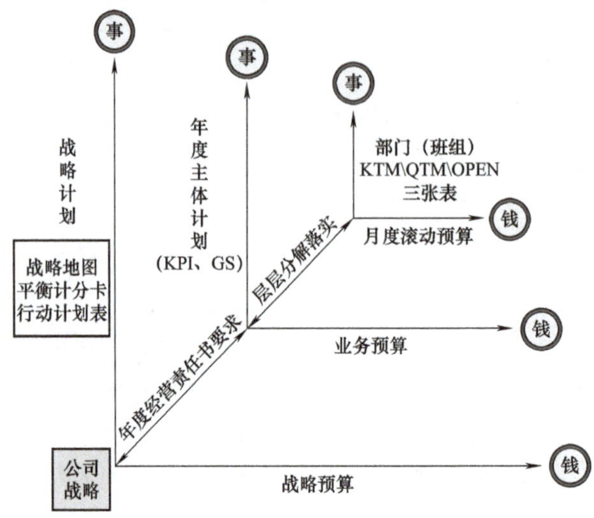

图 11-4 青山公司平衡计分卡的逻辑关系

思考题：青山公司在平衡计分卡的应用方面是否存在不足？如果有，体现在哪些地方？

第六节 绩效棱柱模型

一、绩效棱柱模型的含义与应用环境

（一）绩效棱柱模型的含义

绩效棱柱模型是指从企业利益相关者角度出发，以利益相关者满意为出发点，利益相关者贡献为落脚点，以企业战略、业务流程、组织能力为手段，用棱柱的五个构面构建三维绩效评价体系，并据此进行绩效管理的方法。

（1）利益相关者满意：企业关键的利益相关主体是谁？他们需要从这里得到什么？

（2）企业战略：为了满足利益相关主体的需要，企业应该采取怎样的策略？

（3）业务流程：企业需要怎样的关键业务流程来实现企业战略？

（4）组织能力：企业需要具备怎样的能力才能开展和改善企业业务流程？

（5）利益相关者贡献：为了培育和发展组织能力，企业需要利益相关主体做出怎样的贡献？

利益相关者是指有能力影响企业或者被企业所影响的人或者组织，通常包括股东、债权人、员工、客户、供应商、监管机构等。绩效棱柱模型适用于管理制度比较完善，业务流程比较规范，管理水平相对较高的大中型企业，其应用对象可以是企业和企业各级所属单位 / 部门。绩效棱柱模型结构如图 11-5 所示。

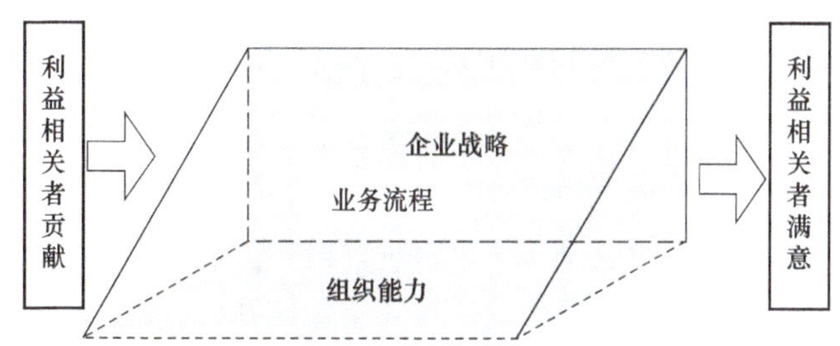

图 11-5　绩效棱柱模型结构

与平衡计分卡相比，绩效棱柱模型从只关心一个或两个利益相关主体的观念中转变过来，逐步关心组织所有重要的利益相关主体，在从利益相关主体那里得到贡献的同时，还关注利益相关主体的满意。该模型的创新之处在于既强调了利益相关主体价值的取向，又衡量了利益相关主体对组织所做的贡献。

（二）绩效棱柱模型的应用环境

（1）企业应坚持主要利益相关者价值取向，建立有效的内外部沟通协调机制，与利益相关者建立良好的互动关系。

（2）企业应根据主要利益相关者的需求制定战略，优化关键流程，提升组织能力，在满足主要利益相关者需求的基础上分享其做出的贡献。

（3）企业应用绩效棱柱模型工具方法，一般需要建立由负责战略、人力资源、财务、客户和供应商等有关部门及外部专家等组成的项目团队。

（4）企业应对人力资源管理、客户关系管理、供应商关系管理、财务管理等系统进行集成，为绩效棱柱模型的实施提供信息支持。

二、绩效棱柱模型的应用程序

企业在应用绩效棱柱模型时，一般按照明确主要利益相关者、绘制利益相关者地图、优化战略和业务流程以及提升能力、以绩效棱柱模型为核心编制绩效计划等程序进行。

（一）明确主要利益相关者

企业应结合自身的经营环境、行业特点、发展阶段、商业模式、业务特点等因素界定利益相关者范围，进一步运用态势分析法、德尔菲法等方法确定绩效棱柱模型的主要利益相关者。

（二）绘制利益相关者地图

企业应根据确定的主要利益相关者，绘制基于绩效棱柱模型的利益相关者地图。利益相关者地图是以利益相关者满意为出发点，按照企业战略、业务流程、组织能力依次展开，并以利益相关者贡献为落脚点的平面展开图。利益相关者地图可将绩效棱柱模型五个构面以图示形式直观、明确、清晰地呈现出来。

（三）优化战略和业务流程以及提升能力

绘制利益相关者地图后，企业应及时查找现有的战略、业务流程和组织能力在满足主要利益相关者满意方面存在的不足和差距，进一步优化战略和业务流程，提升组织能力，制定行动方案并有效地实施。

（四）以绩效棱柱模型为核心编制绩效计划

绘制利益相关者地图后，企业还应以绩效棱柱模型为核心编制绩效计划。绩效计划是企业开展绩效评价工作的行动方案，包括构建指标体系、分配指标权重、确定绩效目标值、选择计分方法和评价周期、签订绩效责任书等一系列管理活动。

1．构建指标体系

企业应围绕利益相关者地图，构建绩效棱柱模型指标体系。指标体系的构建应坚持系统性、相关性、可操作性、成本效益原则。各项指标应简单明了，易于理解和使用。主要内容如下：

（1）制定企业级指标体系。根据企业层面的利益相关者地图，分别设计出各个构面的绩效评价指标。

（2）制定所属单位 / 部门级指标体系。根据企业级利益相关者地图和指标体系，绘制所属单位 / 部门级利益相关者地图，制定相应的指标体系。

绩效棱柱模型指标体系通常包括以下内容：

1）利益相关者满意评价指标：与投资者（包括股东和债权人，下同）相关的指标有总资产报酬率、净资产收益率、派息率、资产负债率、流动比率等；与员工相关的指标有员工满意度、工资收入增长率、人均工资等；与客户相关的指标有客户满意度、客户投诉率等；与供应商相关的指标有逾期付款次数等；与监管机构相关的指标有社会贡献率、资本保值增值率等。

2）企业战略评价指标：与投资者相关的指标有可持续增长率、资本结构、研发投入比率等；与员工相关的指标有员工职业规划、员工福利计划等；与客户相关的指标有品牌意识、客户增长率等；与供应商相关的指标有供应商关系质量等；与监管机构相关的指标有政策法规认知度、企业的环保意识等。

3）业务流程评价指标：与投资者相关的指标有标准化流程比率、内部控制有效性等；与员工相关的指标有员工培训有效性、培训费用支出率等；与客户相关的指标有产品合格率、准时交货率等；与供应商相关的指标有采购合同履约率、供应商的稳定性等；与监管机构相关的指标有环保投入率、罚款与销售比率等。

4）组织能力评价指标：与投资者相关的指标有总资产周转率、管理水平评分等；与员工相关的指标有员工专业技术水平、人力资源管理水平等；与客户相关的指标有售后服务水平、市场管理水平等；与供应商相关的指标有采购折扣率水平、供应链管理水平等；与监管机构相关的指标有节能减排达标率等。

5）利益相关者贡献评价指标：与投资者相关的指标有融资成本率等；与员工相关的指标有员工生产率、员工保持率等；与客户相关的指标有客户忠诚度、客户毛利水平等；与供应商相关的指标有供应商产品质量水平、按时交货率等；与监管机构相关的指标有当地政府支持度、税收优惠程度等。

2．分配指标权重

企业分配绩效棱柱模型指标权重，应以主要利益相关者价值为导向，反映所属各单位或部门、岗位对主要利益相关者价值贡献或支持的程度，以及各指标之间的重要性水平。首先，根据重要性水平分别对主要利益相关者分配权重，权重之和为 100%；然后，对不同主要利益相关者五个构面分别设置权重，权重之和为 100%；单项指标权重一般设定在 5% ~ 30%，对特别重要的指标可适当提高权重。

3．确定绩效目标值

企业确定绩效棱柱模型的绩效目标值，应根据利益相关者地图的因果关系，以利益相关者满意指标目标值为出发点，逐步分解得到企业战略、业务流程、组织能力的各项指标目标值，最终实现利益相关者贡献的目标值。各目标值应符合企业实际，具有可实现性和挑战性，使被评价对象经过努力可以达到。

绩效棱柱模型绩效目标值确定后，因内外部环境发生重大变化、自然灾害等不可抗力因素对绩效完成结果产生重大影响时，企业应规定对目标值进行调整的办法和程序。一般情况下，由被评价对象或评价主体测算确定影响额度，向相应的绩效管理工作机构提出调整申请，报薪酬与考核委员会或类似机构审批。

例 11-3　绩效棱柱模型在城市经营绩效管理中的应用。

当绩效棱柱模型被应用到城市经营中时，五个相关主题，即利益相关者满意、组织战略、业务流程、组织能力和利益相关者贡献等方面内容，就自然与城市经营的内容和特点密切相关。虽然城市经营的对象也不外乎是资源和产品（或服务），但与企业经营相比，已经不是一般的资源和产品，而是城市土地、城市基础设施、城市生态环境、文物古迹和旅游资源等有形资产以及依附其上的名称、形象、知名度和城市特色文化等无形资产。

（1）利益相关者满意。就城市经营而言，首先要来确定利益相关者主要包括哪些。由于城市经营是一项庞大的系统工程，需要城市各级政府、各类企业（包括中介组织），全体市民共同努力。因此，政府部门、各类企业以及社会公众都是城市经营的主体，同时也构成了城市经营的利益相关者。

（2）组织战略。在城市经营系统中，需要明确为满足上述利益相关者的需求所要采取的战略，以保证实现分配给利益相关者的价值最大化。为此可以采取 SWOT（优势、劣势、机遇和挑战）分析等分析方法。城市经营的 SWOT 分析是将城市视为以市场为导向的超大型综合企业，将城市的未来发展视为有市场潜力的产品，通过对城市 SWOT 的综合分析以明确城市的战略定位，确定城市经营的目标与对策，通过本地的基础设施的建设和政策措施的实施，创造资本和高素质人才集聚的环境，以促进产业群的形成，刺激地区经济的成长和繁荣，最终提高城市竞争力。

（3）业务流程。业务流程是指能够提高城市经营运转效率的环节，它们是关于做什么、在什么地方做、什么时候做以及如何执行的蓝图。城市经营主体一般从四个方面来考虑其业务流程：开发产品和服务、产生需求、满足需求、设计和管理。这些分类中有各种各样的子流程，每个子流程的作用都不能忽视。

（4）组织能力。政府组织能力并不是狭义上的核心组织竞争力，而是更加宽泛的城市组织发展能力。不仅包括那些关键的、与其他竞争者相比具有优越性的政府组织能力，也包括那些与竞争者一样完善或者欠缺的能力。由于政府组织能力对每一具体的职能活动表现出高度的相关性，并且根植于城市经营职能活动中，这样城市政府组织能力就包含了面向内部经济视角和面向外部社会服务两个层面的内容。

内部经济视角层面围绕制度建设、城市规划、政府职能转变、促进就业、降低行政成本、城市基础设施建设等几个影响要素来确定城市政府的内部组织能力；外部社会服务层面考察城市政府的运行结果，包括利益相关者的满意度，尤其是企业满意、公众满意、社会安全、人才引进、信息建设、招商引资等几个影响要素。其模型如图 11-6 所示。

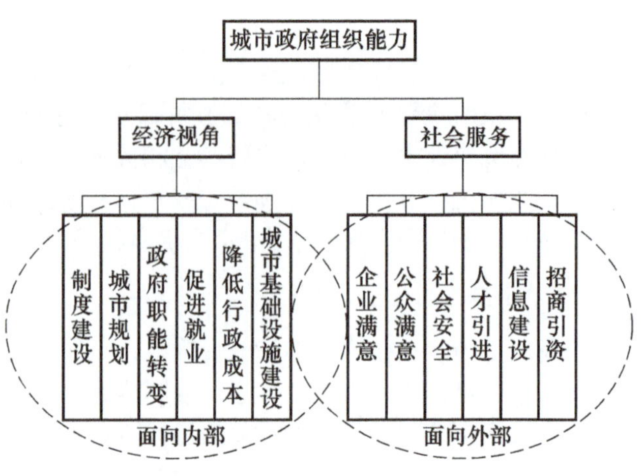

图 11-6 基于利益相关者的城市政府组织能力分解模型

（5）利益相关者贡献。为了培育和发展城市政府的组织能力，最终整个系统又回归到利益相关者的贡献价值上来。政府是主导、监督、协调与推动者，政府在整个经营活动起主导作用，它是市场发展的培育和推进者，是市场成熟期的监督者。各类企业、社会组织是行动者，通过政府的引导和对市场的培育，积极参与城市经营实践项目，逐渐成为城市建设和发展中的重要力量。公众是结果的检验者，所有的城市经营活动的最终结果都表现在城市的空间形态和精神面貌上，而公众对城市的发展与变化有最直接的感受，他们最有资格对城市经营活动的结果进行检验。

这五个层面的循环过程就构成了城市经营绩效管理应用框架体系，如图 11-7 所示。

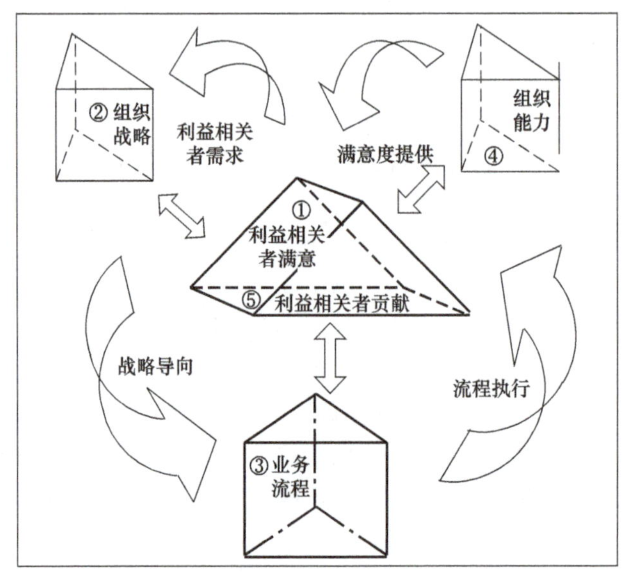

图 11-7 城市经营绩效管理应用框架体系

思考题：

（1）在绩效棱柱模型的应用中，如何确定利益相关者？

（2）怎样利用绩效棱柱模型进行城市经营绩效管理？

第七节　管理层激励

一、道德风险与设计激励机制的必要性

现代企业制度所具有的所有权与经营权两权分离的特点，使得企业的经理人与所有者各得其所，形成了一种比较明确的社会分工，促进了社会与经济的发展。企业法人治理结构为实现企业内部治理提供了相互制衡的组织机构，但企业治理问题的产生表明，由于代理问题的存在，合约不完备和信息不对称所引发的不确定性使得委托人的代理成本与风险问题不可能通过合约解决。

科托维茨给道德风险下的定义是：从事经济活动的人最大限度地提升自身效用时做出不利于他人的行动。形成道德风险的最主要原因是委托人和代理人所掌握的信息不对称。一方面，代理人的某些行为是隐蔽的，很难被委托人所察觉和提防，在委托—代理契约中难以对未来事项面面俱到。代理人可能拥有独家信息，包括“隐蔽行动”和“隐蔽信息”，前者包括不能为他人准确观察和预测到的行动，因此，对这类行动订立合同是不可能的；后者则包括代理人对事态的性质有不够全面的信息，但这些信息足以导致他们采取恰当的行动，而委托人不能完全察觉到。另一方面，委托人所掌握的某些信息只以自己占有的为限。由于委托人和代理人之间的信息不对称，有关当事人之间的风险分担会引致道德风险问题。

在委托—代理关系中，风险承担人是委托人，风险规避者是代理人。在企业治理结构中，代理人按照委托合同的要求从事经济活动，是企业经济活动的直接行为人。如何保证代理人的行为既在委托人的监督范围内，又不会因超出合同而损害委托人的利益，这就需要寻求缓解道德风险的有效方法。如何有效地设计代理人与委托人之间的契约关系，使得代理成本与风险达到最小，现代企业内部治理机制为解决企业治理问题提供了三种有效的机制：激励机制、监督机制与决策机制。即通过这三种机制促使代理人（经营者）努力工作，降低代理成本，避免偷懒、机会主义等道德风险行为，而激励机制正是降低企业代理成本的一种有效方法。

二、企业激励机制的主要内容

如果说监督或约束是事后纠正，那么激励则是事先预防。激励的核心是使经营者将对个人效用最大化的追求转化为对企业利润最大化的追求。有效的激励机制应该包括以下几

方面内容：

（一）薪酬激励机制

一般而言，对经营者的薪酬激励由固定薪金、奖金、股票与股票期权、退休金计划等构成。其中，固定薪金的优点在于它是稳定可靠的收入，没有风险，起到基本的保障作用，但缺乏足够的灵活性和高强度的刺激性。奖金与其经营业绩密切相关，对于经营者来说有一定的风险，也有较强的激励作用，但容易引发经理人员的短视行为。

股票期权激励允许经营者在一定时期内，以接受期权时的价格购买股票，如果股票价格上涨，经营者收益就会增加，这种激励机制在激励经营者的长期性行为时作用很大，但风险更大，因为时间越长，经营者面临的不确定因素就越多。退休金计划则有助于激励经营者的薪期行为，以解除其后顾之忧。经营者的薪酬结构确定的理论基础在于激励与风险分担的最优替代。

短期薪酬激励与长期薪酬激励各有优缺点，具体如表 11-8 所示。最优薪酬激励机制的设计与选择应根据企业情况和行业特点进行最优组合。

表 11-8　短期薪酬激励与长期薪酬激励的优劣比较

项目	短期薪酬激励	长期薪酬激励
优点	1．直观、可预见性强	1．激励长期业绩
	2．立即奖励	2．与股东利益相连
	3．易于控制、风险相对较小	3．代理人可以获得较高收入
缺点	1．个人目标与企业目标不挂钩	1．风险相对较高
	2．导致短期行为严重	2．股票价格波动大，不可预测
	3．不利于企业长远发展	3．与相对业绩不挂钩

（二）剩余支配权与经营控制权激励机制

剩余支配权激励机制表现为向经营者大幅转让剩余支配权。对剩余支配权的分配，即如何在股东和经营者之间分配事后剩余或利润。如果一个契约能实现剩余最大化或效率最大化，那么这样的契约无疑是一种最优的选择。企业得到的剩余越接近于企业家开创性的努力，则激励效果越好。如果一个企业没有或只有很少的剩余权契约，则这种最大化效率一般不会产生，因为它忽视了对产生和创造剩余的直接承担者的激励。

与此同时，经营控制权对经营者产生激励。经营控制权使得经营者具有职位特权，享受职位消费，给经营者带来正规报酬激励以外的物质利益满足。因为经营者的效用除了货币物品外，还有非货币物品。非货币物品是指那些通常不以货币进行买卖，但能与以货币买卖的物品一样可以给消费者带来效用的在职消费项目，如豪华的办公室、合意的员工等。

（三）声誉或荣誉激励机制

在企业治理中，除了物质激励以外，还有精神激励。企业的高层经营者一般非常注重自己长期职业生涯的声誉。一方面，良好的职业声誉会使经营者获得社会声誉或荣誉，从而产生成就感和心理满足。声誉、荣誉及地位是激励经营者努力工作的重要因素。另一方面，声誉、荣誉及地位意味着未来的货币收入。经营者追求货币收入最大化是一种长期的行为，现期货币收入和声誉之间有着替代关系，经理人员过去工作的良好声誉可能使他获得较高的现期或未来收入，较差的声誉则可能使他获得较低的未来收入。

（四）聘用与解雇激励机制

虽然货币支付是资本拥有者用来对经营者行为进行激励的主要手段，但并非唯一手段。资本所有者还拥有一个重要手段，就是对经营者人选的决定权。聘用和解雇对经营者行为的激励是通过经理市场的竞争实现的。资本所有者可以比较自由地对经理人进行选择。已经被聘用的经理不仅要面对外部经理市场的竞争，而且要面对企业内部下级的竞争，这种竞争使已被聘用的经理面临被解雇的潜在威胁。聘用和解雇对经理人员行为的激励作用通过经理人员自身声誉而实现。声誉是经理被聘用或解雇的重要条件，经营者对声誉越重视，聘用和解雇作为激励手段的作用就越大。

三、高管薪酬激励

企业激励机制的核心是如何确定高管薪酬，以使企业能够将两权分离带来的代理问题降到最低。薪酬制度设计得当，则能够有效降低股东与管理层之间的委托—代理成本，激励管理层努力工作，提高企业价值，增加股东财富；反之，如果薪酬制度设计不当，则可能导致对管理层激励失效，进而引发管理层为追求自身利益而牺牲股东利益，最终进一步激化股东与管理层之间的矛盾。

围绕高管薪酬有很多理论和观点，但是总体而言，对其影响最大也是最深刻的当属委托—代理理论。它对高管薪酬的设计有三个最主要的启示：①高管人员的薪酬应与企业业绩挂钩；②这一联系应随着企业经营环境风险的增大而减弱；③在外界相关信息可利用的情况下应该引入相对业绩评估。

（一）高管薪酬的绩效基础

激励机制、业绩评价与企业治理有着密切的联系，在不同的企业治理模式下，激励机制与业绩评价都受其牵动，表现出不同的特点。企业治理模式的演变主要体现在治理主体的演变上，其内含变化也决定了激励机制主体与业绩评价主体的变化。

1. 股东至上模式下高管的业绩评价基础

股东至上模式的企业治理遵循的是“资本雇佣劳动”的逻辑，认为物质资本的提供者——股东，完全拥有企业所有权，企业所有权在委托—代理关系中指的是对企业的剩余索取权和剩余控制权，是由于契约的不完备性产生的。剩余索取权是指对企业收入扣除固定的合同支付后的余额的要求权，剩余控制权则是指合同中没有特别规定的活动的决策权。“股东至上”这种观点在工业经济时代是比较适合的，因为在工业经济时代，股东提供的物质资本具有相对稀缺性和专用性，人力资本对企业财富的创造、经济的发展及社会贡献的作用不太明显，专用性也相对较弱。这就使得物质资本所有者在企业权利博弈中处于有利的地位，而同为物质资本提供者的债权人让渡的又仅仅是财务资源有限时间的使用权，因此，股东便当仁不让地成为企业所有者。在股东至上的模式下，企业治理的中心是调整股东与经营者的关系，企业治理的主体是股东，客体是经营者，治理目标是股东财富最大化。相应地，激励机制的主体、客体及其目标要与企业治理保持一致，激励方式早期以短期薪酬为主，随着资本市场的发展，已转变为短期薪酬与长期薪酬相结合的方式。以股东财富最大化为导向的业绩评价主要是衡量经营者是否为股东的财富增值，关系到经营者的奖惩、职位升降等问题。能体现出股东财富增值程度的评价指标主要是经调整后的经济增加值（EVA）。

采用 EVA 作为业绩评价的标准，有利于激励经营者在获得利润增长的同时注重投入资本的经济增加值，有利于促使经营者在发展业务时更注重实效，更注重投资者长远的利益。

2. 共同治理模式下的业绩评价

共同治理模式下的企业治理遵循的是“剩余索取权应由利益相关者掌握”的逻辑，认为企业是利益相关者相互之间缔约的“契约网”。在共同治理的模式下，企业不仅要重视股东的利益，而且要重视其他利益相关者对经营者的监控。具体来说，在董事会中要有股东以外的利益相关者代表（如债权人代表、员工代表等），以发挥利益相关者的作用，企业治理的主体是利益相关者，客体是经营者，治理目标是利益相关者价值最大化。

以利益相关者价值最大化为导向的业绩评价指标是在传统财务性指标的基础上进行补充的，即以非财务指标来补充财务评价指标的不足，典型代表是由美国哈佛大学卡普兰教授提出的平衡计分卡。该业绩评价系统将财务指标与非财务指标相结合，弥补了传统财务指标的不足，通过引导企业除了关注财务方面，还要关注客户、内部经营流程，以及学习与成长等方面来创造未来的价值，成为企业长期战略的基础。

平衡计分卡清楚地表明了长期的企业价值和业绩驱动因素的关系，它所包含的业绩衡量指标兼顾了影响业绩的长期与短期的因素、财务与非财务的因素、外部与内部的因素等多个方面，能够多角度地为企业提供信息。当代表各部门的业绩评价指标好转时，可以理解为企业实际上就在实现利益相关者的利益，比如，客户满意度的提高就意味着客户得到的服务质量水平的提高，员工满意度的提高也就意味着员工的利益得到了相应的改善和保障。由此看来，可以这样来理解：平衡计分卡通过满足利益相关者的相关利益来实现企业价值的最大化，在实现企业价值的同时不仅关注了股东财富，也考虑了部分利益相关者（客户、供应商、员工）的作用及财富。平衡计分卡是共同治理模式下一种有效的业绩评价体系。

（二）高管薪酬的类型

支付企业高管薪酬的方式有多种。首先，是高管的基本年薪，包括养老金分担额和津贴；其次，高管人员还会领取一笔根据会计指标确定的奖金；再次，高管人员一般还会按照长期激励计划领取额外的奖励，如股票期权、经理人持股；最后，企业通常还会以其他方式向高管支付薪酬，如在职消费。

1．基本年薪和奖金

企业 CEO 的基本年薪一般按标杆管理法（Benchmarking Method）确定，即比照其他企业 CEO 的薪酬水平确定。如果薪酬水平位于 50% 分位以下，被认为是低于市场标准；位于 50% ~ 75% 分位，则被认为是竞争性的标准。由于 CEO 总是要求拿到有竞争力的薪酬，因此他们的基本年薪不断提升。有趣的是，相关学者的研究发现，高管基本年薪的多少，更多地取决于企业的特性，而非 CEO 本人的情况，前者如企业所属的产业及规模，后者如高管的年龄、经验等。企业越大，工资越高。标杆管理法同样适用于津贴和期权计划。

高管还会在每年年终领取一笔现金奖励，数额多少取决于企业上一年度的经营业绩。企业业绩一般以每股收益（EPS）和息税前利润（EBIT）为标准。常用的指标还有经济增加值（EVA），即利润与资本成本之差。这一概念可以用来衡量企业在使用不同成本的资本时，给企业带来的增加值。但是，不论是采用息税前利润标准还是经济增加值指标，高管只有满足了最低的业绩标准，才能领到奖金。企业的业绩越好，奖金也越高。

然而，用会计利润来衡量企业业绩，有若干潜在问题。①为了提高会计利润，高管会放弃能给企业带来未来而非当前利润的需要高投入的研发项目；②会计利润可被操纵；③奖金计划年年改变。如果企业某一年的业绩未达标，高管就会把当年的利润延期。这样，在制定来年的奖金计划时，人们对企业业绩的期望值便会降低，高管拿奖金的机会反而会增多。总之，高管更关注的是如何操纵企业的短期利润，而非提高企业的长期利润和增加股东财富。

2．股票期权

股票期权是一种重要的金融衍生证券，又称股票选择权，是指买卖双方按约定价格在特定时间买进或卖出一定数量的某种股票的权利。股票期权交易是一种权利的单方面有偿让渡。股票期权的买方以支付一定数量的期权费为代价来拥有这种权利，但并不承担买进或卖出股票的义务；期权的卖方则在收取了一定数量的期权费后，在一定期限内必须无条件服从买方的选择并履行约定的承诺。这种约定的价格被称作行权价（Exercise Price）。因此，如果企业股票市价高于行权价，这两者之差就是高管的收益。比如，企业授予高管股票期权当日的股票市价为 25 美元，行权价便为 25 美元。若干年后，如果股价涨到 50 美元，持有者便可获利 100%；相反，如果股价跌破 25 美元，期权也就失去了行权价值。

股票期权具有明显的优势：①该制度与企业的利益更趋于一致，从而降低了企业的代理成本；②克服了经营者的短视心态，在这样的制度下，可以让经营者分享企业的预期收益，突破只分享当期利益的局限性，经营者的利益可以在企业今后的发展中逐步实现，从而有利于经理人及员工更加专注于提高企业的效益。因此，人们认为，股票期权可以将经营者的目标与股东的目标统一起来，并有助于克服因所有权和经营权分离而产生的一系列代理问题。

尽管股票期权形式的激励薪酬呈现出迅猛增长之势，但几乎没有直接证据表明，股票期权正在发挥积极的作用。所以，企业及股票市场的表现会在高管得到股票期权后更上一层楼吗？平均股价会上涨吗？对于这些问题，金融领域的经济学家至少研究了 20 年，结论却不尽相同。一些研究表明，股权激励和企业业绩呈正相关关系。但另有研究发现，在控制了企业的其他监督机制之后，两者并无联系。几乎没有直接的证据表明，企业可以通过股票期权激励的方式获得更高的投资回报率。

股票期权的一个突出优点是既能激励经营者，又可以实现股东目标。但它还存在一个严重的问题：将股票期权与企业的股票价格联系起来虽然有助于协调经营者与股东的利益，但是经营者对股价仅有部分的影响力。股价既要受企业业绩水平的影响，同时也要受到其他许多不可控因素的影响，特别是经济状况的影响。经济繁荣时，股价普遍上扬，即使管理不善的企业也会获利丰厚；相反，当经济疲软或投资者信心不足时，股市会随之下跌，即使是组织管理水平出类拔萃的企业，也会面临股价下挫的窘境。在这种情况下，经营者本应受到嘉奖，但由于股市低迷，股价低于行权价，他们实际上得不到这笔奖金。

3. 经理人持股

企业给予达到一定绩效标准的经理人一定的股份，使其成为投资者。通常情况下，企业会规定经理人所持股份的限售期，来避免经理人的短期行为。经理人持股的方式可以使经营者与投资者的利益一致，这在一定程度上解决了代理问题。

4. 在职消费

企业通常还会以其他方式向高管支付薪酬，如在职消费。公开透明的在职消费是一种薪酬激励方式，它激励高管努力工作从而维持或提高其在职消费水平。现在常用的方式包括：企业为经营人员支付理财费、豪华汽车使用费、私人旅游费等其他名目的费用等。

（三）高管薪酬的现实困境

最近十多年来，高管薪酬制度的弊端及其引致的激励实效问题日益突出。一方面，作为制定高管薪酬的董事会薪酬委员会流于形式，高管薪酬失控的现象日益增多；另一方面，天价高薪对高管形成的激励并不显著，企业治理机制没有得到应有的提升。新制度甚至产生了许多扭曲激励，一些企业高管为了增进私利，做出伪造账目、虚报业绩、隐瞒信息、选择市场透明度较低的项目和战略等行为。这些都对传统的“薪酬制度可以有效降低代理成本”这一理论提出了挑战。

（1）高管的高薪酬不一定带来企业的高业绩。理论上讲，设计科学的与业绩挂钩的薪酬制度有利于激励高管努力工作，但在现实中，对高管提供的许多薪酬安排与企业的业绩并没有太大关系。比如，近年来，一些天价高管薪酬引发了社会各界的争议。美国国际保险集团在亏损高达 1 000 亿美元的同时，却用政府救助的资金向高管支付了 1.65 亿美元的奖金；2007 年中国平安董事长马明哲的年度薪酬高达 6 600 万元；伊利股份在 2007 年的股权激励在使高管获益的同时直接导致了公司亏损 2 100 万元。在研究高管薪酬与企业业绩之间的关系时，必须要考虑高管可能承担的不良业绩成本。薪酬和业绩的相关程度不仅取决于高管因良好业绩获得多少奖励，还取决于因不良业绩受到多少“惩罚”。但是，多数企业的薪酬合同都保证，即使在经营失败的时候高管也能获得优厚的待遇。并且当高管因业绩不良而被辞退时，董事会通常会提供高额的奖赏性离职补偿，这大大降低了高管失败的成本，不利于高管薪酬激励效果的发挥。

（2）董事会与高管进行的薪酬谈判很难做到公平交易。首先，董事有各种各样的经济动机支持或接受有利于企业高管的薪酬安排。有证据显示，CEO 通过向董事个人提供特殊津贴或连任承诺可以有效地买通董事。已有的研究发现，在 CEO 薪酬较高的企业，其董事的薪酬也较高。其次，除了经济诱因和连任欲望以外，各种社会和文化因素（私人友谊、忠诚、和谐相处等）也促使董事会批准有利于高管的薪酬安排。从同僚之情和团队精神来看，除非在发生危机等特殊情况下，董事会成员与 CEO 之间一般能做到和谐相处，避免直接冲突与对抗，因此对于高管薪酬的制定，董事们即使心存异议，也往往会投出赞成票。

（3）市场对高管薪酬的约束非常有限。尽管经理人市场、企业控制权市场、资本市场和商品市场等市场力量的存在会对高管薪酬具有一定的约束力，但这种约束依然不能防止高管薪酬偏离公平交易。以控制权市场为例，被收购的风险很难抑制高管提高自己的薪酬；假设企业市值 200 亿美元，高管们试图增加其薪酬，薪酬增加的现值为 2 亿美元。由于高管加薪，导致企业价值降低了 1%。显然，提高薪酬的代价是降低了企业价值，增加了企业被收购的风险。但是实际上，企业因为市值降低 1% 而被收购的可能性很小，高管加薪带来的直接收益远远超过预期成本，控制权市场对高管薪酬的约束是十分有限的。如何根据企业的具体情况设计合理、有效的高管薪酬体系，仍然是一个值得深入讨论的理论和实务问题。

思\考\题

1. 什么是业绩评价？业绩评价的理论基础是什么？
2. 业绩评价体系有哪些构成要素？
3. 如何理解业绩评价体系的设计原则？
4. 业绩评价体系的实施步骤是什么？
5. 企业的业绩评价体系经历了哪些演变过程？
6. 经济增加值（EVA）为什么成为当今最重要的绩效评价指标之一？不同行业和不同企业在运用 EVA 进行业绩评价时是否应该区别对待？
7. 关键绩效指标法（KPI）具有哪些特点？关键绩效指标的制定原则有哪些？如何建立适合企业的关键绩效指标体系？
8. 企业应用平衡计分卡应该遵循哪些一般性程序？
9. 什么是绩效棱柱模型？绩效棱柱模型指标体系通常包括哪些内容？
10. 企业为什么要实施管理层激励？
11. 企业激励机制主要包括哪些内容？

参\考\文\献\与\荐\读

[1] 中华人民共和国财政部 . 管理会计应用指引第 101 号——战略地图 [Z]. 2017.

[2] 中华人民共和国财政部 . 管理会计应用指引第 601 号——关键绩效指标法 [Z]. 2017.

[3] 中华人民共和国财政部 . 管理会计应用指引第 602 号——经济增加值法 [Z]. 2017.

[4] 中华人民共和国财政部 . 管理会计应用指引第 603 号——平衡计分卡 [Z]. 2017.

[5] 中华人民共和国财政部 . 管理会计应用指引第 604 号——绩效棱柱模型 [Z]. 2018.

[6] 常伟，张道宏，李建 . 利益相关主体分析：绩效棱柱模型在城市经营绩效管理中的应用 [J]. 城市发展研究；2008（1）：68-72.

[7] 杜阳 . 基于经济增加值的中央企业集团绩效评价应用研究 [J]. 财务与会计，2014（1）：32-33.

[8] 顾银宽，张红侠，洪昌文，等 . 管理会计 [M]. 北京：清华大学出版社，2012.

[9] 林莉，孔祥忠，叶虹麟，李长穗 . 平衡计分卡在青山公司的应用 [J]. 财务与会计，2015（2）：29-33.

[10] 刘运国 . 高级管理会计理论与实务 [M]. 北京：中国人民大学出版社，2013.

[11] 陆庆平 . 企业绩效评价新论——基于利益相关者视角的研究 [D]. 大连：东北财经大学，2006.

[12] 穆林娟 . 管理会计决策与控制模拟 [M]. 北京：经济科学出版社，2008.

[13] 孙茂竹 . 管理会计学 [M]. 北京：中国人民大学出版社，2018.

[14] 王珍 . 基于 KPI 的 A 企业绩效考核改进研究 [D]. 南昌：江西财经大学，2018.

[15] 温素彬 . 管理会计：理论 • 模型 • 案例 [M]. 北京：机械工业出版社，2014.

[16] 袁杏娣 . 公交企业建立 KPI 体系的实践与启示——以常州公交为例 [J]. 城市公共交通，2018（1）：16-19.

第十二章

战略管理会计

导\入\案\例

从表面上看，惠普和IBM有许多共同之处。比如，两家公司都大名鼎鼎，都拥有大量塑造现代高新科技格局的宝贵财富。而且，两家公司都在同时与诸多大型企业和小公司合作，以帮助它们解决技术问题。两家公司还都在争夺云计算、海量数据等具有大好增长前景的新兴市场。同时，两家公司的愿景相差无几，当然，它们也都面临着相似的挑战——萎靡不振的全球经济形势和不断涌现的颠覆性新技术。

尽管历史底蕴非常相似，但惠普和IBM的发展道路却大不一样。惠普现在仍处于为期多年的复苏转型中，而IBM却正在实施多年前就已制定好的长远规划。为什么二者的发展道路会大相径庭呢？首先，二者对硬件和软件在未来IT发展中的定位不同；其次，二者的并购策略也不同。

近年来，IBM的管理层非常稳定，而且一直着眼于长远目标。在历史上，IBM以大型机制造商而著称；而现在，它是IT咨询和软件服务的标志性厂商。2004年，IBM以17.5亿美元将PC业务部出售给联想，从而摆脱了对硬件制造的依赖。

与IBM相同，惠普早在多年前就已经意识到，作为科技巨头，在未来业务的发展中不能仅限于向企业出售大型机，更重要的是参与管理客户日益复杂的硬件设备和种类繁多的技术研发。但与IBM不同，惠普坚信硬件在技术外包业务中仍将继续扮演关键角色。2002年，惠普投入重金，以250亿美元收购了康柏。

收购康柏后，惠普持续增长，营业收入从2002年的570亿美元增长至2012年的1 270亿美元。相比之下，IBM的增速却相对较慢，营业收入从2002年的810亿美元增加至2011年的1 070亿美元。过去几年，惠普通过激进的收购策略，在营业收入增长上一举超过了IBM。在2006年到2010年的时间里，惠普投入巨资收购了多家大型科技企业，例如EDS（139亿美元）、3Com（27亿美元）、Palm（12亿美元）和3Par（24亿美元）。李艾科接替赫德后，惠普又耗资16亿美元和110亿美元分别收购了ArcSight和Autonomy两家软件企业。

相比之下，虽然IBM在出售PC业务后也进行了多起收购，但只有一次金额超过20亿美元，即2008年以50亿美元收购商业软件提供商Cognos。相反，IBM在此期间进行了多起10亿美元级别的收购，如Internet Security Systems（16亿美元）、数据分析公司Netezza（17亿美元）和Sterling Commerce（14亿美元）等。

从惠普过去这些年的并购案例来看，这家科技巨头已形成在硬件和软件两方面齐头并进的战略，它显然将未来同时押宝在这两大业务上。相比之下，IBM则更看好软件，认为它比单纯的物理硬件更为重要。

（摘自：温素彬，管理会计，机械工业出版社，2018年：314-315页。）

今天，我们面临的是大（大数据）、智（智能化）、移（移动互联网）和云（云计算）的新时代，管理技术、生产技术和信息技术都在突飞猛进，市场竞争日趋激烈，战略管理和技术日益受到瞩目。现代管理会计与战略管理理论相融合所形成的战略管理会计，正服务于企业战略管理，这不仅代表了现代管理会计发展的趋势，也为未来管理会计的发展指明了方向。

第一节　战略管理会计与战略成本管理

一、战略管理概述

（一）战略与战略管理的含义

1. 战略的含义

战略是指企业的总体性长远规划。企业战略具有以下特征：①在范围上，战略是对企业全局的总体谋划；②在时间上，战略是对企业未来的长期谋划；③在依据上，战略是在对企业外部环境和内部环境深入分析和准确判断的基础上形成的；④在重大程度上，战略对企业具有决定性的影响；⑤在本质上，战略的精髓在于创造和变革，在于创造和维持企业的竞争优势。

2. 战略管理的含义

1972 年，美国学者安索夫首先提出战略管理（Strategic Management，SM）这一概念，他在《从战略计划走向战略管理》一书中，将战略管理定义为：企业的高层领导为了保证企业持续经营和不断发展，根据对企业内部条件和外部环境的分析，对企业的全部生产经营活动所进行的根本性的和长远性的谋划和指导。即战略管理是以企业战略为对象的管理活动，是对战略筹划直至实施全过程的管理。它是企业面对瞬息万变和竞争激烈的市场环境，为谋求自身生存和不断发展所进行的总体的和长远性的规划及实施。

现代理论及实务界将战略管理进一步描述为：

（1）战略管理追求的目标是建立企业的核心竞争。一旦企业取得核心竞争力，将获得持久的竞争优势，从而获取超额回报，而这种优势是难以被模仿的，即使被模仿，其模仿成本也是巨大的。

（2）战略管理所面临的最大挑战是环境的变化，因此它要求企业具有较强的战略灵活性，而战略灵活性的取得是与整个战略管理过程相关的。

（3）战略管理过程是战略管理的核心，主要包括战略投入和战略行动两个阶段：在战略投入阶段，企业应平衡“以外部环境为基础”和“以自身资源为基础”的两种战略思想，才有可能获取战略竞争力和超额回报；在战略行动阶段，战略的形成及其表述、执行和补充不是相互割裂的两个部分，而是相互交融、互为促进的。

（二）战略管理的基本体系

企业的战略管理一般分为公司层战略、经营层战略及职能层战略三个层次。

1．公司层战略

公司层战略是对企业整体所从事的业务范围的确定，它的制定依据的是企业总体战略目标，并着重于从企业生产经营的全局出发，且考虑企业总体员工的利益。具体来说，公司层战略主要包括：企业如何进入具有发展前景的产业；企业的经营种类及业务范围；企业的宗旨和目标；各经营单位人力资源和物质资源的合理配置和流动；提高企业整体投资利润率的方法与途径；提高投资报酬率（ROI）的方法与途径等内容。

2．经营层战略

经营层战略是各经营单位为保持其在产业内的竞争地位而制定的战略。在现代企业中，各个经营单位在生产经营上都具有一定的独立性，所以它们一般具有自行制定其经营战略的权力。这使得各经营单位构成了一个个的"战略经营单位"，但由于它们都属于企业中的一部分，所以它们在制定各自的战略管理策略时，应在遵循企业总体战略的指导下，着重于改善其产品在所属产业细分市场中的竞争地位。其战略的选择应与企业和产业的形式相适应，为促进企业总体战略目标的实现而努力。

3．职能层战略

职能层战略是对各经营单位内的各职能部门的日常经营活动制定的战略。在现代企业中，一部分人力资源和物质资源、分工协作履行情况、专业职能设置等通常由各经营单位中的职能部门掌握。所以，职能层战略的确定应在高层次战略方针的指导下，侧重于资源的利用，在人力资源、物力资源潜能的挖掘，专业职能的设置、分配等方面，做到人尽其才，物尽其用，以促进公司层战略目标的实现。

公司层战略、经营层战略及职能层战略三者之间存在着密切的联系。公司层战略是企业的最根本目标，对企业的发展具有根本性的指导作用。经营层战略和职能层战略，是实现公司层战略的基础和保证，它们在遵循"目标一致"——即遵循公司层战略的指导原则下，具体指导各经营单位和经营单位内部的各职能部门的各项经营活动。

战略管理的基本体系示意图如图 12-1 所示。

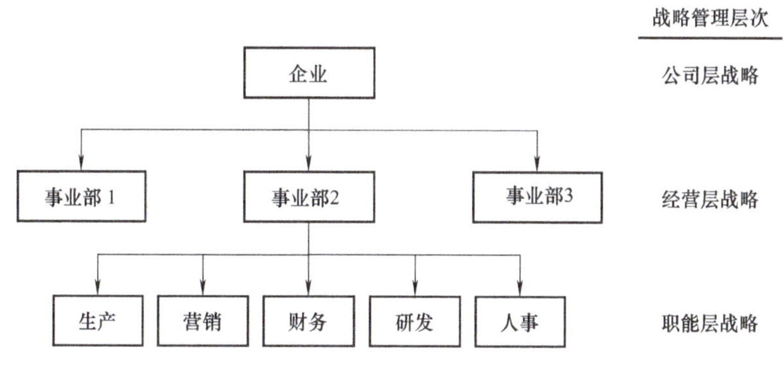

图 12-1　战略管理的基本体系示意图

（三）战略管理的基本步骤

企业的战略从对企业内外部的环境分析入手，确定企业的战略目标、制定战略计划、实施战略、监控和评价战略业绩，并在必要时进行战略调整。企业战略管理过程模型如图 12-2 所示。

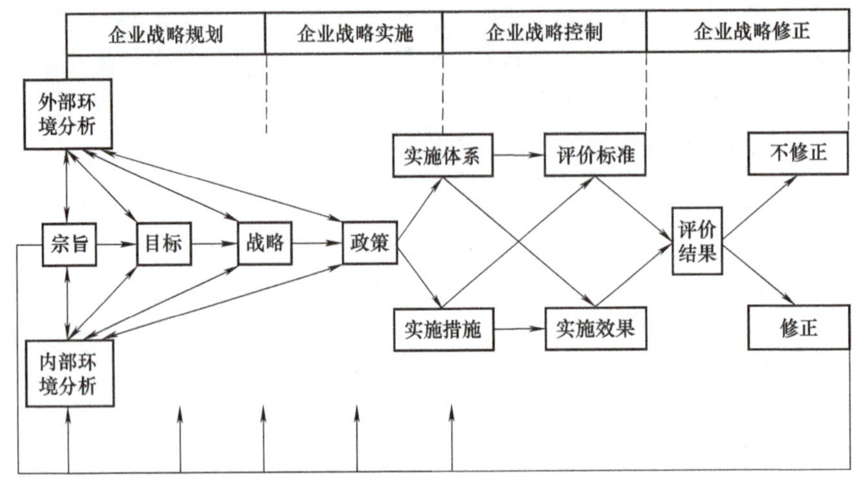

图 12-2 企业战略管理过程模型

二、战略管理会计的含义与特征

为了最终达到战略目标，获取核心竞争力和超额回报，企业必须研究自身所处的内部环境——企业拥有的资源和能力，还要研究企业的外部环境——包括政策、法律、市场竞争者、供应商、客户和政府等，并及时传递环境变化的信息。战略管理会计正是应这种内外部因素和长期信息的需求而产生的，其产生和发展与战略管理理论的发展和完善密不可分。

战略管理会计是适应战略管理的需要而形成的，它必须服务于企业的战略选择。例如：与要保持产品优势的企业相比，保持其成本优势的企业则需要更详细的产品成本信息，以便选择生产技术或分析客户的盈利能力；相反，与要保持成本优势的企业相比，一个采用产品优势战略的企业则需要更多的与新产品发明、设计时间周期、研究和开发费用以及营销成本分析等方面有关的信息。总之，不同的战略要求会计人员进行不同的成本分析。

（一）战略管理会计的概念

战略管理会计最早由英国学者西蒙德斯于 1981 年在《战略管理会计》一文中提出。在该文中，他将战略管理会计定义为：“用于构建与监督企业战略的有关企业及其竞争对手的管理会计数据的提供与分析。”从此以后，人们沿用了这一名称，但对其定义却未达成共识。

1988 年，布朗在《管理会计的定义与范围：从管理角度的认识》一文中阐述了自己对战略管理会计的观点，推进了对战略管理会计的研究。布朗认定战略管理会计是管理会计的未来发展方向，是未来处在高级管理岗位的管理会计人员所必须掌握的。与西蒙德斯相比，布朗更进一步认为，战略管理会计不仅仅要收集企业竞争对手的信息，而且更应该：①研究与竞争对手相比，企业自身的竞争优势和创造价值的过程；②研究企业产品或劳务在其生命周期中所能实现的、客户所需求的"价值"，以及从企业长期决策周期来看，这些产品及劳务的营销能给企业带来的总收益。1989 年和 1994 年，布朗和毕曼尼合作，分别发表了《管理会计：发展还是变革》和《管理会计：发展的道路》两篇论文，进一步讨论了战略管理会计，并给出战略管理会计的定义，即战略管理会计是收集并分析企业产品在市场和竞争对手方面的成本以及成本结构的信息，并在一定时期内监察企业和竞争对手的战略。

威尔逊等人在《战略管理会计》一书中，更加明确地将其定义为："战略管理会计是明确强调战略问题和所关注重点的一种管理会计方法。它通过运用财务信息来发展卓越的战略，以取得持久的竞争优势，从而更加拓展了管理会计的范围"。

总之，战略管理会计以企业价值最大化为最终目标，运用竞争者会计、相对成本动态分析、客户盈利性动态分析以及产品盈利性动态分析等具有鲜明特色的技术方法和手段，提供有关企业产品劳务市场、竞争者成本资源与成本结构等财务信息，并进行深入分析，以监视各个期间企业及竞争者的战略。它能够从战略高度正确评价企业经营业绩的是非、得失与功过等，从而力求高屋建瓴地确立企业在国际市场竞争中的战略优势地位。

从学科层次系统来看，战略管理会计是管理会计的一个分支。它提供和分析与企业战略有关的管理会计数据。战略管理会计是一个比较宽泛的概念，它包括战略成本计算、战略成本管理、业绩计量与分析、企业的产品市场、竞争者的成本和成本结构、监视一定期间内企业及其竞争者的战略在市场上的表现等内容。可见，只有在管理会计发展到战略管理会计阶段，才能为企业的战略管理提供相应的信息支持。

（二）战略管理会计的内涵和特征

应企业内外部环境剧烈变化的要求，并在战略管理理论发展的基础上产生的战略管理会计（SMA），是近年来兴起的一门新的会计学分支，是企业战略管理理论与管理会计相结合的产物。一般认为，战略管理会计是用以协助领导层从战略的高度进行分析、思考，提供具有战略性的外向型信息及与战略相关的企业内部相关信息，帮助高层领导制定竞争战略，实施战略规划，以促进企业良性循环和不断发展的会计内容。具体来说，战略管理会计一般具有以下特征：

1. 战略管理会计具有明显的外向性

战略管理会计的外向性表现为：一方面，管理会计信息收集与加工涉及面的扩大及控制视角的扩展，如战略决策分析要考虑客户需求和竞争者信息，成本控制要扩展到产品的整个生命周期，而且在标准制定、业绩评价中也要考虑同行业的平均或先进水平等。从这一方面来说，市场观念使管理会计的视角由企业内部拓展到企业外部。另一方面，管理会计必须改变传统分析中诸多的静态假设，在变动的外部环境条件下进行各项决策分析。例如，上述战略成本分析中的价值链分析，要讨论企业与供应商及客户之间的关系，考虑上、下游相关企业的兼并问题，而不是以企业现有的经营格局为前提。产品定价决策要面向市场，首先考虑的不是生产成本，而是市场（客户）为特定产品的功能所愿意支付的价格等。战略管理会计所具有的开放性，缩小了管理会计模型和实际环境之间的差距，增强了管理会计信息的相关性和准确性。

2. 战略管理会计具有结果控制与过程控制相结合的特征

战略管理会计强调战略目标的合理确定，并从企业管理的各个环节和各个方面来保证其最终实现。这种整体观念有利于增强企业内部的协调运作，增强企业内部组织间的目标一致，从而减少内部职能失调。这就要求管理会计的控制不能仅停留于对结果的分析，而且要通过过程的控制将企业生产经营的各个环节都与企业的整体目标相联系，以过程的控制实现对结果的影响和保证预期结果的实现。这些年发展起来的作业成本法、生命周期成本法将分析的视角由结果追溯到与产品价值相关的各个环节，撬开了在传统的管理会计分析中视为“黑箱”的生产经营过程，充分体现了战略管理会计将结果控制与过程控制相结合的特征。这一发展趋势使管理会计系统更多地融入了企业的生产经营活动全过程，具有更多的非财务性质。因此，不仅要求管理会计人员和技术、生产、管理各领域的人员密切配合，而且对管理会计人员的知识结构有了更高的要求。

3. 战略管理会计是一种全面性、综合性的风险管理

战略管理会计既重视主要生产经营活动，也重视辅助活动；既重视生产制造，也重视其他价值链活动；既重视现有的经营范围内的活动，也重视各种可能的活动。因此，战略管理会计应高瞻远瞩地把握各种潜在的机会、客户和供应商等过分集中而产生的风险，由于流动性差导致的风险等，以便管理层从战略的角度最大限度地增加企业的盈利能力和价值创造能力。

4. 战略管理会计更加注重会计信息的相关性和及时性

会计信息的相关性是指企业所提供的会计信息必须与决策者的决策相关。会计信息的相关性已成为保证会计信息质量的首要因素。企业所处的竞争环境充满风险和不确定性，这就迫使信息使用者获取更多与企业未来相关的会计信息，即对那些相对不太可靠但又相关的信息，只要在披露信息的同时披露其计量方法和假设即可。这样，信息用户可据此评价信息风险，调整其战略决策。同时，随着高新技术的发展，以及适时生产管理系统、零存货管理系统、全面质量管理等先进的管理观念和技术的广泛运用，迫切需要战略管理会计提供实时信息，而计算机技术和高新技术的迅猛发展则为此解决了技术上的难题，实现了信息传递的及时性。

5. 战略管理会计改进了评价企业业绩的尺度

战略管理会计对企业效益的评价尺度，从狭隘的财务效益转向全方位的综合性效益，经营成果计算的重点也从利润计算向增值计算转变。知识和人才成为未来企业竞争的核心，并且智力和技术投资也成为企业基本的投资方向。这种评价尺度是微观效益和宏观效益、短期效益和长期效益、经济效益和社会效益的有机统一，能够对企业的全面发展做出衡量和肯定。同时，随着智力投资的扩大和知识创新步伐的加快，物化劳动的转移价值所占的比重越来越低，而由高智力的员工所拥有的专利权等无形资产所创造的价值增值大幅增长，所占比重越来越大。这样，企业计算经营成果的重点应从计算利润转向计算价值增值，并通过编制专门的增值表加以系统反映。

三、战略管理会计的基本内容

从战略管理会计的发展过程和特点来看，战略管理会计的体系内容应该是围绕着战略管理展开的，主要包括以下五方面内容：

1. 制定战略目标

战略管理会计首先要协助企业管理者制定战略目标。企业的战略目标可以分为三个层次：公司总体战略目标、经营竞争战略目标、品牌战略目标。

公司总体战略目标主要是确定经营方向和业务范围方面的目标；经营竞争战略目标主要研究的是产品和服务在市场上竞争的目标问题；品牌战略目标所要明确的是在实施经营竞争战略过程中，当产品具有很强的同质性、消费者面对纷繁复杂的产品信息往往无法做出正确的选择时，企业应该主要依靠怎样的品牌战略定位来确立竞争优势。战略管理会计要从企业外部与内部收集各种信息，提出各种可行的战略目标，供企业管理者决策。

2. 战略管理会计信息系统

战略管理会计信息系统是指收集、加工和提供战略管理信息资料的技术与方法体系。战略管理会计作为战略管理的决策支持系统，面对的是复杂多变的外部环境和大量半结构化、非结构化的战略决策问题，因而它所需要的信息来源、数量、特征和加工处理都与传统的管理会计有着明显的不同，需要重新对原有的管理会计信息系统进行设计和改进。战略管理会计信息系统的设计必须符合以下要求：①有助于战略决策；②能消除信息沟通隔阂，通告决策用户的参与程度；③及时提供与特定战略决策相关的信息；④应变能力强。

战略管理会计信息系统提供的信息主要包括：有关企业基本情况的说明信息；对企业分析、预测以及与竞争对手进行比较的信息；客户方面的信息；对竞争对手的分析、评价及发展趋势进行预测的信息；政府政策、市场情况、国际形势及可能影响到企业发展方面的信息；企业自愿披露的其他信息等。战略管理会计信息的来源除了企业内部的财务部门外，还包括市场、技术、人事等部门，以及企业外部的政府机关、金融机构、中介顾问、大众媒体等。

3. 战略成本管理

成本管理是企业管理中的一个重要组成部分。在成本管理中导入战略管理思想，实现战略意义上的功能拓展，便形成了战略成本管理。在战略思想指导下，战略成本管理关注成本管理的战略环境、战略规划、战略实施和战略绩效，可表达为“不同战略选择下如何组织成本管理”。成本管理服务于企业战略的开发和实施，实质上就是成本管理会计信息贯穿于战略管理循环，成本分析与成本信息置身于战略管理的广泛空间，与影响战略的相关要素结合在一起，通过从战略高度对企业成本机构和成本行为的全面了解、控制与改善，寻求长久的竞争优势。战略成本管理与传统成本管理相比存在很大区别，具体如表 12-1 所示。

表 12-1　战略成本管理与传统成本管理的区别

	传统成本管理	战略成本管理
目标不同	以降低成本为目标/局部性/具体性	以企业战略为目标/全局性/竞争性
范围不同	较狭窄（考虑近期的成本效益原则）	较长远（考虑长期的战略效益）
时间不同	短期的（每月、每季、每年）	长期的（产品生命周期）
效果不同	暂时性/直接性	长期性/间接性
对象不同	表层/直接成本动因	深层次/表现在质量、时间、服务、技术创新等方面的动因
概念不同	仅指产品的短期成本	质量成本、责任成本、作业成本等
重点不同	重视成本结果信息/事后信息	重视成本过程信息/实时信息
概念不同	注重内部成本管理，较少联系宏观政策、外部竞争对手、环境资源等进行分析，难以超越会计主体的范围	注重外部环境，分析企业的市场定位，提供预警信息，及时调整企业竞争战略，可超越会计主体的范围

战略成本管理的基本框架是成本驱动因素，运用价值链分析工具，明确成本管理在企业战略中的功能定位。价值链分析、战略定位分析、成本动因分析构成了战略成本管理的基本内容。①价值链分析主要是从原材料供应商起，一直到最终产品消费者之间一系列相关作业的整合，是从战略层面上分析如何控制成本的有效方法。②战略定位分析是帮助企业在市场上选择竞争武器以对抗竞争对手的工具。企业要对自己所处的内外部环境进行周密的调查分析，在此基础上，进行行业、市场和产品方面的定位分析，再确定以怎样的竞争战略来保证企业在既定的产品、市场和行业中站稳脚跟，击败对手，以获取竞争优势。③成本动因分析是指分析导致成本发生的因素。从价值的角度来看，每一个创造价值的活动都有一组独特的成本动因，用它来解释每一个创造价值活动的成本。即作业影响动因，而动因影响成本。

4. 战略投资决策

传统的管理会计采用项目的净现值或者内部收益率等指标作为评价投资项目是否可行的标准。这些传统的评价方法存在如下问题：首先，与项目相关的成本或收益难以界定。传统管理会计成本或收益是可以量化的并且可以用货币表示的，但战略管理会计的观点认为有些成本或收益是不能量化或者不能用货币表示的。战略管理会计将成本和收益分为三类：①可以直接用货币表示的；②可以换算为货币表示的；③不能用货币表示的。因此，传统管理会计只考虑第一种成本是不全面的。其次，传统管理会计没有考虑某个项目的接受与否是否与企业的整体战略相吻合。例如一家企业应客户要求，为了短期效益生产了一批质量较低的产品，尽管接受这个订单在经济上是可行的，但却可能影响企业在客户心目中注重质量的形象，从而降低企业的竞争优势。这实际上也是接受该项目的一种成本，只是这种成本不能得到量化或货币化。再次，传统管理会计没有充分考虑风险在项目执行中的影响。在项目的执行过程中存在各种风险，尽管净现值法在使用时考虑了市场风险因素，但风险不仅出现在市场环节中，而是贯穿于项目执行的全过程。因此，按照战略管理会计的要求，投资评价需要突破上述传统管理会计的不足，发展更为有效的决策工具。

5．战略绩效评价

战略绩效评价是战略管理会计的重要组成部分。从战略管理的角度来看，绩效评价是连接战略目标和日常经营活动的桥梁。良好的绩效评价体系可以将企业的战略目标具体化，并且有效地引导管理者的行为。

战略绩效评价是指结合企业的战略，采用财务性与非财务性指标结合的方法来动态地衡量战略目标的完成程度，并及时提供反馈信息的过程。战略绩效指标应当具有以下基本特征：①全面体现企业的长远利益；②集中反映与战略决策紧密相关的内外部因素；③重视企业内部跨部门合作的特点；④综合运用不同层次的绩效指标；⑤充分利用企业内外部的各种绩效指标；⑥绩效的可控性；⑦将战略绩效指标的执行贯穿于计划过程和评价过程。战略绩效计量与评估需要财务指标与非财务指标之间求得平衡，它既要能肯定内部绩效的改进，又要借助外部标准衡量企业的竞争能力；既要比较战略的执行结果与最初目标，又要评价取得这一结果的业务过程。

平衡计分卡和标杆法是用于战略绩效评价的有效方法。由卡普兰和诺顿提出的平衡计分卡从财务、客户、内部业务以及学习与成长四个方面来进行绩效评价；而标杆法则是从企业个体的外部寻找绩优企业作为标准，评价本企业的产品、服务或工艺的质量，以便发现差距，并持续、系统地加以改进。

第二节　战略定位分析

20 世纪 90 年代以来，随着经济全球化进程的加快，企业经营环境剧烈变化。从外部环境看，技术创新加剧，市场竞争日益激烈，客户需求呈现多样化趋势；从内部环境看，员工素质普遍提高，自我发展意识增强，组织趋向扁平化。这些变化给企业带来前所未有的挑战。一个企业能否在这种极具挑战的市场竞争中，选择恰当的竞争战略成为企业成功的必要前提。战略定位分析就是对企业的内外部环境进行分析，帮助企业选择适合自己的企业战略。

一、战略定位的内涵

定位原本是市场营销学中的一个概念，最早出现在 1972 年艾•里斯和杰克•特劳特联合发表在美国《广告时代》上的文章《定位时代》。文章发表后，产品定位、市场定位、品牌定位、文化定位相继成为企业经营的热点问题。从战略角度研究定位问题的代表人物是美国哈佛商学院的迈克尔•波特。20 世纪 80 年代，以波特为代表的定位学派（Positioning School）曾经是企业战略理论的主流观点。波特在理论界和企业界的研究与实践基础上，提出分析产业结构和竞争对手的理论与方法，形成了著名的定位学派。波特认为，战略定位（Strategic Positioning）是企业竞争战略的核心内容，形成竞争战略的实质就是要在企业与其环境之间建立联系。尽管企业环境的范围广泛，包含着社会的、政治的、经济的、历史的、文化的因素，但企业环境最为关键的部分就是企业投入竞争的一个或几个产业，产业结构强烈地影响着市场竞争规则的建立以及企业竞争战略的选择。因此，一个企业的战略目标就在于使企业在产业内部获得最佳位置，并通过影响和作用于各种市场竞争力量来保护这一位置。

1991年，波特深入阐述了战略定位之于企业竞争制胜的重要性。他认为，企业战略的目标是为了企业获得成功，成功取决于企业是否有一个有价值的相对竞争地位，而有价值的相对竞争地位来源于企业相对于竞争对手的持续竞争优势，竞争优势有成本优势和特色优势两种基本类型，选择何种优势类型是企业战略定位的一个重要内容。另外，企业竞争优势必然要涉及竞争范围（包括产品、客户、区域等），因此，竞争范围的选择也就成为企业战略定位的一个重要内容。企业在追求几种优势类型或不同竞争范围的时候，通常可能存在逻辑上的冲突，因而战略定位就成为企业竞争战略的核心内容。1996年，波特针对理论界和企业界存在的关于战略定位的种种认识误区做了深刻的分析，进一步丰富和发展了企业战略定位的理论与方法。他明确指出，战略定位的目的首先在于创造一个独特的、有价值的、涉及不同系列经营活动的地位，从本质上讲，战略定位就是选择与竞争对手不同的经营活动或以不同的方式完成类似的经营活动等。在同一产业中，战略定位是指相对于竞争对手的战略和结构上的差异，往往是企业持续竞争优势和超额利润回报的重要来源。

对于企业来说，组织的任务和目标是战略定位的前提和基础。组织的任务就是指导一切行为活动以达到最为基本的目的。组织的目的是一种明确的、可以计量的目标。根据组织的任务，企业管理当局确立一系列的经营目的。例如，一家服装制造公司，其任务就是供应优质的男女衬衫，为其业主赚取利润。这家公司的目的就可能包括：赚取相当于其平均总资产10%的年利润；维持每年发放每股2元的普通股股利；进一步提高在客户心目中超过平均质量水平和服务水平的良好企业信誉；为本区域内的居民提供稳定的就业机会，并且能达到环保标准等。一般来说，企业的任务和目标应高度概括、通俗并简单明了，表12-2列示了几个成功企业的任务和目标。在企业的组织任务和目标的指引下，企业进行战略定位的首要任务就是确定“从事什么行业”，即产业选择的问题，而业务、产品与品牌的定位问题，则应该是企业在确定具体要从事的业务之后才去考虑的事情。

表12-2 企业的任务和目标

企业名称	组织任务和目标
福特汽车	让每一个家庭拥有一部汽车；公司要成为低成本、高质量的产品和服务的提供者，为顾客提供最佳价值
通用电气	公司参与的所有行业中，市场占有率成为第一或第二位，从而成为最有竞争力的公司
柯达	在化学和电子影像方面成为世界上最佳的公司
IBM	成为世界上最成功的IT企业
通用汽车	成为运输产品和相关服务的世界领导者，通过公司员工的团结、团队工作和创新大道持续改进，从而赢得顾客的热情
达美乐比萨饼	在30分钟内向成百万的家庭递送比萨饼
可口可乐	为公司所有者创造剩余价值
苹果	改变人们的行为方式

二、战略定位分析方法

准确地判断企业所面临的竞争环境，是企业确定战略定位的关键，其中包括宏观层面的政治、法律和经济等环境，市场层面的行业发展状况、供应商和销售商的议价能力、竞争者的优势以及企业自身的核心竞争力、内部所具有的强势与劣势等。因此，战略定位方法就是通过对于战略环境的调查分析，使企业明确其自身在竞争市场中所拥有的机会、面临的威胁和企业本身的强势和劣势，以此来确定企业的竞争战略。战略定位分析的方法主要有行业吸引力分析模型、SWOT 分析法和波士顿矩阵法。

（一）行业吸引力分析模型

行业吸引力分析模型是美国著名管理大师、哈佛大学商学院著名教授迈克尔•波特提出的。在图 12-3 的行业吸引力分析模型中，影响行业吸引力的因素包括外部环境力量和行业内部力量。外部环境力量包括政府管制、社会环境、科技环境、全球化以及经济形势。首先要考虑哪些环境因素对企业未来发展具有重大影响，然后把这些因素分别按政治、经济、社会、技术和全球化五个方面进行分类，并分析它们对企业发展的中长期影响，从而正确定位企业所要采取的竞争战略。而行业溢价（投资收益与资本成本间的差额）则是由五种行业内部力量竞争所决定的，两个来自于横向的竞争（买方的议价能力和卖方的议价能力），另外三个来自于纵向的竞争力量（替代产品的威胁、原有同业企业的竞争和新进入者的威胁）。上述的内外部影响因素相互作用，共同决定了在某一时点、某一行业的吸引力。行业吸引力代表了该行业的价值创造潜力。行业价值创造潜力对企业价值创造有巨大影响，处于上升行业的企业，创造更大价值的概率就大，即使在该行业中经营一般，也会由于该行业的上升而获益。相反，如果处在一个下降的行业，创造较大价值的概率就小，要创造与上升行业中相同的价值，必须付出更大、更多的努力。另外，要想提高企业价值创造的潜力，还得关注企业在所处行业中的竞争地位。只有占领一个恰当的竞争地位，才能轻松面对来自于客户、供应商、替代产品以及同业企业的负面影响。

（二）SWOT 分析法

任何企业在制定战略方案之前，总要对企业内部和外部的环境进行全面认真的分析，既要搞清自身的优势与劣势，又要充分认识到其所处外部环境给企业带来的机会与威胁。上述分析就是“SWOT 分析法”，它将企业相对于竞争对手的优势（Strength）、劣势（Weakness）、与经营环境中的机会（Opportunity）、威胁（Threat）相结合，使企业在战略管理过程中通过运用其自身优势去实现外部环境所给予的机会。SWOT 分析矩阵如表 12-3 所示。

从表 12-3 可以看出，SWOT 分析法将企业面临的外部机会和威胁，与企业内部具有的强势和劣势进行比较，分出四个区域，得出不同的战略组合。如图 12-4 所示。

区域 I 是最理想的结合。这时的企业面临许多机会，并具有较多方面的优势，使企业足以利用外部机会。在这种情况下，企业倾向于采取发展战略，以充分利用环境机会和内部能力优势。

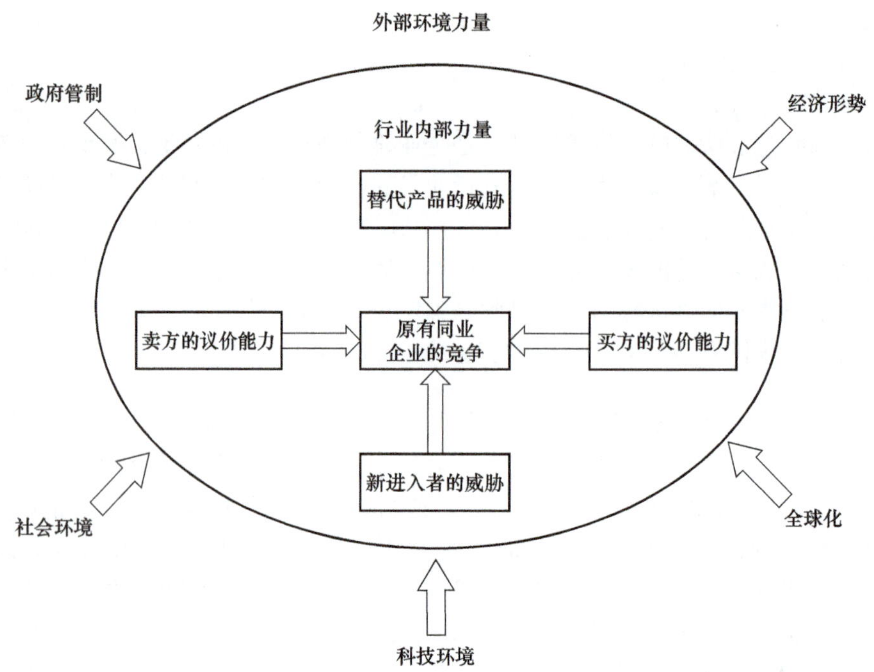

图 12-3　行业吸引力分析模型

表 12-3　SWOT 分析矩阵

	优势（Strength）	劣势（Weakness）
内部条件	产权技术	设备老化
	产品创新	产品线范围太长
	良好的财务	营销能力较弱
	高素质的管理人员	成本高
	公认的行业领先者	企业形象一般
	⋮	⋮
	机会（Opportunity）	威胁（Threat）
外部条件	纵向一体化	竞争压力增大
	市场增长迅速	政府政策不利
	能争取到新的客户	客户的需求正在转移
	有可能进入新的市场	新一代产品已经上市
	可以增加互补产品	
	⋮	⋮

区域Ⅳ中的业务以其主要强势面对不利环境。企业对这种情况可持两种态度：一种是利用现有强势在其他产品或市场上建立长期机会，这是具有其他发展机会的企业常采取的态度。我国一些企业采取的“人无我有，人有我优，人优我廉，人廉我走”的战略同样反

映了这个思想。另一种是以企业的优势克服环境设立的障碍。整合和多样化就是实现克服环境威胁所常采取的战略。不过，企业只有在优势表现得十分突出，企业实力较强，特别是企业的财力很强时才适于采取与环境直接正面斗争的态度，如果失败，企业将受到更大的伤害。

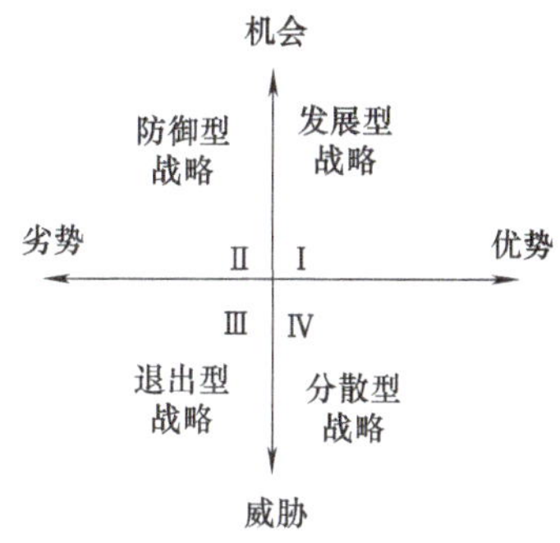

图 12-4 SWOT 分析图

区域Ⅱ内的业务具有较大的市场机会，同时内部弱势也较明显。这些业务的战略重点应放在减少内部弱势，同时有效地利用市场机会。

区域Ⅲ是最不理想的形势。处于该区域中的企业在相对弱势处恰恰面临着大量的环境威胁。在这种情况下，企业最好采取减少产品或缩小市场，或是改变产品或市场战略。

进行 SWOT 分析法时，各战略因素均应从动态的角度去理解。对企业自身的优势与劣势绝不能用凝固的眼光去看待，而应充分发挥企业领导和广大员工的积极能动作用，不断采取有效措施增强企业整体的竞争优势；对企业外部所形成的机会与威胁，企业应洞察先机，以其自身的竞争优势不失时机地抓住机会，出奇制胜，同时凝聚力量抗击客观存在的外部威胁。

（三）波士顿矩阵法

世界著名的管理咨询公司——波士顿咨询集团公司按照产品的市场相对份额及市场成长率两个指标，将产品分为四种不同类型。市场相对份额指标用于反映产品在市场上的竞争优势及其盈利能力，而市场成长率指标则用来反映该产品市场的发展前景是否广阔。按照波士顿矩阵分类法，不同产品可分为野猫、明星、金牛、瘦狗四种类型，如图 12-5 所示。

对于不同类型的产品，选择的经营战略有很大差异：

（1）“野猫”产品是在具有高成长性市场中企业产品所占份额比较低的产品，企业对这类产品所采用的战略目标是扩大企业产品的市场份额。为此，企业需要大量的资金投入，以便跟上快速发展的市场，并与强劲的竞争对手展开竞争。在这种情况下，成本管理战略应该有长远的观点，要根据市场发展前景，竞争对手的状况确定企业产品规模、技术装备水平等；另外，由于产品处在市场拓展阶段，企业可能需要较高的生产成本，成本管理不能忽视这一需要，在成本管理过程中要对这种需要给予充分的满足。

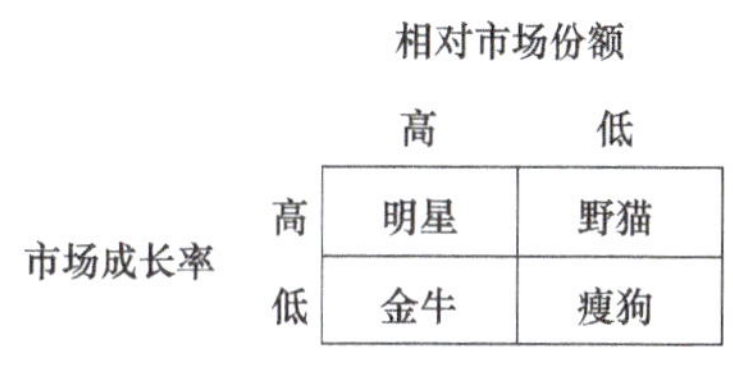

		相对市场份额	
		高	低
市场成长率	高	明星	野猫
	低	金牛	瘦狗

图 12-5 波士顿产品矩阵

（2）“明星”产品是在高成长市场上已成为市场领导者的产品。企业对这类产品所采取的战略是固守战略，以期将产品培养成“金牛”产品。在这种情况下的成本控制要考虑如何采取长期的成本抑减措施控制产品成本，如何在产品市场的开发拓展过程中既控制成本又不降低产品地位等问题。

（3）“金牛”产品是市场占有率开始趋于稳定的产品。对于这类产品而言，企业应从规模经济和较高的边际利润中得到收益，企业采取的战略是收获战略，企业的目标是尽可能地获取现金回报，尽可能减少追加投入。在这种情况下，企业采取的成本管理战略应该是快速的成本抑减战略，一切可以降低成本的短期措施都将被采用，不需要过多地考虑长期的相对成本地位。不需要成本降低的长期措施，要尽可能压缩各种成本和费用，以最大限度地增加企业现金回报。

（4）“瘦狗”产品是低增长率市场中低市场份额的产品。这种产品已经没有多少盈利的希望，企业对这种产品所采取的战略通常是撤退战略，即退出该产品市场。在这种情况下，成本控制过程中的一切成本费用都应压缩到最低需要的水平，应该避免生产和销售产品最低需要成本以外的一切开支。

三、战略定位分析的框架

企业在确定了组织任务以及与此相适应的组织目标的基础上就可以对其战略进行战略定位。菲利普•科特勒认为，定位就是对企业的产品进行设计，从而使其能在目标客户心目中占有一个独特的、有价值的位置的行动。“市场如战场，竞争如战争。”从战略定位的三个层次来看，从总体战略定位到经营竞争战略定位，再到品牌战略定位，其竞争的激烈程度是依次加强的。以下，将从企业总体战略定位、企业经营竞争战略定位以及企业品牌战略定位三个方面探讨战略定位分析的一般框架。

（一）企业总体战略定位

企业总体战略定位是企业基于长远发展的需要，在综合分析外部环境机遇与内部资源能力的基础上确定企业的经营重心，规划企业的总体行动，追求企业的总体效果。它所确定的目标和发展方向是一种原则性和总体性的规定，是对企业未来的总体谋划，而不是纠缠于具体的细枝末节。当内外环境发生重大变化时，企业会在慎重思考的基础上对总体战略定位进行调整，如改变服务对象，或者从原来的行业转变到新的行业，以及转变企业原来的资源投向，形成新的经营模式。说得具体一点，就是企业在企业理念与市场定位的指引下，选择进入或退出哪些行业，专业化还是多元化，而这将最终决定企业的边界。

企业的组织任务决定了企业追求什么，市场定位则表明了企业所面对的市场机遇，但是企业在决定进入某一些行业时，还必须考虑一个问题，即自身所拥有的资源是否可以把握这一机遇。资源基础论认为，企业的资源包括三个方面：有形资产、无形资产和组织能力。有形资产包括房地产、生产设施、原材料等；无形资产包括声望、品牌、文化、技术知识、专利、商标，以及日积月累的知识和经验；组织能力则是企业资产、人员与组织投入产出过程的复杂结合。这样，在企业理念不变的前提下，企业依据市场需求以及自身资源就可以做出进入或退出某些行业，专业化还是多元化的决策。综上所述，企业总体战略定位主要是进行行业的选择，并在组织规模不断扩张的过程中确定一个合适的企业界限。

（二）企业经营竞争战略定位

企业经营竞争战略定位是指企业的某一战略业务单元（SBU）在其所进入的行业或细分行业内确立其市场地位和发展态势，主要解决如何在市场上与竞争对手展开竞争、资源如何分配等问题，其关键点在于如何获取“相对竞争优势”。由此看来，经营竞争战略定位（即通常所说的竞争战略定位）所针对的是与自己处于同一行业或细分行业的竞争对手，如果没有竞争对手，企业也就不需要竞争战略。因此，竞争战略定位的唯一目的就是使 SBU 能够尽可能高效地获得相对竞争对手的持续优势。克劳塞维茨在他的名著《战争论》中指出，最理想、最安全的策略是“在各方面都强”。但是，这种情况无论对军队还是对企业而言都是极其罕见的。因此，克劳塞维茨又提出了在军事战争与商业竞争中最为常用的策略：在“关键点”集中力量。由此看来，我们无须处处都比竞争对手强，我们不需要绝对实力，只需要相对实力。企业内部的劣势或低效率在一定时期内总是可以容忍的，但是相对于竞争对手的状况恶化则可能危及企业的生存。

许多专家学者提出了各自的竞争战略，例如，大前研一提出了获取竞争优势的四种基本战略：①基于关键成功要素的经营战略；②基于相对优势的经营战略；③基于积极进取的经营战略；④基于战略自由度的经营战略。

麻省理工学院（MIT）斯隆管理学院的阿诺尔多·海克斯则依据国际上近来兴起的复杂科学理论以及对上百家公司的研究提出了获取竞争优势的三种战略：①最佳产品战略；②客户解决方案战略；③系统锁入战略。

最为著名的三种竞争战略是由迈克尔·波特提出的，即成本领先战略、差异化战略、聚焦战略。这三种竞争战略是相互联系的。成本领先战略保证了利润，体现了效率；差异化战略保证了市场份额，使企业在成本方面的高效率转化为高效益；聚焦战略强化了低成本与差异化的优势。

（1）成本领先战略。成本领先（Cost Leadership）战略也称为低成本战略，是指企业通过提供比竞争对手成本更低的产品和服务来超过竞争对手的一种竞争战略。成本领先者通过降低产品的成本，能够在较低的价格下维持适当的利润，进而通过价格之战，挤垮竞争对手。这种战略常常在广泛的产业内谋求竞争优势，成本领先者通常拥有相当大的市场份额，尽量避免局部市场，使用低价格占有较大的市场，当大多数企业试图为降低成本而努力时，成本领先者可完全将精力放在降低成本上，从而在市场上取得有利的成本和价格优势。

成本领先战略是三种竞争战略中最明确的一种，其目的是如何使企业成本低于其竞争对手。在激烈的市场竞争中，成本领先企业在全部五种竞争力量的威胁中具有强大的防御作用。如果企业能够创造和维持全面的成本领先地位，那么它只要将价格控制在产业的平均水平或接近平均水平，就可以获取优于平均水平的经营绩效。与竞争对手的价位相比，成本领先者的低成本地位将转化为高效益。成本优势的战略性价值取决于其持久性，如果企业成本优势的来源对于竞争对手来说是难以复制或模仿的，其持久性就会存在。企业可以通过控制成本动因和重构价值链这两种方法来获取成本优势。

实行低成本战略必须避免一种倾向，即降低产品成本的同时可能会降低产品的需求，原因是减少了产品的功能。只有在消费者认为企业的产品和服务与竞争对手的相同（至少差不多）且竞争对手的价格更高时，成本领先战略才能奏效。

（2）差异化战略。差异化（Differentiation）战略又称别具一格战略，是指通过产品研究开发，力求就客户广泛重视的方面在产业内独树一帜、别具一格，或在成本差距难以进一步扩大的情况下，生产比竞争对手功能更多、质量更优、服务更好的产品，以获得竞争优势的竞争战略。简言之，就是要标新立异、提供与众不同的产品或服务，满足客户的特殊要求。如果一个企业能够提供给客户某种独特性的东西，那么它就具备有别于其竞争对手的经营差异，经营差异化减少了竞争，保证了其市场份额，使企业可以得到价格溢价的报酬。因此，差异化战略是获得超常收益的战略，可有效防御五种竞争力量。

实行差异化战略必须避免一种倾向，即可能试图降低产品成本而忽视产品的宣传和研发的投入。通常实行差异化战略的企业为使消费者认识到产品或服务的独特性，必须进行持续的、大规模的产品宣传，否则差异化战略的作用就会降低。如果企业的产品或服务在消费者心目中的独特性不再重要时，低成本竞争对手的产品对消费者的吸引力就会加大。另外，企业产品或服务的独特性具有一定的暂时性，因而需要不断的研发投入，持续地进行创新，方可维持差异化战略。

（3）聚焦战略。聚焦（Focus）战略是指企业选择特定细分市场实施成本领先战略或差异化战略，即选择特定的地区或特定的客户群体提供产品和服务，获取成本或差异化竞争优势的竞争战略。前两种战略，即成本领先战略和差异化战略是面向全行业，在整个行业的范围内进行活动，而聚焦战略是企业集中有限的资源以更高的效率、更好的效果为特定的客户或市场区域服务，从而超过服务于更广阔范围的竞争对手。聚焦战略有两种形式，成本领先聚焦战略与差异领先聚焦战略，前者寻求在目标市场上的成本优势，而后者追求目标市场上的差异优势。

实行聚焦战略需要注意的问题是，企业所处的特定市场可能会由于行业技术的改变或客户消费倾向的变化，优势突然消失。如一个对高级咖啡有专长的公司，当消费者的口味转向别的饮料时，该公司的日子就比较难过。因此，采用聚焦战略时，要求企业必须密切关注市场消费的动态，适时调整产品的生产以满足客户的消费需求，从而不断积累竞争优势。

以上三种竞争战略的特征如表 12-4 所示。企业可通过比较、借鉴来选择和制定适合自身发展的竞争战略。

表 12-4　三种竞争战略比较

	低成本战略	差异化战略	聚焦战略
战略目标	整个产业范围	整个产业范围	狭窄的市场
竞争优势	整个产品市场中的低成本	独特的产品或服务	特定市场中的低成本或差异化或兼而有之
产品品种	产品品种多	产品品种有限	产品可能多或有限
生产	在保证产品质量和基本性能的基础上尽可能做到低成本	力求创新生产出差异化产品	生产出满足特定市场需要的产品
营销	低价格	价格较高	根据特定市场的情况灵活定价

（三）企业品牌战略定位

当产品具有很强的同质性时，客户面对纷繁复杂的产品信息往往无法做出正确的选择，此时企业应该主要依靠品牌战略定位来确立竞争优势。例如，日本彩色胶卷行业中富士公司与樱花公司的竞争就说明了这一点。樱花公司在 20 世纪 50 年代处于市场领先地位，但后来富士公司却不断超越并最终占领了市场。考察结果表明，问题不是出在产品质量上，而是出在其名称上。樱花这一名称使人联想到模糊、略带桃红色的图像，而富士这个名字则让人自然地想起富士山上的蓝天和白雪。百事可乐在挑战可口可乐霸主地位的时候，也主要是从包装、设计、广告宣传等品牌传播领域进行战略进攻的。

定位理论创始人艾•里斯和杰克•特劳特认为，定位从产品开始，可以是一件商品、一项服务、一家公司、一个机构，甚至于是一个人，但定位并不是要对产品做什么事，定位是对未来的潜在客户心智所下的功夫。而在当今社会，树立形象、建立品牌则是在客户心智中进行定位的最好方法。因此，品牌战略定位的最终目标是在客户心智中树立起良好的品牌形象。这个品牌形象既包括企业形象，也包括产品形象。

综上所述，总体战略定位是在整个商业活动空间中为企业自身进行定位，即选择企业要进入或退出的行业，是进行专业化还是多元化经营，或者在专业化的基础上进行多元化；经营战略定位是在所进入的行业或细分行业中为企业的 SBU 确定位置，以便更好地与竞争对手展开竞争；品牌战略定位则是在目标市场消费者的心目中为企业的产品寻找一个独一无二的位置，以实现企业的销售目标。从对抗的角度看，总体战略定位在于挑战企业自身，其他企业能做的事情，本企业能否做得更好，其他企业做不了的事情，本企业能否做；经营竞争战略定位在于挑战竞争对手，与竞争对手相比，或者以不同的方式做同样的事情，或者直接做不同的事情；品牌战略定位则在于挑战客户，对于挑剔的客户以及庞杂的产品信息，如何让自己的产品信息深深地印在客户那只能存贮有限信息的大脑中。

第三节　战略管理会计的主要方法

一、价值链分析

（一）价值链的概念

价值链（Value Chain）的概念是由美国学者迈克•波特于 1985 年在其所著《竞争优势》中提出的。波特认为，“每一个企业都是在设计、生产、销售、发送和辅助其产品的过程中进行种种活动的集合体。所有这些活动可以用一个价值链来表明。”价值链分析是战略成本管理的核心方法。

企业的价值创造是通过一系列活动构成的，这些活动可分为基本活动和辅助活动两类：基本活动包括内部后勤、生产作业、外部后勤、市场和销售、服务等；而辅助活动则包括采购、技术开发、人力资源管理和企业基础设施等。这些互不相同但又相互关联的生产经营活动，构成了一个创造价值的动态过程，即价值链。

波特价值链如图 12-6 所示。

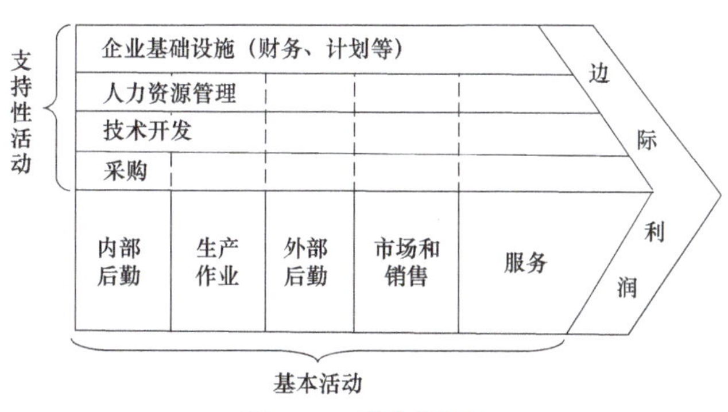

图 12-6　波特价值链

价值链实际上就是企业为了生产有价值的产品或劳务给客户而发生的一系列创造价值的活动。在这一过程中涉及资金流、信息流、商流、物流及服务流，其相互间关系如图 12-7 所示。

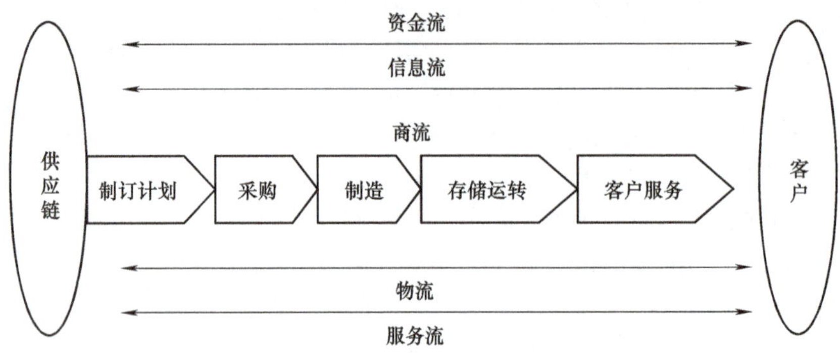

图 12-7　价值链与五大流

（二）价值链分析的内容

价值链在经济活动中是无处不在的，上下游关联的企业与企业之间存在行业价值链，企业内部各业务单元之间也存在着价值链联接。价值链上的每一项价值活动都会对成本及产品差别化方面在产业中所处相对地位产生重要影响。

价值链分析就是要从战略上对行业价值链进行分析，以了解企业在行业价值链中所处的位置；从企业内部分析，以了解自身的价值链；从竞争对手的价值链分析以了解对手的价值链，从而做到知己知彼。因此，应从不同层面进行价值链的研究。价值链分析包括以下内容：

1. 产业价值链分析

产业价值链分析是指整个产业的纵向整体分析。它是从一个更高、更广阔的角度，对整个产业所属企业的竞争地位和相应的分化、组合等问题进行的战略分析。即从产业最初的原料开发开始，然后经过若干个不同产品的生产环节，直到最终产品被客户消费结束的完整过程。

产业价值链的分析，可以帮助企业明确自己在产业价值链中的位置，帮助其分析，利用上、下游价值链的各种可能性，从而实现最佳阶段的产业价值链。

企业与上游供应商之间的联接原因主要是因为供应商的产品设计特性、服务、质量保证程度、产品运送程序等均会影响企业的成本结构。

企业与下游间的联接关系也会影响其成本结构，如下游通路的仓储位置、产品技术处理，将影响企业本身的对外后勤与包装成本。

例如，用于饮料包装的卡通纸生产销售价值链，如图 12-8 所示。

图 12-8 所示的价值链包括七个环节，每个环节都有自身的价值链特点，而每个环节又都是产业价值链中的一部分。每个企业都处于产业价值链中的某一个或几个环节上，构成了产业价值链一个个小分子。如图 12-8 中的商店，应该审视其与外部的联系，与饮料分销商的合作有助于降低成本。若与上游供应商的合作关系能够使商店减少总成本，商店

就能降低售价，以提高或保持其竞争地位。

2．企业内部价值链分析

企业内部价值链是由企业内部为客户创造有价值产品或服务的一连串“价值活动”所构成的，这些“价值活动”之间是相互联系的。

进行企业价值链分析，首先要找出企业内部最基本的价值链，然后把这个最基本的价值链分解为一个个单独的价值作业，最后再分别分析各作业成本在总成本中所占的比例、增长趋势、各作业的成本习性及与其竞争对手进行该作业的差异。

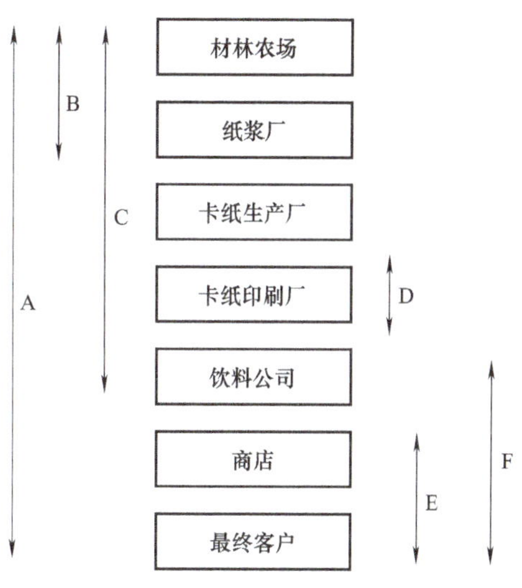

图 12-8 行业价值链

注：图中不同字母为不同企业

仍以图 12-8 中的商店为例，为了更好地了解处于价值链中的企业是如何创造价值和发生成本的，管理层应进一步将价值链按流程分解，并收集为达到共同目的的相关作业。图 12-9a 描述了商店采购、销售饮料的主要过程，图 12-9b 描述了商店采购饮料的流程被进一步分解的作业。把流程进一步分解为各项作业，有助于管理者把这些作业分为增值作业和不增值作业，然后制定消除不增值作业的战略。可采取协调与最优化方式降低成本。协调是指作业间的相互配合良好，信息充分沟通，可使整体的作业效率提高。该目标有赖于有形的信息系统与无形的人力素质、合作能力、企业文化。最优化则是通过工作流程的重整、工作质量的提高，进而降低成本。

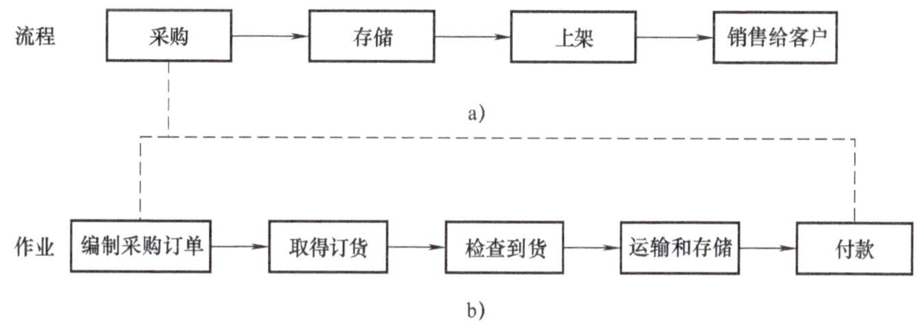

图 12-9 商店购销流程和采购流程作业

a）商店购销流程 b）采购流程作业

通过对企业内部价值链的分析，可以帮助管理层对企业内部作业有一个较清晰的认识，有利于管理层重组和创新企业价值链，以最大限度地消灭不增值作业，降低作业成本，增强企业的竞争力。

3．竞争对手价值链分析

行业中往往存在生产同一或相似产品的竞争者，它们或者与企业处于同一价值链环节，或者跨越价值链的几个环节。对其进行价值链分析，就是要通过对竞争对手的价值链进行调查、分析和模拟，测算出竞争对手的成本，从而与之进行比较，最终制定出战胜对手的竞争战略。即分析企业与竞争对手的差异是源自战略上的差异还是各自所处的不同环境，或是企业内部结构、技术、管理等一系列的原因，进而从消除劣势、保持优势入手，制定在竞争中战胜对手的战略。

例 12-1 人民捷运公司与联合航空公司价值链分析。人民捷运公司与联合航空公司的作业链比较，如图 12-10 所示。

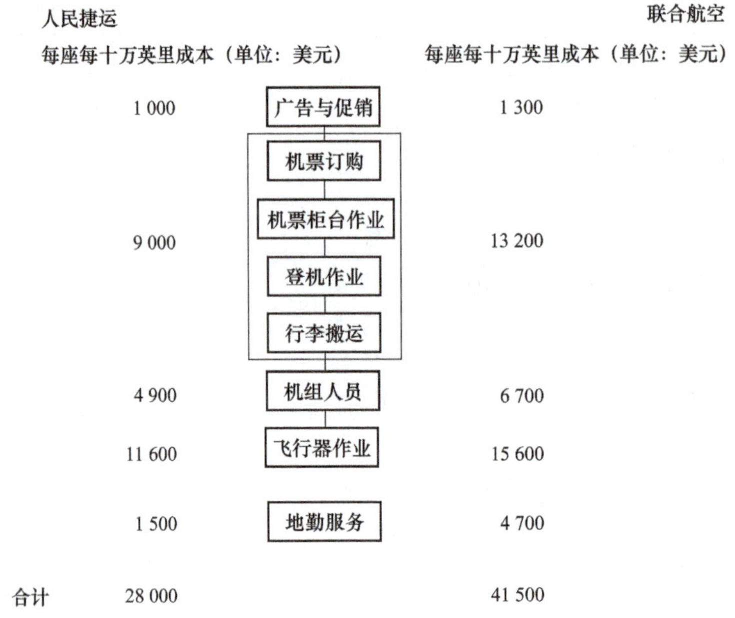

图 12-10　作业链比较

两公司根据价值链所做的成本分析，隐含着人民捷运公司采取的是低成本战略，而联合航空公司采取的是优质优价服务。具体如表 12-5 所示。

表 12-5　人民捷运与联合航空价值链分析所含的战略意义　　（单位：美元）

价值要素	单位成本（联合航空−人民捷运）	战略差异	
		人民捷运	联合航空
广告与促销	300	大力促销低价热门航线	大力促销完整服务航线
机票订购	4 200	未设订票办公室	在各地设订票办公室
		未设个别计算机订座系统	设个别计算机订座系统
		未售连线机票	
		费率种类较少	
		先到先定位	完整服务
		行李搬运收费	行李搬运免费
		未连线运送行李	
机组人员成本	1 800	二手飞机	新飞机

（续）

价值要素	单位成本（联合航空-人民捷运）	战略差异	
		人民捷运	联合航空
飞机作业成本	4 000	高密度作业	
		非工会驾驶员	工会驾驶员
		组员少，飞行时间较长	较大的航空组员
		组员工资水平较低	组员工资水平较高
		地勤人员工作量加倍	
地勤服务成本	3 200	工资水平较低	完整服务
		非工会会员	
		未设头等舱	
		未提供就餐	
		提供收费饮料及小吃	

（三）获得竞争优势

1．有效控制价值链

将企业的价值链及成本动因与主要竞争对手进行对比之后，就可找出控制企业自身价值链中有关价值活动所应采取的行动。为了有效控制自身价值链，提高各项价值活动的资产报酬率，企业应该从以下三方面入手：

（1）在不降低价值（收入）的前提下降低价值活动成本。

（2）在不提高成本的前提下提高价值（收入）。

（3）在不降低价值和不提高成本前提下减少各项价值活动所占用的资产。

2．重构价值链

在不断控制企业自身价值链，使之优于竞争对手价值链的同时，企业还要努力重新定义价值链，以便获得更显著的竞争优势。能否取得并维持竞争优势，主要取决于企业如何根据竞争对手价值链情况来不断塑造企业自身的价值链。

二、战略成本动因分析

（一）成本动因的概念及种类

1．成本动因的概念

成本动因即导致成本发生的原因。它是成本结构构成的决定性因素，企业在进行各项价值链活动时会产生各种成本，成本与经济活动间的关系可用成本习性来描述，而影响成本习性的因素即为成本动因。从战略的角度看，成本动因可分为两类：一类是战术意义上的成本动因，另一类是战略意义上的成本动因。

战术意义上的成本动因是指与作业相联系的成本动因，如生产批数、订单数量、产品产量、机器工时等。这些动因主要涉及当前经营过程中影响企业产生成本的有关因素。其意义在于一方面借助作业成本法为企业提供更为准确的成本信息，另一方面为改善作业、优化管理、降低成本发挥重要作用。

战略意义上的成本动因是指与价值链中的价值活动相联系的成本动因，如企业的规模、员工的责任感等。每项价值活动具有相应的成本动因，这些成本动因能解释各竞争者之间该价值活动的成本差异。因此，每项价值活动具有相应的竞争优势来源。

2．战略成本动因的种类

根据瑞利的观点，战略成本动因可以分为两大类：一类是结构性成本动因（Structure Cost Driver），另一类是执行性成本动因（Executional Cost Driver)。

（1）结构性成本动因。结构性成本动因是与企业的战略定位和经济结构密切相关的成本因素，是决定企业基础经济结构的成本动因。不同的战略选择会导致企业不同的生产经营方式，进而导致截然不同的成本动因。

影响结构性成本动因的决策并非是经常制定的，但一旦制定后，企业就要受到行为过程的束缚，而这种行为过程是难以改变的。结构性成本动因主要包括：

1）规模（Scale）。它可以通过企业在生产和研究开发等方面投入资金量的多少来反映。如果企业规模适度，则有利于成本降低，形成经济规模；如果企业规模过大，扩张过度，则会导致成本上升，出现规模不经济。

2）范围（Scope）。范围是指企业进行纵向合并的程度，即企业跨越产业价值链的长度。如果业务范围扩张适度，可降低成本，带来整合效益；相反，如果业务范围扩张过度，则会使成本提高，效益下滑。而企业的横向合并则更多地与规模相关。

3）经验（Experience）。经验即经验积累，它是指生产单位产品所需时间随着工人熟练程度的不断加强而逐渐减少的现象。通常工人经验积累程度越高，操作也就越熟练，单位产品成本就会呈下降趋势。这就是所说的学习曲线或称经验曲线效应：一般学习效应在企业初建时尤为明显，成熟企业的学习效应相对来说不够明显；价格敏感性强的企业，学习效应显著，它可带动需求，增大产量，进而降低成本。

4）技术（Technology）。技术是指企业价值链在每一环节中运用的处理技术，它反映企业生产工艺技术的水平和能力。通常先进的技术和技术水平会使成本降低，但开发与应用技术以付出较高的成本为代价且存在被淘汰的风险，因此实际应用中，应在技术革新成本与所获利益之间进行权衡并做出正确的决策。

5）复杂性（Diversity）。复杂性是指企业能够向客户提供多宽范围的系列产品或服务。

6）厂址（Location）。厂址是指厂址的选择与确定。企业所处地理位置的好坏对企业的影响是多方面的，既有直接影响也有间接影响：如果企业所处地理位置优越，则需为此付出较高的成本代价，但这可能有利于企业扩大销售量，这种影响有可能导致企业成本的降低；否则，就会得出相反的结论。因此，企业在选择厂址时应在成本和利益之间做出权衡。

以图 12-9a 中的商店为例，可能的结构性成本动因包括：

- 任务和目标的确定——决定进入零售行业。
- 商店地理位置的确定——选择设在独立的大楼或商业区中的一家。

- 商店规模的确定——选择商店的大小和数量，这将影响到所能采购商品种类以及营运成本，根据商店的数量和大小决定是否横向联合。
- 经营范围——选择是否购并批发商，通过拥有食品加工公司的所有权实现实质性联合。
- 采用的技术——收银机的条形码扫描与计算机连接，以便进行存货控制和再订货。
- 复杂性——可供销售商品的数量和种类。

综上所述，结构性成本动因具有以下特点：

第一，这些因素的形成需要较长时间，而且一经确定往往很难变动，因此对企业成本的影响将是持久的和深远的。

第二，这些因素往往发生在生产开始之前，其支出属资本性支出，构成了以后生产产品的约束成本。因此必须慎重行事，在支出前进行充分评估与分析。

第三，这些因素既决定了企业的产品成本，也会对企业的产品质量、人力资源、财务、生产经营等方面产生极其重要的影响、并最终决定了企业的竞争态势。

（2）执行性成本动因。执行性成本动因是在企业按照所选择的战略定位和经济结构进行生产经营的过程中成功地控制成本所应考虑的因素，是决定企业作业程序的成本动因，也是决定企业成本水平的重要因素。

影响执行性成本动因的决策是在影响结构性成本动因决策的范围内进行。在一家企业内，在制定企业执行性成本动因之前，就已经制定了战略目标、经营规模及地理位置的决策。执行性成本动因主要包括：

1）员工责任感（参与感）。它是指员工对参与持续改善的责任感。企业生产经营过程中，员工的责任感与企业成本的高低密切相关，企业要降低成本必须调动全体员工的积极性，否则员工的消极反映将是成本上升的重要因素。

2）全面质量管理。它是指员工对产品及工艺质量的信念及其达成。实际中，质量与成本密不可分。二者既对立又统一，企业应在质量与成本之间权衡，从而实现质量成本最优，企业效益最大的目的。

3）生产能力的利用。它是指在既定工厂建设规模选择前提下，工人能力、机器能力以及管理能力是否得到充分发挥，各能力之间的组合是否最优。企业生产经营过程中，各种能力的利用程度越高，越有助于成本的降低。

4）工厂布局的效率。它是指按照目前的标准该布局效率如何，从成本的角度考虑，是否存在不合理之处。

5）产品设计。它是指所设计的产品工艺的复杂性和可接受性。复杂性是指产品工艺的设计是否合理；可接受性是指所设计的产品是否容易操作并掌握，这些都与成本直接相连。

6）关系。它是指企业与供应商和客户之间的关系。企业作业分析应拓展到供应商和客户，可以将供应商和客户视为企业作业的一个组成部分。

仍以图 12-9a 中的商店为例，可能的执行性成本动因包括：

- 布局的有效性——影响各工作环节之间的存货转移成本。如有关码头卸货、商品仓储和陈列的位置。
- 产品的结构——影响商品设计的效率和效益，以健康饮料为主，如果汁饮料和能量饮料。

- 利用价值链的联系——开发与供应商和客户的合作伙伴关系。
- 与员工的关系——给予员工决策权，让员工参与企业的持续改进，有助于提高决策制定的效果，降低成本。如采购订单由饮料部门的经理编制还是由经理助理编制。
- 对全面质量管理的态度——不断地为使顾客的价值最大化和成本最小化而努力。

综上所述，执行性成本动因具有以下特点：

第一，与结构性成本动因相比，执行性成本动因属于中观成本动因，即这些成本动因是在结构性成本动因决定以后才成立的成本动因。

第二，这些成本动因多属非量化的成本动因，因此在分析的过程中进行定量分析较为困难，必须设法予以量化。

第三，这些成本动因因企业而异。即不同的企业有不同的执行性成本动因，并无固定的因素。

第四，执行性成本动因的形成与改变均需要较长时间。所以企业在分析的过程中应挖掘潜力，尽量找出可能的成本动因，从多个角度探索降低成本的途径。

对于执行性成本动因而言总是越多越好，如员工的责任感越强，企业的成本越低。这与结构性成本动因有本质的差别，如对规模而言，并非规模越大，产品成本越低。每种产业都有各自的适度规模，规模过大会产生规模不经济。

显然，结构性成本动因与企业的战略定位密切相关，通过结构性成本动因分析，有助于企业做出横向规模和纵向规模的战略决策；而分析执行性成本动因则有助于企业加强内部成本管理，可以确保战略目标的实现。

在进行成本动因分析过程中，并非所有成本动因始终具有相同的重要性，在每种特定情况下某些动因很可能非常重要。如结构性成本动因与企业所选择的竞争战略密切相关。如果企业选择了低成本战略，则达到规模经济和具备先进的技术水平是企业能否顺利实现战略目标的关键成本动因。如果企业选择的是差别化战略，那么多样性往往就会成为企业的主要成本动因。

（二）利用战略成本动因来获取竞争优势

1. 对于各项结构性成本动因做出合理选择

对于各有关结构性成本动因，企业必须做出合理的选择方能为企业获取成本优势奠定良好基础。为此，企业应做到如下几点：

（1）通过适度投资规模来降低成本。企业投资规模的大小，直接影响企业成本的高低。投资规模过大会引起生产能力利用不足，加大企业的固定成本；投资规模过小，则不会产生规模经济，各种成本都会相应增长。为此，在投资前，必须进行产业调查，尽可能趋于最佳投资点。此外，当企业现有规模尚未达到规模经济水平时，企业可以通过重组来调整企业规模。通过企业的横向兼并，实现企业的规模扩张，从而使企业规模得到优化。如图 12-9 中的商店，在开店前应做相应的行业调查，选择适度的投资规模。

（2）选择企业适宜的纵向经营范围。以造纸业为例，企业既可以建造一个纸浆厂，该厂只需购入木料，加工成纸浆出售给造纸厂即可，如图 12-8 中的 B 企业；也可以买下一个林木厂并自行建设造纸厂，从木材的生产、采伐开始，自行加工纸浆及造纸，并进而建立一家印刷厂、销售分支机构等，即把从原材料到产品销售的环节全部纳入企业生产经营体系中，如图 12-8 中的 C 企业。企业可以在产业价值链分析的基础上，通过兼并其原料供应商或兼并客户达到调整企业纵向经营范围的目的，选择适宜的纵向整合程度。

企业在各个不同的生产步骤可能会遇到不同的竞争对手。在这些竞争对手中，有的竞争对手经营范围较广，其生产过程覆盖了几乎整个产业的各个生产步骤，例如图 12-8 中的 A 企业；而有的竞争对手经营范围较窄，其经营领域仅涉及该产业中的某一个生产步骤，如图中的 D 企业。对于造纸过程而言，如果经营范围（即纵向整合程度）是主要的成本动因，则 D 企业将会处于明显的不利竞争地位，而 A 企业将会处于极为有利的竞争地位。由于每个企业既是产业价值链中某个环节的买方又是某个环节的卖方，计算每个生产步骤的利润及资产报酬率有助于理解在该生产步骤中的买方与卖方之间的相对力量强弱。如比较企业 E 与企业 F 的报酬率将有助于理解饮料产销的讨价还价能力，此时，企业 F 是供应商，而 E 是买方。这种方式的比较可以帮助企业获得利用与供应商及与客户之间的联系，以便降低成本或提高产品差别化。

（3）通过积累经验不断降低成本。根据经验曲线可知，随着时间的推移，学习和经验对成本降低有影响，累计产量的增加是降低成本的有效途径。如果企业能够在市场上维持较高占有率，则会取得较低的成本，于是能够进一步扩大市场占有率，从而又可进一步降低成本，形成良性循环。

（4）重视提高企业技术水平。

（5）合理化企业产品多样化程度。品种适当的多样化有利于提高企业产品的差别化程度或占有更广泛的产品细分市场，但是产品过分多样化会增加单位产品成本，从而在成本方面处于较为不利地位。

2．强化各项执行性成本动因

执行性成本动因的强化是取得成本优势的重要途径。为此，企业应从以下方面入手：

（1）引导员工参与管理，增强员工责任感。通常情况下，企业在持续改善管理过程中经常受到阻碍，原因就是员工不十分清楚哪些事该做，哪些事不该做，因此造成很多误解和工作延误。让员工积极参与管理，不仅使员工更了解管理层的意图，而且还能调动职工工作的积极性，从而使工作完成得更出色。

（2）大力推进全面质量管理。全面质量管理是出自长期、持续地降低成本的考虑，是在原材料采购、加工工序乃至产品售后服务等方面的强化。质量水平的高低一方面会影响到企业向客户提供产品的价值高低，另一方面也会直接影响到产品成本水平。产品生产过程中如果质量水平过低，就会发生许多不必要的成本，如原材料损失、人工成本的无谓消耗等。

（3）充分利用现有的生产能力。对于许多企业来讲，产品的市场需求具有一定的季节性。当产品销售处于淡季时，企业的生产能力往往难以得到高效利用。因此，实现均衡生产是提高现有生产能力的关键。为此，企业可以采取以下几种措施：在销售淡季增加促销力度；为产品寻求淡季使用途径；将企业的产品线向销售受季节性影响较弱的产品拓展；选择需求更为稳定的客户并建立持久的合作关系；将市场需求波动较大的细分市场留给竞争对手等。

（4）工厂布局合理化。各种价值活动相互之间，以及它们与供应商、客户之间的地理位置，通常对企业经营效率有重要影响。工厂布局合理化能为企业获得竞争优势奠定良好基础。

（5）产品设计合理化。产品设计是否合理化是获取成本优势的重要措施。改善产品设计的途径有很多，如减少每个产品中的零部件的数量；增加不同品种间零部件的通用性；降低零部件加工难度等。

（6）加强与供应商及客户之间的纵向合作。通过这种纵向合作，能使企业的经营顺利进行。

思\考\题

1. 战略管理会计是如何产生的？
2. 与传统管理会计相比，战略管理会计在哪些方面取得了突破？
3. 战略管理会计研究的内容有哪些？
4. 结构性成本动因与执行性成本动因有什么不同？

参\考\文\献\与\荐\读

[1] 郑爱华，张亚杰，李文美．管理会计 [M]. 北京：机械工业出版社，2007：253-280.
[2] 温素彬．管理会计 [M]. 北京：机械工业出版社，2018：314-335.

第十三章

价值链成本管理

导\入\案\例

任正非在 2019 年 4 月 13 日接受 CNBC 采访时曾评价苹果公司："乔布斯的伟大不是创立了一个苹果，而是开创了一个时代，这个时代是移动互联网时代。苹果也是一个伟大的公司，苹果公司的伟大在于始终把市场带着做大，而不是做小。苹果打着'伞'，卖的产品价格高，提供的性能好，市场空间很大，能让很多其他厂家生存。"

任正非通过苹果的表现，也在反思华为过去在电信领域的做法。"我们过去走的路是有错误的——基于成本来确定销售价格。华为的成本比较低，一是因为技术上进步速度比较快，可以把商品成本做得比较低；二是我们引进了西方管理，运作成本也比较低。这种情况下，我们的价格定低了，确实给西方公司造成了生存困难。我们已经在反思这一点了。"

任正非接受采访时称，现在华为把商品销售价格提起来了，大家觉得华为贵了，也给其他公司留下空间。"其中赚的很多钱，我们不打算分给员工，不打算分给股东，而是打算分给很多大学，分给科学家，去搞研究，去探索未来。这个未来可能跟我们密切相关，也可能跟我们没有关系。"

（摘自：任正非在 2019 年 4 月 13 日接受 CNBC 采访时的纪要。）

当今企业已不再是经济环境中孤立的个体，而是身处整个产业的生态圈。这就要求企业对自身发展的思考需要包含上下游的利益相关者，做协同竞争。华为基于价值链成本管理的思维，利用价格的激励来协调价值链上下游之间的关系，通过利润再分享的机制实现联盟整体利益的最大化，进而实现企业价值的提升。

第一节　价值链成本管理概述

随着科学技术的进步，社会需求的不断变化，市场竞争的加剧，企业管理不再是将一个企业分而治之，而是将企业看作是一个为最终满足客户需求而设计的一系列有密切联系的能够创造价值的价值活动集合。例如在产品设计、原材料采购、产品生产、产品销售及售后服务等价值活动之间，彼此形成一个起始于企业供应商、经过企业内部价值链各环节、完成于销售商的一个由此及彼、由内而外的价值链。在企业的各种价值活动之间，前面一项价值活动为后面的一项价值活动提供服务，后面一项价值活动是前面一项价值活动的客户，彼此形成了一个有机整体。所以，现代企业处于一个以客户为中心的价值链中。

一个企业要创造和保持竞争优势，就必须理解整个价值链，"企业的竞争转变为价值链的竞争。"

成本管理是企业的永恒话题，通过企业内外的网络关系、供应链的重构、谋求价值链的协同效应是实现战略成本管理的新理念。提高客户价值，以创造可持续竞争优势是通过审慎的战略选择实现的。在这一过程中，成本信息发挥着关键性的作用，而成本信息所发挥的作用需要通过战略成本管理的过程来实现。

一、价值链成本和价值链成本管理

（一）价值链成本和价值链成本管理的含义

1．价值链成本的含义

国内外现有的研究对该概念的认识不尽相同。一般来说，价值链成本就是指为了支持价值链上各项活动的有效开展而发生的各种资源耗费，包括产品研发投入、生产制造过程的各种耗费、建立销售渠道和开展售后服务的开支以及上下游关系建立与维护的支出等。价值链成本既包含了由作业活动消耗资源所发生的成本，也包含了价值链企业间的关系管理成本。

2．价值链成本管理的含义

价值链成本管理是企业战略管理的重要内容，是以成本管理为抓手，以价值链优化为导向，以价值创造为核心，是一种关注企业远景规划和发展目标的成本管理工具。它能够使企业从战略高度管理成本，将成本控制落实于企业价值链的各个节点，为获取长期竞争优势提供有效保证。

价值链成本管理以客户价值最大化为管理目标，以价值链联盟核心企业为中心，将价值链上下游各环节点的作业流程和成本分别管理和控制，获取价值链长期竞争优势，以实现价值链整体的价值增值。

价值链成本管理先按照“链”的特征改进其业务流程，再将流程分解细化为具体作业并依据作业流程对成本进行分析，若某一作业流程成本消耗过高，则需完善原有作业流程的路径和环节，最终形成整个战略联盟价值链条上的最优流程。因此，价值链成本管理注重“链”的思维模式，通过一套完整而科学的业务流程，确定企业整个生命周期中各环节的价值和成本，从整体上寻求降低成本的有效途径，促进整个战略联盟的效益最优化。

（二）价值链成本管理的意义

当今企业身处强信息化的时代，日新月异的经济环境推动着企业不断变革进步。企业在日常经营中与它的利益相关者之间有着日益密切的互动与合作，彼此相互依存，形成产业生态圈。因此，行业竞争也不再仅仅是企业个体间独立的对抗，而演变成企业价值链范畴内的协同竞争。企业对自身发展的思考需要包含上下游的利益相关者，不能只是一味降低企业内部的生产成本，更要立足全局关注价值链上的成本管理，通过与上下游的主体相互配合协同在企业生产活动的每一环节都创造出更大的价值，从而确保企业在全产业链的竞争中保持优势。价值链成本管理的意义具体如下：

（1）提高企业整体的效益。基于价值链的企业成本管理方法可以帮助企业高效地分辨出企业内部各项成本投入产出比的高低，从而避免低效率的成本投入活动，提高成本的利用率，提高企业的效益。

（2）帮助企业拓展其成本控制和管理的思路。企业可以和上游的供应商之间协商实现准时供货，根据企业各种产品的销售情况进行货物的搭配，从而有效地降低货物的采购和库存成本。另外，企业也可以和下游的零售商进行沟通，根据产品在市场上的反应，有针对性地实施产品的生产，从而帮助企业拓展其成本控制和管理的思路。

（3）优化企业的价值链结构。企业可以通过价值链分析制定科学的业务整合策略，优化企业的价值链结构，从而实现降低企业成本，提高企业盈利水平的目的。企业可以通过纵向整合，沿着企业原来的价值链进行前后整合，利用联合作业的经济性，帮助企业降低成本。此外，企业也可以根据需要进行业务的横向整合，扩大业务范围，从而帮助企业得到最佳成本效益比和成本优势。

（4）分析竞争对手的价值链结构。价值链成本管理可以帮助企业分析竞争对手的价值链结构，从而发现自身价值链的优势和劣势，从而制定合适的战略措施，在市场竞争中取得优势。

二、价值链成本管理与传统成本管理的区别

（一）现实成本管理的环境变迁

随着科学技术日新月异的变化以及被大量应用于企业实践，现在的社会环境、科技环境等与过去发生了翻天覆地的变化，表现在：

1．社会环境的变化

（1）社会需求的变化。随着社会的发展，人民的生活水平不断提高，人们可自由支配的收入大大增加，对消费提出了越来越高的要求，从而消费者的行为也变得更加理性、更加成熟，要求获得多样化、能体现个性的标新立异的产品。这种社会需求的重大的变化，要求现代企业的生产具有高度的灵活反应能力，也就是能迅速向消费者提供他们所需的量少、质高、多样化的产品。与此相适应，现代企业要想在国际市场谋得一席之地，其传统的大批量、单一化生产方式也要转变为小批量、多样化的生产方式。

（2）卖方市场向买方市场的转变。卖方市场向买方市场的转变使得企业间的竞争愈加激烈。企业为了生存，为了激发消费者的购买欲望，不断向市场提供新产品，而这些产品又很快被更新型、更独特的产品所取代。产品的生命周期越来越短，有些产品还没有达到成熟期就开始退出市场，企业由传统的以产定销转向以销定产的生产方式转变。在企业的经营管理上，从原来单纯的降低成本向低成本、高质量和快速交货、完善售后服务的方向发展。

（3）经济全球化。经济全球化使企业所面对的市场更加广阔，与此同时，企业也要面对更多的竞争对手。因此，企业之间的竞争也更加激烈。企业为了追求企业价值最大化的目标，为了不被市场所淘汰，只有运用比其他企业更加适合本企业、更加有效的管理方法进行企业的经营和管理。

2．技术环境的变化

随着5G时代的到来，人工智能、大数据、互联网+等新技术尤其是信息技术的发

展，促使现代企业不断把高新技术应用到生产中去，借以提高企业生产的信息程度，从而形成一定的计算机网络处理体系。这为成本管理提供了信息管理的平台，达到了信息的及时提供，消除了信息的滞后性。现代企业借助高新技术的力量，通过弹性灵活的生产方式，达到了产品生产的高效率和灵活性，从而在很大程度上促进了企业劳动生产率和经济效益的提高。这进而使得企业对供应商的了解程度提高，更加关注买方需求，强调服务和产品质量，使企业成本管理由只关注生产成本向关注价值链的成本管理转变，同时使得企业采用价值链成本管理的难度降低，提高成本管理的精确化、信息化、智能化。

上面两方面的现实变化，迫使传统成本管理向成本管理的深度和广度发展。

（二）传统成本管理的弊端

1．传统成本控制与管理范围存在的问题

（1）只注重核算产品生产过程的成本，而忽视对产品管理过程的成本核算。传统成本控制只注重核算产品生产过程的成本，而忽视对产品管理过程的成本核算，由此引起在管理上注重与生产有关的作业成本管理，而忽视与生产无关的作业成本控制与管理。对于企业来讲，企业成本由生产成本和非生产成本两部分构成。实际上，随着科学技术的进步，企业生产过程和生产组织发生了重大变革，产品由生产作业引起的成本比重大大下降了，由非生产作业引起的成本却大大上升了。所以利用传统的成本控制与管理，企业成本下降的空间将大大缩小。

（2）只注重投产后成本控制与管理，忽视投产前产品开发和设计成本控制与管理。传统成本控制只注重投产后成本控制与管理，忽视投产前产品开发和设计成本控制与管理。产品投产后，降低各种作业消耗，提高生产效益当然是降低成本的一种途径。但是如果产品设计本身不合理，存在过剩功能，不能利用相对稀缺的经济要素，那么必然造成产品先天的成本缺陷，给投产后的成本控制与管理带来困难。

（3）只注重考核成本本身水平的高低，忽视成本效益水平的高低。原材料、劳动力等资源投入生产的目的在于生产出的产品。评价这种投入的效果，传统成本管理往往把成本的升降作为评价成本控制与管理水平的唯一标准，但事实上并非如此。例如，同样的产品，所处的生命周期不同，其采用的工艺有差异，其成本的稳定程度和下降空间也有差异。因此，降低成本当然是企业成本控制与管理的一个重要方面，但它绝不是评价企业成本控制与管理的唯一标准。企业成本控制与管理的目标应该是通过不断改进产品和工艺的设计，提高企业完成产品的效率和质量水平，从企业整体角度出发消除浪费，降低资源消耗，寻求最有利的产品和相应的投资方向，以促进企业生产经营整个价值链的水平不断提高。

2．传统成本控制与管理信息提供存在的问题

（1）成本信息失真。传统的成本核算方法歪曲了产品的成本信息，主要表现为传统的成本核算主要放在生产过程的成本核算，而不注重与产品生产有关的供应过程及销售过程的成本核算。但实际上随着企业环境的变化，有些企业由后两者有关的作业引起的成本远远超过产品的生产过程本身所引起的成本，因此传统的成本核算方法所提供的企业成本信息的有用性大大下降。传统的成本核算方法将一个或几个成本动因作为间接费用的分配基

础，这种观点过度简化了成本发生的原因，无法真正反映产品成本发生的原因，计算出的产品成本也不十分精确。在现代企业里，由于间接费用占产品总成本的比重日趋增大，产品品种日趋多样化，如果采用在产品品种很少或间接费用数额不大的情况下才适用的做法，将引起成本信息失真，不利于企业成本的控制与管理，也不利于企业管理决策。

（2）成本信息不全面。传统的企业成本控制与管理更注重事中和事后的成本控制与管理，而不注重事前的控制与管理，没有挖掘成本产生的根源，这样就不能深挖企业成本降低的潜力，也很难从深度和广度上实现企业成本的有效控制与管理。

（三）价值链成本管理与传统成本管理的区别

基于上述分析，将价值链成本管理与传统成本管理的不同汇总如表 13-1 所示。

表 13-1　价值链成本管理与传统成本管理的不同

对比项	传统成本管理	价值链成本管理
管理核心目标	成本水平的降低：管理者关注于执行性成本管理和价值链的生产环节，以降低成本、提高效率为单一目标	通过成本管理增强核心竞争力：着眼于企业的战略愿景和规划，通过战略手段对价值链各项环节进行成本管理，以达到形成企业长期竞争优势、提升企业整体价值的最终目的
管理方式	生产主导	需求主导或价值流程主导
对象	以生产为主的制造成本	考虑供应商和客户的关系成本；从研发、设计、采购、生产、销售到服务各领域支出；将成本管理对象扩大为产品的整个生命周期
管理空间范围	单一企业的经济活动	跨组织的经济活动
成本控制原理	通过控制责任中心产品成本，实现成本降低	利用供应商价值链、客户价值链、企业内部价值链，确定成本驱动因素，创造竞争优势
成本动因	以数量为基础的单一成本动因分析	多动因分析，结构性成本动因和执行性成本动因

注：资料出自穆林娟．价值链成本管理：理论、案例与实验，经济科学出版社，2010 年：53 页。

三、价值链成本管理的基本内容

（一）不同层次的价值链成本管理

按照不同的控制层次，价值链成本管理可以分为战略层面价值链成本管理、管理控制层面价值链成本管理和作业层面价值链成本管理，具体如表 13-2 所示。战略层面价值链成本管理是以价值链管理和战略成本管理理论为基础，通过构建价值链反映价值链成本结构、控制价值链成本驱动因素，对价值链成本整体进行分析与管理，并与竞争对手价值链成本进行比较，找到核心竞争力之所在，以达到获得持久成本优势的目的。管理控制层面价值链成本管理是基于价值链战略，采用某种价值链成本管理工具，对价值链各环节的成本进行计划、控制和评价，反映价值链增值和成本消耗过程，并通过追溯成本动因实现成本节约和价值增值。作业层面价值链成本管理是根据目标对价值链具体作业的成本管理，是属于执行层的成本管理，主要通过优化作业流程、技术创新、管理创新等实现资源节约和交易费用的节约。

表 13-2　不同层次的价值链成本管理比较分析

内容	战略层面价值链成本管理	管理控制层面价值链成本管理	作业层面价值链成本管理
目标	成本优势和核心竞争力的获得与保持	对价值链各节点进行成本控制以实现成本目标	具体流程、作业目标的实现
成本属性	战略成本	战术成本	作业成本
主要涉及的成本概念	战略成本、质量成本、产品生命周期成本、环境成本	目标成本、作业成本、责任成本等	作业成本、可控成本等
成本指标	财务指标为主	财务指标为主	大量的非财务指标和财务指标

注：资料出自穆林娟 . 价值链成本管理：理论、案例与实验 . 经济科学出版社，2010 年：58 页。

（二）三维价值链成本管理

企业价值链成本管理由内部价值链成本管理和外部价值链成本管理构成⊖。企业价值链分为内部价值链和外部价值链，且外部价值链包括横向价值链和纵向价值链。这就意味着企业处于三维之中，即纵向一体化、横向一体化和企业内部时间维度中。

1．内部价值链成本管理（时间维度）

在内部价值链分析过程中，通过收集成本信息，优化成本构成，从价值链中分解出增值业务，结合企业战略发展目标，细化为每一增值环节的成本管理的具体目标，从而明确成本管理的重点，针对这些重点环节进行效率分析，找出驱动因素并加以控制，不断寻找提高成本利用效率的途径，确保战略的有效实施。

2．外部价值链成本管理

（1）横向价值链分析（空间维度）。横向价值链分析是针对企业的竞争对手来说的，它的意义在于“知己知彼，百战不殆”，只有通过分析与自己有同等竞争地位的企业的成本状况，才能更好地改进自身管理。了解竞争对手采取的成本战略，首先要从战略层面理性分析企业所面临的竞争环境，如果彼此采取的是相近战略则分析对方的成本管理的优劣势，细化到各环节的成本水平，取其精华弥补自身不足，根据自身企业的运营特点降低成本；或者转变思路，在保持同等成本的基础上为客户提供更具有差异化的产品，进行差异化竞争；或者在经过一系列调查分析之后，选择改变企业的发展策略，避免继续陷入低成本的恶性竞争之中。

（2）纵向价值链分析（战略维度）。企业的发展不仅是由竞争对手决定的，更依赖于整个价值链的每一个主体，依赖于一个健康的产业生态圈。通过纵向价值链分析，可以帮助企业了解行业内供应商、物流商行情，从而选择适合企业经营的合作方；可以帮助企业明确自己在行业价值链中的定位，根据竞争地位来匹配经营策略、选择目标市场、针对客户群进行精准营销、确定分销商。通过分析上下游现状，可以帮助企业思考是否需要进行纵向一体化，找到纵向增值业务，进行纵向优化降低成本。

综上所述，基于价值链的成本管理是一种三维的管理模式，分为战略战术维度、时间维度和空间维度，如图 13-1 所示。

⊖ 引自温素彬、张海琳，管理会计工具及应用案例——价值链成本管理及应用，会计之友，2016 年第 24 期。

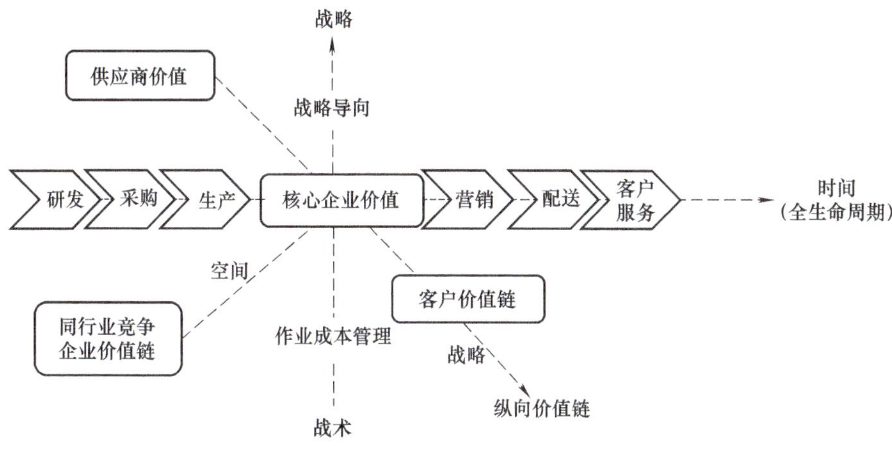

图 13-1　基于价值链的成本管理图

第二节　价值链成本管理方法——产品生命周期成本

价值链成本管理是对价值链中的所有成本进行分析和控制的方法。价值链成本管理方法有很多，但基本思想都是充分利用价值链产生的协同效应、信息共享，实现价值链成本的最优。

一、产品生命周期的基本概念

生命周期（Life Circle）是指从事物的产生至消亡的整个过程。一般地说，产品生命周期的概念可以从下面三个方面来考虑：

（1）生产观。生产观是指从创意到生产出来再到停止生产。这一概念是对产品的生产者而言的，其空间范围仅限于企业内部。以示区别，可以称之为产品生产生命周期。一个产品在生产企业里，总要经过创意过程，即首先有了生产某种产品的愿望并付诸实施，再依次经过研究与开发、设计、试制、小批生产、大批生产直至停止生产的整个过程。

（2）市场观。市场观是指从进入市场到退出市场。这一概念是对某一产品在市场上存续的期间而言的。某种产品从其进入市场到从市场上退出，要经历一个时间跨度，这一时间跨度就是产品的市场生命周期。这一期间是站在市场的角度来认识的。它针对某一种产品而言，并非指某特定企业的产品。如某一型号的计算机，从其最初打入市场到最终退出市场的整个期间，如果该型号的产品已经在市场上存在，而某一厂家开始生产这一产品并投放市场，则并不是产品市场生命周期的开始。市场营销中的生命周期概念通常指的就是这种内涵。不过这种时期的划分要视分析的目的而定，如企业要评价本企业产品所处的市场生命周期则另当别论。产品市场生命周期可以划分为导入期、成长期、成熟期、衰退期。

（3）可消费周期观。可消费周期观是指从购入到报废的整个过程。这一概念是指从产品的购入经过使用磨损至报废的时期。它是站在客户（消费者）的角度来看的，通常指耐用消费品，如家用电器、生产用的设备等固定资产。这一概念对企业同样适用，因为企业既是生产者，同时也是消费者（如设备的全面管理中的使用寿命（包括物理寿命和经济寿命）。对消费者而言，产品在此期间发生的成本包括购置费、安装调试费、维护修理费、维持产品使用状态发生的其他使用费（如水、电费等）。产品的生产生命周期是根据市场的需求即市场生命周期决定的，而生产的产品的质量、成本（往往决定价格）又在一定程度上影响市场上的需求与存续时间。产品的使用寿命周期与产品的生产周期密切相关。研制先进、设计精妙、制作完善的产品不仅寿命适当，发挥效益高，而且使用成本低。

以上分析表明，产品生命周期的三种不同观点对商品和服务的生产厂商来说都非常重要，每一种观念都不能忽视。其中，生产观强调研发、设计、生产、销售等所必需的内部作业，是为了支持企业的销售目标，这种销售支持同时需要资源支出，因此，可将产品生命周期的生产观视为一种成本导向的观点。市场观则与产品生产周期内的销售模式的性质有关，它是一种收入导向的观点。可消费周期观涉及产品性能和价格，这个价格不仅包括客户的购买价格，还包括购后成本，生产商必须关注客户所实现的价值和客户放弃的价值，因此，可消费周期观是一种以客户价值为导向的观点。表 13-3 说明了三种观点各阶段之间的关系。

表 13-3　产品生命周期不同观点的关系

	引进阶段	成长阶段	成熟阶段	衰退阶段
生产观生命周期				
费用：				
产品研发	高	中	中	低
生产研发	中	高	中	低
厂房设备	从低到中	高	中	低
广告	从中到高	高	中	低
服务	低	中	高	低
市场观生命周期				
销售额	低	快速增长	缓慢增长、到达顶峰	逐渐减少
可消费周期观生命周期				
客户价值：				
客户类型	创新者	大众市场	大众市场、产品差异化	落伍者
性能敏感性	高	高	高	中
价格敏感性	低	中	高	中
竞争	没有	逐渐增加	高	低
企业总体盈利能力：				
利润	微利或亏损	高峰水平	中到高	低

二、产品生命周期成本的构成

通常经营管理实务中所说的生命周期是从产品的市场角度而言的，即指该产品从进入市场到退出市场的循环过程。然而，就每件产品从形成到消亡的历程而言，它的经历则是从产品策划、开发设计、生产制造到消费者使用、维修保养、废弃处置这样一种循环。从这一点上来说，生命周期概念涵盖了生产者的视角和消费者（或者说客户）的视角。另外，从社会视角来看，如果把整个社会作为一个广义的消费者，在环境保护等方面也对产品成本提出了要求，如废弃处置成本等。

鉴于整个产品成本的生命周期可以区分为与生产者相关和与消费者使用相关两个主要阶段。因此，产品全生命周期成本的构成相应地可分为两个主要部分：生产成本与消费成本。

1. 生产成本

从生产者的角度来看，产品的全生命周期包括从产品策划、设计开发、生产制造到物流配送和销售一系列过程。生产成本包括设计成本、供应成本、制造成本、销售成本。

（1）设计成本。它包括可行性研究、市场调查、图样设计、产品试验、修改设计、准备技术说明书等所花费的费用。从产品的生命周期看，传统成本法只注重投产后的成本管理，忽视投产前产品开发和设计阶段的成本管理。产品成本控制的重点内容历来是直接材料与直接人工。实际上在成本发生之前，大部分成本便已经被锁定。产品实体成本的形成过程是在生产阶段，但决定产品成本的主要不是生产阶段，而是产品的开发设计阶段。一旦设计方案确定，很难再改变成本发生的数额。研究表明，对于多数产品而言，产品成本的 65% 在产品设计阶段就已经确定了，20% 的成本在产品生产过程中形成，另外 15% 的成本才是生产管理所能控制的。在产品开发过程中修改错误的成本也会随着开发过程的推进发生巨大的变化。有资料表明，如果在设计阶段修改一个错误需要花费 1 000 元的话，在设计检验阶段，这个数字会扩大 10 倍；在流程规划阶段，则上升至 100 倍；而在试产阶段这个数字又会扩大 10 倍。产品一旦投入生产，降低成本的潜力就不大。由于设计本身就决定了产品成本的 65%，因此通过改进设计来降低产品成本是最有效的途径。

（2）供应成本。传统的采购费用等供应成本是直接计入产品成本的，这样就无法对采购部门进行有效管理。为降低成本，采购部门往往只是一味选择价格低的供应商，而忽视供应商提供材料的质量、可靠性及送货的及时性等，从而损害了整个企业的竞争力。而产品生命周期成本管理则不仅仅考虑采购价格，同时考虑采购的原材料的质量、可靠性和送货的及时性等多种因素，对所采购的材料成本在全面成本的概念基础上进行评估，从各方面综合考虑选择合适的供应商。这样使成本管理的外延向前延伸至供应商。计算出供应成本后可以按照作业成本法将该成本转入产品成本，产品设计者则可以在考虑供应成本的各成本驱动因素的基础上对产品做出合理的设计和改进。

（3）制造成本和销售成本。制造成本包括材料、人工成本、半成品运输、存放以及装配、调试、检验、废品、修复等各种费用。对制造成本进行管理是传统成本管理的重心，它采用预测成本、成本计算、成本分析等方法进行成本控制，在生产过程的成本控制方面得到了充分的发展。但现代成本管理的主题不是控制，而在于创新，在于优化资源组合，适度增加成本，营造有利的竞争空间。销售成本包括产品包装、运输、储存、物流以及广告等费用。

2. 消费成本

产品全生命周期延长到消费者阶段是以产品的空间位置发生转移为标志的，即产品由生产者交付给客户，自此以后成本的负担者由生产者转变为消费者。在传统的以卖方为主的历史条件下，生产者对消费者的成本一般是不予考虑的。随着市场经济的发展，买方市场主导地位的确立，企业争夺客户的竞争日趋白热化，所以原本由消费者负担的成本也不得不纳入生产者的考虑范围之内，而且这已成为市场营销战略的重要组成部分。现代市场经济条件下的成本管理目标应该定位为：在生产成本和消费成本两者之间做出科学的权衡，以便产品全生命周期成本总额最低。显然，消费成本已成为一个不可或缺的因素。消费成本包括产品的维修成本、使用成本和回收报废成本。

（1）维修成本。它是指在使用期限内，为维护设备进行修理或更换零件所需花费的费用。如果所设计的机器设备是自己使用，或在给使用一方的合同中有提供维修的保证，则它是机器设备总成本的一部分；如果合同中不承担维修任务，则是使用消耗费用的一部分。

（2）使用成本。它是指消费者购入产品后需要支付的人力消耗、动力消耗、产品担保以及维修保养等的费用。售后服务是产品市场竞争的要素之一，传统成本管理并没有重视到这方面的管理，但在营销方面早就把售后服务作为促销手段，即以增加成本的手段支持市场竞争。现代市场竞争中，客户消费过程的各种情况也是产品竞争力的一部分，为了确保售后产品的维护，许多企业以产品担保金的形式作为成本的组成部分。产品生命周期成本不仅包括生产者发生的成本，而且要把消费者购入产品后发生的使用成本、废弃成本等也包括在内。企业为了取得竞争优势，要满足客户在质量、价格、交货期等方面的要求，力求客户的使用成本尽可能低，把包括消费者成本在内的生命周期成本视为必达目标来加以实现。

需要指出的是，售后服务并不一定等于支出，有的企业把售后服务视作创收的手段，以优质的服务承担担保责任的义务，从而赢得消费者的信任并进一步提供担保范围和担保期以外的有偿服务，以此获得收益。生产者对自己产品的消费服务比之社会服务有天然的优势，如技术、配件等。

（3）回收报废成本。它是指产品报废处理和再生的费用。随着对环境的日益重视，有关专家认为，应将企业为保护环境而发生的各项支出的环境成本考虑进来，以更全面地反映其生命周期成本。理由是：

1）环境成本发生额大且呈现不断上升的趋势。由于人们对环保的日益重视，政府环境立法对企业约束力的增强，公众对环境质量的要求标准越来越高，使得企业的环境支出费用呈现不断上升的趋势。

2）严格的环境保护法的事实已经引入了严格的环境标准，对于污染空气、土壤和地下水的罚款得到加强。往往在产品和工艺设计阶段，环境成本就被锁定了。要避免这些环境成本的负债，企业就必须设计产品、工艺和程序以阻止和降低整个生命周期的污染。

3）环境成本的发生时点不均衡。环境支出不像其他成本项目，如直接材料那样均衡地发生在产品生产过程中，它往往具有突发性或一次性，如违反环境法律受到的罚款而导致的支出、环保设施的投资等。

4）环境成本的潜在成本剧增。环境活动有其特殊性，企业当期生产经营活动对环境的破坏可能并不明显，但这并不表明企业不负担任何环境成本。因为企业对环境的破坏终究要付出代价，并且代价有越来越大的趋势。

产品生命周期成本法打破了财务会计中的会计期间的概念，以产品整个生命周期作为成本核算的期间。由于产品市场生命周期具有不确定性，因此，一般仍应分年进行预算的编制及成本、收入的计算。产品生命周期成本法也不受会计准则的约束，不要求采用制造成本法计算成本，而基本上采用完全成本法的成本概念。因此，产品生命周期成本不仅包括制造成本还包括采购成本、销售成本、管理费用等。

三、产品生命周期成本法的特点

产品生命周期成本是指发生在产品生命周期内的所有成本。西方管理会计教材把产品生命周期称为“摇篮到坟墓”（Cradle to Grave）和“子宫到坟墓”（Womb to Tomb）。前者是指市场生命周期，后者是指从市场生命周期向前扩展到研究与开发、设计与试制的过程。按后一种划分方法具体可以把产品生命周期划分为：开发期、导入期、成长期、成熟期、下降期和终结期。有的也把开发期和导入期合称为投入期，把下降期与终结期合称为衰退期。就企业所消耗的资源而言，产品在其整个生命周期中，发生的所有成本可划分为：研发成本、产品设计成本、产品制造成本、营销成本、分销成本和客户服务成本。

由此可见，产品生命周期成本提供了一项长期的视角，因为它考虑了产品或服务整个生命周期的成本。如图 13-2 所示，产品生命周期的总成本通常划分为三个组成部分——上游成本、制造成本和下游成本。

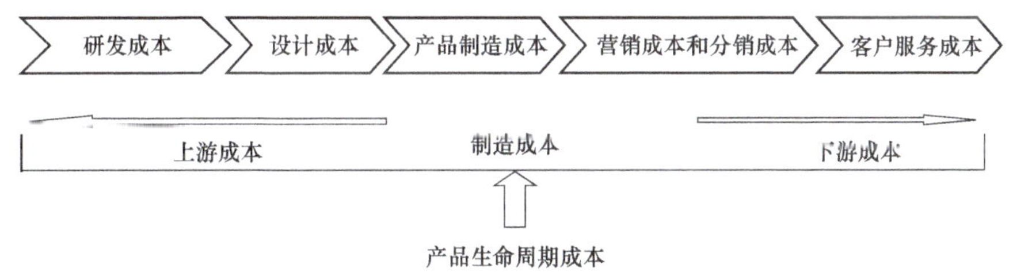

图 13-2　产品生命周期成本

产品生命周期成本法主要有以下几方面的特点：

（1）以产品作为成本归集的对象。归集整个生命周期内的成本有利于管理者了解不同生命周期阶段的成本分布情况，有利于了解每种产品在其生命周期的早期阶段发生的成本占其总成本的比例。可以通过图 13-3 来表示，当曲线从原点引出的时候，那些构想阶段的创意就会最终以产品形式出现在市场上。到设计阶段完成的时候，显然已有 85% 的成本锁定于产品中了。这表明以后的任何成本管理问题都会严重受制于产品本身的设计特征，这可能影响企业取得可持续性的竞争优势。

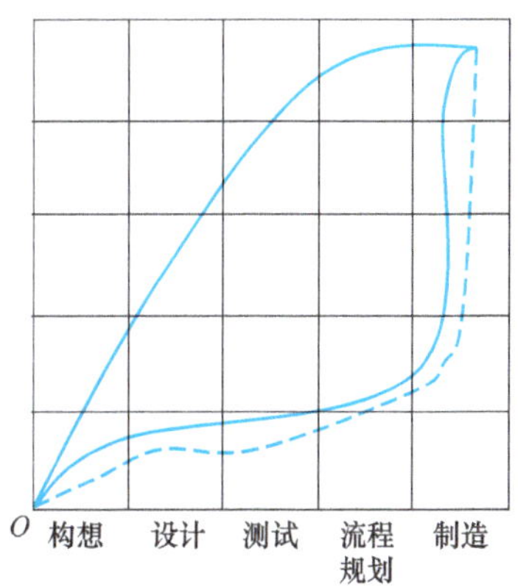

图 13-3　生命周期的开工前阶段

（2）可以综观与每种产品相关的所有收入和费用。在许多会计系统里，产品制造成本是十分明确的。然而，产品生产前的成本（研发成本、设计成本）以及生产完工后的成本（如客户服务成本）往往并未与每件产品相联系。

（3）强调了企业一些功能性成本项目之间的相互关系。例如，对于那些削减其研发和产品设计成本的企业来说，这样做可能会导致以后生命周期年度内客户服务成本的增加。那些成本的上升是因为成本未能满足其允诺的质量表现水平，这些在以日历年度为期间的收益表中被隐藏的业务功能性成本得以在生命周期收入与成本报表中反映出来。

四、产品生命周期成本法的运用

产品生命周期成本法在管理会计中的运用主要表现在如下方面：

1．定价决策

产品要获利，必须达到使产品的销售收入足以补偿产品整个生命周期内发生的所有成本。即，既要考虑投产前的成本也要考虑投产后的成本；既要考虑生产成本又要考虑销售成本和售后服务的成本。因此可以看出，这里所使用的成本概念不再是制造成本概念，而是全部成本概念。另外，定价决策要考虑对处于不同市场生命周期内产品，要采取不同的定价策略。产品在其市场生命周期内销售、成本与利润之间的关系如图13-4和图13-5所示。

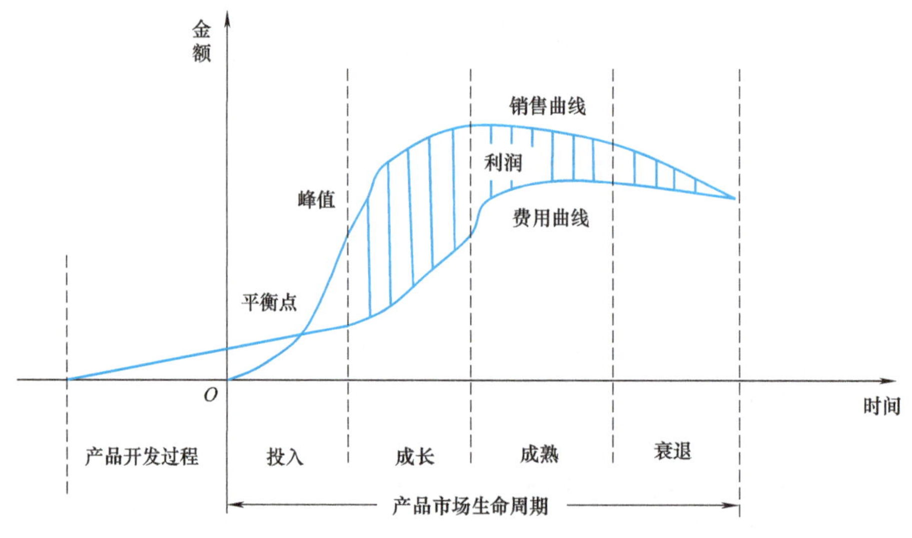

图13-4 销售曲线与费用曲线

产品市场生命周期图中同时反映了销售变化与利润变化。采用两种表示法：一是产品的销售曲线和费用曲线；二是产品销售曲线与利润曲线。需要说明的两点是：

（1）盈亏平衡点。盈亏平衡点是该产品为企业盈利的起点，销售曲线与利润曲线图中，是以同期销量计算，而不是按单位产品计算，因而更有指导意义。平衡点的位置通常在产品生命周期的投入阶段后期，平衡点往往预示着成长期将临。

（2）盈利峰值点。市场学家分析表明，最大盈利点，即利润峰值往往出现在成长期与成熟期的交界处附近，或者出现在 S 型生命周期曲线的第一拐点附近。这意味着利润峰值不一定在销量最大的成熟期，当销量仍然继续增长时，产品利润已经下降。

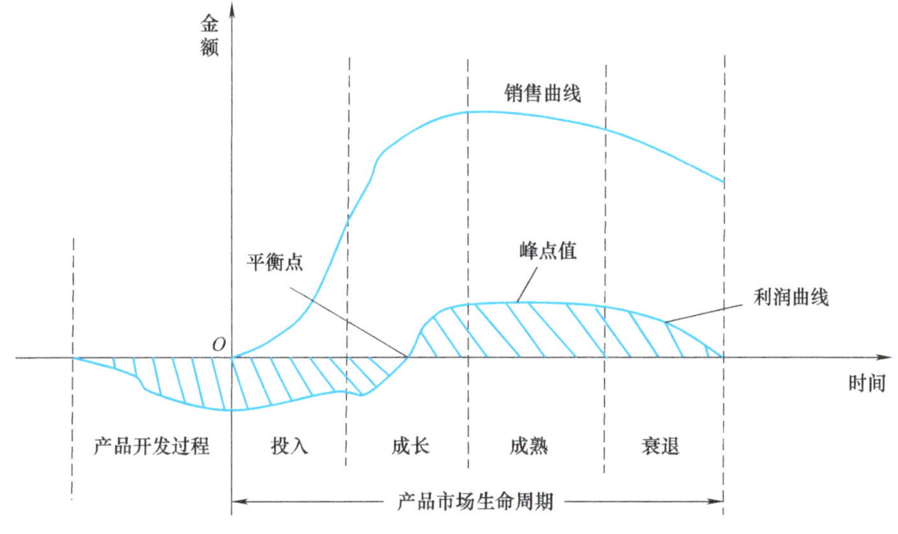

图 13-5　销售曲线与利润曲线

按照西里奇的研究，一项新产品在寿命周期内的成本与价格的一般规律如图 13-6 所示。

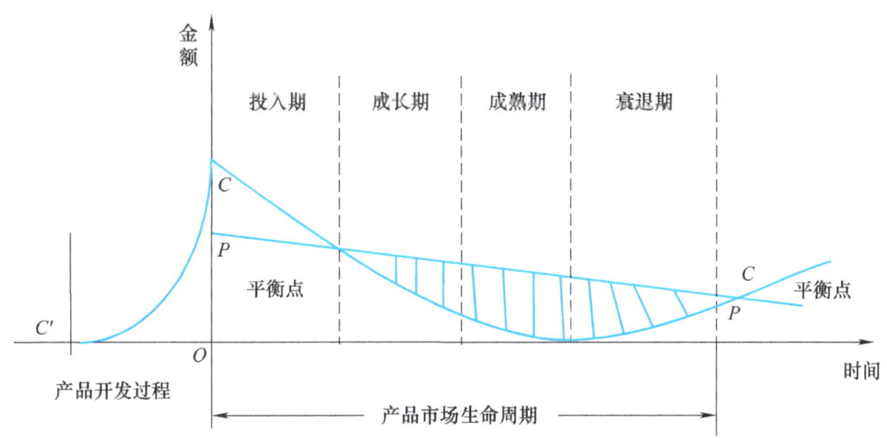

图 13-6　产品成本与价格曲线

1）产品成本曲线 C—C。它表示单位产品从开发过程至占领市场过程中成本的变化情况。在产品开发过程中（C'—C），单位产品成本随开发费用的增加而增加，一般呈二次曲线递增。因为随着开发过程的进行，企业投入的资金、人力和物力都会不断增加。

新产品投入市场初期，企业处于试制或小批量生产阶段，可能还缺乏生产和管理经验，工人尚不熟练，因此制造成本高；促销费用、营销费用也较高。随着产品被市场接受，销量增加产量增大，使总成本不断降低。当产品需求渐趋饱和而出现衰退迹象时，如果企业尚未从生产线上撤出该产品又要投入更高的营销费用以维持市场地位，成本又开始上升，则整个 C—C 曲线在产品市场生命周期中呈现凹形二次曲线。

2）产品价格曲线 P—P。它是被假设为一条递减的近似直线。这种假设的根据是，新产品上市初期，消费者主要关心产品的新度和可能从中获得的消费利益，加之缺乏价格的可比性，因而消费者可能接受较高的定价；随着产品生命的持续，将会有越来越多的竞争产品，价格竞争导致企业产品的价格逐渐下降；随着企业生产成本与营销成本的降低，企业有可能让消费者分享高生产率和高经营效率所带来的利益。

3）盈亏平衡点。按单位产品核算，C—C 曲线与 P—P 曲线的交点即为盈亏平衡点。前一个平衡点出现在投入期的后期或成长期之初，具体位置与产品和行业特征关系较紧密。前一个平衡点是产品盈利的开始，后一个平衡点是盈利的结束。

2．新产品开发决策

新产品的开发要考虑到新产品的市场前景，因此要在充分的市场调查基础上做出决策。新产品在具有了市场上的可销性及技术上的可行性后，接下来要考虑的就是经济上的可行性。经济上的可行性仍需以整个产品市场生命周期的收入补偿成本，并取得盈余，其机理同上。

3．战略成本管理

只有达到产品整个周期的成本最低方为有利于提高客户价值。因此，企业不仅要对生产成本予以关注，还要对产品的开发、研制、设计以及售后服务进行控制。另外，企业还可以根据产品所处不同的市场生命周期制定不同的战略，如产品由于市场成长率与相对市场份额的双重作用而制定的战略。具体如图 13-7 所示。

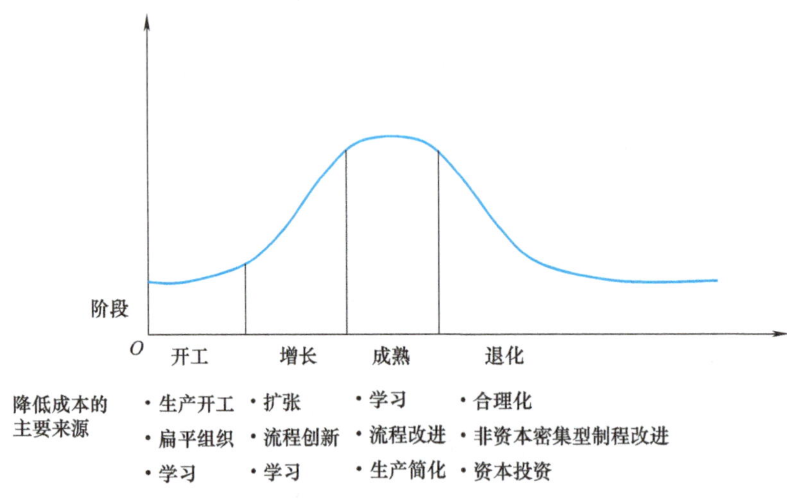

图 13-7　产品市场生命周期：降低成本的主要来源

4．业绩评价

利用产品生命周期成本法进行业绩评价的主要思路是，必须从整个生命周期的获利情况来对不同的部门、人员的业绩进行考核。如产品投产前阶段，主要考核研究开发部门的业绩。产品开发的业绩如何，往往要等到产品市场生命周期走向成长期才能看清趋势，不能仅凭开发新产品数量或工作量进行考评。

第三节 价值链成本管理方法——目标成本法与 Kaizen 成本法

一、目标成本法的基本概述

（一）目标成本法的基本概念

目标成本法（Target Costing/Cost Design）又可译为成本企划（成本企画），这种方法起源于日本，是目前代表全球成本管理新思潮的一种全新的成本管理模式，按照日本“成本企划特别委员会”的定义，成本企划是企业“在产品的策划、开发中，根据客户需求设定相应的目标，希望同时达成这些目标的综合性利润管理活动”。[⊖]该定义强调：①成本企划的目的是“客户满意”（Customer Satisfaction，CS）；②其手段是综合性的，将工程方法、组织措施和会计计量融为一体；③它以成本管理的形式达成终极利润管理的目标。

目标成本法的主要特点是以市场为导向，将技术与经济相结合，其计算公式为

目标成本 = 目标价格 − 期望利润

从目标成本的计算公式可知，目标成本是指为获取预定的市场份额所需的、客户愿意支付的竞争性价格与要求达到的单位利润之间的差额。目标价格反映了客户所看重的产品设计及功能。企业总体性目标成本制定以后，还应把它进一步分解、落实，依次分为研究人员、开发人员、设计人员和生产人员等制定成本目标。如发现某一个环节的成本目标无法实现，进而影响企业总体性的利润目标不能实现，管理层就应重新审视这一产品生产方案的可行性。在采用相应改进措施后，如果从总体上还不能达到预定目标成本，原定的生产方案就应被更可行的生产方案所取代。若通过分析研究，认定原生产方案的实施还存在着进一步降低成本的潜力，则应采取有效措施，执行一个既能满足客户对产品功能上的需求，又能把成本降低到目标成本以下的成本降低方案，以保证企业的生产经营能够同时满足目标利润与目标成本的双重要求。

（二）目标成本法与标准成本法的区别

需要明确的是，目标成本和标准成本不能混为一谈。从某种意义上说，标准成本是目标成本的一种形式，因为它也是在产品投产前由企业的设计部门制定的在成本上要求实现的目标。然而，目标成本和标准成本还是有区别的，主要表现在：

（1）目标成本的制定，是以市场为导向，以产品在市场上具有竞争能力的售价为基础，扣除企业的利润期望值而得出企业在成本上应达到的目标。而在 20 世纪初期由泰罗制衍生出的标准成本系统，所处的历史时期是以买方市场为主导，产品生产出来以后不愁卖不出去，因此企业可根据其内部条件制定设计标准，确定应达到的标准成本水平。由此可见，基于时代背景不同，企业设计部门在制定标准成本和目标成本时，所遵循的设计理念是完全不同的。

⊖ 转引自葛家澍、余绪缨等，《会计大典》第 5 卷《管理会计》，中国财政经济出版社，1999 年：301 页；源自“成本企业特别委员会”《成本企划研究的课题》（1994 年度成本企划特别委员会报告草案）。

（2）降低成本的侧重点不同。从现代市场经济的客观实践看，目标成本法把降低成本的重点放在企业产品的研究、开发、规划与设计阶段，而标准成本法则把重点放在产品投产后的制造阶段，如图 13-8 所示。

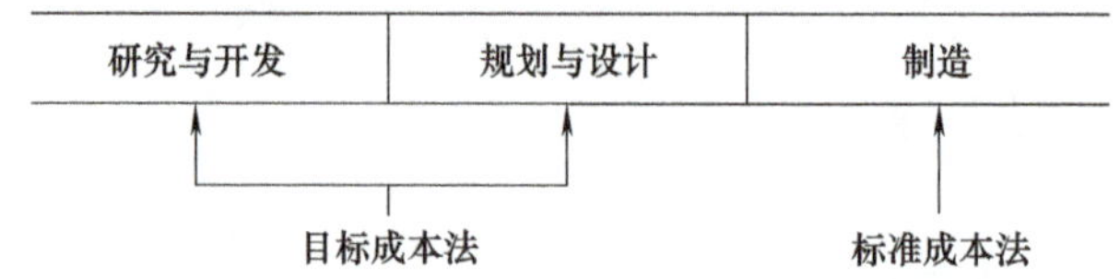

图 13-8　目标成本法与标准成本法的成本降低重点

实践证明，产品成本的大多数份额是在研究、开发、设计阶段就被决定了的，而在制造阶段通常是按既定的设计方案组织生产，对降低成本已经没有太多可挖掘的潜力了，可见舍前取后，无异于舍本而逐末。

（三）目标成本法的产生及发展

目标成本法由日本丰田汽车公司率先创立，并以术语形式出现于 1959 年的丰田社史之中，1962 年它又导入了价值工程（Value Engineering，VE）这一重要理念，1965 年其应用范围由新型皇冠车的开发设计阶段扩展到以全部车种为对象的管理活动。成本企划从售价入手，不断降低汽车制造成本，以满足客户价廉物美的需求。丰田汽车公司没有将降低成本的目光局限于制造环节，而转向制造阶段之前，即从新车的规划、设计、试生产等阶段实施，扩展到以全部车种为对象的确保目标利润实现的管理活动中，广泛建立了一种新的“目标利润——目标成本管理”方法模型。其思想精髓是“开发新型车的目标利润和目标成本管理，实现将规格、型号、性能和质量注入产品的同时，连同成本一并注入。”1973 年的石油危机使成本企划真正作为企业确保目标利润的手段而发展成为集会计、工程与组织三重力量于一身的一种成本管理方法。

成本企划具有大幅降低成本的功效，并已为企业界所公认，如丰田公司利用成本企划重新设计生产过程，在 5 年内把 800 吨冲压机的启动时间由 1 小时缩短到 12 分钟以下，为企业节约了大量成本。⊖ 目前，除了广泛应用于装配型企业，在冶金、化工、纺织、食品等行业，成本企划也有一定程度的推广应用。不仅如此，成本企划在理论界同样引起了震动，具有世界影响力的美国管理会计学家库珀教授曾专程赴日本考察成本企划的应用，日本会计学会也组建了“成本企划特别委员会”，对成本企划进行专门的研究。

二、成本企划的基本原理、实施步骤

（一）成本企划的基本原理

从本质上看，成本企划是一种对企业的未来利润进行战略性管理的技术。其基本做法是首先确定待开发产品的生命周期成本，然后由企业在这个成本水平上开发生产拥有特定功能和质量的并且若以预计的价格出售就有足够盈利的产品。成本企划使得企业成本成为产品开发过程中的积极因素，而不是事后的消极结果。在日本，成本企划已不再被看作是

⊖ 引自 Ronald W. Hilton，管理会计（原书第四版），耿建新等译，机械工业出版社，2000 年：184 页。

一项独立的工作，而是整个产品开发过程中的一部分。美国管理会计学家库珀和斯拉莫得对运用成本企划较为成熟的七家日本企业（包括丰田和尼桑）进行了为期数月的考察，在经过高度提炼和规范之后，将成本企划的过程划分为如图 13-9 所示的三个部分。

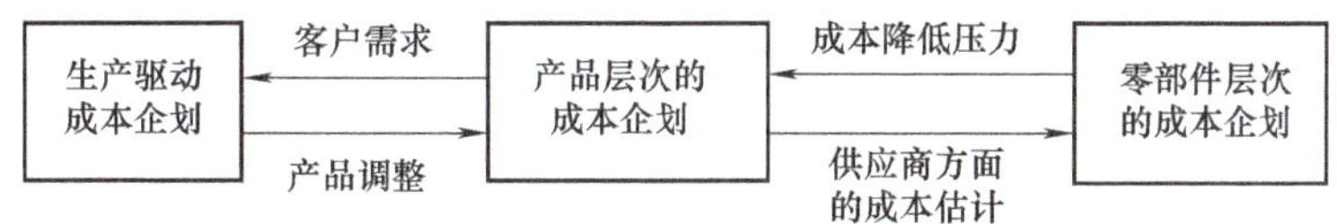

图 13-9 成本企划的过程

（二）成本企划的实施步骤

实践中，成本企划随应用的行业、企业不同而呈现出不同的形态，如丰田汽车公司的成本企划与日产汽车公司的成本企划就有很大不同，但其应用一般都遵循如下步骤：

（1）制定目标价格。根据客户需求进行产品设计，确定客户对产品功能的认知价格，即目标价格。

（2）测定目标成本方法。采用一定的方法，如加算法、扣除法等，确定目标成本。

（3）分解目标成本。将目标成本分解，利用价值工程等方法使目标成本达成。这一步主要是改进设计以达到目标成本。产品的目标成本确定之后，可与企业目前的相关产品成本相比较，确定成本差距，而这一差距就是设计小组的成本降低目标，也是其面临的成本压力。

第一步中，企业在进行产品设计时，主要识别客户的需求和他对满足其需求所认可的价格，消除那些不被客户认可的产品功能，因为客户是不会为其认为没有价值的产品功能而付费的。

第三步“目标成本的分解及达成”是成本企划的中心环节。在这一环节中，企业可以根据自身的特点，按照产品的功能、构成、要素或相关人员等进行目标成本的分解，然后采用一定的方法使目标成本达成。若目标成本未达成，则返回到上一步，进行目标成本的重新设定，如此反复，直至目标成本达成。在目标成本的计算方面，没有协商的余地，目标成本不能达成，产品就不能投入生产。这一环节体现了成本企划的“目标成本设定、分解、达成、再设定、再分解、再达成……”的成本挤压特点，这也是日本企业为什么能持续地保持低成本的一个原因。质量功能分解（QFD）、价值工程（VE）、拆卸分析、工程再造、权衡法、设计评价法、成本保留法等方法是为达成目标成本而经常采用的方法。其中，VE 是目标成本达成所采用的主要方法。QFD 旨在识别客户需求，并比较分析其与设计小组计划满足的需求的差距，以支持价值工程的设计过程。VE 是一种用来评价与改进设计方案，提高产品价值的系统性方法。其一般通过下述两种方式实现成本降低目标：一是在保证产品功能的前提下，削减其零部件成本和制造成本；二是通过削减不必要的产品功能来降低成本。工程再造通过对已设计的或已存在的加工过程进行再设计，以期进一步降低成本。

企业在实施成本企划时，通常要组成设计小组。设计小组由来自设计、生产、采购、市场、会计等部门的人员组成，这样可以做到优势互补。在工作中，小组内部人员不能强调部门功能，必须以将符合目标功能、目标品质和目标价格的产品投放市场为宗旨。

三、成本企划的特点及压缩方法

（一）成本企划的特点

成本企划体现了战略成本管理的基本思想，曾被美国《财富》杂志誉为“锋利的日本秘密武器”㊀，它是日本企业以低价与西方企业竞争、以新产品击败竞争对手的法宝。概括起来，成本企划具有以下特点：

（1）客户与市场导向。成本企划以客户认可的价格、功能、需求量等因素为出发点进行产品设计，其“价格引导的成本计算”（Price-led Costing）机制令其提供的产品的适销性及竞争力更强。成本企划中所确定的各个层次目标成本都直接或间接来源于激烈竞争的市场，按照这种目标成本进行成本控制和业绩评价明显有助于增强企业的竞争地位。

（2）源流控制思想。成本企划抓住要害，在产品的设计阶段就考虑占产品成本80%的约束性成本㊁，将成本管理重心从生产阶段转移到设计、构思、开发、策划阶段，从源头上控制成本，拓展了成本管理的空间，加大了成本管理的力度。

（3）管理工程的控制手段。账簿上的成本仅是生产结果的财务反映，成本企划从工学、技术方面改进生产过程，对控制成本产生更为直接的影响。

（4）全生命周期成本。成本企划的实施意味着成本管理的范围得以向产品的整个生命周期扩张，全生命周期成本涵盖产品从开发设计、生产、营销到消费者的使用、维修、废弃等全过程的成本，这使得成本企划视角长远、关注客户，有助于企业持久竞争优势的形成。

（5）前馈式的成本控制。成本企划倡导的是一种前馈式成本管理，成本控制重点的前移使管理者更注重产品开发设计阶段，着眼于成本发生的源泉，做事前的全盘分析，其特征是通过对计划的控制做预防性管理，即事先在图样上就制定过程进行了一次预演，由此得出信息并在此基础上及时调整策略以控制产品成本，实现成本的前馈式管理。可见，成本企划已将可挖掘的成本从传统真实的生产现场转移到了设计图样等虚拟场所，重点从业务过程的下游转移到了上游。

（6）综合性成本管理。为了能在产品整个生命周期中（包括产品的策划、开发、设计、试生产、生产营销及售后服务等）实行成本控制，成本企划要求成立一种包括总经理、工程师、产品项目经理、车间主任、班组长、营销人员、财务经理及技术人员在内的跨部门超团队成本管理组织机构，并注重团队的合作与协调。团队的共同目标是在保证目标利润的前提下，将具有目标功能、质量、价格的产品发送给特定的客户和客户群体。成本企划的基本原则是：客户不认可的功能（如没有使用价值的功能）不能为企业带来额外收益，应当除去。

（二）成本企划的成本压缩方法

目标成本是为了获得预计市场份额所需的销售价格与期望单位利润之间的差额。售价

㊀ 引自 Worthy Ford S, Japan's Smart Secret Weapon, Fortune, 1991年8月12日。

㊁ 引自罗伯特·S.卡普兰、安东尼·A.阿特金森，高级管理会计，吕长江主译，东北财经大学出版社，1999年：230页。

反映了客户愿意掏钱购买的产品规格或功能。如果目标成本低于现时可达到成本，那么企业管理层就必须寻找使实际成本更加接近目标成本的成本降低方法。寻找这些成本下降方法是目标成本法所面临的主要困难。

通常我们使用以下三种成本压缩方法：

（1）反向设计法。反向设计法通过详细研究竞争者的产品结构，以期发现该产品中导致成本降低的更多设计特征。

（2）价值分析法。价值分析法试图评价客户对各种产品功能的重视程度。如果客户愿意为某特定功能支付的价格低于其成本，那么就应考虑去除这一功能。另一种可行的方法是找到降低提供这一功能成本的途径，如使用通用元件。

（3）流程改进法。产品生产和营销的流程同样也是降低成本的潜在源头。因此，重新设计流程以提高效率也有助于实现成本的降低。

反向设计法和价值分析法都关注产品的设计以达到降低成本的目的，为客户提供价值。目标成本法的模型如图 13-10 所示。

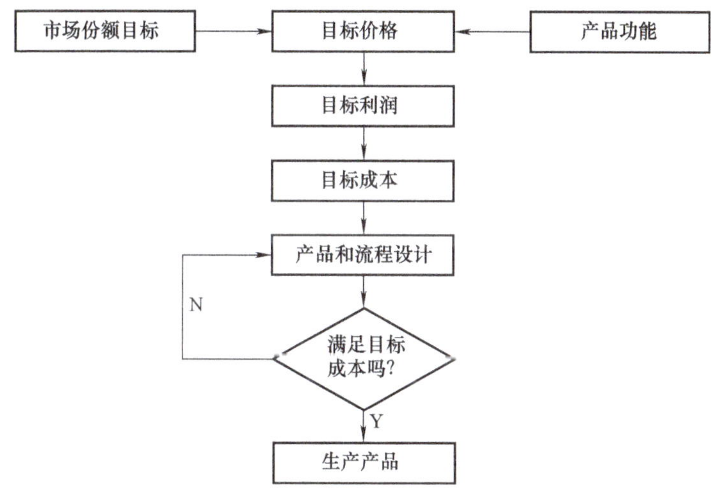

图 13-10　目标成本法模型

四、Kaizen 成本法（改善成本法）

Kaizen 是一个日本词汇，具有“持续不断改进”（Continuous Improvement）之意。改善成本法是通过合理化建议的实施，达到提高工作效率、保证和提高产品质量、改善工作环境和降低成本的效果，并激发企业员工的积极性创造性，推动企业的发展。改善成本法以“成本可以持续改善”为核心理念，反映了“降低成本的潜力无止境”的成本管理意识。这种成本意识是企业长期保持成本优势的基础。“目标成本计算”主要致力于在新产品的开发、设计阶段降低成本，而“Kaizen 成本计算”是指通过持续不断的改进，致力于在现有产品的制造阶段逐步降低成本。

改善成本法将成本降低的重点放在产品生命周期的生产制造阶段，是对于目标成本法的补充。在一个设计周到的价值链成本管理项目中，目标成本法和改善成本法紧密合作，确保按足够的成本降低压力贯穿整个价值链各个企业和产品的生命周期阶段。改善成本法也是前馈型成本管理方法，通过预期的成本降低需要来制定产品成本的降低目标，而不是成本超标后再做出反应。

改善成本法的实施方式为：期间型、项目型、费用型。这三种方式有不同的目标和重点，⊖具体如表 13-4 所示。

表 13-4 改善成本法的目标与重点

改善成本法	目标	重点
期间型	降低生产过程成本	直接成本
项目型	降低特定产品成本	直接成本
费用型	降低费用、维持成本	间接成本

（1）期间型改善成本法。期间型改善成本法的目标是来降低生产过程的成本。大部分企业利用这种成本的降低来维持其盈利能力。

（2）项目型改善成本法。项目型改善成本法的目标是降低特定产品的成本，以获得长期利润。这样的介入手段既可以用于成本过高的新品，也可以用于售价下调程度高于成本降低程度的成熟产品。

（3）费用型改善成本法。费用型改善成本法旨在减少产品组合的复杂性，从而降低项目的费用成本。

总体而言，期间型和项目型改善成本法侧重于直接成本控制，而费用型改善成本法则侧重于间接成本控制。以上三种改善成本法方式的主要不同点在于它们将购货商成本压力转移到供应商的方式。在期间型改善成本法下，每个组件的售价降低了；在项目型改善成本法下，只有特别选中的一些组件的成本被降低；费用型改善成本法并不将压力转移给供应商，而是通过简化产品订单的组合复杂性来降低项目的费用成本。通过运用费用型改善成本法，购货商在降低零件组合的复杂程度的同时，也降低了从供应商处购买的零件组合的复杂程度，从而达到成本降低的目标。

Kaizen 成本计算主要通过寻求改进现有生产程序，进一步提高其效率，来达到不断降低生产现有产品成本的目的。为此，经理人员和管理会计师必须深刻洞察生产经营的各个环节现有的进一步改进的潜力，尽可能采取有效措施，使可能转变为现实，使企业整体的生产经营经常处于不断改进的状态中。

在这里，必须明确 Kaizen 成本计算与传统的标准成本计算的关系。前已指出，标准成本计算，是以企业的高层领导根据企业一定期间开始时的技术经济条件所制定的成本标准为起点，直至期末再将这一期间内实际发生成本与标准成本进行比较，进行差异分析，据以采取有效措施，发展有利差异、消除不利差异，达到降低成本的目的。因而它具有明显的“间歇性”（期间性）。而 Kaizen 成本计算则不然，它通过持续的、渐进式的微小的改进，使产品成本的降低贯穿于制造过程的始终，因而具有明显的动态性。

为了使 Kaizen 成本计算能充分发挥其效率，企业必须为生产第一线的员工持续不断地提供详细的成本资料（一般采用传统标准成本计算的企业并不这样做），生产第一线的

⊖ 引自温素斌，管理会计理论·模型·案例（第3版），机械工业出版社，2018年。

员工及时掌握各项成本瞬时的升降动态，为他们能据以随时洞察其变动的因果关系，使其能不失时机地促使制造成本的不断降低。这种从小处着手，坚持不懈地采取渐进式的改进所取得的成果，累积起来也可能是很可观的。因此 Kaizen 成本计算的有效性，须以广大员工成本意识的高涨及其在挖掘降低成本中主动性、积极性、创造性的充分发挥为条件，否则，将难以实现预期效果。

五、目标成本计算综合例解

实行目标成本法通常采用五个步骤：确定目标价格；确定期望利润；用目标价格减期望利润计算目标成本；运用价值工程鉴别降低产品成本的途径；运用 Kaizen 成本法和经营控制进一步降低成本。以下通过具体实例，详细阐述这五个步骤的具体运用。

例 13-1 M 公司是一家大型机械制造公司，该公司准备生产 A、B、C 三种不同类型的机床，机床的预计生命周期为 50 年，利用目标成本计算，通过一系列程序确定这三种机床投产的可行性。A、B、C 三种机床的综合性数据如表 13-5 所示。

表 13-5 机床综合数据

	机床A	机床B	机床C
预计生命周期内总产量（台）	480 000	2 300 000	1 900 000
目标平均单位售价（元）	8 600	5 100	7 600
目标平均单位利润（元）	1 400	900	1 200
目标单位成本（元）	7 200	4 200	6 400
根据现行条件的设计成本（元/台）			
原材料成本（元/台）	2 900	1 800	2 700
外购配件成本（元/台）	2 400	1 500	1 900
间接成本（元/台）	3 802	2 175	3 273
合 计	9 102	5 475	7 873

表 13-5 表明，根据现有条件 A、B、C 三种机床的设计成本分别为 9 102 元、5 475 元和 7 873 元，大于各自的目标成本 7 200 元、4 200 元和 6 400 元，从而使目标利润无法实现。为此，就应采取实施目标成本计算所采取的各项措施，进一步降低现行的设计成本，力求使预定的目标成本和目标利润得以实现。为此，首先要对表 13-5 中所列的间接成本做具体的分析，如表 13-6 ~ 表 13-8 所示。

表 13-6 单位层次的间接成本

"单位"层次的间接成本					
成本项目	动因	单位动因成本（元）	动因单位		
			机床A	机床B	机床C
装配	装配小时	41	6	11	3
质量保证	检测小时	33	2	6	1

（续）

"单位"层次的间接成本					
成本项目	动因	单位动因成本（元）	动 因 单 位		
			机床A	机床B	机床C
再加工	人工小时	27	2	9	1
原材料整理	整理小时	15	3	5	2
"批"层次的间接成本					
成本项目	动因	单位动因成本（元）	动 因 单 位		
			机床A	机床B	机床C
搬运	搬运小时	35	6		20
准备	准备小时	160	7		11

表 13-7 产品层次的间接成本

"产品"层次的间接成本						
成本项目	机床A		机床B		机床C	
	总成本（元）	单位成本（元）	总成本（元）	单位成本（元）	总成本（元）	单位成本（元）
工程	70 000 000	146	48 000 000	21	56 000 000	29
监督	5 800 000	12	9 000 000	4	9 000 000	5

表 13-8 综合能力维持层次的间接成本

"综合能力维持"层次的间接成本					
成本项目	动因	单位动因成本（元）	动 因 单 位		
			机床A	机床B	机床C
综合性管理费用	人工小时	17	15	9	3
综合性制造费用	原材料成本	1.03	1 600	1 000	500

表 13-7 中"产品"层次的间接成本是用为完成预计生产各产品在它们生命周期内的总产量的预计总成本除以该产品在该期间内的总产量而得到的单位成本。表 13-8 中"综合能力维持层次"的间接成本是指为完成预计生产各产品在它们生命周期内的总产量预计的以成本动因表现的综合能力维持成本。这表明，从长期来看，如果机床总产量有较大的变动，其综合能力及其维持成本也要做相应的调整。

对以上表 13-5 ~ 表 13-8 提供的资料进行综合，可得到表 13-9 中各产品生命周期内预计的目标成本、设计成本、目标利润、预计利润的对比情况。

表 13-9 生命周期内成本、利润测算

	机床A	机床B	机床C
生命周期内总产量（台）	480 000	2 300 000	1 900 000
单位售价（元）	8 600	5 100	7 600

（续）

	机床A	机床B	机床C
材料成本（元）			
原材料成本	2 900	1 800	2 700
外购配件成本	2 400	1 500	1 900
“单位”层次成本（元）			
装配	246	451	123
质量保证	66	198	33
再加工	54	243	27
原材料整理	45	75	30
“批”层次成本（元）			
搬运	210	0	700
准备	1 120	0	1 760
“产品”层次成本（元）			
工程	146	21	29
监督	12	4	5
“综合能力维持”层次成本（元）			
综合性管理	255	153	51
综合性制造费用	1 648	1 030	515
总设计成本（元）	9 102	5 475	7 873
预计利润（元）	-502	-375	-273
目标利润（元）	1 400	900	1 200
预计利润与目标利润之差（元）	-1 902	-1 275	-1 473

从表 13-9 中可以看到，由于三种机床的设计成本高于目标成本，使预定的目标利润无法实现，因而要进一步采取措施，寻求降低现有设计成本的途径，可采取的主要措施包括：

1. 价值工程

价值工程（VE）的目的是以最低的成本去实现或者创造某种产品或作业应具备的必要功能，以使该产品或作业达到最佳的价值。如果某零件的成本较高，而其功能也超过其预定的要求，说明该零件成本偏高或功能过剩，应予改进。

据此，本例中，M 公司特设置一个专门小组，实施价值工程，他们从公司的竞争对手那里购进同种类型的机床，进行解剖分析，然后以此为基础形成了新的设计观念和设计方案，使新的设计方案能达到以较低的成本达到其原有的功能，并尽量消除不必要的功能。价值工程实施的结果，导致相关的成本数据发生变动，如表 13-10 所示。

表 13-10　VE 实施情况

改变的项目	机床A	机床B	机床C
原材料成本（元）	2 700	1 700	2 300
外购配件成本（元）	2 100	1 300	1 700
装配小时（装配小时）	4	9	2
再加工小时（人工小时）	1	7	1

根据表 13-10 提供的变动后的数据，对该公司各产品的总设计成本重新进行计算，并使之与目标成本进行对比，如表 13-11 所示。

表 13-11　VE 实施后的指标测算

	机床A	机床B	机床C
生命周期内总产量（台）	480 000	2 300 000	1 900 000
单位售价（元）	8 600	5 100	7 600
材料成本（元）			
原材料成本	2 700	1 700	2 300
外购配件成本	2 100	1 300	1 700
“单位”层次成本（元）			
装配	164	369	82
质量保证	66	198	33
再加工	27	189	27
原材料整理	45	75	30
“批”层次成本（元）			
搬运	210	0	700
准备	1 120	0	1 760
“产品”层次成本（元）			
工程	146	21	29
监督	12	4	5
“综合能力维持”层次成本（元）			
综合性管理	255	153	51
综合性制造费用	1 648	1 030	515
总设计成本（元）	8 493	5 039	7 232
预计利润（元）	107	61	368
目标利润（元）	1 400	900	1 200
预计利润与目标利润之差（元）	-1 293	-839	-832

表 13-11 提供的数据表明，该公司通过实施价值工程，虽使某些指标有一定的改善，但总体上仍达不到预定目标利润的要求，因而还需寻求进一步降低现有设计成本的途径，其中一种方法就是进行“功能分析”。

2．功能分析

M 公司三种机床的功能主要体现在动能、油耗、重量和静音这几个方面。功能分析（Functional Analysis）涉及成本、功能、价值（这里指客户在购买时愿意支付的代价），它们之间的关系表现为

$$价值=\frac{功能}{成本}$$

上式表明，功能与成本的变动都会对客户在购买时愿意支付的代价（即企业的销售收入）发生影响。进行功能分析旨在生产保证让客户满意其功能的产品时，尽可能降低成本，以增进企业的经济效益。

据此，M 公司的设计人员可以同相关客户进行协商，同他们商讨在对发动机的某些功能做一定的改变时，他们能否接受；对产品功能做了一定的改变后，他们在购买时愿意支付的价格是多少；同时，测算出当产品功能改变时，对成本的影响程度。

经过上述程序，得到如表 13-12 所示的结果。

表 13-12 功能分析后数据

	机床A	机床B	机床C
单位售价（元）	8 700	5 500	7 900
原材料成本（元）	2 500	1 400	2 000
材料处理工时（小时）	2	4	1
装配工时（小时）	3	7	1
工程成本（万元）	5 000	3 200	3 800

根据以上功能分析导致的相关数据的改变，对该公司各产品的总设计成本重新进行计算，并使之与目标成本相对比，如表 13-13 所示。

表 13-13 功能分析后的指标测算

	机床A	机床B	机床C
生命期内总产量（台）	480 000	2 300 000	1 900 000
单位售价（元）	8 700	5 500	7 900
材料成本（元）			
原材料成本	2 500	1 400	2 000
外购配件成本	2 100	1 300	1 700
“单位”层次成本（元）			
装配	123	287	41
质量保证	66	198	33
再加工	27	189	27
原材料整理	30	60	15
“批”层次成本（元）			
搬运	210	0	700

（续）

	机床A	机床B	机床C
准备	1 120	0	1 760
“产品”层次成本（元）			
工程	104	14	20
监督	12	4	5
“综合能力维持”层次成本（元）			
综合性管理	255	153	51
综合性制造费用	1 648	1 030	515
总设计成本（元）	8 195	4 635	6 867
预计利润（元）	505	865	1 033
目标利润（元）	1 400	900	1 200
预计利润与目标利润之差（元）	−895	−35	−167

3. 流程再造

表 13-13 提供的数据表明，该公司通过实施功能分析，使某些指标有了一定程度的改善，但总体上仍然达不到预定目标利润的要求，因而还需另辟蹊径，进一步降低表 13-13 所列示的总设计成本，力求使预定的目标利润得以顺利实现。为此，必须从更深的层次上革新设计思想，从总体上对企业进行内部工程再造。因此，设计小组应着重对产品的生产过程重新进行审视，采用新的设计方式，对产品的加工和装配程序进行重新设计，同原材料和外购件的供应者联系，创建适时生产系统，重新组织生产线，废除传统的加工方式而建立“制造单元”（Manufacturing Cell），这种方式属于流程再造（Reengineering）。这些改变，特别有利于清除生产中不增加价值的作业，同时也有利于提高生产中增加价值作业的效率。

M 公司通过流程再造，使三种机床的数据资料变动如表 13-14 所示。

表 13-14　流程再造后数据

	机床A	机床B	机床C
装配工时（小时）	2	6	2
材料处理工时（小时）	1	3.5	1
监测工时（小时）	1	5.5	1
再加工工时（小时）	0.8	7	2
搬运工时（小时）	3		19
准备工时（小时）	3		10
工程成本（包括程序重设计成本）（万元）	2 500	3 200	3 300

根据上述流程再造所实现的改变，对该公司三种机床的总设计成本进行重新计算，并

使之与目标成本相比较，如表 13-15 所示。

表 13-15 设计成本变化后的指标测算

	机床A	机床B	机床C
生命期内总产量（台）	480 000	2 300 000	1 900 000
单位售价（元）	8 700	5 500	7 900
材料成本（元）			
原材料成本	2 500	1 400	2 000
外购配件成本	2 100	1 300	1 700
“单位”层次成本（元）			
装配	82	246	82
质量保证	33	181.5	33
再加工	21.6	189.0	27
原材料整理	15	52.5	15
“批”层次成本（元）			
搬运	105	0	665
准备	480	0	1 600
“产品”层次成本（元）			
工程	52	14	17
监督	12	4	5
“综合能力维持”层次成本（元）			
综合性管理	255	153	51
综合性制造费用	1 648.0	1 030	515
总设计成本（元）	7 303.6	4 570	6 710.0
预计利润（元）	1 396.4	930	1 190.0
目标利润（元）	1 400.0	900	1 200.0
预计利润与目标利润之差（元）	-3.6	30	-10.0

表 13-15 的计算结果表明，M 公司通过流程再造，原定的利润目标基本可以实现。

六、生命周期成本、目标成本法与 Kaizen 成本的关系

生命周期成本强调整个生命周期内降低成本，而不是控制成本；目标成本法是确立成本降低目标的有效工具，在设计阶段建立成本降低目标；Kaizen 成本强调生产阶段的持续降低成本。从而目标成本法和 Kaizen 成本法成为致力于在产品生命周期各阶段实现成本降低的综合性成本管理工具。生命周期成本、目标成本法与 Kaizen 成本三者的关系，如图 13-11⊖所示。

⊖ 引自罗伯特·S. 卡普兰、安东尼·A. 阿特金森，高级管理会计，吕长江主译，东北财经大学出版社，1999 年：229 页。

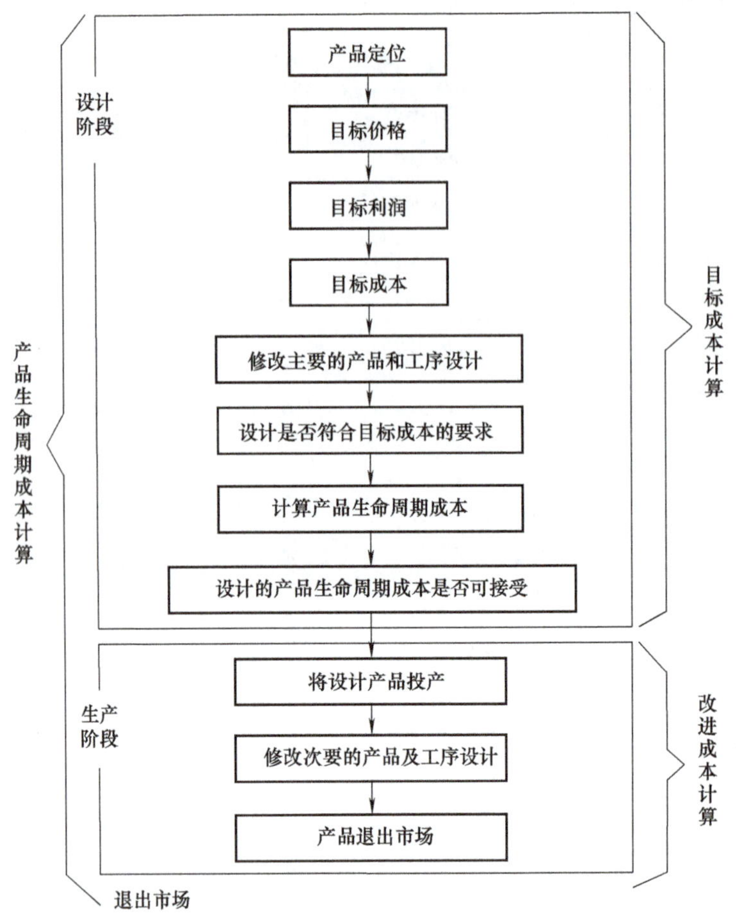

图 13-11　生命周期成本、目标成本法和 Kaizen 成本关系图

第四节　价值链成本管理延伸——精益会计

随着经济社会的快速发展，产品迭代的速度加快，生产方式逐渐从大批量生产过渡到小批量、定制化生产，同时智能化、互联网+等高科技广泛应用于企业，企业运营向精益企业转型已经成为可能。精益企业以精益思想作为指导，以消除浪费为目，生产方式由预测推动型“推动式”向客户驱动型“拉动式”转变。旨在支持批量生产、自上而下的命令和控制以及部门最优化和预算的传统会计系统会阻碍精益企业的发展。在这种情况下，精益企业会计系统便应运而生，成为现代商业环境下企业的改革趋势。

一、精益会计概述

（一）精益思想

精益思想是精益生产的核心，它包括精益生产、精益管理、精益设计和精益供应等一系列思想，其核心是以较少的人力和设备在较短的时间和较小的场地内创造出尽可能多的价值；同时也越来越接近客户，提供给他们确实需要的东西。

长时间以来，大批量生产的一条基本原则便是生产量越大单位成本越低，于是传统企业便一直通过大批量生产来努力降低成本，这造成了传统企业生产资料和仓储的浪费。而精益思想要求企业让客户成为生产拉动者，明确每一项产品的价值流，使产品从最初的设计到完成顺利流畅，并在管理中追求精益求精和尽善尽美，其内含如图 13-12 所示。

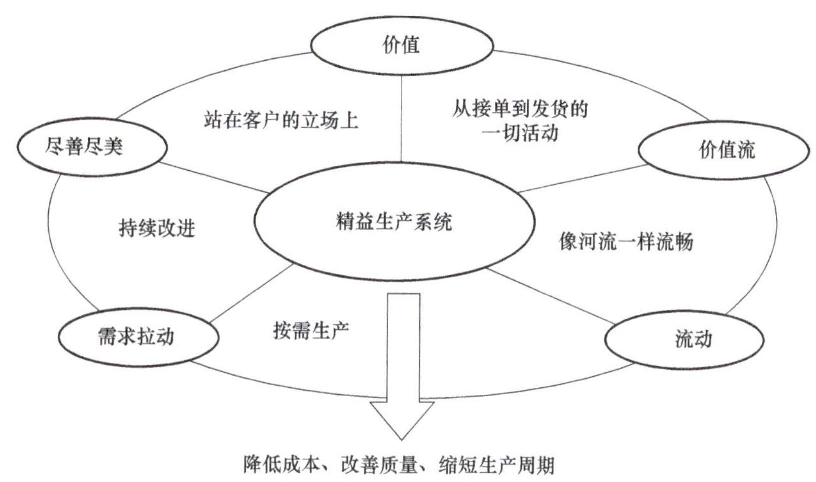

图 13-12　精益思想图

（1）价值。精益思想认为企业产品的价值只能由其是否满足客户的特定需求来决定。正确地确定价值就是以客户的观点来确定企业从设计到生产到交付的全过程，实现客户需求的最大满足。这种情况下，就必须把生产过程中的浪费降至最低，从而不至于使客户承担由浪费造成的额外费用。在使客户满意的同时，企业自身也降低了生产成本，这就是精益生产的价值观。

（2）价值流。价值流是指从原材料转变为产品，并给它赋予价值的全部活动，包括从供应商处购买的原材料到达企业，企业对其进行加工后转变为产品再交付客户的全过程，企业内以及企业与供应商、客户之间的信息沟通形成的信息流也是价值流的一部分。企业可以通过价值流分析来识别价值流中哪些是真正增值的活动，哪些是可以立即去掉的不增值活动，精益思想将消耗了资源而不增值的活动叫作浪费。识别价值流的目的就是为了发现和消灭浪费。

（3）流动。在消除了浪费的基础上，必须使价值流上被保留下来的活动流动起来，因为停滞也同样被精益思想视为浪费。精益思想强调创造价值的各个活动应该不间断地流动起来，并将企业的所有停滞归为浪费，因此精益思想是反对部门化和批量生产的，并用持续改进、JIT、单件流（One-Piece Flow）等方法创造价值的连续流动。

（4）需求拉动。需求拉动就是按客户的需求进行产品的设计并生产，使客户在需要的时间得到需要的产品。在需求拉动原则下，由于生产和需求直接对应，从而大大减少了库存和在制品的数量，压缩了生产周期。而且企业一旦具备了当客户需要就能立即进行设计和生产客户真正需要的产品的能力，就意味着可以抛开销售，直接按客户的实际要求进行生产。

（5）尽善尽美。精益思想的尽善尽美包括三个含义：客户满意、无差错生产和企业不断地持续改进，由于企业外部市场环境处于不断变化之中，企业内部也要不断据此做出改变，因此尽善尽美永远是一个目标，但是对尽善尽美的持续追求，将造就一个永远充满活力、不断进步的企业。

（二）精益生产

1．精益生产系统

精益生产方式是一种以客户需求为拉动，最大限度地减少企业所占用的资源、消灭浪费，降低企业管理营运成本，使得企业以最少的投入获取最佳的效益和提高对市场的反应速度为主要目标的生产方式。其核心是精简，即通过减少以至消除产品研发设计、产品制造、生产管理及相关服务中所有不产生价值的活动，缩短对客户需求的反应，提升客户价值，增加企业资金回报率和企业利润率。其精益生产系统如图 13-13 所示。

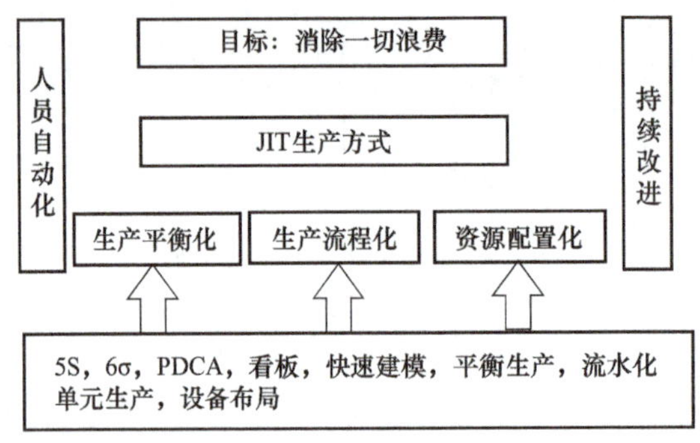

图 13-13 精益生产系统图

该系统以自动化和准时化（JIT）为支柱，人员和机器的使用效率不再是最重要的指标，但一些生产指标，如报废率、每小时产出等成为重要的效率指标。

自动化是指要让机器具备可以自己“检查工作的结果”，出现异常可以自动“停止、呼叫、等待”等功能，这是一种马上解决异常（问题），不生产次品，不让次品流向后面工序的思想。为此，首先必须对所有工序确保“安全”和质量。从这个思想出发，经过不断进化，便产生了“问题的可视化”“自律化”“在工序中打造品质”等思想，随时可以发现问题，并不断进行改善等。准时化是指“在需要的时候，生产需要数量的需要产品”。这样就可以用少量资金，通过“不保有库存，快速周转”，参加到激烈的竞争中去。这里的 JIT 具有“降低库存”和“缩短过程时间”两方面含义。

2．精益生产与传统生产方式的比较

刘金红对精益生产方式与传统生产方式做了系统比较，如表 13-16 所示。

表 13-16 精益生产与传统生产方式的比较

	精益生产方式	传统生产方式
导向	客户需求	最大量生产
物流供应方式	“拉动式”生产	“推动式”生产

（续）

	精益生产方式	传统生产方式
生产批量	小批量	经济生产批量
对库存的态度	追求零库存	库存保证生产正常，企业有安全感
生产成本控制	生产成本由流经瓶颈资源的速度决定，追求整体生产环节平稳高效，生产节拍合理	生产成本控制来自高自动化，高负荷设备运行，成本控制来自工资和资金支出
机床生产安排	准时化、均衡化、自动化，生产问题及时反映，产品质量得以改善	只有保障单机高效负荷运行，提高单机生产效率，才能尽快收回投资
柔性生产管理	提高企业灵活性不意味生产成本增加，可通过减少生产过程时间、改变生产线设备的柔性、组织的柔性等来实现	提高企业生产灵活性必须大量购置通用设备，大量高负荷生产，提高库存，来适应市场变化，增加资本投入
生产现场管理	实现“5S”现场管理，现场只有当日在制品，物料定址定位，工位只许有当日有用物品，成品库产成品均为马上发货产品	现场在制品堆积，场地拥挤，成品库有大量产成品，工作现场堆积大量工具量具
质量观	保证产品质量的绝对可靠是可行的	一定量的次品看成生产中的必然结果
对员工的态度	强调员工对生产过程的干预，尽力发挥人的主观能动性	强调管理中的严格层次关系

3．精益生产的目标

消除浪费是精益生产的目标，可从以下几方面着手：

（1）零库存。通过优化零配件供应与生产的协调使生产能够迅速同步客户需求，从而清除库存或者将库存维持在一个很低的水平，减少多生产和仓储造成的浪费。

（2）零浪费。通过实施单件流动的生产模式使各工序前后衔接，一件在制品在前工序做完，便立即转入下一工序继续加工，各工序之间也没有搬运距离，从而节约了转产工时的浪费。

（3）零转产工时。通过价值流核算法追踪价值流各环节，实施全面成本控制，从而消除价值流中所有不必要的活动，达到减少浪费的目的。

（4）零缺陷。通过实施单件流动的生产模式能够及时发现生产过程中出现的残次品，分析原因并及时采取措施避免不合格产品的再次出现，从而节省因残次品生产带来的浪费。

（5）零机械故障。通过保证生产过程的舒畅进行来避免因机械故障造成的时间浪费。

（6）零灾害。通过加强生产过程中的安全保护措施来消除安全隐患，避免发生灾害。

其目标如图 13-14 所示。

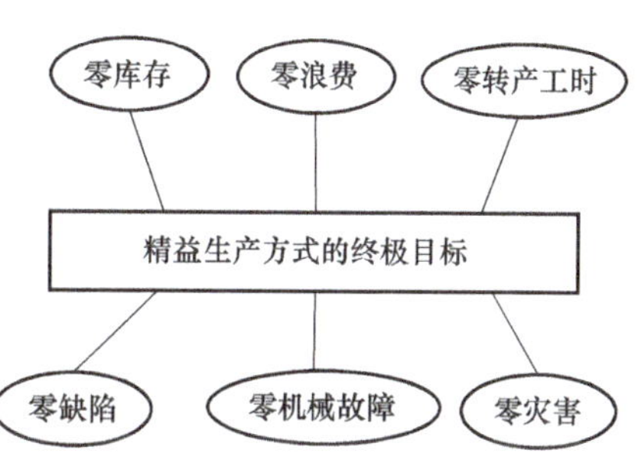

图 13-14 精益生产目标

（三）精益会计的含义

1．价值流的含义与特点

价值流是指为创造最大客户价值而进行的设计、采购、生产、物流、客户服务等一系列必须且不可能再减少的活动集合。这些活动包括：从订货到送货的信息过程；从概念到投产的设计过程；从原材料到产品的转化过程；全生命周期的支持和服务过程。一个完整的价值流包括增值和非增值活动，如供应链成员间的沟通，物料的运输，生产计划的制定和安排以及从原材料到产品的物质转换过程等。在制造业企业，大多数价值流是订单执行价值流：从客户那里获得订单，然后将货物发给客户完成这些订单的处理，如图 13-15 所示。

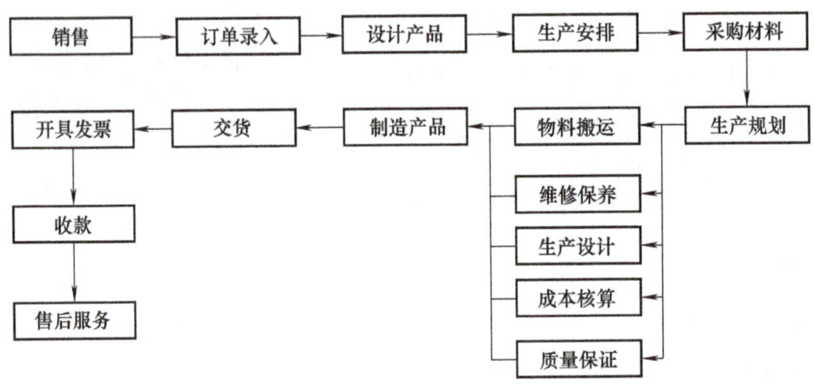

图 13-15　价值流结构图

价值流一般包括订单执行价值流、客户服务价值流、新产品开发价值流、现有产品获得新客户的价值流等类型，它体现在产品流、物流、资金流、工作流和信息流中，并经过一系列增值环节，形成企业最终价值。价值流分类表如表 13-17 所示。

表 13-17　价值流的分类及主要活动

类型	价值流	主要活动
主要价值流	采购	供应商选择、合同签订、货物入岸、付款、仓储、供应商产品管理
	生产	生产、装配、包装、生产管理、质量保证
	市场营销	确立市场需求、监控市场趋势、创建广告、制造产品说明、建立和维护一个分销和特约营销网络
	服务	安装、维修、培训售后服务
支持价值流	经营管理	战略规划及控制、销售计划、财务控制、信息设备管理
	客户约定	取得业务、处理咨询、保证客户满意
	人力资源	招聘、雇佣、培训、开发和补偿、劳工关系的处理、开发以知识为基础的技能和核心能力
	技术开发	产品研究与开发、流程研究与开发、业务方案的改善
	财务信息	投资信贷、保险、会计、现金管理
	信息	计算机基础工程、信息收集、信息加工

价值流是精益会计研究的对象，具有以下特点：

（1）隐蔽性。价值流在整个供应链的运作过程中，需要有关人员去挖掘。

（2）连续性。价值流是在供应链上连续不断地进行的。

（3）周期性。产品有其生存周期和生命周期，产品的生产、销售随着季节不同而呈现出其周期性，体现出了价值流运作的周期性。

2. 精益会计的含义

精益会计以客户价值增值为导向，融合精益采购、精益设计、精益生产、精益物流和精益服务技术，把精益管理思想与会计思想相结合，形成了全新的会计理念——精益会计。它以价值流为对象，从采购、设计、生产和服务上全方位控制企业价值流成本，以达到企业价值流成本最优，从而使企业获得较强的竞争优势。即精益会计是以价值流为核心，以消除浪费为目的，综合运用了如 JIT（准时生产制）、约束理论方法及其他质量管理方法、价值流管理、作业管理法和目标成本法等管理方法，为精益制造企业提供了一个有效的管理框架，提升了价值流中各环节的价值创造能力。

精益会计的含义包括以下几点：

（1）在精益会计体系中，财务控制职能内置于各价值流中，能及时发现价值流中存在的问题，并迅速反馈给价值流管理者，可以保证价值流的持续改进和不断完善。

（2）精益会计指标是以未来为导向，从而与传统的以历史业绩和成本削减为导向的业绩评估体系有着根本的不同。

（3）在精益会计方法下，传统的年度预算也失去了意义，因为年度预算耗费很大，但是提供的信息却很少具有相关性，这与精益思想是格格不入的。

（4）精益会计下的销售、运营及财务预算更为灵活，同时能更有效地监控企业的发展状况。

（四）精益生产与精益会计的关系

（1）精益会计是伴随精益生产的产生而产生的。精益会计是一种以客户为导向、以企业不断增值为目标的会计方法，这种会计方法与精益生产相适应。精益生产是精益管理会计产生的直接原因，相互之间是一种因果关系。

（2）精益会计能够反过来促进精益生产的发展。倘若能够合理地使用精益会计的方法指导企业的生产，将会使企业的整个精益生产体系更加合理化、规范化，最终使企业更具竞争力。因此，精益会计是完善企业精益体系的一种必然选择。

二、精益成本管理

在精益运营模式下，企业需要对客户需求做出更加快速的反应，需要更迅速地做出决策，需要更低的成本。因此必须有新的成本管理方法来实现精益生产方式的运营目标。

（一）精益成本管理概述

1．精益成本管理的含义

精益成本管理也就是价值流成本管理，是将精益生产原则和成本管理思想相结合的一种成本管理方式。它以满足客户价值需求为目标，在价值流管理的基础上，将精益思想融入设计、采购、生产、物流及营销等环节；从产品、工艺设计、原材料采购、生产及客户服务等全方面来控制产品成本。挖掘各个环节中非增值的部分，最大限度地消除浪费，提高资源利用率，创造更多价值；即成本分别以各价值流进行归集，利润以各价值流进行核算和报告，这样不仅有利于将价值流延伸至上游的供应商和下游的客户，而且也可以消除浪费，提高价值流的效率，从而更好地创造价值。这里的价值流利润是指价值流在一定期间的收入扣除材料成本、人工成本和其他成本等后的余额。

精益成本管理与传统成本管理模式不同，它能够为企业制定更好的成本决策提供行之有效的信息，有助于提高企业盈利水平；它能够消除无用的交易系统和浪费，为企业节约时间，节省成本和减少浪费；它能够为企业实施精益持续改进提供有用的信息，使企业得以长期有效地利用精益生产方式，促进企业长期发展。

按照精益生产的观念，产品成本随着产量和产品组合的不同而变化，制造费用以整体形式与价值流发生关系而不与个别产品所耗劳动时间发生关系。某种产品的成本，主要取决于它在整个价值流中流动速度的快慢，特别是在价值流中的瓶颈环节流动速度的快慢。成本核算、分析和管理的重点是产品在价值流中的流动速度问题而不是资源使用、个人效率或制造费用分配的问题。因此精益会计需要采用的是价值流成本法而不是完全成本法。

2．精益成本管理的原则

企业要实现精益化成本管理就必须遵循一定的原则。精益成本管理原则是企业推行精益成本管理必须遵循的规范和要求，精益成本管理原则超越精益生产范畴，全面覆盖企业各环节，统筹人、财、物等要素，并渗透到利润分配和企业投融资等理财职能中。企业所有的作业或流程都致力于为客户创造价值才是符合精益成本管理原则的。精益成本管理原则有四项：

（1）客户导向原则。客户需求是企业发展的动力源泉，企业必须在客户需求的拉动下有效地进行产品研发、生产及销售，从而不断塑造和巩固自己的竞争优势。坚持客户导向原则要求企业按照客户需求定义企业价值，这是精益思想的出发点。企业必须对客户的需求变化非常敏锐，并根据外部市场需求调整并优化生产及管理活动，不断满足市场的需求。

（2）全面质量管理原则。坚持全面质量管理原则不仅要求企业从设计、制造、销售各环节严把质量关，对产品质量做到“零缺陷”、“零容忍”，坚守“六西格玛”原则，而且在处理成本控制与产品质量的关系时，绝不能以牺牲产品质量为代价，从企业管理的各个方面实施全方位改进，加强产品全生命周期管理，将低成本控制与企业的可持续发展有机结合起来。

（3）价值流原则。坚持价值流原则要求企业通过高阶流程图对业务流程进行详尽的梳理和再造，因为高阶流程图可以清晰地展示企业价值流动、信息流和物流。识别末端客户的有效需求，先确定流程输出的关键质量指标，再确定企业的各项流程，并确立能达到和符合客户需求的流程输入质量指标，从而保证流程顺畅地“流动”起来，防止停顿和中断。

（4）制度保障原则。精益成本管理的推行必须有一整套完善的制度做保障，包括作业标准、各种管理规范等。否则精益成本管理难以推行，精益成果难以固化，更不能持续。坚持制度保障原则，企业必须：①减少管理层级，使企业组织结构趋于扁平式，这不仅与精益精神相匹配，而且也能提高组织效能；②制定和执行完备的作业标准体系；③建立并完善激励约束机制，充分激发员工的潜能，提高劳动生产率。

3．精益成本管理内容

精益成本管理体系是以客户价值为导向建立的，以价值流成本作为管理对象，以价值流的持续改进和增值为目标，对价值流成本进行规划、控制和绩效评价的信息系统，也是精益企业价值管理活动的支持系统，精益成本管理内容如图 13-16 所示。

（二）价值流成本法

1．价值流成本法的含义

价值流成本法中以价值流为核算对象，成本分别按价值流进行归集，利润以各价值流进行核算和报告，这样不仅有利于将价值流延伸至上游的供应商和下游的客户，而且也可以消除浪费，提高价值流的效率，从而更好地创造价值。这里的价值流利润是指价值流在一定期间的收入扣除材料成本、人工成本和其他成本等后的余额。

成本计算期一般为每周（半月或月）；核算内容是整个价值流中的所有耗费，而且所有成本都是直接成本，没有直接成本和间接成本之分，而价值流之外的成本则不包含在其中。成本项目一般包括人工成本、材料成本、生产支持成本、机器设备成本、运营支持成本、设施维护成本、其他价值流成本等，如图 13-17 所示。

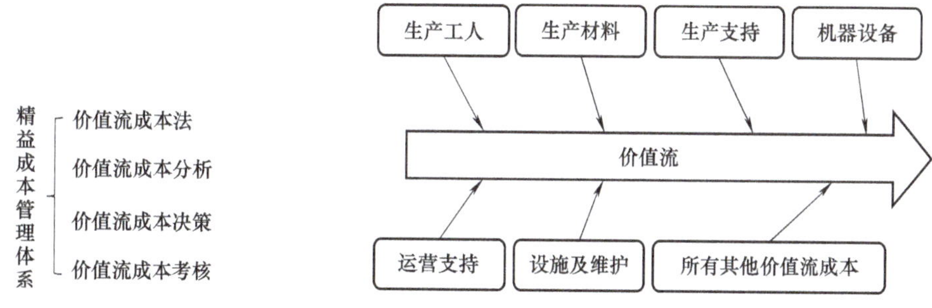

图 13-16 精益成本管理体系

图 13-17 价值流成本构成

其中，人工成本包括整个价值流中所有人工成本，只要是在价值流中工作的人员，无论是从事产品生产、材料搬运、产品设计，还是进行机器维护、生产计划、营销、会计工作，其人工成本都包含在其中；材料成本通常是计算本周（半月、月）已销价值流中产品的材料成本，而不是处于生产过程的在产品成本；材料成本是指一周内为该价值流采购的原料成本之和。原料进入工厂时，它的成本便被分配给了相应的价值流。因此价值流的总原料成本是指一周内采购所耗费的所有成本之和。

为了保证这种原料成本的有效性，原材料和在产品库存一般都维持在一个较低的水平，这样每周分配给价值流的原料便能立即被价值流使用，因而价值流总原料成本能比较准确的反映一周内价值流制造的产品的原料成本。

每条价值流都配备一张采购信用卡，用以购买包括支持配件和模具在内的支持性物件。这些物件的成本被称为支持成本。支持成本直接列入价值流成本或利润中心。同样，低值易耗品成本和其他日常费用也分配给价值流。支持成本包括为创造价值流而发生的备件、工具、能源耗用、日常开支等项目的成本。以上成本项目都是直接计入，唯一使用分配计入价值流成本的是对设施使用成本（如建筑物租金、维护成本等属于其他价值流成本），按照其使用面积如平方米进行分配，其目的在于促进价值流团体成员努力降低价值流对空间的使用。在价值流之外的一些活动如会计服务、推进ISO14000等的成本费用作为业务支持活动的成本，并不计入价值流成本中，其目的在于为价值流管理者提供相关的、准确的、易懂的成本信息，以管理和改善所控制的价值流活动。

2．价值流成本法的特点

（1）价值流成本核算流程简单。在实施精益生产的过程中，用看板和其他拉动系统替代了工作通知单对生产的授权和控制，关注价值流的流动，价值流中产品流动最大化时，便会实现利润最大化。收集成本信息时，以整个价值流作为收集对象，不用收集每项生产作业或每件产品详细的实际成本，只需收集价值流总成本，并把一周的成本信息汇总起来。任何产品的成本取决于它流经价值流的速度，尤其取决于在“瓶颈”环节的流动速度。

对于人工成本，无须通过追踪产品生产耗费的人工时间来收集该成本信息，主要将在价值流内工作的员工的工资和直接福利加总起来便得到价值流的人工成本。对于原料成本，一旦企业的存货水平较低并得到有效控制，价值流的原料成本便是该价值流采购的原料的成本。所有采购成本都分配至该价值流的成本中心。且低值易耗品、模具和其他成本也被分配到价值流成本中心，或者从应付账款流程中获得。

（2）价值流成本法可减少成本中心。企业不必对各种成本中心进行细分，相反，各种成本信息的收集工作都是为每条价值流进行的，每条价值流的成本中心很少。

间接费用分摊的消除意味着真实的成本信息没有被不必要的成本分摊复杂化，这些不必要的成本分摊不在价值流经理的控制范围内。这保证了成本和利润信息的真实性，并且还保证了这些信息很容易被价值流员工及经理们所理解。

价值流成本法为价值流团队提供的信息涵盖了价值流的真实信息，包括产品和服务的整个物流过程和信息流过程中的所有增加价值活动和不增加价值活动；该信息及时、可靠，可用于企业的日常决策，因为该信息与订单或合同的盈利能力、自制/外购决策和产品合理化等问题相关。

3．内部管理报告

（1）价值流成本核算表。基于精益企业产品所在价值流和价值流中的耗费两大要素编制价值流成本核算表。横向是价值流成本构成项目，纵向是产品价值流向。例如，X铣床的价值流成本核算表如表13-18所示。

表 13-18　价值流成本核算表

	原料成本	外部加工成本	人工成本	机器成本	其他成本	总成本
设计工程						
采购						
表面贴装						
测试						
组装						
质量保证						
装运						
会计						
维护						
客户服务						

（2）价值流成本预算表。基于价值流内各项作业拆分，我们又进一步分析了影响价值流成本的动因，并建立了价值流成本预算表，如表 13-19 所示。该表以预计成本动因量为出发点，进而对单位成本额进行预计，最后做出单元成本的预算。价值流成本的预算额与价值流成本的实际发生额之间的比较，有利于我们找出成本差异的动因，对成本实施更好的控制。

表 13-19　价值流成本预算表

价值流名称	活动	资源成本动因	预计成本动因量	预计单位成本额	单位成本预算
客户约定	取得业务	业务笔数			
	处理咨询	处理次数			
	保证客户满意	⋮			
采购	采购订单处理	处理张数			
	供应商的选择和发展	⋮			
生产	材料消耗	材料耗用量			
	生产设备	机器准备次数			
	机器类作业	机器工时			
	人工类作业	人工工时			
	生产指令	处理次数			
	品质检验	检测次数			
	包装	包装机器工时			
市场营销	确定市场需求	调研次数			
	监控市场趋势	⋮			
	创建广告	⋮			
	创造产品说明	说明书份数			
	维护销售网络	⋮			

（续）

价值流名称	活动	资源成本动因	预计成本动因量	预计单位成本额	单位成本预算
售后服务	安装	安装次数			
	维修	维修次数			
	培训及售后服务	⋮			
财务	会计作业	凭证处理时间			
	其他财务事务	⋮			

（3）价值流损益表

价值流损益表由于不必对成本项目进行细分，价值流成本法降低了成本核算的工作量，此时，以每一个价值流作为一个成本的归集中心，得出的价值流利润表中的利润就更加真实。每个价值流的当期利润等于本周（半月或月）实际发生的产品收入（按照价值流计算）减去同样按照价值流计算的材料成本、人工成本和其他成本后的余额。核算过程消除了对制造费用分配的复杂过程，简化了核算，也使价值流中的所有成员更明白其含义。其公式为

价值流利润＝期间内价值流的销售收入－期间内消耗的原料和转换成本

价值流损益表的内容一般包括收入、成本、价值流利润、销售利润率（价值流润与收入之比）、存货等五个项目。当销售量大于生产量时，价值流中的存货量会降低，损益表则会反映出更高的利润和更低的单位成本，反之则利润下降，单位成本上升。一个部门或企业的损益表就是由部门和企业内所有的价值流损益表构成的组合。将各个价值流的利润相加后再减去管理费用就是本部门或企业的税前利润。价值流损益表如表 13-20 所示。

表 13-20　价值流损益表

项目	金额	项目	金额
销售收入		销售部门	
原料成本		核算部门	
采购部门		机器成本	
生产部门		采购部门	
销售部门		生产部门	
核算部门		销售部门	
转换成本		核算部门	
支持成本		维护成本	
采购部门		采购部门	
生产部门		生产部门	
销售部门		销售部门	
核算部门		核算部门	
人工成本		其他成本	
采购部门		采购部门	
生产部门		生产部门	

（续）

项目	金额	项目	金额
销售部门		销售利润率	
核算部门		存货	
价值流利润			

各价值流管理者可以根据价值流损益表来改善并提高各价值流所创造的价值，不断地消除浪费并且增加各价值流利润。

（三）价值流成本分析

1. 价值流成本分析的用途

价值流成本分析能对价值流内的生产性资源、非生产性资源以及剩余资源的数量进行正确反映，属于精益会计中一种十分有效的成本管理工具。精益管理会计思想下，资源的使用方式与数量对价值流内的现金、信息以及原料的流程起到决定性的作用。通过价值流成本分析对这些资源问题进行有效评估，能够帮助精益管理层认清价值流中“瓶颈资源”，从而运用更具盈利性与创造性的方式来管理精益制造释放的资源，进而为企业创造最大价值。

价值流经理应随时掌握资源利用情况，了解价值流中哪些资源是“瓶颈”资源，以及如何使用这种资源才能使企业获得最大的财务收益。价值流成本分析便能提供这种重要信息。

价值流成本分析的用途如表 13-21 所示。

表 13-21 价值流成本分析的多种用途

用途	具体说明
分类统计表，每周报告一次	表明价值流作为一个整体综合使用资源的情况
分类统计表，用于展示精益改进的财务利益	表明从当前状况到未来状况资源利用的变化。此时，企业将实施某项战略以使这些变革的财务利益最大化
分类统计表，用于实施战略变革和投资	例如，当企业计划进行新的资本投资时，分类统计表用以展示价值流的资源、运营和财务状况如何变化
特征成本法	利用价值流成本分析确定价值流的“瓶颈”资源，“瓶颈”资源决定了价值流中各项因素的流动，因此决定了产品成本
目标成本法	利用价值流成本分析识别价值流中存在精益改善机会的地方，这些改善将影响价值流总成本
价值流经理	需要了解原料、信息和现金在价值流中的流动。例如，价值流经理利用价值流成本评价评估意向自制/采购决策对财务和资源产生的影响
持续改进团队	在选择改进项目时，持续改进团队需要资源利用信息。为了加快原料、信息和现金的流动，该团队必须为“瓶颈”单元提供更多的资源能力
财务控制员	为了在损益表中展示财务资源使用情况，需要利用价值流成本

（续）

用途	具体说明
精益改革的支持者	利用价值流成本分析选择精益改善项目，并确定所提议的变革的财务利益
营销人员	利用资源能力分析进行假设和优化分析。例如，利用价值流成本分析确定哪种产品组合将使价值流的盈利能力最大化，从而变更营销计划
销售、运营和财务规划	资源能力信息应与产量、销售量相匹配

2．价值流成本分析的步骤

价值流成本分析包括三步骤：定义价值流、分析资源能力以及模拟资源能力的使用。定义价值流由财务指标定义、生产指标定义和分类统计表构成；分析资源能力用于分析价值流当前状况、未来状况以及已经释放的资源能力；模拟资源能力的使用包含消除已释放的资源能力和利用已释放的资源能力扩张业务，如图13-18所示。

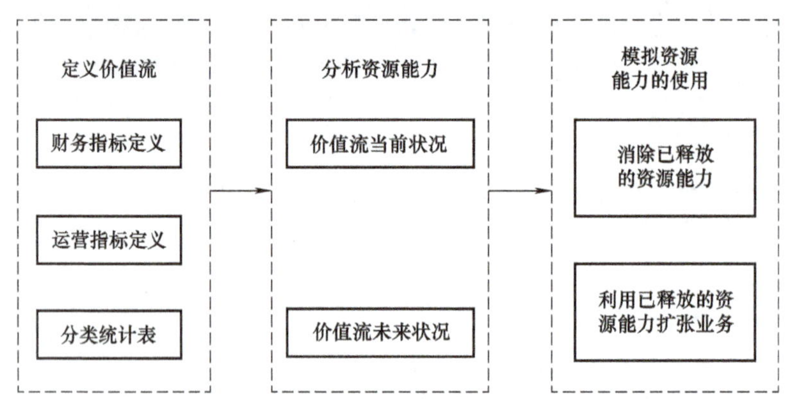

图13-18　价值流成本分析步骤

（1）定义价值流。分类统计表为评价价值流运营状况和财务状况提供了一个结构化的方法。分类统计表有两个重要的目的：一是在精益初改进期作为一种规划工具，用以从企业的角度判断精益的有效性，从而明确精益改进计划的合理性以及在什么条件下这些精益改进是合理的；二是在完成这些计划的过程中起到监督作用。分类统计表如表13-22所示。

表13-22　精益价值流分类统计表

		当前状况	未来状况	变化	长期未来状况	与当前状况的差别
运营指标	进料到出货天数					
	首次合格率					
	按时发货率					
	占地面积					
	人均销售额					
	单位产品的平均成本					

（续）

		当前状况	未来状况	变化	长期未来状况	与当前状况的差别
资源能力指标	生产性资源					
	可利用资源					
	非生产性资源					
财务指标	存货价值					
	收入					
	原材料成本					
	转换成本					
	价值流利润					

分类统计表每周报告一次，以便：①价值流经理进行规划和评估精益改进；②价值流团队策划对企业财务和运营产生巨大影响的改进方案及具体的改善活动；③工厂和部门经理了解价值流改进计划，并评估价值流的业绩。

资源能力指标包括三项，在精益管理会计的框架下，资源分为机器和员工两种，机器资源是指一定时期内机器的数量和运转时间。员工资源是指在企业规定的工作时间内工作的人数及其劳动时间，大部分单元都属于劳动密集型或机器密集型其中的一种。机器密集型的单元我们需要同时获得人工和机器资源的数据，劳动密集型的单元我们只需知道员工资源的数据即可。生产性资源是指耗费的人工工时或机器工时。非生产性资源是指除生产性资源以外的资源，这些资源主要用于诸如等待、转换、搬运等非增值的工作，也包括采购、行政等非增值但必不可少的支持性工作。

财务指标的数据通常是财会部门和企业高级管理人员最为关心的数据。收入是指该期间内，从该价值流向外发送货物的销售收入，企业账目会对此进行记录。存货价值是指属于该价值流的存货的期末成本，即存货的账面价值。原材料成本是指期间内企业耗费的原材料的价值。对于成熟的精益企业，存货水平较低且比较稳定，该成本等于包含在期间销货成本中的原料成本。转换成本即销货成本中的转换成本。但一旦期末存货量过高，利润便立刻被虚增。收入减掉销货成本即为价值流利润。精益管理会计将利润视同于现金流，而精益改进的目标就是要改善现金流。价值流利润是指收入与销货成本之差。由于精益改进的目标是增加现金流量，所以现金流量增加是精益制造的一项重要财务收益，已发生的生产成本的支出使价值流利润基本上与当期现金流相当。

（2）资源能力分析。应对一些数据进行汇总和分类，要分析相关的工作人员，也要分析对应的机器的状况，应该分别编制员工工作情况表和机器使用情况表。除此以外，还应分析价值流时间利用情况，包括价值流用于创造增值活动所耗费的时间、当前状况与未来状况下可利用的价值流的总时间、每月末价值流可利用的时间，具体如表 13-23 所示。

1）当前状况分析。当前状况分析的首要任务是绘制企业的价值流现状图，分析研究价值流中包括设计、生产、产品搬运、库存在内的每一道工序，并记录工序耗用的时间，并且统计价值流中主要流程的资源使用情况。统计主要流程的资源使用情况是为了在价值流中抓住主要环节，搜集到信息后，应及时将信息填入分析框架。其次，为了确定实施精益计划后价值流可以释放出的可利用时间，企业应分别编制员工工作情况表及其使用情况表，并将相应信息填入分析框架中。

表 13-23　资源能力使用情况分析框架

<table>
<tr><td colspan="2" rowspan="2">价值流分析</td><td colspan="2">分析员</td><td colspan="2">日期</td></tr>
<tr><td colspan="2">当前状况</td><td colspan="2">未来状况</td></tr>
<tr><td>流程名称</td><td>活动</td><td>生产性</td><td>非生产性</td><td>生产性</td><td>非生产性</td></tr>
<tr><td></td><td>创造价值的总时间</td><td colspan="2"></td><td colspan="2"></td></tr>
<tr><td></td><td>当前/未来状况利用的总时间</td><td colspan="2"></td><td colspan="2"></td></tr>
<tr><td></td><td>每月未利用的总时间</td><td colspan="2"></td><td colspan="2"></td></tr>
<tr><td></td><td>每月可利用的总时间</td><td colspan="2"></td><td colspan="2"></td></tr>
</table>

2）未来状况分析。未来状况是指实施改善计划后价值流各指标的情况，体现出改进计划的预期利益。通常情况下，时间界限为六个月以内（包括六个月）。

（3）模拟资源能力的使用。企业管理人员对精益改进后释放出的可利用资源通常采取两种做法：一是消除这些可利用资源以不断降低生产制造成本；二是使用这些被释放出来的可利用资源进行企业扩张。而进行业务扩张会增加企业利润。

（四）价值流成本规划和决策

1. 目标成本法的应用

上一节中讲到目标成本法，在精益制造环境中，二者相得益彰，突出了客户价值。目标成本法的最大用途是形成跨部门、以精益为导向的定价、营销、设计和运营策略，有效地整合贯穿了整条价值流的改进行为。在精益环境下的目标成本应用如图 13-19 所示。

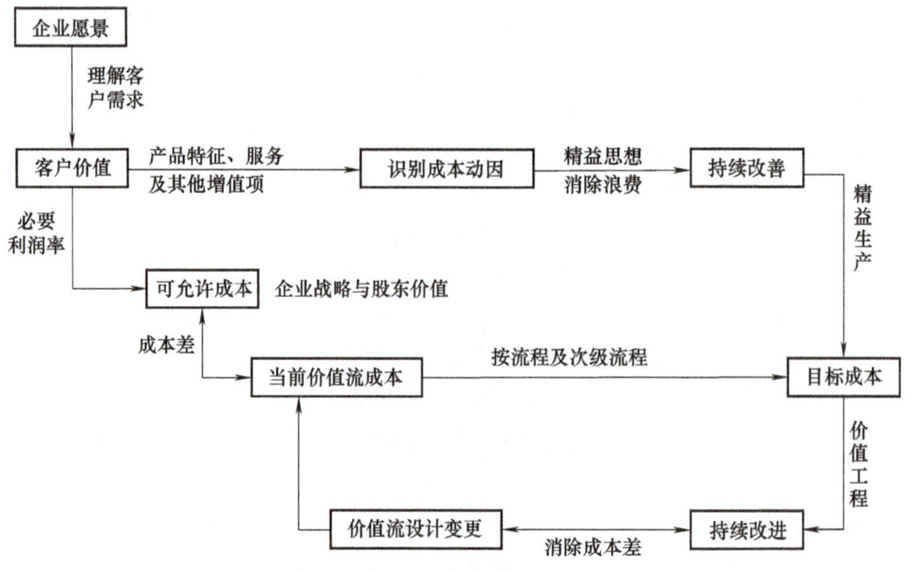

图 13-19　精益环境下目标成本法流程

2. 特征成本法

在价值流产品组合中，有些产品具有的某些特征会使这些产品使用“瓶颈”资源的时间与“瓶颈”资源的平均使用时间不同：或者比平均使用时间高，或者比平均使用时间低。产品成本的主要决定因素便是这些产品使用价值流中“瓶颈”资源的情况。了解了产品特征如何影响“瓶颈”资源的使用后，产品成本就更贴近实际情况：消耗“瓶颈”资源越多的产品，其成本越高；消耗“瓶颈”资源越少的产品，其成本越低。

特征成本法的使用是建立在这样一个假设的基础之上，即在设计价值流时，价值流设计者需要将相似产品的加工流程相同作为设计价值流时考虑的条件，在精益制造方式下，流程相似的产品归属于同一个组，属于同一条价值流。因此，财务人员只需计算整条价值流的成本。比如，某条价值流每小时生产 100 件 A 产品和 200 件 B 产品，那么 A 的转换成本就是 B 的两倍。在价值流中，产品流经“瓶颈”工序的速度决定了价值流的速度。产品特征在使用“瓶颈”资源时所产生的差异是特征成本法重点关注的对象。

特征成本法的计算分为七个步骤：

（1）计算价值流的平均产品成本。一定时期内的价值流平均成本等于总价值流成本除以当期从该价值流销售的产品数量。这里使用的是收入，是指该期间内，从该价值流向外发送货物的销售收入，企业账目记录销量，而不是产量。利用产量会刺激价值流囤积存货，这显然不是精益会计方法想看到的结果。另外还需注意的是，当期的成本应等于当期的总现金流加上当期的机器设备折旧。

（2）分析可用资源能力。若单位成本在很大程度上取决于价值流的生产能力，那么生产能力的限制决定了价值流的最大产量及所生产产品的最低成本。因此，“瓶颈”单元的流量完全决定了某条价值流的销量。即某条价值流的流量取决于未使用资源能力最少的单元，并且该流量决定着产品的平均成本。企业可以根据分类统计表来考察资源能力当前和未来的状况。

（3）识别并找出价值流内的“瓶颈”工序和决定生产节拍的工序。“瓶颈”工序（主要是指可用资源能力最少的单元）决定了整条价值流的生产节奏，必须优先安排其工作时间并加以优化。

（4）识别产品特征在多大程度上影响“瓶颈”资源的使用。因为产品流经“瓶颈”工序的速度是由产品特征决定的，所以要了解产品特征如何消耗“瓶颈”资源，而且产品在整个价值流中的流动速度也是由产品特征决定。

（5）利用产品特征的影响计算转换成本。在确定影响“瓶颈”资源使用情况的产品特征后，需要由此计算单位转换成本。需要优化单位转换成本高的产品和单位转换成本低的产品之间的组合，因为其决定了价值流的产量。

（6）计算原料成本。原料成本的计算方法有两种：一是根据最近的发票信息和物料单来计算每件产品真实的原料成本；二是创建一个样本矩阵，在这个矩阵中，原料成本与相关因素相对应。

（7）识别对“瓶颈”资源的使用有重要影响的其他产品特征。

（五）价值流成本考核

精益制造和其他精益流程所需的业绩计量指标与传统的计量指标存在着明显的差异。

精益生产单元必须关注满足客户需求的节拍时间、流量、标准作业的效力以及拉动式系统和单件流作业的稳定性。传统计量指标关注效率、机器利用率和间接制造费用的分摊等。由于精益制造所要实现的目标不同，因此所使用的激励指标也不同。

生产单元业绩评价指标与价值流业绩指标共同构成精益管理会计的业绩评价体系。

1．生产单元业绩评价指标

精益单元业绩计量指标比传统计量指标更为精简，这些指标直接来源于企业的精益战略，数据的整理在精益单元内进行，更加具有及时性和相关性，如表13-24所示。

表13-24 生产单元平均业绩指标

单元业绩计量指标	计量的内容	精益原则
小时报告	每小时的实际生产量，与必要生产量相比较	按节拍时间进行生产
首次合格率	一次生产合格产品占总量的百分比	每次都按标准化作业进行生产
在产品/标准在产品比率	单元内的实际存货量除以预计存货量	拉动式生产，只有当看板或其他拉动系统发布了需求信息时才进行生产
设备总体效率	设备准时按质量生产产品的能力	按“瓶颈”设备的节拍时间进行生产

小时报告是指按小时每天予以发布的报告，它主要用于报告精益单元是否在按企业要求的生产节拍进行生产以及按这种生产节拍完成生产的能力。小时报告一般发布在单元内的白板上，列明为了满足客户需求而需要生产的产品数量，并在每小时结束时，由工作人员记录这一小时的实际产量，以及累计记录当天和这一小时的累计短缺量，以方便价值流管理人员进行对比分析。通过小时报告，工作人员能够快速发现生产中出现的问题并迅速采取纠正措施以避免问题扩大化。

首次合格率是对单元标准作业效率的衡量。衡量在单元产出的所有产品中，有多少比率的产品未经返工、维修、也未被报废。

在产品/标准在产品比率主要衡量的是生产单元的存货水平。它决定了拉动系统的成功与否，若生产单元内的实际存货量总是与预设的标准存货量相同，说明拉动系统运行正常。

总体设备效率是对单元内机器设备的性能进行衡量。总体设备效率指标是一种联合指标，用以追踪设备按时按质生产产品的能力。单元生产周期中的很多流程都取决于设备按照生产周期运行的能力。总体设备效率指标便对此进行追踪，并找出设备未按时按质进行生产的原因。

2．价值流业绩指标

单元业绩计量的目标在于帮助单元团队更好地为客户服务。而价值流业绩计量的目标则在于持续改进价值流。价值流团队和价值流经理的主要职责就是通过持续改进价值流各个工作流程来消除价值流中的浪费，从而改善价值流业绩。

价值流业绩计量指标关注的是价值流团队和价值流经理认为价值流需要得到改善的地方，因此在选择价值流业绩指标时应选择能体现价值流为客户创造价值的能力以及能使价值流得到改善的指标。而且这些指标必须能够激励价值流团队改善整个价值流而非价值流中某一领域的业绩。

精益价值流业绩计量指标的目的是进行持续改进，不是评判经理人员的效力。业绩指标通常每周发布一次，每周报告一次的做法对流程控制非常重要，这也与价值流持续改进团队的工作选择相匹配。每月报告一次的做法会延误解决问题的时机，容易使流程失去控制，另外，企业不应将计量指标用于制造人们不愿意看到的价值流间的竞争。

精益价值流业绩指标的目的是对价值流进行持续改进，并成为一个重要的业务控制机制，他们不仅反映价值流的运营成果，还要促进变革，每项指标的实际值远没有变革的速度和方向重要。持续改进团队对所有价值流指标的快速和持续改善负责，如表 13-25 所示。

表 13-25 价值流业绩评价指标

价值流业绩指标	计量的内容	精益原则
人均销售额	以人均销售额形式表现的价值流生产力	在相同或更少的资源条件下，创造更多的价值
按时发货率	以规定的日期将货物正确地发给客户的能力	控制价值流中的所有流程
进料到出货时间	从接收原料到发送产成品给客户所需要的时间	加快价值流内的物流流动
首次合格率	一次通过价值流检测的产品数量与产品总量的比值，衡量价值流标准化作业的能力	每次都按标准化作业进行生产
平均单位成本	价值流总成本与发送给客户的产品数量的比值，衡量价值流标准化作业的能力	持续降低制造和销售产品的资源消耗
应收账款天数	从取得应收账款的权利到收回款项、转换为现金所需要的时间	加速价值流内的现金活动

人均销售额用以计量价值流创造的价值，即价值流的生产率。价值流生产率在一定时间内稳定增长很重要，当生产率提高时，在相同的资源条件下，价值流就可以制造和销售更多的产品，从而提高价值流的价值。

按时发货率衡量的是，有多少比率的货物被按时发给客户，同时也衡量价值流内的控制水平，如果价值流得到控制，则按时发货率会维持在一个较高的水平，如果按时发货率较低，说明工作流程没有得到有效控制，价值流没有如期履行职责。

进料到出货时间是精益组织非常重视的一个指标，是指接受原材料到发送产成品给客户所需要的时间，衡量的是原材料在价值流内流动的速度，进料到出货时间缩短意味着原材料在价值流内流动的速度加快，同时也意味着价值流中存货的水平下降。

首次合格率是指在价值流所生产的产品中，那些未经返修、维修、重复测试、重新校正或报废的产品所占的百分比。为了提高价值流的首次合格率，企业必须了解价值流中的所有工序，并消除这些工序中的差异，成功引入标准作业是保证首次合格率的关键。首次合格率也可以作为衡量企业标准化作业程度的指标。

平均单位成本衡量的是精益企业持续降低价值流成本的能力。需要注意的是，平均单位成本指标仅适用于生产流程相似且产品原料也相似的价值流，有一些精益企业在生产实践中会使用平均转换成本替代平均总成本，这是因为这些精益企业考虑到价值流中各产品的生产流程虽然相似但是原料成本并不相同，这种情况下使用平均总成本就不能准确反映各个产品的实际成本。使用计算公式为价值流总成本减去原料成本后的余额，与本周或本月发给客户的产品数量的比值的平均转换成本就更加合理。

应收账款天数是指从取得应收账款的权利到收回款项、转换为现金所需要的时间。应收账款天数可以说是精益企业最关注但同时又是最难控制的指标，因为精益企业非常重视现金的流动性，而应收账款是现金流动的重要因素。

思\考\题

1. 大数据、互联网+、智能制造、5G技术的应用，对企业成本管理有何影响？

2. 什么是精益生产？精益生产对会计有何影响？

3. 目标成本法是如何实现降低成本目标的？在精益制造的环境下，如何实施目标成本法？

4. 什么是价值流？简述价值流与价值链的关系。

参\考\文\献\与\荐\读

[1] 唐·R. 汉森，玛丽安娜·M. 莫温. 管理会计 [M]. 陈良华，杨敏，译. 8版. 北京：北京大学出版社，2010.

[2] 精益会计实务编写组. 精益会计实务 [M]. 北京：企业管理出版社，2014.

[3] 温素彬. 管理会计 理论·模型·案例 [M]. 3版. 北京：机械工业出版社，2018.

[4] 穆林娟，贾琦. 价值链成本管理为基础的跨组织资源整合：一个实地研究 [J]. 会计研究，2012（5）.

[5] 柳计鸣. 基于精益管理会计系统的企业价值流成本管理研究 [J]. 财会通讯，2019（11）.

[6] 穆林娟. 价值链成本管理：理论、案例与实验 [M]. 北京：经济科学出版社，2010.

[7] 谢祯. 精益会计体系下的企业成本管理研究 [D]. 天津：天津师范大学，2016.

[8] 邓璇. 基于精益管理会计系统的价值流成本管理研究 [D]. 北京：北京服装学院，2016.

[9] 姚采薇. 精益管理会计相关问题研究 [D]. 成都：西南财经大学，2012.

[10] 王满，王越. 价值链战略成本管理 [J]. 财务与会计，2015（7）.

[11] 卞振宇. 浅谈大数据环境下企业价值链成本管理的优化 [J]. 经贸实践，2018（3）.

[12] 孙葛亮. 价值链视角下的企业战略成本管理研究 [D]. 兰州：兰州财经大学，2019.

第十四章

环境管理会计

导\入\案\例

紫金矿业是我国最大的黄金生产企业，有中国第一大金矿之称，位列全球500强。紫金山铜矿是紫金矿业旗下最大的铜矿。2010年7月3日，紫金矿业位于福建上杭县的工厂发生9 100m³废水外渗，造成上杭、永定鱼类大面积死亡和水质污染，直接经济损失3 187.71万元。经检测，污染后第二天上杭段多处水质监测出pH值范围在4.36～6.33，已超过国家地表Ⅲ类水质标准限值（6～9），不宜饮用。汀江上航段在事故发生九天后（事故得到控制后）各段铜浓度仍在0.039～0.109mg/L。而根据《地表水环境质量标准规定》，Ⅲ类水铜离子不得超过0.1mg/L。也就是说，汀江在得到治理后已经达到国家Ⅲ类水标准中的含铜量标准。对于此次污染事件，原紫金山铜矿矿长陈家洪因涉嫌重大环境污染事故罪被警方刑事拘留，福建环保厅发出的处罚通知涉及罚款金额为956.313万元人民币。

2018年《环境保护税法》的出台以及国务院生态环境部的整合设立，对社会与企业来说既是机遇也是挑战，那么企业如何避免环保与成本双方的零和博弈，实现双赢或是共赢？

（摘自：百度百科。）

第一节　环境管理会计概述

伴随着可持续发展的概念，环境管理会计（Environmental Management Accounting, EMA）成了管理会计的一个新领域。我国经济发展进入了新常态，国家适时提出了新的发展理念。基于此，宏观层面上国家面临着如何处理好经济转型发展和环境保护的难题，微观层面上企业面临着成本控制与环境保护责任的矛盾。因此，学者们将管理会计与环境保护相结合，发展了环境管理会计这一新方向。

一、环境管理会计的产生与发展

20世纪50年代，由于工业污染事件和环境污染事件的法律诉讼的发生，诉讼失败导致的经济赔偿和环境恢复费用成为企业会计核算的要素。但此时企业关心的仍是经济业绩，对于环境因素对财务的影响没有得到重视。1975年英国会计师准则委员会发布的《公司报告》中，有关公共责任问题的内容很大一部分和环境问题相关。1980年起，由于环境问题的严重性，人们在社会会计的研究中更加突出了环境会计的地位。1989年，皮尔斯在《绿色经济蓝图》中首次阐明将环境因素融入政府政策和企业经营的重要性。1991

年格雷在《绿色会计》一书指出“绿色会计是一种关于人造资产和自然资产增减的会计，是最为重要的在二者之间转换的会计”，且着重论述了二者之间的转换问题。20世纪90年代以来，一些大型企业开始自觉的披露环境信息，一些环境要素在会计核算上出现了独立的处理方式，环境审计逐步建立。

21世纪初，世界各个国家都制定了环境方面的法律法规来规范和制约破坏环境、浪费资源等行为，比如我国2014年修订了《中华人民共和国环境保护法》，美国出台了《国家环境保护法案》等。随着对环境会计研究的不断深入，可持续发展的概念开始引入到环境会计中。在这种形势下，企业的经营目标从股东价值最大化转化为利益相关者价值最大化。至此，人们认识到做出环境决策的不是会计人员而是管理当局，必须从管理与决策的角度出发，建立环境管理系统，才能解决环境问题。这样，环境管理会计应运而生。

二、环境管理会计的定义

环境管理会计是现代会计的新兴分支，利用货币工具对环境管理问题进行管理的范畴统称为环境会计，包含宏观和微观两个方面，如图14-1所示。1987年，世界环境与发展委员会在《我们共同的未来》报告中指出，为了实现地球的可持续发展，应当确保污染的排放数量不能超过地球的承受能力，资源的开采数量不能超过资源的更新速度。构建宏观环境管理会计的最终目的是为了加强对环境的保护。宏观环境会计以国家整体环境活动作为核算对象，主要着眼于国民经济中与自然资源和环境有关的内容。出于缺乏环境保护意识，工业企业法律适用石化能源，随意排放“三废”，导致环境质量迅速恶化。微观环境会计的构建，有助于提供反映企业履行环境保护责任的会计信息，真实反映企业经济活动对外部环境质量的影响程度，减少企业与外部利益方在环境信息方面的不对称。微观环境会计属于现代会计和报告范围，以企事业单位环境活动作为核算对象，主要着眼于反映环境问题对企业财务业绩以及企业活动所造成的影响。

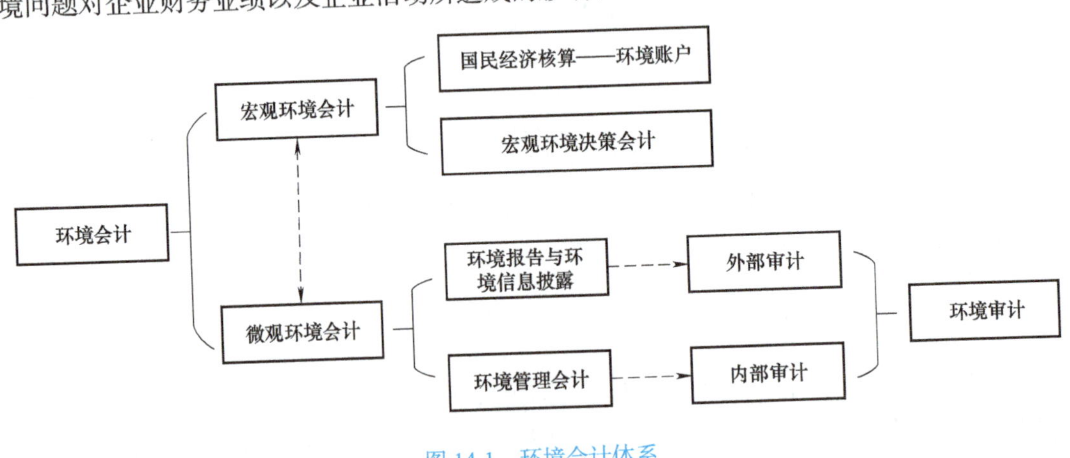

图14-1 环境会计体系

注：该图取自郭晓梅，管理会计学，人民大学出版社，2019年。

对于环境管理会计的定义，存在着各种解释：美国环保局指出，在管理会计背景下使用环境会计概念，是将环境成本与环境业绩的信息用于企业的经营和决策中，如在成本分配、资源预算和流程、产品设计中考虑环境成本和效益。加拿大管理会计师协会在《管理会计指南》中指出，环境管理会计是对环境成本进行确认、计量和分配，将环境成本融入企业的经营决策中，并在此后将有关信息传递给企业的利益关系人的过程。根据国际会计师联合会的管理会计概念，环境管理会计是“通过设计和实施适当的与环境相关的会计系统和管理系统，对环境业绩和经济业绩进行管理。”联合国环境管理会计专家工作小组广义地将其定义为“为满足组织内部进行传统决策和环境决策的需要，而对实物流信息（如材料、水和能源等）、环境成本信息和其他货币信息进行确认、收集、估计，编制内部报告并利用它进行决策。”联合国在对环境管理会计进行定义的同时，也提出了其内涵的框架，如表 14-1 所示。

表 14-1 环境管理会计的内涵

<table>
<tr><td colspan="2">货币单位核算</td><td colspan="2">实物单位核算</td></tr>
<tr><td rowspan="2">传统会计</td><td colspan="2">环境管理会计（EMA）</td><td rowspan="2">其他评估手段</td></tr>
<tr><td>货币计量环境管理会计（MEMA）</td><td>实物计量环境管理会计（PEMA）</td></tr>
<tr><td colspan="4">企业层次的数据</td></tr>
<tr><td>传统簿记</td><td>从账本和成本会计资料中转化出环境信息的部分</td><td>企业的物质、能力和水流动的实物流量余额</td><td>其他环境评估、计量和评价手段</td></tr>
<tr><td colspan="4">在企业中的应用</td></tr>
<tr><td>供内部统计、计算指标、节约额、预算和投资评价所用</td><td>供内部统计、计算指标、节约额、预算和投资评价所用</td><td>供内部环境管理系统绩效评价和标杆管理使用</td><td>用于企业内部其他的清洁生产项目和生态设计</td></tr>
<tr><td>外部财务报告</td><td>环境支出、投资和负债的对外披露</td><td>对外报告（环境报表、公司环境报告、可持续报告等）</td><td>向统计机构、当地政府等机构提供其他外部报告</td></tr>
<tr><td colspan="4">在国民经济中的应用</td></tr>
<tr><td>供统计机构计算国民收入</td><td>在国民收入统计计算行业的投资、年度环境成本和外部性</td><td>国家资源会计（国家、地区和部门的实物流量余额）</td><td></td></tr>
</table>

注：表中数据来自联合国可持续发展委员会，《环境管理框架》，UN，2001。

由表 14-1 可以看出，环境管理会计在以货币计量的方面和传统管理会计有着巨大的共性，而在实物计量方面则与传统管理会计存在着较大的区别。环境管理会计是管理会计与环境管理相融合形成的交叉领域。环境管理会计是管理会计在新的社会经济形势下的合理发展，主要是为内部管理的需要而确认、收集和分析信息，以帮助管理当局进行计划、控制、决策和进行业绩评价。环境管理会计所提供的信息是面向未来的，反映了环境和经济的现实。环境管理会计主要是将环境成本和环境业绩的数据用于企业的决策和经营之中。

尽管环境管理会计的定义说法不一，但总体归纳起来，环境管理会计就是在进行决策分析时，通过寻找、辨认及量化各种由于环境因素所造成的收益和成本，并把它们纳入到管理会计分析中来，得出兼顾经济效益和环境效益的结果，为管理层评价产品生产，减少产品对环境的影响，改善环境绩效，做出正确决策等提供准确、全面系统的信息。其内容主要包括两个方面：环境成本控制及管理和环境绩效的评价。

三、环境管理与企业经营目标的转变

1992年世界可持续发展经营委员会（WBCSD）提出了生态经济效率指标（Eco-Efficiency），该指标计量单位价值的环境影响，提供旨在满足人类需求和提高生活质量的竞争性定价的产品和服务，同时在整个生命周期里不断地减少对环境的不良影响和对资源的利用程度，即以较少的影响创造较大的价值。2018年1月1日起，《中华人民共和国环境保护税法》与《中华人民共和国环境保护税法实施条例》同步施行，意味着单纯以经济价值来衡量企业的业绩已不再可行。企业的决策只有全面考虑包含环境因素的成本、效益，才能有利于长远发展的需求，实现企业低投入、低消耗、高产出的可持续发展目标。因此，可持续发展的企业必须将其目标从核心经济价值转为生态效率。既定投入的产出越高，或既定产出的投入越少，则效率越高。追求生态经济效率的企业，不仅可以满足客户对于绿色产品和服务的追求，还可以为员工创造良好的工作环境，以较低的代价获得资本或其他服务，促使管理者发现新的机会。

四、环境管理会计的基本内容和基本特征

（一）环境管理会计的基本内容

1．环境成本的归集和分配

在传统会计体系中，环境成本是被当作普通成本核算的。但环境管理会计将企业发生的与环境有关的成本、费用单独核算并归集起来，以反映企业的环境责任履行情况。与此同时，还将所归集的成本、费用按作业成本法、总成本法、生命周期法和全成本法等先进的成本计算方法分配给相关的作业或产品。在此基础上寻求控制并降低环境成本，提高环境效益的有效途径。

2．环境成本的控制

由于环境成本中有很大一部分是无形的，例如污染所造成的公众形象的损失，企业所能直接控制的只是经济活动直接影响的部分，例如治理废弃物成本。因此，从企业角度来看，环境成本的控制主要是废弃物成本的控制和能源消耗成本的控制。通过降低能源消耗和废弃物成本，达到经济效益和社会效益的协调。

3．环境业绩评价

环境业绩评价就是对企业在环境活动方面所取得的业绩进行评价，看是否符合企业的环境目标并采取适当的奖惩措施，使之与企业环境目标协调一致。

环境管理会计内容如图14-2所示。

（二）环境管理会计的基本特征

与传统会计相比，环境管理会计有如下基本特征：

（1）确认和寻找减轻传统会计中对环境产生负面影响的理论和实务，使会计能为改善环境服务。

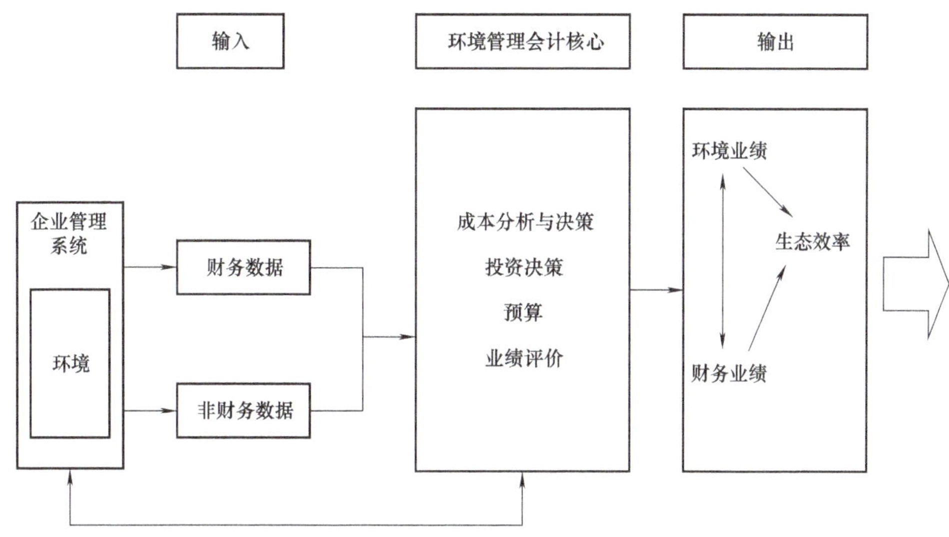

图 14-2　环境管理会计框架

注：该图取自许家林，孟凡利，环境会计，上海财经出版社，2004 年。

（2）将传统会计中涉及环境问题的成本和收益分别反映列示，减少传统财务标准与环境标准间的冲突。

（3）设计新型的财务的和非财务的会计系统、信息系统和控制系统以鼓励企业做出有利于环境改善的决策。

（4）为满足内部和外部的需要建立新的业绩计量、报告和评估体系，以促使企业对环境问题负责。

五、环境管理会计的作用

环境管理会计注重环境保护的同时有利于企业可持续经营，有利于潜在环境成本的降低，有利于成本的计算和定价，有利于提高企业竞争力。具体表现在以下几个方面：

（1）有助于企业准确地进行成本计算和产品定价。环境管理会计系统的建立，能够克服传统成本核算方法的主观性和分摊标准的单一性，将与环境相关的成本进行单独的确认与计量，可以量化企业的各项经济活动对环境造成的影响。一方面，使企业更清楚地了解产品在生命周期中可能发生的环境成本，发现削减成本和改进业绩的机会，降低环境风险；另一方面，有效的环境成本信息可以保证产品成本的完整性和真实性，有助于企业更准确地进行产品的定价，改善企业财务业绩。

（2）有助于企业管理当局做出正确决策。环境管理会计不仅提供了企业决策所需要的货币信息（如环境成本与收益），也提供了非货币信息（如污染物的排放量）。在环境管理会计系统的辅助下，管理层可以有效地抑制短期行为，着眼于企业的长远利益，从企业与社会双重利益的角度出发，在生态设计和清洁生产中，合理规划，科学管理，做出最优决策，同时帮助管理人员及时对企业的成本进行控制。

（3）有助于满足各方利益相关者的信息使用需求。环境管理会计将企业的财务指标和环境业绩指标相结合，更加系统地反映了企业目前的生产经营情况对环境的影响程度，有助于更加全面地满足各方利益相关者的信息使用需求。

（4）环境管理会计体系的建立与完善有利于塑造企业绿色形象，增加公众信誉。

第二节　环境成本管理

一、环境管理会计的基本要素

（一）环境成本

联合国国际会计和报告标准政府间专家工作组（ISAR）在《环境会计和报告的立场公告》中指出，环境成本为：本着对环境负责的原则，为管理企业活动对环境造成的影响而采取或被要求采取措施的成本，以及因企业执行环境目标和要求所付出的其他成本。联合国“改进政府在推动环境管理会计中的作用”专家组定义的环境成本为：与破坏环境和环境保护有关的全部成本称为环境成本，包括外部成本和内部成本。在环境问题日益凸显的现代，我国作为世界上第二大经济体，更应该践行可持续发展的理念，环境会计的实施对于改善社会环境资源以及企业长期发展有着不可小觑的作用。所以不仅要将污染纳入产品成本的核算，而且要加强环境成本的管理，这也是环境管理会计的核心问题。

关于环境成本的分类，不同国家有着不同的理解。1995 年美国环境保护局将环境成本分为内部成本和外部成本，其中内部成本包括传统成本、可能隐藏成本、或有成本、形象与关系成本。日本学者将环境成本分为研发环境成本、活动管理成本、企业营运成本、上下游环境成本、社会活动环境成本、环境损害成本。德国环境管理机构于 2003 年编制的《企业环境成本管理指南》将环境成本分为不含环境费用的产品成本、事前的环境保全预防成本、事后的环境保全成本、残余物发生成本。我国学者对环境成本的分类有以下几种观点：

1．按照环境成本的不同功能划分

（1）环境污染补偿成本。它是指企业由于污染和破坏生态环境应予补偿的费用。环境损失是指企业对生态环境污染或破坏而造成的损失以及由于环境保护需要而勒令某些企业停产或减产而造成的损失。

（2）环境治理成本。它是指企业为治理被污染和破坏的环境而发生的各项支出。如环境治理设施在运行过程中提取的折旧费、治理污染材料费等。

（3）环境保护维持成本。它是指为预防生态环境污染和破坏而支出的日常维持费用。

（4）环境保护发展成本。它是指为进一步发展环境保护产业而投入的各项开支。具体表现为与环境有关的外部费用，如绿化费、环境卫生费及地方税务征收企业的植树绿化费等。

2．按照环境成本是否由企业承担划分

（1）内部环境成本。它是指应当由企业承担的环境成本，包括由于环境方面因素而引致发生并且已经明确是由企业承担和支付的费用。如当前法律体系下应由企业支付的排污费等。

（2）外部环境成本。它是指由企业经济活动所导致的但不能明确计量，并由于各种原因而未由企业承担的不良循环后果。如企业排污对下游水系造成影响，产生了环境成本。

内部环境成本和外部环境成本之间的界限并不是固定的。随着环境问题压力的增大，一些政府正试图将外部环境成本内部化，比如随着污染者付费原则的实施，一些外部成本将转为内部成本。 外部环境成本与内部环境成本关系如图 14-3 所示。

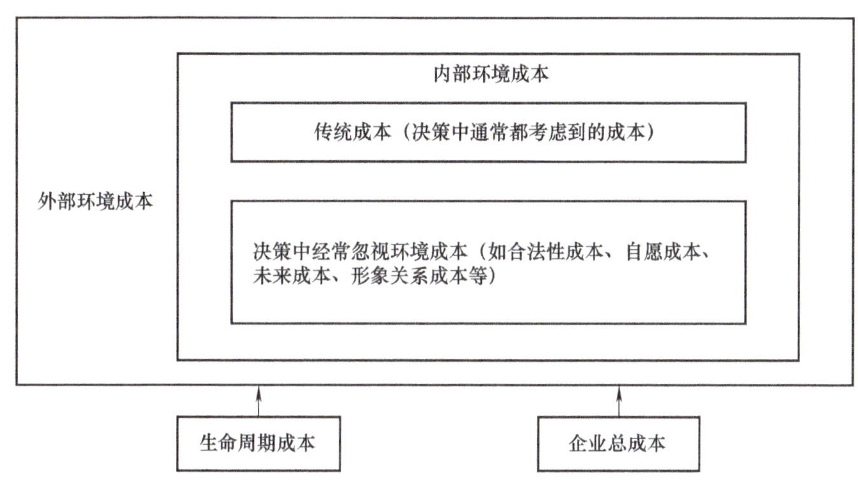

图 14-3 外部环境成本与内部环境成本

注：该图取自温素彬．管理会计 [M]. 北京：机械工业出版社，2016。

3．按照经营和管理的全过程角度划分

（1）环境资源成本。它是指企业对稀缺的自然资源的消耗，如直接产品材料、催化剂与溶剂、运输材料、贮存材料、电力消耗、冷却与工序用水、冷藏燃料，汽油或石油消耗等，这些成本中大部分是企业正常生产所必需的，但是有些却可以降低甚至避免。

（2）环境控制成本。它是指企业为履行环境责任而产生的成本，具体表现为资源维护、环境保护等行为发生的支出以及为防止污染、改善环境而发生的成本费用，如日常环境保护费用、环保固定资产的购置等。一般来说，该项成本越高，表明企业主动履行环保责任的程度较高。

（3）环境故障成本。它是指对环境控制失败而产生的环境问题有关的支出。如果企业在履行环保责任的程度上打了折扣，则会发生诸如资源效用降级、企业形象及商誉下降等成本，同时因污染环境而对企业产生的损失，如对环境损害进行赔偿、由于违反环保规定而遭受的罚款等。

关于环境控制成本与环境故障成本的关系，一般来说，如果企业的环境控制成本较高，则企业履行的环保责任程度较高，相应的违规支出也会减少，因此环境故障成本就会较低。事实上，协调处理二者的关系有助于环境成本的管理。

（二）环境收益

环境收益特指企业进行环境保护及所有减少环境冲击活动中能够以货币计量的经济效

益。在环境管理会计中，环境收益是指在一定时期内企业进行环境保护和环境治理所形成的经济利益的流入，是采取环境保护措施所得到的经济利益减去环境费用后的结果。

环境收益可依据取得方式的不同，划分为三类：

1．直接收益

实际的工业生产中对生产投入产出比的模糊认识以及对某些高价高污染原料的盲目使用，直接导致企业产生大量的废物（排放），这不仅形成了对环境的污染，同时也造成了企业生产成本的居高不下。环境管理会计正是对这种消耗进行计量和监控并最终将其确认为环境成本，从而降低企业生产成本，提高企业收益。如山东牟平造锁总厂电镀分厂采用40项简单的措施，几乎没花什么费用，便削减了全分厂废水量的38.8%，铜排放量的53.1%，镍排放量的49.7%，还节省了大量的原材料和能源，每年节约费用12.7万元。此外，国家对环保工作卓有成效企业的奖励也可看作是企业的直接收益。

2．间接收益

间接收益是指企业利用“三废”生产的产品及对这些产品减免税收所得的收益。例如税法规定，利用“三废”生产产品将会享受到对流转税和所得税的减免；排气量小于1.6L的汽车以及新能源予以税率优惠；银行等金融机构按照政策会给予环保企业较低的贷款利率等。环境管理会计使企业重视环境成本控制的同时，也使企业成功达到了避税的目的，享受了低息的待遇，税费的减免，客观上增加了企业的税后利润。

3．隐性收益

环境管理会计将环境成本纳入企业管理体系，不但可以使企业在社会公众中建立良好的品牌形象，而且从根本上保障了消费者所应享有的价值，因此其必将帮助企业的产品赢得消费者的偏好，从而为企业带来巨大的潜在效益。如支付宝创建的蚂蚁森林，在防护沙漠种林绿化的同时也增加了企业形象。

二、环境成本的管理方法

企业环境成本控制是指在企业现有的约束条件下，为达到企业环境成本降低的目的，而采取的一系列有组织的活动。并且环境成本控制的方法处在不断完善中。

（一）基于作业成本法的环境成本控制方法

由于传统的成本控制方法对制造费用等间接费用的分配不尽合理，为了更为准确地反映环境成本信息，在原有方法的基础上进行改进，根据环境成本与成本对象之间的因果关系，按所完成的作业归集环境成本并将其分配到产品、流程与项目中，进而确定产品的成本。

按照传统会计的核算方法，环境成本通常归集在制造费用中，并采用单一的数量标准（如产量、人工工时、机器工时等）为基础分配间接费用。但在环境管理会计中，这些单一的数量标准和环境成本的相关性缺乏直接的因果关系，导致计量结果越来越偏离真实成本。还有一些环境成本分散于企业的销售和管理费用中，直接从当期损益中扣除，并没有分配到产品或流程之中，从而使不同产品或流程的不同环境影响无法显现出来。为了准确记录环境成本，必须对分散于制造费用和销售、管理费用中的环境成本进行辨认、计量。作业成本法很好地解决了这一问题，作业成本计算和作业管理是建立在作业分析基础上的成本核算与成本管理体系。从环境成本分配的准确性来看，作业成本法计算的成本信息比较客观、真实、准确。进行作业成本计算，首先要明确计算目的，包含哪一类环境成本；其次是确定环境成本以及造成这些成本的活动；而后选择合适的成本动因，如排放量等；最后采取分步骤的作业成本计算法计算不同的产品或者流程应承担的环境成本，并以此做决策。

例 14-1　某工厂生产的 A、B 两种产品都要经过两个生产工序（成本中心 1、2），每经过一道工序时都排放出废物，所有这些废物在厂区的一个焚化炉中处理。在当前生产条件下，焚烧废物的成本为 8 000 元，一般性管理费用（如管理人员工资等为 27 000 元）。目前原料的投入量为 2 000kg，其中 500kg 作为废物排出，在焚化炉中处理，其余 1 500kg 形成 A、B 两种产品。在排出的 500kg 废物中，300kg 是在成本中心 1 排出的，剩余的 200kg 是在成本中心 2 排出的。运用作业成本法确定两种产品应承担的环境成本、计算各成本中心的环境成本。

由于废物的处理成本与废物量有关，如果单位废物的处理成本相同，可以将废物量作为成本动因，将焚化成本分配到各个成本中心去。将各个成本中心各自的成本及分配而得的焚化成本，再按一定的标准分配给两种产品。其计算流程见图 14-4 所示。

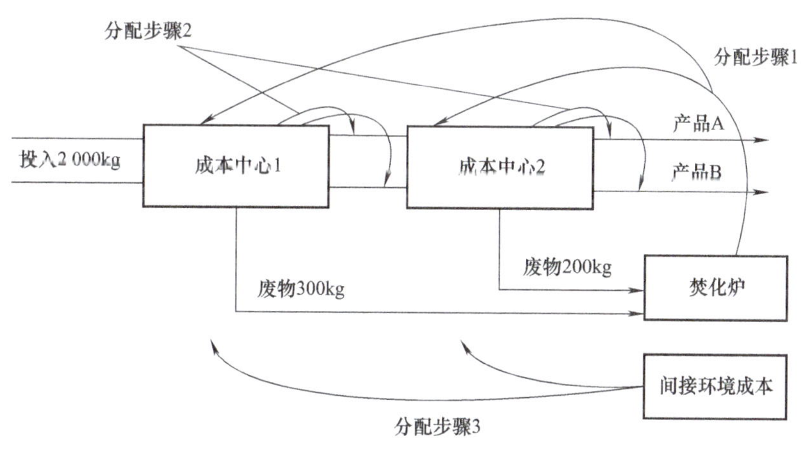

图 14-4　环境成本的三步骤计算

（1）分配步骤 1：焚化成本 8 000 元根据废物的排放量分配到两个成本中心，成本中心 1 分配得 4 800 元 (8 000 × 300 ÷ 500)，成本中心 2 分配得 3 200 元 (8 000 × 200 ÷ 500)。

（2）分配步骤 2：各成本中心的成本按成本动因分配给 A 和 B 两产品。

（3）分配步骤 3：与环境有关的成本不一定可直接从与污染治理的有关部门中获得。废物在经过处理之前要占用前道工序的生产设施，需要人工管理，因此，有些与环境有关的费用是隐藏在管理费用中的。要正确考察产品的环境影响，这部分成本也要进行分配，在本例中，所投入的 2 000kg 原料中，有 500kg 未产生任何价值就排放出去了，这部分废物的形成过程中也耗费了采购成本、设备折旧及管理费用等。因此，有必要将管理费用中因废物而产生的部分也分配到产品上。

在前两个分配步骤里，废物处理中心的环境成本已得到了分配，但实际发生的环境成本却不仅限于此，假设管理费用 27 000 元是变动性成本，原料的加工及废物的产量是其合理的成本动因。经过各个成本中心进行加工的原料重量分别为 2 000kg 和 1 700kg，据此可确定应归属成本中心 1 的管理费用为 14 595 元（27 000 × 2 000 ÷ 3 700），归属成本中心 2 的管理费用为 12 405 元（27 000 × 1 700 ÷ 3 700）。对于成本中心 1 而言，该中心排出的废物为 300kg，后序的成本中心 2 排出的 200kg 的废物也经过本中心的加工过程，占用了该中心的资源。因此，在投入的 2 000kg 原料中，加工废物占用了 25%(500 ÷ 2 000) 的资源，与其相关的间接环境成本为 3 649 元（14 595 × 25%）。同理成本中心 2 的间接环境成本为 1 464 元（12 405 × 11.8%）。计算结果如表 14-2 所示。按照作业成本法，间接环境成本为 5 113 元，加上直接环境成本 8 000 元，总的环境成本为 13 113 元。

表 14-2　间接环境成本的分配

	成本中心1	成本中心2	总计
加工的原料重量/kg	2 000	1 700	3 700
占总量的百分比（%）	54	46	100
各成本中心分配的管理费用/元	14 595	12 405	27 000
经过中心加工的废物/kg	500	200	
废物占加工的原料的百分比（%）	25	11.8	
因废物产生的管理费用/元	3 649	1 464	5 113

通过作业成本计算，可以对环境成本进行辨认、分类，并将其归集和分配到有关的作业和成本对象上。此信息可以用于作业成本管理，对这些作业进行改进。环境作业管理将对环境产生影响的作业分为增值作业和不增值作业，以便对不增值的作业加以删除、修正或替换。

（二）基于产品生命周期的环境成本控制方法

生命周期成本法（LCC）出现于 20 世纪 60 年代中期，是针对产品生命周期的会计核算和控制方法。对产品或流程的设计、开发、生产、销售、使用、报废等全过程所发生的环境成本进行计算与评价，反映资源环境对企业整个价值链的影响，为价值链的取舍与整合提供科学依据。生命周期成本法是对作业成本法的补充和深化，对作业成本的分析不再局限于生产过程中所发生的环境成本，而是延伸到了产品开发、销售直至淘汰整个生命周期过程的环境成本，该方法使产品成本项目更为完整，更能满足企业管理对产品成本核算的需要。

采用这种方法，环境成本可以分为环境生产经营成本、潜在成本和受规章约束的成本。企业可以根据产品的生命周期，在产品形成的阶段分别核算上述成本，具体分类如表 14-3 所示。

表 14-3　生命周期成本分类

生产经营成本	潜在成本	受规章约束成本
人工、文件	法律咨询	臭氧层破坏
能源成本	罚款	光化学烟雾
维护	人身伤害	酸性沉淀物
法规遵从	复原作业	资源破坏
保险/特别税	经济损失	水污
排气(水)控制	财产损害	染慢性健康影响
原材料供应	未来市场变化	急性健康影响
废物处理/处置成本	公众形象伤害	居住地变更

产品生命周期的生态设计如图 14-5 所示，在设计中尽量进行原材料使用设计、能源和水的使用设计及可拆卸设计等。

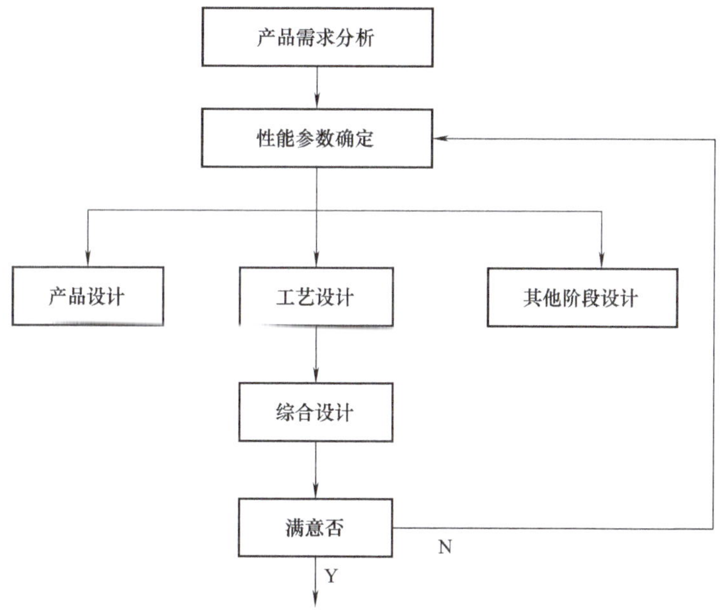

图 14-5　基于生命周期的产品生态设计系统框图

注：该图取自潘煜双、徐攀，企业环境成本控制与评价研究，科学出版社，2014 年。

（三）基于价值链的环境成本控制方法

企业的活动分为基本活动和支持性活动，基本活动涉及企业生产、销售、运输服务；支持性活动涉及人事、财务、计划、研究与开发、采购等，基本活动和支持性活动构成了企业的价值链。企业的价值链分为内部价值链与外部价值链，因此，价值链的企业环境成本控制方法也可分为基于内部价值链的企业环境成本控制与基于外部价值链的企业环境成本控制。

价值活动的相互联系构成了企业的内部价值链，从企业的内部价值链研究企业环境成本控制关键在于企业内部的价值活动控制。企业的整体活动按照价值链理论可以分为设计活动、采购活动、生产活动、销售活动，而环境成本是联系的纽带，表现为一种活动和环境成本量的改变影响另一种活动和环境成本量的改变。在设计活动中企业需要强调生态设计，采用目标成本法考虑资源的综合利用收益，在满足产品必要功能的前提下，降低产品生命周期成本。采购活动中要确定绿色环保材料，选择经济合理的工艺渠道。生产活动中对各方案进行成本效益分析，采取环境成本最小，经济效益最高的方案。具体来说就是培养生产活动人员环境保护责任感和环境成本意识并建立清洁生产组织管理制度。销售环境采用绿色销售，尊重购买商的价值，从产品使用者的视野帮助企业寻找其他降低环境成本、提升企业价值的机会。

基于外部价值链的企业环境成本控制方法是指对上下游价值链进行环境成本控制。企业在上游价值链控制的过程中，主要是积极与上游供应企业进行战略合作，共同采取控制环境成本的有效措施。对下游价值链进行环境成本控制，最主要的是进行废弃资源的回收，以达到减少环境成本的目的，实现战略共生。

（四）基于完全成本法的环境成本控制方法

完全成本法是指将与企业的经营、产品或劳务对环境产生的影响有关的内部成本（包括所有的内部环境成本）和外部成本综合起来的方法。外部成本在当前可能不必加以确认、计量甚至无法准确地归属到某个企业。但是，应用完全成本法时，只要有可能，就要对外部成本用货币指标进行量化，至少也要提供定性的信息。将产品带给环境的未来成本（如废弃物的处理）纳入会计核算范围，并追溯分配至各种产品，是一种全新的成本会计架构。完全成本计算法的功能作用在于：

（1）从远期看，可为企业发展战略提供完整的成本信息基础，让企业管理者对本企业生产经营活动的现时成本和未来成本有清醒的了解和认识，对致力于可持续发展原则的主体来说，使管理层更好地了解自身所带来的外部影响及其后果，以及由外部主体所承担的成本，从而更好地评价可替代的策略和方法，推动可持续发展目标的实现。

（2）从近期看，可为企业产品定价及生产经营调整提供成本信息基础，从而制定出更好的环境策略。在企业会计实务中，尽管已有企业接受全部成本概念（如英国石油公司年度报告），并且也有安大略水电集团应用完全成本会计的实例。但是全面运用完全成本分析的案例仍然很少，原因在于企业在产品定价中以完全成本分析信息为基础，不利于自身的竞争地位。所以完全成本法作为企业制定长期发展战略中的一种信息工具可能更为现实。完全成本法的应用最困难的地方就是外部环境影响的确认和计量，不同类的环境影响的确认、描述和量化以及将这些实物量表示的环境影响货币化，计量为环境成本，其方法和要求是不一样的。即使是同一类的环境影响，其产生原因也可能不同，定量的方法也不同。对于这一步骤，主要是利用环境科学中的有关环境影响评价方法来进行。

上述四种方法可以单独使用，也可以结合使用，以对环境成本进行全面计算与系统管理。

第三节　环境管理会计信息披露及业绩评价

一、环境管理会计信息披露

（一）环境管理会计信息的内容

改革开放以来，我国大力发展经济，国民经济增长迅速，特别是1992—1994年，我国的经济增长速度都在10%以上。这种经济增长是通过“高投入、高消耗、高污染”的粗放型增长方式取得的，加上我国沉重的人口压力，使我国出现了比较严重的环境问题，主要表现在资源短缺，资源开发利用不合理，效率低下和污染严重等方面。近年来，我国各大城市出现了雾霾天气，国家修订了空气质量指标，使环境问题再次成为人们关注的话题。企业通常从自身利益出发，只要其经济活动产生的环境问题不受到社会的严厉处罚，往往置之不理，导致其环境成本代价转嫁给企业外部及未来。为了获得这方面的信息，编制环境信息报告势在必行。企业环境信息披露的目的不是为了披露而披露，而是通过企业环境信息的外部公开达到环境污染的预防和治理。

环境会计信息的披露形式多样化，既有定性的消息，也有定量的消息；既有货币信息，也有实物、技术等指标表示的非货币信息。披露方法基本延续财务会计的传统，主要有文字、表格和图形。不管采用哪种表达方式，企业的环境管理会计信息的内容应包括企业环境法规执行情况、采取的环保措施、自身环保监督机构的建立、企业产品生产或劳务提供过程中的“绿色”程度、企业环保经费投入和捐赠支出情况、环境质量情况以及环境治理和污染物利用情况。在实际工作中，可以以一般成本表的原理，设计企业自身的环境成本信息表，用以总括并分类反映一定期间内企业发生于环境有关的支出情况，如表14-4所示。

表14-4　企业环境成本信息表

2××7年12月31日　　　　（单位：元）

项目		本期金额	上期金额
环保治理费用	大气污染处理		
	废水污染处理		
	废物污染处理		
环境预防费用	环保设备折旧费		
	环保技术支持		
环境补偿费用	废气超标出厂费		
	职工、居民补偿费		
环境资源消耗成本	自然资源		
	生物资源		
环境损害成本	大气污染损害成本		
	土壤污染损害成本		
总计			

注：表中资料来自潘煜双、徐攀，企业环境成本控制与评价研究，科学出版社，2014年。

环境成本的信息主要针对政府部门、企业管理层、投资者。基于环境问题可能引发的企业财务状况和经营成果的影响，企业记录的主要环境会计信息为环境成本、环境资产、环境负债。

环境成本是指依照对环境负责的原则，为管理企业的活动对环境造成的影响而采取的或被要求采取的措施的成本，以及因企业执行环境目标和要求而付出的其他成本，包括环境污染预防成本、环境污染治理成本、废物再回收利用成本等。环境资产是指因符合资产的确认标准而被资本化的环境成本，包括环境保护和污染治理设备、环境污染治理专利技术及非专利技术、环境许可证等。环境负债是指企业发生的，符合负债的确认标准，并与环境成本相关的义务，包括环境修复义务、环境罚款义务和环境赔偿义务。

（二）企业环境会计信息披露的方式

对于环境会计信息披露，一方面可以借鉴财务报告的思路，利用财务报表和报表附注来揭示环境问题引起的财务影响；另一方面可以对会计报告涵盖不了的部分单独披露。另外，也可编制专门的环境报告来提供企业的环境绩效状况。针对以上信息，企业可以采用以下披露方式：

（1）文字叙述法。文字叙述法是最基本和简单的方法，也是披露的首选方法。要求企业对以上信息通过文字形式加以表述，该方法可以比较详细地披露企业有关环境的信息，但量化指标的缺乏使得企业管理层难以做出决策。

（2）图形法。由于图形非常形象，简单易懂，所以用图形反映环境管理信息可以很直观地表示出某一指标一段时间内的走势图。如反映企业一段时间清理原有污染及降低污染排放量对企业损害的趋势等。

（3）表格法。表格是最主要的信息披露方法。主要以货币量反映环境因素对企业的影响，弥补了文字叙述法的缺陷，该方法还辅之以非货币量形式加以反映，是一种较好的报告形式。以表格法编制进化公司 2××7 年的环境报告，如表 14-5 所示。

表 14-5　进化公司环境报告

2××7 年 12 月 31 日　　（单位：元）

环境收益：		
	1. 使企业产品销售增加带来的收益	80 000
	2. 废料获得的收入	20 000
	3. 给予的环保奖励	7 000
环境收益合计		107 000
环境成本：		
	1. 清理企业废物发生的费用	25 000
	2. 治理污水发生的设备安装成本	15 000
	3. 减少噪声污染的成本	2 000
	4. 环境检测与管理成本	3 000
	5. 由于环境污染引起的人身赔偿费	12 000
环境成本合计		57 000
环境净收益		50 000

不同的企业采取的环境信息的披露方式不尽相同，有些企业利用文字表述，有些企业利用货币指标表述。作为企业内部决策手段的环境报告，在企业的作用日益明显，它的规范有赖于环境财务会计的进一步规范，有赖于共同接受的专业标准的建立，有赖于财务信息的进一步量化。

二、环境业绩评价

环境绩效评价是环境管理的主要内容。其评价重点是评估一个企业在生产经营过程中对其可持续发展能力的考察，评价结果可以提醒企业管理者及时发现企业内部的生产问题，便于企业优化与完善。

（一）主要的环境业绩评价指标

根据 ISO 14031 的环境业绩评价体系标准，环境业绩指标可以分成两类三种：环境状况指标（ECI）、环境绩效指标（EPI），环境绩效指标又包括管理绩效指标（MPI）和经营绩效指标（OPI）。

环境状况指标直接计量环境质量，反映对某地、某区、全国性和全球性的环境状况的影响，如污水排放对生产地点附近水域的影响。

管理绩效指标反映企业管理当局对组织的环境绩效所做出的努力的信息，包括组织不同层次的政策、人员、计划活动和程序等。

经营绩效指标反映组织经营活动的环境绩效信息，包括：材料、能源、支持企业经营的服务、厂场设施、供应和送货、产品、组织提供的服务，废弃物、排放物等。对于评价企业业绩而言，最重要的是经营绩效指标。

环境绩效指标体系如表 14-6 所示。

表 14-6　ISO 14031 规定的主要环境绩效指标

<table>
<tr><th colspan="2">管理绩效指标（MPI）示例</th></tr>
<tr><td>1. 方案和政策的实施
实现的目标和指标数量
实现环境目标和指标的组织单位个数
负责特定环境责任的管理人员级别参与环境方案（如提建议、参加回收、参清洁活动）的员工数量
接受培训的员工数与需要培训的员工数量之比
员工提出的改善环境的建议数
曾经了解过环境问题的供应商或合同商的数量可以拆卸、再回收利用的产品数量</td><td>2. 合法性
遵守法规的程度
违法次数
处理环境事故的反应时间
解决和未解决的改进行动的次数
违法罚款支出
执行的环境审计次数</td></tr>
<tr><td>3. 财务绩效与环境方面有关的经营性或资本性成本
环保项目的投资报酬率
通过减少消耗、预防污染和废物回收实现的节约
满足环境绩效要求或设计目标而设计的新产品或副产品带来的收入
与环保有关的研究开发资金
可能对企业环境状况产生重大影响的环境负债</td><td>4. 与社区的联系
环境绩效报告数量
与环境相关实物的要求
为社区提供的环境教育和材料次数
为社会环保活动提供的支持</td></tr>
</table>

（续）

经营绩效指标（OPI）示例	
1. 材料 单位产出使用的材料数量 加工、回收和再用的材料 单位产出丢弃或再使用的包装材料 单位产出的用水量 单位产出的循环用水量生产过程中使用的危险材料量	2. 能源 每年或每单位产出的能源用量 单位服务或客户的能源消耗量 所用各种类型能源的数量 节能方案节约的能源量
3. 支持企业经营的服务 承包商使用的危险材料量 承包商使用的可回收可再用材料量 承包商产生的废物种类	4. 厂场设施、供应和送货 交通工具的平均油耗 生产占用的土地面积 采用了减少污染措施的交通工具数量 通过其他交通方式减少的交通次数 生产单位能源占用的土地面积
5. 产品 开发的具有较少危险属性的产品数 可回收和再使用的产品数量 废品率 产品使用寿命期	6. 组织提供的服务 每平方米使用的清洁品（清洁公司） 油料消耗（运输公司） 产品售后服务中使用的材料数量
7. 废物 每年或单位产出的废物量 特处理的废物总量 现场存储的废物量 须获得许可证处理的废物量 每年转化为可销售产品的废物量	8. 排放物 每年特定排污物的排放量 排放到空气中的废能
9. 向土地或水的排放 每年排放的特定物质 单位产品排放到水中的特定物质 单位产品排放到土地中的材料量	10. 其他排放 一定范围内测到的噪声 释放的放射物质量

注：表中资料来自 ISO 14031，Environment Performance Evaluation，Appendex，ISO，1998.

（二）环境业绩评价的层次和内容

环境业绩评价是环境管理会计的一个重要内容，它是对企业环境管理工作的考评。通过考核、评价和查找缺漏，帮助企业提高管理水平。企业的环境业绩评价可分为两个层次：

1. 环境效益评价

（1）对资源的利用效率。

（2）生产废弃物的排放量和回收利用率。

（3）企业对环境成本的控制。

2. 经济效益评价

（1）对废弃物的循环利用带来企业利润的增加（节约的生产成本）。

（2）因绿色生产增加市场份额带来的收益。

（3）因环境治理减免的罚款等。

（4）环保投资收益率的计算和评价。

（三）环境业绩指标

环境业绩指标多种多样，计量方式也很多。环境业绩评价指标的选择主要应考虑企业所处行业和经营业务的特点、设立的环境目标以及有关法规的要求。不同的行业，其环境评价的指标是不相同的，对其环境评价衡量的指标也是不相同的，指标所评价的内容应当是企业所处的行业所共同具备的或是能反映企业自身生产经营特点的。

在选择中要考虑环境管理系统的发展状况和应用环境业绩指标的目的，在以遵守法规为目的第一阶段，指标的选择主要考虑环境风险管理和环境负债的信息，以能源的消耗、污染物的排放、违法的次数、罚款等指标为主。在建立环境管理体系的第二阶段，以环境管理系统的效率为主要计量内容。而在环境管理与企业战略环境全面融合的阶段，则以综合性的环境业绩指标为主，并且要把战略性的环境业绩指标沿着组织结构等级自上而下，层层分解，落实到人。要考虑环境业绩与财务业绩的综合，考虑生命周期的全过程。

不同的指标需要不同的收集方式，有的可以从生产记录中获得，有的需要专门的技术手段进行监测，有的需要进行加工处理。因此，指标的设计也要考虑信息的成本，指标数量不宜过多，以免因信息量导致得不偿失。但也不宜太少，要提供足以使使用者全面了解环境业绩，并据以进行决策的信息。同时指标必须简明扼要，便于理解，具有可比性，计算基础必须前后一致，计算必须及时。

（四）环境业绩评价的方法

环境业绩评价的方法主要包括：对企业的评价、对个人的激励、环境系数、内部环境税。

1．对企业的评价

对企业环境业绩的评价可采用环境自我评价方案。通过自我评分使企业了解自身环境业绩，并实施持续的改进。在这种方法下，企业首先确定影响不同的利益关系集团的价值增值的主要业绩领域，而后为不同领域设计相应的计量方法。例如尼加拉瓜Mohawk电厂在1989年与纽约州公众服务委员会所达成的协议中设计了综合自我评价方案，①首先确定对客户需求的反馈；②通过成本管理，改进经营、员工授权和安全所实现的效率；③在涉及环境问题方面的进取和负责的领先地位这三个方面作为业绩评价领域。然后设计环境业绩指数（EPI），并制定相应目标，以强调在基本的环境业绩之上的持续和可计量的改进。

2．对个人的激励

为使企业环境业绩得到改进，需要对员工进行激励，以鼓励他们在环境方面做出优异表现。这可以通过为个人设定环境目标，并对实现目标的进度进行追踪。具体可以有两种做法：一种是将环境业绩评价与高级管理人员的业绩考评结合起来，自上而下推行到企业的各个部门，并将对所有个人的评价和报酬与环境业绩联系起来。另一种是自下而上推行，鼓励组织的所有员工发现并报告环境违规行为，在一定条件下授权员工进行修正。

3．环境系数

环境系数是一种有效推行企业战略的激励机制，它将环境业绩与员工的工资直接联系起来。如员工报酬包括正常工资70%+浮动报酬30%，在计算奖金时纳入环境的符合性因素。将在环境符合性方面所获得的分数转化为一定环境系数，如分数在71 ~ 79分的员工可得到与财务和收入目标相联系的奖金的30%，分数在70分以下则得不到奖励。该综合奖励制度将环境符合性的分数与利润和收入指标的分数相联系，可避免员工只关注一两个目标，而忽视其他目标，但同时又照常得到奖励。用于鼓励员工全面考虑企业的所有目标。

4. 内部环境税

企业激励环境行为还可通过内部环境税来进行。例如，当不同的部门共同利用废物处理系统时，可以根据其转移到废物处理系统的废物量增收内部环境税，从而鼓励各个部门采取措施减少其废物数量。这种把环境影响综合计入产品成本，并将这些成本列入业绩评价体系中的行为可以有效地激励个人。

思\考\题

1. 环境管理会计是如何产生的？其内含是什么？有什么作用？
2. 环境成本的含义是什么？如何分类？
3. 简述环境业绩评价。

参\考\文\献\与\荐\读

[1] 余绪缨，汪一凡．管理会计[M]. 沈阳：辽宁人民出版社，2004.
[2] 潘煜双，徐攀．企业环境成本控制与评价研究[M]. 北京：科学出版社，2014.
[3] 周一虹，芦海燕，陈润羊．企业生态效率指标的应用与评价研究——以宝钢、中国石油和英国BP公司为例[J]. 兰州商学院学报，2011（1）：112-121.
[4] 徐玖平，蒋洪强．制造型企业环境成本的核算与控制[M]. 北京：清华大学出版社，2007.
[5] 仪秀琴，姚强强．企业环境成本管理演化机理与展望研究[J]. 财会月刊，2019（1）：56-61.
[6] 徐素波，张山，简欣媛，等．环境会计：理论综述与展望研究[J]. 财会月刊，2019（3）：78-84.
[7] 凌语阳．可持续发展背景下环境会计的发展问题研究[J]. 商业会计，2019（2）：155-156.
[8] 胡元林，杨锡春，李琳．管理会计[M]. 上海：立信会计出版社，2016.
[9] 许家林，孟凡利．环境会计[M]. 上海：上海财经大学出版社，2004.
[10] 温素彬．管理会计[M]. 北京：机械工业出版社，2016.
[11] 龚芬．现代企业环境成本管理问题探析[J]. 商业会计，2013（8）：65-66.
[12] 梁斌，何劲军．环境会计核算体系研究[J]. 财会通讯，2013（2）：31-32.
[13] 郭晓梅．管理会计学[M]. 北京：中国人民大学出版社，2019.

附　　录

附录 A　复利终值系数表

期数	1%	2%	3%	4%	5%	6%	7%	8%	9%	10%
1	1.0100	1.0200	1.0300	1.0400	1.0500	1.0600	1.0700	1.0800	1.0900	1.1000
2	1.0201	1.0404	1.0609	1.0816	1.1025	1.1236	1.1449	1.1664	1.1881	1.2100
3	1.0303	1.0612	1.0927	1.1249	1.1576	1.1910	1.2250	1.2597	1.2950	1.3310
4	1.0406	1.0824	1.1255	1.1699	1.2155	1.2625	1.3108	1.3605	1.4116	1.4641
5	1.0510	1.1041	1.1593	1.2167	1.2763	1.3382	1.4026	1.4693	1.5386	1.6150
6	1.0615	1.1262	1.1941	1.2653	1.3401	1.4185	1.5007	1.5809	1.6771	1.7716
7	1.0721	1.1487	1.2299	1.3159	1.4071	1.5036	1.6058	1.7738	1.8280	1.9487
8	1.0829	1.1717	1.2668	1.3686	1.4775	1.5938	1.7182	1.8509	1.9926	2.1436
9	1.0937	1.1951	1.3048	1.4233	1.5513	1.6895	1.8385	1.9990	2.1719	2.3579
10	1.1046	1.2190	1.3439	1.4802	1.6289	1.7908	1.9672	2.1589	2.3674	2.5937
11	1.1157	1.2434	1.3842	1.5395	1.7103	1.8983	2.1049	2.3316	2. 5804	2.8531
12	1.1268	1.2682	1.4258	1.6010	1.7959	2.0122	2.2522	2.5182	2.8127	3.1384
13	1.1381	1.2936	1.4685	1.6651	1.8856	2.1329	2.4098	2.7196	3.0658	3.4523
14	1.1495	1.3195	1.5126	1.7317	1.9799	2.2609	2.5785	2.9372	3.3417	3.7975
15	1.1610	1.3459	1.5580	1.8009	2.0789	2.3966	2.7590	3.1722	3.6425	4.1772
16	1.1726	1.3728	1.6047	1.8730	2.1829	2.5404	2.9522	3.4259	3.9703	4.5950
17	1.1843	1.4002	1.6528	1.9479	2.2920	2.6928	3.1588	3.7000	4.3276	5.0545
18	1.1961	1.4282	1.7024	2.0258	2.4066	2.8543	3.3799	3.9960	4.7171	5.5599
19	1.2081	1.4568	1.7535	2.1068	2.5270	3.0256	3.6165	4.3157	5.1417	6.1159
20	1.2202	1.4859	1.8061	2.1911	2.6533	3.2071	3.8697	4.6610	5.6044	6.7275
21	1.2324	1.5157	1.8603	2.2788	2.7860	3.3996	4.1406	5.0338	6.1088	7.4002
22	1.2447	1.5460	1.9161	2.3699	2.9253	3.6035	4.4304	5.4365	6.6586	8.1403
23	1.2572	1.5769	1.9763	2.4647	3.0715	3.8197	4.7405	5.8715	7.2579	8.2543
24	1.2697	1.6084	2.0328	2.5633	3.2251	4.0489	5.0724	6.3412	7.9111	9.8497
25	1.2824	1.6406	2.0938	2.6658	3.3864	4.2919	5.4274	6.8485	8.6231	10.835
26	1.2953	1.6734	2.1566	2.7725	3.5557	4.5494	5.8076	7.3964	9.3992	11.918
27	1.3082	1.7069	2.2213	2.8834	3.7335	4.8823	6.2139	7.9881	10.245	13.110
28	1.3213	1.7410	2.2879	2.9987	3.9201	5.1117	6.6488	8.6271	11.167	14.421
29	1.3345	1.7758	2.3566	3.1187	4.1161	5.4184	7.1143	9.3173	12.172	15.863

（续）

期数	1%	2%	3%	4%	5%	6%	7%	8%	9%	10%
30	1.3478	1.8114	2.4273	3.2434	4.3219	5.7435	7.6123	10.063	13.628	17.449
40	1.4889	2.2080	3.2620	4.8010	7.0400	10.286	14.794	21.725	31.408	45.259
50	1.6446	2.6916	4.3839	7.1067	11.467	18.420	29.457	46.902	74.258	117.39
60	1.8167	3.2810	5.8916	10.520	18.579	32.988	57.946	101.26	176.03	304.48
期数	12%	14%	15%	16%	18%	20%	24%	28%	32%	36%
1	1.1200	1.1400	1.1500	1.1600	1.1800	1.2000	1.2400	1.2800	1.3200	1.3600
2	1.2544	1.2996	1.3225	1.3456	1.3924	1.4400	1.5376	1.6384	1.7424	1.8496
3	1.4049	1.4815	1.5209	1.5609	1.6430	1.7280	1.9066	2.0872	2.300	2.5155
4	1.5735	1.6890	1.7490	1.8106	1.9388	2.0736	2.3642	2.6844	3.0360	3.4210
5	1.7623	1.9254	2.0114	2.1003	2.2878	2.4883	2.9316	3.4360	4.0075	4.6526
6	1.9738	2.1950	2.3131	2.4364	2.6996	2.9860	3.6352	4.3980	5.2899	6.3275
7	2.2107	2.5023	2.6600	2.8262	3.1855	3.5832	4.5077	5.6295	6. 9826	8.6054
8	2.4760	2.8526	3.0590	3.2784	3.7589	4.2998	5.5895	7.2508	9.2170	11.703
9	2.7731	3.2519	3.5179	3.8030	4.4355	5.1598	6.9310	9.2234	12.166	15.917
10	3.1058	3.7072	4.0456	4.4114	5.2338	6.1917	8.5944	11 .806	16.060	21.647
11	3.4785	4.2262	4.6524	5.1173	6.1759	7.4301	10.657	15.112	21.119	29.439
12	3.8960	4.8179	5.3503	5.9360	7.2876	8.9161	13.215	19.343	27.983	40.037
13	4.3635	5.4924	6.1528	6.8858	8.5994	10.699	16.386	24.759	36.937	54.451
14	4.8871	6.2613	7.0757	7.9875	10.147	12.839	20.319	31.691	48.757	74.053
15	5.4736	7.1379	8.1371	9.2655	11.974	15.407	25.196	40.656	64.359	100.71
16	6.1304	8.1372	9.3576	10.748	14.129	18.488	31.243	51.923	84.954	136.97
17	6.8660	9.2765	10.761	12.468	16.672	22.186	38.741	66.461	112.14	186.28
18	7.6900	10.575	12.375	14.463	19.673	26.623	48.039	86.071	148.02	253.34
19	8.6128	12.056	14.232	16.777	23.214	31.948	59.568	108.89	195.39	344.54
20	9.6463	13.743	16.367	19.461	27.393	38.338	73.864	139.38	257.92	468.57
21	10.804	15.668	18.822	22.574	32.324	46.005	91.592	178.41	340.45	637.26
22	12.100	17.861	21.645	26.186	38.142	55.206	113.57	228.36	449.39	866.67
23	13.552	20.362	24.891	30.376	45.008	66.247	140.83	292.30	593.20	1178.7
24	15.179	23.212	28.625	35.236	53.109	79.497	174.63	374.14	783.02	1603.0
25	17.000	26.462	32.919	40.874	62.669	95.396	216.54	478.90	1033.6	2180.1
26	19.040	30.167	37.857	47.414	73.949	114.48	268.51	613.00	1364.3	2964.9
27	21.325	34.390	43.535	55.000	87.260	137.37	332.95	784.64	1800.9	4032.3
28	23.884	39.204	50.066	63.800	102.97	164.84	412.86	1004.3	2377.2	5483.9
29	26.750	44.693	57.575	74.009	121.50	197.81	511.95	1285.6	3137.9	7458.1
30	29.960	50.950	66.212	85.850	143.37	237.38	634.82	1645.5	4142.1	10143
40	93.051	188.83	267.86	378.72	750.38	1469.8	5455.9	19427	66521	*
50	289.00	700.23	1083.7	1670.7	3927.4	9100.4	46890	*	*	*
60	897.60	2595.9	4384.0	7370.2	20555	56348	*	*	*	*
	*>99999									

附录 B　复利现值系数表

期数	1%	2%	3%	4%	5%	6%	7%	8%	9%	10%
1	.9901	.9804	.9709	.9615	.9524	.9434	.9346	.9259	.9174	.9091
2	.9803	.9712	.9426	.9246	.9070	.8900	.8734	.8573	.8417	.8264
3	.9706	.9423	.9151	.8890	.8638	.8396	.8163	.7938	.7722	.7513
4	.9610	.9238	.8885	.8548	.8227	.7921	.7629	.7350	.7084	.6830
5	.9515	.9057	.8626	.8219	.7835	.7473	.7130	.6806	.6499	.6209
6	.9420	.8880	8375	.7903	.7462	.7050	.6663	.6302	.5963	.5645
7	.9327	.8606	.8131	.7599	.7107	.6651	.6227	.5835	.5470	.5132
8	.9235	.8535	.7874	.7307	.6768	.6274	.5820	.5403	.5019	.4665
9	.9143	.8368	.7664	.7026	.6446	.5919	.5439	.5002	.4604	.4241
10	.9053	.8203	.7441	.6756	.6139	.5584	.5083	.4632	.4224	.3855
11	.8963	.8043	.7224	.6496	.5847	.5268	.4751	.4289	.3875	.3505
12	.8874	.7885	.7014	.6246	.5568	.4970	.4440	.3971	.3555	.3186
13	.8787	.7730	.6810	.6006	.5303	.4688	.4150	.3677	.3262	.2897
14	.8700	.7579	.6611	.5775	.5051	.4423	.3878	.3405	.2992	.2633
15	.8613	.7430	.6419	.5553	.4810	.4173	.3624	.3152	.2745	.2394
16	.8528	.7284	.6232	.5339	.4581	.3936	.3387	.2919	.2519	.2176
17	.8444	.7142	.6050	.5134	.4363	.3714	.3166	.2703	.2311	.1978
18	.8360	.7002	.5874	.4936	.4155	.3503	2959	.2502	.2120	.1799
19	.8277	.6864	.5703	.4746	.3957	.3305	.2765	.2317	.1945	.1635
20	.8195	.6730	.5537	.4564	.3769	.3118	.2584	.2145	.1784	.1486
21	.8114	.6598	.5375	.4388	.3589	.2942	.2415	.1987	.1637	.1351
22	.8034	.6468	.5219	.4220	.3418	.2775	.2257	.1839	.1502	.1228
23	.7954	.6342	.5067	.4057	.3256	.2618	.2109	.1703	.1378	.1117
24	.7876	.6217	.4919	.3901	.3101	.2470	.1971	.1577	.1264	.1015
25	.7798	.6095	.4776	.3751	.2953	.2330	.1842	.1460	.1160	.0923
26	.7720	.5976	.4637	.3604	.2812	.2198	.1722	.1352	.1064	.0839
27	.7644	.5859	.4502	.3468	.2678	.2074	.1609	.1252	.0976	.0763
28	.7568	.5744	.4371	.3335	.2551	.1956	.1504	.1159	.0895	.0693
29	.7493	.5631	.4243	.3207	.2429	.1846	.1406	.1073	.0822	.0630
30	.7419	.5521	.4120	.3083	.2314	.1741	.1314	.0994	.0754	.0573
35	.7059	.5000	.3554	.2534	.1813	.1301	.0937	.0676	.0490	.0356
40	.6717	.4529	.3066	.2083	.1420	.0972	.0668	.0460	.0318	.0221
45	.6391	.4102	.2644	.1712	.1113	.0727	.0476	.0313	.0207	.0137
50	.6080	.3715	.2281	.1407	.0872	.0543	.0339	.0213	.0134	.0085
55	.5785	.3365	.1968	.1157	.0683	.0406	.0242	.0145	.0087	.0053

（续）

期数	12%	14%	15%	16%	18%	20%	24%	28%	32%	36%
1	.8929	.8772	.8696	.8621	.8475	.8333	.8065	.7813	.7576	.7353
2	.7972	.7695	.7561	.7432	.7182	.6944	.6504	.6104	.5739	.5407
3	.7118	.6750	.6575	.6407	.6086	.5787	.5245	.4768	.4348	.3975
4	.6355	.5921	.5718	.5523	.5158	.4823	.4230	.3725	.3294	.2923
5	.5674	.5194	.4972	.4762	.4371	.4019	.3411	.2910	.2495	.2149
6	.5066	.4556	.4323	.4104	.3704	.3349	.2751	.2274	.1890	.1580
7	.4523	.3996	.3759	.3538	.3139	.2791	.2218	.1776	.1432	.1162
8	.4039	.3506	.3269	.3050	.2660	.2326	.1789	.1388	.1085	.0854
9	.3606	.3075	.2843	.2630	.2255	.1938	.1443	.1084	.0822	.0628
10	.3220	.2697	.2472	.2267	.1911	.1615	.1164	.0847	.0623	.0462
11	.2875	.2366	.2149	.1954	.1619	.1346	.0938	.0662	.0472	.0340
12	.2567	.2076	.1869	.1685	.1373	.1122	.0757	.0517	.0357	.0250
13	.2292	.1821	.1625	.1452	.1163	.0935	.0610	.0404	.0271	.0184
14	.2046	.1597	.1413	.1252	.0985	.0779	.0492	.0316	.0205	.0135
15	.1827	.1401	.1229	.1079	.0835	.0649	.0397	.0247	.0155	.0099
16	.1631	.1229	.1069	.0980	.0709	.0541	.0320	.0193	.0118	.0073
17	.1456	.1078	.0929	.0802	.0600	.0451	.0259	.0150	.0089	.0054
18	.1300	.0946	.0808	.0691	.0508	.0376	.0208	.0118	.0068	.0039
19	.1161	.0829	.0703	.0596	.0431	.0313	.0168	.0092	.0051	.0029
20	.1037	.0728	.0611	.0514	.0365	.0261	.0135	.0072	.0039	.0021
21	.0926	.0638	.0531	.0443	.0309	.0217	.0109	.0056	.0029	.0016
22	.0826	.0560	.0462	.0382	.0262	.0181	.0088	.0044	.0022	.0012
23	.0738	.0491	.0402	.0329	.0222	.0151	.0071	.0034	.0017	.0008
24	.0659	.0431	.0349	.0284	.0188	.0126	.0057	.0027	.0013	.0006
25	.0588	.0378	.0304	.0245	.0160	.0105	.0046	.0021	.0010	.0005
26	.0525	.0331	.0264	.0211	.0135	.0087	.0037	.0016	.0007	.0003
27	.0469	.0291	.0230	.0182	.0115	.0073	.0030	.0013	.0006	.0002
28	.0419	.0255	.0200	.0157	.0097	.0061	.0024	.0010	.0004	.0002
29	.0374	.0224	.0174	.0135	.0082	.0051	.0020	.0008	.0003	.0001
30	.0334	.0196	.0151	.0116	.0070	.0042	.0016	.0006	.0002	.0001
35	.0189	.0102	.0075	.0055	.0030	.0017	.0005	.0002	.0001	*
40	.0107	.0053	.0037	.0026	.0013	.0007	.0002	.0001	*	*
45	.0061	.0027	.0019	.0013	.0006	.0003	.0001	*	*	*
50	.0035	.0014	.0009	.0006	.0003	.0001	*	*	*	*
55	.0020	.0007	.0005	.0003	.0001	*	*	*	*	*
	*< .0001									

附录 C　年金终值系数表

期数	1%	2%	3%	4%	5%	6%	7%	8%	9%	10%
1	1.0000	1.0000	1.0000	1.0000	1.0000	1.0000	1.0000	1.0000	1.0000	1.0000
2	2.0100	2.0200	2.0300	2.0400	2.0500	2.0600	2.0700	2.0800	2.0900	2.1000
3	3.0301	3.0604	3.0909	3.1216	3.1525	3.1836	2.2149	3.2464	3.2781	3.3100
4	4.0604	4.1216	4.1836	4.2465	4.3101	4.3746	4.4399	4.5061	4.5731	4.6410
5	5.1010	5.2040	5.3091	5.4163	5.5256	5.6371	5.7507	5.8666	5.9847	6.1051
6	6.1520	6.3018	6.4684	6.6330	6.8019	6.9753	7.1533	7.3359	7.5233	7.7156
7	7.2135	7.4343	7.6625	7.8983	8.1420	8.3938	8.6540	8.9228	9.2004	9.4872
8	8.2857	8.5830	8.8923	9.2142	9.5491	9.8975	10.260	10.637	11.028	11.436
9	9.3685	9.7546	10.159	10.583	11.027	11.491	11.978	12.488	13.021	13.579
10	10.462	10.950	11.464	12.006	12.578	13.181	13.816	14.487	15.193	15.937
11	11.567	12.169	12.808	13.486	14.207	14.972	15.784	16.645	17.560	18.531
12	12.683	13.412	14.192	15.026	15.917	16.870	17.888	18.977	20.141	21.384
13	13.809	14.680	15.618	16.627	17.713	18.882	20.141	21.495	22.953	24.523
14	14.947	15.974	17.086	18.292	19.599	21.015	22.550	24.214	26.019	27.975
15	16.097	17.293	18.599	20.024	21.579	23.276	25.129	27.152	29.361	31.772
16	17.258	18.639	20.157	21.825	23.657	25.673	27.888	30.324	33.003	35.950
17	18.430	20.012	21.762	23.698	25.840	28.213	30.840	33.750	36.974	40.545
18	19.615	21.412	23.414	25.645	28.132	30.906	33.999	37.450	41.301	45.599
19	20.811	22.841	25.117	27.671	30.539	33.760	37.379	41.446	46.018	51.159
20	22.019	24.297	26.870	29.778	33.066	36.786	40.995	45.752	51.160	57.275
21	23.239	25.783	28.676	31.969	35.719	39.993	44.865	50.423	56.765	64.002
22	24.472	27.299	30.537	34.248	38.505	43.392	49.006	55.457	62.873	71.403
23	25.716	28.845	32.453	36.618	41.430	46.996	53.436	60.883	69.532	79.543
24	26.973	30.422	34.426	39.083	44.502	50.816	58.177	66.765	76.790	88.497
25	28.243	32.030	36.459	41.646	47.272	54.863	63.294	73.106	84.701	98.347
26	29.526	33.671	38.553	44.312	51.113	59.156	68.676	79.954	93.324	109.18
27	30.821	35.344	40.710	47.084	54.669	63.706	74.484	87.351	102.72	121.10
28	32.129	37.051	42.931	49.968	58.403	68.528	80.698	95.339	112.97	134.21
29	33.450	38.792	45.219	52.966	62.323	73.640	87.347	103.97	124.14	148.63
30	34.785	40.568	47.575	56.085	66.439	79.058	94.461	113.28	136.31	164.49
40	48.886	60.402	75.401	95.026	120.80	154.76	199.64	259.06	377.88	442.59
50	64.463	84.579	112.80	152.67	209.35	290.34	406.53	573.77	815.08	1163.9
60	81.670	114.05	163.05	237.99	353.58	533.13	813.52	1253.2	1944.8	3034.8

（续）

期数	12%	14%	15%	16%	18%	20%	24%	28%	32%	36%
1	1.0000	1.0000	1.0000	1.0000	1.0000	1.0000	1.0000	1.0000	1.0000	1.0000
2	2.1200	2.1400	2.1500	2.1600	2.1800	2.2000	2.2400	2.2800	2.3200	2.3600
3	3.3744	3.4396	3.4725	3.5056	3.5724	3.6400	3.7776	3.9184	3.0624	3.2096
4	4.7793	4.9211	4.9934	5.0665	5.2154	5.3680	5.6842	6.0156	6.3624	6.7251
5	6.3528	6.6101	6.7424	6.8771	7.1542	7.4416	8.0484	8.6999	9.3983	10.146
6	8.1152	8.5355	8.7537	8.9775	9.4420	9.9299	10.980	12.136	13.406	14.799
7	10.089	10.730	11.067	11.414	12.142	12.916	14.615	16.534	18.696	21.126
8	12.300	13.233	13.727	14.240	15.327	16.499	19.123	22.163	25.678	29.732
9	14.776	16.085	16.786	17.519	19.086	20.799	24.712	29.369	34.859	41.435
10	17.549	19.337	20.304	21.321	23.521	25.959	31.643	38.593	47.062	57.352
11	20.655	23.045	24.349	25.733	28.755	32.150	40.238	50.398	63.122	78.998
12	24.133	27.271	29.002	30.850	34.931	39.581	50.895	65.510	84.320	108.44
13	28.029	32.089	34.352	36.786	42.219	48.497	64.110	84.853	112.30	148.47
14	32.393	37.581	40.505	43.672	50.818	59.196	80.496	109.61	149.24	202.93
15	37.280	43.842	47.580	51.660	60.965	72.035	100.82	141.30	198.00	276.98
16	42.753	50.980	55.717	60.925	72.939	87.442	126.01	181.87	262.36	377.69
17	48.884	59.118	65.075	71.673	87.068	105.93	157.25	233.79	347.31	514.66
18	55.750	68.394	75.836	84.141	103.74	128.12	195.99	300.25	459.45	770.94
19	63.440	78.969	88.212	98.603	123.41	154.74	244.03	385.32	607.47	954.28
20	72.052	91.025	102.44	115.38	146.63	186.69	303.60	494.21	802.86	1298.8
21	81.699	104.77	118.81	134.84	174.02	225.03	377.46	633.59	1060.8	1767.4
22	92.503	120.44	137.63	157.41	206.34	271.03	469.06	812.00	1401.2	2404.7
23	104.60	138.30	159.28	183.60	244.49	326.24	582.63	1040.4	1850.6	3271.3
24	118.16	185.66	184.17	213.98	289.49	392.48	723.46	1332.7	2443.8	4450.0
25	133.33	181.87	212.79	249.21	342.60	471.98	898.09	1706.8	3226.8	6053.0
26	150.33	208.33	245.71	290.09	405.27	567.38	1114.6	2185.7	4260.4	8233.1
27	169.37	238.50	283.57	337.50	479.22	681.85	1383.1	2798.7	5624.8	11198.0
28	190.70	272.89	327.10	392.50	566.48	819.22	1716.1	3583.3	7425.7	15230.3
29	214.58	312.09	377.17	456.30	699.45	948.07	2129.0	4587.7	9802.9	20714.2
30	241.33	356.79	434.75	530.31	790.95	1181.9	2640.9	5873.2	12941	28172.3
40	767.09	1342.0	1779.1	2360.8	4163.2	7343.2	2729	69377	*	*
50	2400.0	4994.5	7217.7	10436	21813	45497	*	*	*	*
60	7471.6	18535	29220	46058	*	*	*	*	*	*
	*>99999									

附录D　年金现值系数表

期数	1%	2%	3%	4%	5%	6%	7%	8%	9%
1	0.9901	0.9804	0.9709	0.9615	0.9524	0.9434	0.9346	0.9259	0.9174
2	1.9704	1.9416	1.9135	1.8861	1.8594	1.8334	1.8080	1.7833	1.7591
3	2.9410	2.8839	2.8286	2.7751	2.7232	2.6730	2.6243	2.5771	2.5313
4	3.9020	3.8077	3.7171	3.6299	3.5460	3.4651	3.3872	3.3121	3.2397
5	4.8534	4.7135	4.5797	4.4518	4.3295	4.2124	4.1002	3.9927	3.8897
6	5.7955	5.6014	5.4172	5.2421	5.0757	4.9173	4.7665	4.6229	4.4859
7	6.7282	6.4720	6.2303	6.0021	5.7864	5.5824	5.3893	5.2064	5.0330
8	7.6517	7.3255	7.0197	9.7327	6.4632	6.2098	5.9713	5.7466	5.5348
9	8.5660	8.1622	7.7861	7.4353	7.1078	6.8017	6.5152	6.2469	5.9952
10	9.4713	8.9826	8.5302	8.1109	7.7217	7.3601	7.0236	6.7101	6.4177
11	10.3676	9.7868	9.2526	8.7605	8.3064	7.8869	7.4987	7.1390	6.8052
12	11.2551	10.5753	9.9540	9.3851	8.8633	8.3838	7.9427	7.5361	7.1607
13	12.1337	11.3484	10.6350	9.9856	9.3936	8.8527	8.3577	7.9038	7.4869
14	13.0037	12.1062	11.2961	10.5631	9.8986	9.2950	8.7455	8.2442	7.7862
15	13.8651	12.8493	11.9379	11.1184	10.3797	9.7122	9.1079	8.5595	8.0607
16	14.7179	13.5777	12.5611	11.6523	10.8378	10.1059	9.4466	8.8514	8.3126
17	15.5623	14.2919	13.1661	12.1657	11.2741	10.4773	9.7632	9.1216	8.5436
18	16.3983	14.9920	13.7535	12.6896	11.6896	10.8276	10.0591	9.3719	8.7556
19	17.2260	15.6785	12.3238	13.1339	12.0853	11.1581	10.3356	9.6036	8.9601
20	18.0456	16.3514	14.8775	13.5903	12.4622	11.4699	10.5940	9.8181	9.1285
21	18.8570	17.0112	15.4150	14.0292	12.8212	11.7641	10.8355	10.0168	9.2922
22	19.6604	17.6580	15.9369	14.4511	13.4886	12.3034	11.0612	10.2007	9.4424
23	20.4558	18.2922	16.4436	14.8568	13.4886	12.3034	11.2722	10.3711	9.5802
24	21.2434	18.9139	16.9355	15.2470	13.7986	12.5504	11.4693	10.5288	9.7066
25	22.0232	19.5235	17.4131	15.6221	14.0939	12.7834	11.6536	10.6748	9.8226
26	22.7952	20.1210	17.8768	15.9828	14.3752	13.0032	11.8258	10.8100	9.9290
27	23.5596	20.7059	18.3270	16.3296	14.6430	13.2105	11.9867	10.9352	10.0266
28	24.3164	21.2813	18.7641	16.6631	14.8981	13.4062	12.1371	11.0511	10.1161
29	25.0658	21.8444	19.1885	16.9837	15.1411	13.5907	12.2777	11.1584	10.1983
30	25.8077	22.3965	19.6004	17.2920	15.3725	13.7648	12.4090	11.2578	10.2737
35	29.4086	24.9986	21.4872	18.6646	16.3742	14.4982	12.9477	11.6546	10.5668
40	32.8347	27.3555	23.1148	19.7928	17.1591	15.0463	13.3317	11.9246	10.7574
45	36.0945	29.4902	24.5187	20.7200	17.7741	15.4558	13.6055	12.1084	10.8812
50	39.1961	31.4236	25.7298	21.4822	18.2559	15.7619	13.8007	12.2335	10.9617
55	42.1472	33.1748	26.7744	22.1086	18.6335	15.9905	13.9399	12.3186	11.0140

（续）

期数	10%	12%	14%	15%	16%	18%	20%	24%	28%	32%
1	0.9091	0.8929	0.8772	0.8696	0.8621	0.8475	0.8333	0.8065	0.7813	0.7576
2	1.7355	1.6901	1.6467	1.6257	1.6052	1.5656	1.5278	1.4568	1.3916	1.3315
3	2.4896	2.4018	2.3216	2.2832	2.2459	2.1743	2.1065	1.9813	1.8684	1.7663
4	3.1699	3.0373	2.9173	2.8550	2.7982	2.6901	2.5887	2.4043	2.2410	2.0957
5	3.7908	3.6048	3.4331	3.3522	3.2743	3.1272	2.9906	2.7454	2.5320	2.3452
6	4.3553	4.1114	3.8887	3.7845	3.6847	3.4976	3.3255	3.0205	2.7594	2.5342
7	4.8684	4.5638	4.2882	4.1604	4.0386	3.8115	3.6046	3.2423	2.9370	2.6775
8	5.3349	4.9676	4.6389	4.4873	4.3436	4.0776	3.8372	3.4212	3.0758	2.7860
9	5.7590	5.3282	4.9164	4.7716	4.6065	4.3030	4.0310	3.5655	3.1842	2.8681
10	6.1446	5.6502	5.2161	5.0188	4.8332	4.4841	4.1925	3.6819	3.2689	2.9304
11	6.4951	5.9377	5.4527	5.2337	5.0286	4.6560	4.3271	3.7757	3.3351	2.9776
12	6.8137	6.1944	5.6603	5.4206	5.1971	4.7932	4.4392	3.8514	3.3868	3.0133
13	7.1034	6.4235	5.4824	5.5831	5.3423	4.9095	4.5327	3.9124	3.4272	3.0404
14	7.3667	6.6282	6.0021	5.7245	5.4675	5.0081	4.6106	3.9616	3.4587	3.0609
15	7.6061	6.8109	6.1422	5.8474	5.5755	5.0916	4.6755	4.0013	3.4834	3.0764
16	7.8237	6.9740	6.2651	5.9542	5.6685	5.1624	4.7296	4.0333	3.5026	3.0082
17	8.0216	7.1196	6.3729	6.0472	5.7487	5.2223	4.7746	4.0591	3.5177	3.0971
18	8.2014	7.2497	6.4674	6.1280	5.8178	5.2732	4.8122	4.0799	3.5294	3.1039
19	8.3649	7.3658	6.5504	6.1982	5.8775	5.3162	4.8435	4.0967	3.5386	3.1090
20	8.5136	7.4694	6.6231	6.2593	5.9288	5.3527	4.8696	4.1103	3.5458	3.1129
21	8.6487	7.5620	6.6870	6.3125	5.9731	5.3837	4.8913	4.1212	3.5514	3.1158
22	8.7715	7.6446	6.7429	6.3587	6.0113	5.4099	4.9094	4.1300	4.5558	3.1180
23	8.8832	7.7184	6.7921	6.3988	6.0442	5.4321	4.9245	4.1371	3.5592	3.1197
24	8.9847	7.7843	6.8351	6.4338	6.0726	5.4509	4.9371	4.1428	3.5619	3.1210
25	9.0770	7.8431	6.8729	6.4641	6.0971	5.4669	4.9476	4.1474	3.5640	3.1220
26	9.1609	7.8957	6.9061	6.4906	6.1182	5.4804	4.9563	4.1511	3.5656	3.1227
27	9.2372	7.9426	6.9352	6.5135	6.1364	5.4919	4.9636	4.1542	3.5669	3.1233
28	9.3066	7.9844	6.9607	6.5335	6.1520	5.5016	4.9697	4.1566	3.5679	3.1237
29	9.3696	8.0218	6.9830	6.5509	6.1656	5.5098	4.9747	4.1585	3.5687	3.1240
30	9.4269	8.0552	7.0027	6.5660	6.1772	5.5168	4.9789	4.1601	3.5693	3.1242
35	9.6442	8.1755	7.0700	6.6166	6.2153	5.5386	4.9915	4.1644	3.5708	3.1248
40	9.7791	8.2438	7.1050	6.6418	6.2335	5.5482	4.9966	4.1659	3.5712	3.1250
45	9.8628	8.2825	7.1232	6.6543	6.2421	5.5523	4.9986	4.1664	3.5714	3.1250
50	9.9148	8.3045	7.1327	6.6605	6.2463	5.5541	4.9995	4.1666	3.5714	3.1250
55	9.9471	8.3170	7.1376	6.6636	6.2482	5.5549	4.9998	4.1666	3.5714	3.1250